Diogenes Taschenbuch 21093

de
te
be

Ida Cermak

# *Ich klage nicht*

*Begegnungen mit der Krankheit*
*in Selbstzeugnissen*
*schöpferischer Menschen*

Diogenes

Mit Dank für die Unterstützung durch die
Organisation der Ärztinnen Wiens

Veröffentlicht als Diogenes Taschenbuch, 1983
Lizenzausgabe mit freundlicher Genehmigung
des Amalthea Verlags, Wien

40/83/36/1
ISBN 3257210930

# *Inhalt*

# *Zur Orientierung*

Dieses Buch beschäftigt sich mit künstlerisch bedeutenden Persönlichkeiten, vorwiegend mit dichterisch Begabten. Und dennoch ist es kein literarisches Werk. Es ist durchaus vom Blickpunkt des Arztes geschrieben, und dieser Umstand bedarf einer näheren Erklärung. Keineswegs soll es sich dabei um eine psychiatrische Beurteilung von Künstlern oder Kunstwerken handeln, also auch nicht um Pathographien oder Krankheitsgeschichten im eigentlichen Sinne des Wortes. Gerade weil die Tiefenpsychologie sehr viel zum Verständnis des schöpferischen Prozesses beigetragen hat, ist Unruhe entstanden. Hat die Psychiatrie ein Mitspracherecht, wenn es um die Frage der Beziehung zwischen Kunstwerk und Persönlichkeit geht? Viele befürchten, daß Ehrfurcht vor der Größe dadurch zerstört werden könne. Könnte nicht Bewunderung und Liebe durch den Versuch einer analytischen Aufhellung verletzt werden, der ja immer ein Eindringen in private Sphären bedeutet?
Es gilt daher, die Grenzen des unternommenen Versuches genau abzustecken.
Von Lombroso bis zu Lange-Eichbaum hat man Künstlerpersönlichkeiten auf krankhafte und abwegige Anlagen hin untersucht; die Frage nach dem Zusammenhang zwischen Genie und Wahnsinn ist immer wieder erörtert worden. Gewiß bedeutet große Begabung als Extremvariante menschlichen Daseins auch große Gefährdung. Gefahr aber ist noch nicht gleichbedeutend mit Absturz ins Ungesicherte und Krankhafte. Muschg hat vom Standpunkt des Literaturforschers diese Problematik in seiner »Tragischen Literaturgeschichte« unter-

sucht. Sein hervorragendes Werk gibt erschütternden Einblick in die Gefährdung künstlerisch begnadeter, menschlich bedrohter Existenz schöpferischer Persönlichkeiten. Von ärztlicher und von literaturwissenschaftlicher Sicht wurde damit — abgesehen von den zahlreichen tiefenpsychologischen Untersuchungen bedeutender Künstler — der Problemkreis genau abgesteckt. Die folgende Untersuchung aber entstand aus einer anderen Voraussetzung. Es soll in ihr nicht vor allem die Krankheitsbedrohung und Existenzgefährdung großer Menschen aufgezeigt, sondern die Frage beantwortet werden, auf welche Weise diese ihre körperliche Erkrankung erlebt haben und ob Zusammenhänge zwischen diesem Erleben, dem körperlichen Leiden und dem Weltbild der Betroffenen aufdeckbar sind.

Jedem Arzt fällt immer wieder auf, wie sehr verschieden körperliches Leiden vom Betroffenen erlebt und ertragen wird. Der eine zeigt sich entschlossen, die Krankheit bis zum Ende nicht wahrhaben zu wollen, der andere wünscht das Leiden herbei oder bejaht es resigniert. Während der eine sich heroisch zu behaupten sucht, läßt der andere sich in seine Krankheit fallen wie in ein Rettungsboot, das ihn von aller Alltagssorge und von jeder Lebensanforderung wegtragen soll. Der dritte wiederum distanziert sich von seinen körperlichen Beschwerden und ist bemüht, zu ihnen ein rein sachliches Verhältnis einzunehmen, da er allen Beschwerden zum Trotz seine seelische Unabhängigkeit bewahren will.

Krankheit kann Maske der Lebensangst und des Versagens, Krankheit kann unbewußt herbeigerufene Buße für Schuld und Verfehlung oder Ausdruck für nicht bewältigte Konflikte sein. In diesen Fällen macht sie seelisches Geschehen sichtbar, da sie mit persönlichen Entscheidungen innigst verknüpft ist.

Sie kann aber auch diametral Entgegengesetztes verkörpern: Einbruch von Schicksalsgewalt, aufgezwungene Last, die unabhängig ist von jedem Sich-verfehlt-Haben und qualvoll erlitten werden muß.

Da die erstgenannten Krankheiten zutiefst mit der Persönlichkeit des Erkrankten zusammenhängen, hat sie Jores als spezifisch menschliche Krankheiten bezeichnet — als psychosomatische Leiden, die zum Unterschied etwa von Erb- oder Infektionskrankheiten nicht vorwiegend biologisch bedingt sind, demnach bei Tieren auf freier Wildbahn nicht vorkommen. Sie stehen in Zusammenhang mit menschlicher Welterfahrung und den daraus entspringenden Lebenskrisen.

Die anderen Krankheiten könnte man Schicksalskrankheiten nennen, da sie nicht erlebnisbedingt sind. Aber auch sie, obwohl körperlich begründet, lassen dem Menschen noch eine Beantwortungsmöglichkeit, die von der Revolution bis zur duldenden Resignation reicht. So bleibt noch in der äußersten Unfreiheit des aufgezwungenen Leidens ein schmaler Bereich menschlicher Freiheit, die sich darin erweist, welche Antwort der Leidende auf die an ihn gestellte Frage gibt.

Die naturwissenschaftliche Medizin sieht im Kampf gegen menschliche Krankheit ihre vornehmste Aufgabe. Der Kranke kommt zum Arzt und bittet um Hilfe. Er stellt dem Arzt die Frage: Was fehlt mir, und wie kannst du mir helfen?

Der Arzt beantwortet diese Frage seiner Ausbildung und seinem Können gemäß. Zugleich stellt auch er dem Patienten Fragen, wobei es aber meist so ist, daß er diese nicht ausspricht. Er fragt etwa, wenn es sich um psychosomatische Krankheiten handelt: Wie mag deine Krankheit mit deiner inneren Lebensgeschichte zusammenhängen? Und das heißt einerseits: Welche inneren Konfliktsituationen haben deine Krankheit hervorgerufen? und andererseits: Auf welche Weise suchst du durch ebendiese Krankheit deinen bewußten oder unbewußten Konflikt zu lösen? Auf diese Fragen hat der Gründer der psychosomatischen Forschungsrichtung, der Heidelberger Internist Viktor Weizsäcker, eine Antwort gegeben. Diese war erstaunlich kurz und lautete: Ja, aber nicht so! Er wollte damit sagen, daß der Kranke recht daran tue, wenn er seine Schwierigkeiten, seine Lebenskrise zum Ausdruck bringe, für sich selbst und die Umwelt ein Zeichen gäbe, daß etwas in seiner jetzigen Lage der Neuordnung und der Besserung bedürfe. Also: Ja! Das Ja betraf das Aussprechen der Notsituation, das »Aber nicht so!« hingegen die Form, in der dies geschehen war. Er meinte, daß es für den Betroffenen doch noch andere Entscheidungs- und Lösungsmöglichkeiten der Krise geben müsse als nur den Ausweg in die körperliche Krankheit. Er kämpfte damit für ein Stück Freiheit im Patienten; für die Änderung einer mitmenschlichen Beziehung etwa oder einen Berufswechsel. Wenn aber dies alles nicht möglich war, dann gab es außer der Verdrängung der Problematik, die dann gezwungen war, sich durch das Krankheitssymptom Ausdruck zu verschaffen, doch noch einen anderen Weg. In diesem Sinn sprach er die bedeutenden und erschütternden Worte: Gesundheit ist Verzicht. Er meinte damit, daß Erkennen und Anerkennen der gegebenen Grenzen den Menschen zwar seelisch belasten, aber vor manchen körperlichen Leiden bewahren könnten.

Wenn der Arzt nach den seelischen Zusammenhängen fragt, wird er oft durch die Beobachtung überrascht, wie sehr manche Krankheiten zu ihren Trägern passen. Wie ist dies zu erklären? Können körperliches Gedeihen, Weltbild und Lebensziel eines Menschen gemeinsam als Ausdruck ein und desselben Gesamtplanes angesehen werden?

In dieser Sicht erscheint die psychosomatische Krankheit aus dem Bereich des rein Zufälligen herausgehoben und in nicht sogleich überschaubare, aber dem einfühlenden Verständnis aufdeckbare Zusammenhänge eingebettet. Reinhold Schneiders Überzeugung, daß Krankheit Weltgleichnis sei, kann hier abgewandelt werden in die Auffassung der Krankheit als Persönlichkeitsgleichnis.

Der wichtigste Beitrag, den in den letzten Jahren die Tiefenpsychologie zu diesem Problem geleistet hat, ist der Versuch von Mitscherlich, den Bereich der Freiheit auch auf diese »aus dem Unbewußten« gesteuerten Krankheitsbereiche auszudehnen, das heißt, dem Menschen auch dann, wenn er selbst davon nichts mehr wissen will oder kann, noch ein bestimmtes Maß an Verantwortlichkeit für sein körperliches Leiden zuzusprechen. Wenn ungelöste Konflikte pathogen, das heißt krankheitsverursachend sind, dann wird ihre Erforschung zur ärztlichen Aufgabe. Zum Bemühen, den Freiheitsbegriff auszudehnen, und psychosomatische Krankheiten als persönliche Entscheidungen anzusehen, hofft diese Arbeit einen biographischen Beitrag zu leisten.

Ganz anders verhält es sich mit den schicksalhaft verhängten Krankheiten. Erbkrankheiten, degenerative Leiden, bösartige Tumoren und Infektionskrankheiten, um nur die wichtigsten zu nennen, haben mit menschlicher Freiheit nichts zu schaffen. Sie einzudämmen oder aufzuheben, ist vornehmste Aufgabe der naturwissenschaftlichen Medizin. Was diese Krankheiten betrifft, so wird diese Arbeit nur einen Beitrag leisten zur Beantwortung der Frage, in welcher Weise sie vom Leidenden erlebt werden können. Es darf allerdings nicht übersehen werden, daß auch genau definierte Krankheitserreger, etwa Viren, nicht jeden Menschen und auch nicht jederzeit befallen, sondern daß es sehr oft die seelische Gestimmtheit ist, die seine Abwehrlage beeinflußt. Ob die Erreger Chancen haben, die Einbruchspforten des Organismus zu überwältigen oder nicht, hängt vielfach auch von seelischen Faktoren ab.
Wir unterscheiden demnach seelisch mitbedingte oder psychosomatische und Schicksalskrankheiten. Unsere Fragestellung aber lautet: Wie erlebt der Patient seine Krankheit?
Diese Frage kann nicht der Arzt, sondern nur der Leidende selbst beantworten. So wie es in der ärztlichen Sprechstunde erste Pflicht bedeutet, dem Kranken zuzuhören, so soll es auch hier gehalten werden. Dem Leidenden kommt das erste Wort zu. Deshalb enthält die Arbeit vor allem Selbstaussagen, das heißt authentische Berichte der Kranken selbst. Aber ebenso wie der Arzt, nachdem er zugehört hat, versucht, die Symptome in ein einheitliches Krankheitsbild einzuordnen und Krankheit und Persönlichkeit in einem zu sehen, soll auch hier der Versuch unternommen werden, das Erscheinungsbild der Krankheit und das der betroffenen Persönlichkeit als Einheit anzusehen. Sie drückt die verschiedenen Möglichkeiten aus, in denen menschliches Erlebnis sich darstellen kann.
Und nun zur entscheidenden und letzten Frage: Warum wurde dieser Versuch an bedeutenden Persönlichkeiten und nicht an anonymen Kranken, wie sie die Sprechstunde aufsuchen, unternommen?
Viele bis dahin verborgene Krankheitskeime konnten in der Geschichte der Medizin erst aufgedeckt werden, nachdem man

Vergrößerungslinsen zu verfertigen wußte. Erst in konzentrierter Beleuchtung und unter geeigneter Vergrößerung konnte bisher Verhülltes sichtbar gemacht werden. Ebenso verhält es sich mit unserem Problem: Wenn Zusammenhänge deutlich gemacht werden sollen, bedürfen sie der genauen Ausleuchtung, der ausführlichen Darstellung und der Aufdeckung vielfältigster Einzelheiten. Die Linse des Mikroskops fügt nichts Neues hinzu, sondern gliedert nur das Vorhandene durch Beleuchtung und Vergrößerung in neuer Weise.
Wir haben nun — sit venia verbo — die bedeutende Persönlichkeit als Vergrößerungslinse benützt und berufen uns dabei auf das Goethe-Wort: »Größere Menschen haben nur ein größeres Volumen, Tugenden und Fehler haben sie mit den mindesten gemein, nur in größerer Quantität.« Goethe hat wiederholt von der Geringfügigkeit der Unterschiede zwischen den Menschen gesprochen, nicht einmal zwischen dem Genie und dem simplen Menschen sah er eine wirkliche Kluft.
Ebenso wie die Wirkung des großen Kunstwerkes darauf beruht, daß es im Zuhörer verwandte Seiten zum Mitschwingen bringt, und jeder Hans, der seine Grete liebt, imstande ist, zu empfinden, was Liebe bedeutet, nicht aber fähig, dieses Gefühl gleich formvollendet auszudrücken, so besteht der Unterschied zwischen dem größten und dem simpelsten Menschen in Verschiedenheiten der Ausdrucksfähigkeit, wohl auch der Empfindungstiefe, nicht aber darin, daß Menschenschicksal, Freude und Leid, nicht ihrer beider gemeinsames Los wäre.
Krankheit als Leidenserfahrung trifft den bedeutenden Mann ebenso wie den Durchschnittsmenschen. Sie ist Grenzsituation, Aufruf zu persönlicher Entscheidung, sei es im Untergang, in der Verzweiflung, im dumpfen Erleiden oder im heroischen Ertragen. Stärker noch als durch die Freude, die alle Menschen zu Brüdern werden läßt, werden sie vereint durch das Leiden, das gemeinsames Menschenschicksal ist.
Aber während der eine nur mühsam auszudrücken vermag, was in ihm vorgeht, kann der andere, sein Bruder im Unglück, von sich sagen: »Und wo der Mensch in seiner Qual verstummt, gab mir ein Gott zu sagen, wie ich leide.«

# *Einleitung*

Wer im Inhaltsverzeichnis dieses Bandes die Namen bedeutender Persönlichkeiten findet, wird eine literarisch-pathographische Darstellung erwarten. Dennoch ist die Fragestellung, die zu dieser Arbeit geführt hat, aus klinisch-ärztlicher Tätigkeit erwachsen.

Um das verständlich zu machen, müssen zunächst zwei Beobachtungen mitgeteilt werden:

Die erste bezieht sich darauf, daß Krankheiten, die die medizinische Wissenschaft unter der gleichen Diagnose zusammenfaßt, von den Erkrankten auf sehr verschiedene Weise erlebt werden: Läßt der eine sich in die Krankheit fallen wie in ein Rettungsboot, das ihn aus allen Schwierigkeiten, vielleicht sogar aus dem allzu mühsamen Leben selbst hinaustragen soll, so stemmt der andere sich in wütender Abwehr gegen sie. Die Heiterkeit und Gelassenheit des einen widerspricht augenfällig der objektiv faßbaren Verschlimmerung seines Zustandes, während ein anderer in klagsamer Weitschweifigkeit über Beschwerden berichtet, die durch die erhobenen Befunde nicht erklärt werden können.

Die zweite Beobachtung bezieht sich darauf, daß selbst ausführlichste Krankengeschichten kaum einen Vermerk darüber enthalten, wie die in ihr festgelegten Befunde auf den Kranken gewirkt haben, ja ob er überhaupt nach diesen gefragt hat und wenn ja, ob sie mitgeteilt worden sind. Und dennoch weiß jeder Arzt, daß die verschiedenen Verlaufsformen ein und derselben Krankheit entscheidend mitbestimmt werden von Hoffnung oder Verzweiflung des Patienten.

So verlaufen zwei Fragenkreise weitgehend getrennt nebeneinander: Der Arzt fragt nach dem am Objekt — dem Patienten — feststellbaren Maschinendefekt und dessen Diagnose, der Patient als Subjekt erlebt sein Leiden als ureigenstes Schicksal. Für ihn ist es nicht ein Leiden, das er mit vielen anderen teilt, sondern *sein* Leiden, mit dem er sich auseinandersetzt.

Der Londoner Psychoanalytiker *Balint* hat den Sachverhalt kurz zusammengefaßt: Die Medizin beschäftigt sich mit Krankheiten, nicht aber mit dem Kranken.

Ebenso hat der österreichische Internist *Mlzoch* darauf hingewiesen, daß es nur Doktoren der aktiven, aber keine der passiven Heilkunde gebe.

Dem sollte abgeholfen werden, erweist sich doch jeder Krankheitsprozeß als Resultante zweier Kräfte, nämlich des naturwissenschaftlich erforschbaren, des pathoplastischen (krankheitsformenden) Prozesses, und der analytisch aufdeckbaren »inneren Krankheitsgeschichte«.

Dieser letzteren allein soll die folgende Untersuchung gewidmet sein. Gewiß haben Arbeiten über psychoanalytische und psychosomatische (Psychomatische Erkrankung: Körperkrankheit auf Grund seelischer Konfliktsituation) Forschungsprogramme, vor allem die Schriften aus dem Balint-Kreis wesentlich dazu beigetragen, das Verständnis dessen, was vom Kranken selbst erlebt wird, zu vertiefen.

Dennoch schien es nicht unwichtig, zunächst Kranke zu Wort kommen zu lassen, die nicht im obigen Sinne klinische Patienten waren.

Drei Gründe waren dafür maßgebend:

1. Nähere Kenntnis der Erlebnisweise eines Kranken ist im allgemeinen nicht durch ein, auch nicht durch mehrere Gespräche zu erlangen, sondern meist nur auf Grund eines längerdauernden Kennenlernens. Dieses ist in einer psychotherapeutischen Behandlung zwar gegeben, doch wird gerade durch diese das Geschehen verändert: Ist die Therapie sinnvoll, das heißt erfolgreich, dann verläuft die Krankheit ja eben nicht mehr unbeeinflußt, also nicht mehr eigengesetzlich. Was wir

beobachten, ist also nur am Ausgangspunkt, nicht mehr am Ende der individuelle ursprüngliche Krankheitsprozeß.

2. Psychosomatische Patienten sind der Definition nach körperlich *und* seelisch Leidende. Wir können an ihnen nicht sehen, wie sich der seelisch Gesunde mit einem körperlichen Leiden auseinanderzusetzen vermag.

3. Jede tiefenpsychologisch orientierte Behandlung strebt dadurch Heilung an, daß bisher unbewußter, verdrängter Konfliktstoff bewußt gemacht und dann verarbeitet, das heißt bewältigt wird.

Notwendigerweise steht der Kranke demnach *nach* dieser Bemühung anders zu seiner Krankheit als bisher. Wir haben den Unterschied der beiden Betrachtungsweisen — der vordergründigen, dem Kranken selbst voll bewußten, und der analytisch aufdeckenden — nur an zwei Fallbeispielen, nämlich an Heinrich Federer und Adalbert Stifter, aufzuzeigen versucht.

In allen anderen Fällen hingegen waren die Kranken mit ihrer Krankheit allein. Sie sagten selbst das aus, was sie über ihr Leiden fühlten und dachten, und bedurften nur wenig des Interpreten. Ja, es wurden bewußt diejenigen unter ihnen ausgewählt, deren Aussagen so ausführlich waren, daß sie der erklärenden und ergänzenden Bemerkungen nur wenig bedurften. Der Leser sollte nicht beeinflußt werden. Hier ging es nicht darum, das Erfahrene an einem Denkmodell — wie es etwa die Psychoanalyse bietet — zu prüfen, sondern darum, dem Leidenden selbst das Wort zu erteilen.

Die Auswahl der Textstellen wurde nach folgenden Gesichtspunkten getroffen:

1. Eine längere Zeitspanne, in vielen Fällen die ganze Dauer der Erkrankung, sollte überblickbar sein.

2. Die Aussagen der Kranken sollten unmittelbar so unbeeinflußt wie möglich und nicht im Hinblick auf ein breiteres Publikum niedergeschrieben sein, damit der Charakter der Ursprünglichkeit und Authentizität erhalten bliebe. Daher wurde den Aufzeichnungen in Briefen und Tagebüchern, die meist größere Spontaneität zeigen als das künstlerische Werk selbst, der Vorrang gegeben.

Da jede Krankheit ein Dreifrontenkrieg ist, bringt sie eine Auseinandersetzung mit den Leiden selbst und mit dem drohenden Tode mit sich, aber auch eine neue Einstellung zur Umwelt, besonders zu den nächsten und liebsten Menschen. Ob diese ihrerseits ihr Verhalten dem Kranken gegenüber ändern, wird für dessen weiteres Schicksal oft entscheidend sein.

Diese dreifache Auseinandersetzung ist ein ständig erneutes Ringen um Bewältigung, das dem Kämpfenden alle Kräfte abverlangt. Zu welcher Auffassung über Ursprung und Sinn seiner Erkrankung er dabei kommt, wirkt auf sein Krankheitserleben entscheidend zurück.

Sieht es der eine als Schicksal, das von außen über ihn verhängt wurde und gegen das er sich auflehnt, so begreift es der andere als Ausdruck einer geheimen inneren Wahl und somit als ureigenstes Besitztum. Der dritte hingegen nimmt zwar die von der körperlichen Krankheit bedingten Einschränkungen bewußt auf sich, bemüht sich aber trotzdem um einen von ihr unabhängigen Bereich innerer Freiheit.

Krankheit verlangt dem Betroffenen eine Antwort ab, aber er kann auch mit Erkrankung auf eine ihm nicht gemäße Lebenssituation antworten.

So wird sie, über ihre naturwissenschaftlich bestimmbare Determination hinaus, Ausdruck seiner innersten Lebensgeschichte.

Da es hier nur um diese innersten, jedem Menschen und zu allen Zeiten abverlangten Entscheidungen geht, scheint es erlaubt, Menschen verschiedener Zeiten und ungleichen künstlerischen Ranges nebeneinander sprechen zu lassen.

Darüber hinaus gibt es Grunderfahrungen des menschlichen Daseins, die alle bewegen. Zu ihnen gehört auch das Erlebnis der Krankheit. Jede Entscheidung, die der Kranke fällt, fällt er für einen von uns.

# Teil I

# Jede Krankheit ein Dreifrontenkrieg

# DIE AUSEINANDERSETZUNG MIT DEM LEIDEN

# *Das Ja – Notwendige Krankheit*

## BLAISE PASCAL

> *Mon Dieu — entre dans cette place rebelle que les vices ont occupée ...*
> (Mein Gott, tritt ein in diesen Ort der Auflehnung, den die Laster eingenommen haben.)
> *Faites moi bien connaître que les maux de mon corps ne sont autre chose que la punition et la figure tout ensemble des maux de l'âme.*
> (Laß mich verstehen, daß die Übel meines Körpers nichts anderes sind als die Strafe und der Ausdruck für die Übel der Seele.)
> *La maladie est l'état naturel des chrétiens.*
> (Die Krankheit ist der natürliche Zustand der Christen.)

Der erste Bericht über Pascals Leben wurde von seiner Schwester geschrieben. Seit diesem ersten biographischen Abriß sind hunderte gefolgt — alle Autoren aber sind sich darüber einig, daß Pascal sein ganzes Leben lang — er ist nur 39 Jahre alt geworden — ein schwer körperlich Leidender gewesen ist. Seit seinem 18. Lebensjahr hat er keinen Tag ohne Schmerzen gekannt. Die Obduktion, über die ausführliche ärztliche Berichte vorliegen, hat schwere gastrointestinale Veränderungen ergeben. Ein ulceröses Magengeschwür war carcinomatös entartet, im Darm bestanden schwere gangraenöse Veränderungen, und eine Gefäßthrombose im Gehirn wurde als letztliche Todesursache bezeichnet. Dieser schmächtige, zarte Mann litt über zwanzig Jahre lang an heftigen Kopfschmerzen und war gezwungen, zwei Jahrzehnte hindurch wegen seines Magenleidens nur Krankensuppen oder breiige Nahrung kleinlöffelweise zu sich zu nehmen; anderes vertrug er nicht. Er nahm geduldig Medizinen, bittere Kräuterabsude, verwehrte es seiner Familie, die ihm ärztlich vorgeschriebene Diätkost durch Zubereitung geschmackvoller zu gestalten. Nie, so schreibt seine Schwester, habe er sich gestattet, an einer Speise Gefallen zu finden; und wenn bei Tisch Angehörige die Zubereitung eines Gerichtes lobten, tadelte er dies als Unrecht.

Wenn man ihn fragte, wie ihm eine Speise gemundet habe, antwortete er, er wisse es nicht, er habe nicht darauf geachtet; hingegen lächelte er, wenn die Schwester ihn wegen des bitteren Geschmacks der verordneten Medizinen bedauerte: wenn sie verordnet seien, habe man sich zu fügen.

Körperlichen Schmerzen wich er nicht aus, er sah in ihnen notwendige Übel, die zur Befreiung von der Knechtschaft durch den Körper führten. So verbrachte er Nächte, in denen er wegen heftiger Zahnschmerzen nicht schlafen konnte, bei Tisch sitzend und Rechenprobleme lösend. Obwohl sein Körper durch die langen Jahre der Krankheit geschwächt war, trug er unter dem Gewand einen Gürtel mit Eisenspitzen, die bei jeder Bewegung in die Haut drangen. Manchmal preßte er die Stacheln tiefer ein, und es fiel seinen Freunden, die zu seinen Lebzeiten nichts von dem Gürtel wußten, auf, daß er die Hände gegen den Leib preßte.

Wie war dieses mathematische Wunderkind, dieser genial begabte Wissenschaftler dazu gekommen, das Leid, den körperlichen Schmerz nicht nur zu ertragen, sondern bewußt zu wollen und auf alles das, was Anlage und Begabung ihm nahelegten, zu verzichten? Schon das Kind hatte an angstneurotischen, phobischen Symptomen gelitten: die Nichte Pascals, Marguérite Périer, berichtet: Pascal habe während seines zweiten Lebensjahres den Anblick von Wasser nicht ertragen, ohne in einen Zustand körperlicher und geistiger Teilnahmslosigkeit (Stupor) zu geraten, und er zeigte seinen Eltern gegenüber eine merkwürdige Reaktion: Während er sowohl mit dem Vater wie auch mit der Mutter, wenn diese einzeln sich seinem Bettchen näherten, spielen und scherzen konnte, geriet er in höchste Aufregung, wenn beide gemeinsam zu ihm traten; dann begann er zu schreien und schlug in höchster Erregung um sich. Der Aufregungszustand erreichte ein solches Ausmaß, daß die Umgebung für sein Leben fürchtete. Schließlich heilte eine aus der Umgebung herbeigeholte »Weise« diese Krankheitszustände durch Auflegen von Umschlägen. Schon das kleine Kind zeigte Züge von Rechthaberei, die später für den Erwachsenen so charakteristisch werden sollten.

Theophil Spoerri beschreibt in seinem Buch »Der verborgene Pascal« den Ehrgeiz als dessen hervorragendste Charaktereigenschaft. Außerdem habe er Zeichen geistiger Herrschsucht, Hang zu Rechthaberei und Geiz gezeigt. Pascal selbst faßt die Leidenschaften des Menschen unter drei Begriffen zusammen: Libido sentiendi, Libido sciendi, Libido dominandi. Gegen diese dreifachen Wurzeln des Bösen — und er kann sie nicht als produktive, sondern nur als zerstörerische Kräfte ansehen — geht sein Kampf. Er kämpft gegen seine Zuneigung zu den Menschen; er will sich nicht lieben lassen, und er will auch nicht lieben, seine Liebe darf nur dem Schöpfer gehören. Ist diese Liebe aber unvereinbar mit der Liebe zu den Mitmenschen? Was bekämpft er und warum tut er es? Er kämpft gegen die Sehnsucht seiner Kindheit: Pascal hat seine Mutter verloren, als er drei Jahre alt war. Mit ihr waren Zärtlichkeit und Weichheit aus seinem Leben verschwunden. Die Frauen, die Pascal in seinen weltlichen Jahren, in denen er Gesellschaften besuchte, Vergnügungen nachging, kennenlernte, vermochten das verschüttete Bild nicht zum Aufleuchten zu bringen. Der Vater, ein strenger, rechtlicher Mann, der seine Staatsämter zurückgelegt hatte, um sich der Erziehung seiner drei Kinder — Pascal wuchs zwischen zwei Schwestern auf — zu widmen, vermittelte diesen eine hervorragende Erziehung. Zwei seiner Kinder ragen durch ihre Leistungen weit über den Durchschnitt hinaus: die jüngste Schwester, Jacqueline, hat durch ihre öffentlichen Deklamationen die Begeisterung der höfischen Zuschauer erregt, und Pascal selbst, der bereits als Zwölfjähriger selbständig die Lehrsätze Euklids entwickelt hatte und der mit zwanzig Jahren eine Rechenmaschine konstruierte. Jacqueline wird dem Beifall der Welt entsagen und ins Kloster eintreten. Pascal wird mit 30 Jahren sowohl der wissenschaftlichen Laufbahn wie dem Leben in weltlichen Vergnügungen entsagen. Wie stark seine Libido dominandi war, dafür sprechen viele Zeugnisse. In einem Streit mit einem Theologen sinkt er ohnmächtig zu Boden, als er nicht recht behält. Der Schwester verweigert er die Mitgift, als sie den Wunsch ausspricht, ins Kloster einzutreten, und nur dadurch, daß die Oberin des Jansenisten-Klosters sie auch ohne finanzielle Unterstützung aufnimmt, wird es der Schwester überhaupt möglich gemacht, diesen Weg einzuschlagen. Erst nach Jahren gibt Pascal nach. In Streitgesprächen mit Freunden ist er immer der Tonangebende. In seiner weltlichen Zeit weiß er als Meister der Konversation zu glänzen.

Und die Libido sciendi? Für die Wissenschaft ist er hervorragend begabt, ein selbständiger Denker, ein mathematisches Wunderkind. Wie aber spricht er selbst davon?

> *Denn um Ihnen ein offenes Wort über die Mathematik zu sagen: ich halte sie für die höchste Übung des Geistes, sehe aber zugleich in ihr etwas so Unnützes, daß ich einen geschickten Handwerker einem Menschen, der nichts ist als ein Mathematiker, vorziehe ... und meine Studien entfernen sich so weit vom Geist der Mathematik, daß ich mich kaum mehr daran erinnern kann, mich jemals damit abgegeben zu haben.*

Dreifach ist die Verlockung der Welt an ihn herangetreten: als Sehnsucht nach Liebe, als Wille zur Macht, als Eifer für die Wissenschaft. Dreimal hat Pascal Nein gesagt; keiner Verlockung will er erliegen. Wie urteilt er?

> *In den fleischlichen Dingen herrscht die Begierde, in den geistigen die Neugier, im Bereich der Weisheit der Hochmut.*

Er weiß, daß der Verzicht ihm Schmerzen bereiten muß; er erinnert sich an Augustinus:

> *Wenn das Tier an der Kette dem folgt, der es führt, empfindet es keinen Schmerz. Wenn es in die andere Rich-*

*tung strebt, schneidet die Kette ein. Ebenso der Mensch, der angekettet ist an seine Begierden. So wird für ihn der Schmerz der Weg zur Freiheit.*

Nur aus dieser inneren Entwicklung kann Pascals Einstellung zu seinen körperlichen Leiden verstanden werden. Das Begehren des Körpers nach Ruhe, nach wohlschmeckender Nahrung, nach Wohlleben tadelt er als Concupiscentia. Die Welt ist eine gefallene, und jede Huldigung an sie bedeutet Verrat. Doch liegt Pascals Größe darin, sein Bewußtsein von der tierischen Natur des Menschen nicht zu verdrängen:

*Der Mensch ist weder Engel noch Tier, und seine Größe liegt darin, davon zu wissen, ebenso wie sein Verhängnis darin liegt, das Tier hervorzulocken, wenn er nur den Engel in sich beachten will.*

*Seine Größe zeigt man nicht, indem man sich zu einem Extrem bekennt, sondern indem man beide in sich vereinigt.*

So weiß er, der Mensch ist recht eigentlich omne animal und dennoch,

*der Mensch ist weder Engel noch Tier, und das Unglück will, daß, wer den Engel will, das Tier macht.*

Er bekämpft die Begierden des Körpers also nicht deshalb, weil er die tierische Natur des Menschen nicht anerkennt, sondern weil er den Schmerz als Befreier sucht. Er täuscht sich nicht hinweg über seine eigene leidenschaftliche Natur, aber er sehnt sich nach den Kräften, die nur frei werden können im Verzichten. Die nicht gelebten Leidenschaften, der nicht gestillte Hunger, das nicht befriedigte Verlangen nach Ruhe, nach Schmerzfreiheit, sie sind es, die ihn nicht nur Kraft kosten, sondern ihm auch neue Kraft schenken. Verzicht ist ihm nicht nur etwas Negatives, nicht nur Mangel; eine Quelle tut sich auf, die den Gesunden verschlossen bleibt. Er hat teil am Leidensweg des Herrn. Das körperliche Leiden — so sieht er es — schlägt nur den nieder, der nicht sich selbst entrissen wird.

*On ne se détache jamais sans douleur. On ne sent pas son lien quand on suit volontairement celui qui entraîne.*

(»Man reißt sich niemals ohne Schmerz los. Man fühlt die

Kette nicht, wenn man freiwillig dem folgt, der einen mit sich zieht.«)

*Avant que l'on soit touché on n'a que le poids de la concupiscence; qui porte à la terre. Quand Dieu attire en haut, ces deux efforts contraires font cette violence que Dieu seul peut faire surmonter.*

(»Solange man noch nicht ergriffen ist, fühlt man nur die Last der Begierde, die einen zur Erde niederzieht. Wenn Gott einen in die Höhe zieht, führen diese beiden entgegengesetzten Kräfte zu einer leidenschaftlichen Auseinandersetzung, die nur Gott selbst überwinden kann.«)

Er denkt nach über den Körper, den er nicht abschütteln und dem er dennoch nicht nachgeben kann:

*Wie der Körper mit der Seele zusammenhängt, ist für den Menschen ein unfaßbares Rätsel. Und dennoch ist es gerade das, was den Menschen zum Menschen macht.*

*Der Mensch ist sich selber das seltsamste Naturding. Denn er kann nicht begreifen, was ein Körper, noch weniger, was ein Geist ist, und am wenigsten, wie ein Körper mit einem Geist verbunden sein kann. Das ist der Gipfelpunkt all seiner Schwierigkeiten, und doch ist das sein eigentlichstes Wesen.*

Über die Einbildungskraft:

*Welche Gewalt übt sie über Seele und Körper aus! Wie kann sie sogar Krankheiten heilen! Wie viele Gesunde aber auch krank machen!*

Er weiß, daß sein Kampf gegen die körperlichen Begierden niemals zu dem vollen Sieg über die Leidenschaft führen kann. Wenn die moderne Tiefenpsychologie betont, daß eine Verdrängung der gesamten Triebansprüche zu einem lebensunfähigen Zustand führen würde, so weiß bereits Pascal, daß dieses Ziel nie erreicht werden kann.

*Die einen haben den Leidenschaften entsagen und Götter werden wollen; die anderen haben die Vernunft aufgeben und Tiere werden wollen ... aber weder die einen noch die anderen haben ihr Ziel erreichen können, die Vernunft bleibt immer bestehen mit ihrer Anklage gegen die Ge-*

*meinheit und Ungerechtigkeit der Leidenschaften, womit sie ständig die Ruhe derjenigen stört, die sich von den Leidenschaften hinreißen lassen, und die Leidenschaften bleiben am Leben, auch in denen, die darauf verzichten wollen!*

So wird in einem tieferen Sinn die körperliche Krankheit das Sinnbild für die geistige Krankheit und ist zugleich der Weg, der aus ihr herausführt, Geißel und Heilmittel in einem. Sie ist der wesensgemäße Zustand für den der Erbsünde verfallenen Menschen. Über die Krankheit im Evangelium schreibt Pascal:

*Die Figuren des Evangeliums für den Zustand der kranken Seele waren die kranken Körper; aber da ein Körper nicht krank genug sein kann, um sie alle darzustellen, mußte es solcher viele geben. So haben wir den Tauben, den Stummen, den Blinden, den Lahmen, den toten Lazarus, den Besessenen. Das alles zusammen ist in der toten Seele.*

Wenn aber Leiden der wesensgemäße Zustand des Menschen ist, dann ist alles, was diese Tatsache vor einem zu verbergen sucht, abzulehnen. Körperliche Leiden will Pascal nicht durch schmerzstillende Mittel bekämpfen, seelische nicht von sich abschütteln. Er will den Abgrund seiner Verzweiflung ständig vor Augen haben. Die Menschen *eilen unbekümmert dem Abgrund zu, nachdem sie etwas vor sich hingestellt haben, das sie verhindert, ihn zu sehen.* Was stellen Sie vor ihn hin? Zerstreuungen, Vergnügungen der Gesellschaft, Jagd (um einen Hasen, den man, wie Pascal sagt, geschenkt nicht nehmen würde).

*Nichts ist dem Menschen unerträglicher, als in einer völligen Ruhe zu sein, ohne Leidenschaften, ohne Zerstreuung, ohne Betrieb. Er fühlt darin seine Nichtigkeit, seine Verlassenheit, sein Unvermögen, seine Abhängigkeit, seine Ohnmacht, seine Leere.*

Unversehens steigen aus dem Grund der Seele die Langeweile, die Schwermut, die Trauer, der Kummer, die Verzweiflung. Wenn aber dies die Seelenverfassung des Menschen ist, die erst in der Einsamkeit sichtbar wird, so gilt es, dieser Einsamkeit standzuhalten. Größere Einsamkeit als die des Kranken, des auf sein Zimmer, ja auf sein Lager beschränkten Leidenden gibt es nicht. Er schreibt einen Traktat: »Gebet, um von Gott die richtige Einstellung zur Krankheit zu erflehen.«

*O Gott, der Du unseren Körper absterben läßt und der Du unsere Seele in der Todesstunde von allem löst, was sie auf dieser Welt liebte. O Gott, der Du mich in diesem Augenblick von allem wegreißt, von allen Dingen, an denen ich hänge und an die ich mein Herz gehängt habe.*

So hat er seine Krankheit nicht nur heldenhaft ertragen, er hat sie besungen. Sie war für ihn die Kraft, die den Christen aus den Fesseln der Welt befreit und zu Gott hinträgt. Oft sagte er zu seiner Schwester Gilberte, mit deren Familie er in gemeinsamem Haushalt lebte, daß die Krankheit der natürliche Zustand des Christen sei. Guardini spricht in seiner Untersuchung über Pascal aus, daß dieser von den Möglichkeiten der Zerstörung wußte, die aus seinem Wesen kamen. So sah er in der Krankheit die Möglichkeit, sich von seinem Dämon zu befreien, vom »Zwang der Verstandeskonsequenz und des Rechthabens, vom Willen zur Macht durch Erkenntnis.« Pascal deutet die Geschichte von Abraham, der nach einer gewonnenen Schlacht nichts von der Beute für sich nimmt, sondern diese ganz an seine Diener verteilt, auf folgende Weise:

*Abraham nahm nichts für sich selber, sondern nur für seine Diener. So nimmt der Gerechte nichts für sich von der Welt und vom Beifall der Welt, sondern nur für seine Leidenschaften, deren er sich wie ein Herr bedient, indem er sagt: Geh! und der anderen: Komm! Solchermaßen beherrscht, werden seine Leidenschaften zu Tugenden und Kräften ... man muß sich ihrer als Sklaven bedienen, und indem man ihnen ihre Nahrung läßt, wohl darauf achten, daß die Seele nichts davon zu sich nimmt, denn wenn die Leidenschaften die Herrschaft übernehmen, werden sie zu Lastern, und dann geben sie der Seele von ihrer Nahrung, und die Seele, die diese Nahrung einnimmt, geht an diesem Gift zu Grunde.*

Er bedient sich seiner Leidenschaften, als wären sie Sklaven; seinen Körper behandelt er als solchen. Es ist ein anderes Christentum als das des Franz von Assisi, der den Leib »seinen lieben Bruder Esel« nannte. Bei Pascal wird ein Sklavenaufstand unterdrückt und die Gefahr gesehen, daß der Geknechtete sich durch Gift rächen könnte. Er tat es auch: Die Krankheit steigerte sich in den letzten Lebensjahren zu unerträglichen Schmerzparoxysmen (anfallsartiges Auftreten einer Krankheitserscheinung), Kopf- und Leibschmerzen erreichten ein Maß, dem nur das zeitweilige Vor-Schmerz-bewußtlos-Werden Halt gebot. Er starb mit 39 Jahren, doch war dieser frühzeitige leibliche Tod nur die notwendige Folge eines Sich-selbst-Absterbens, das mit seinem 18. Lebensjahr begonnen hatte.

Eine leidenschaftliche Natur hatte alle Leidenschaften in sich besiegt. Ein liebesbedürftiger Mensch hatte seine Zärtlichkeit und sein Verlangen nach mitmenschlicher Nähe erstickt, so daß seine Biographen über ihn sagen konnten: »Es ist ganz deutlich, daß er niemals seine Seele an ein geschaffenes Geschöpf verloren hat. Leidenschaftlich hat er nur seinen Herrn geliebt!« Ein zu höchster intellektueller Leistung befähigter Kopf hatte die Liebe zur Wissenschaft als Abirrung vom rechten Weg gesehen, ein ehrgeiziger, des Erfolges gewohnter Mann hatte die Suche nach äußeren Ehren von sich abgetan. Alles dies war ohne Selbsttäuschung, ohne die Tröstung falscher Vorwände, ohne Beschönigung geschehen. Als Concupiscentia erschien ihm alles, was ihn an die Erde kettete, von der er doch wußte, daß er sich vor dem Tod nicht werde von ihr befreien können. So wurde ihm leibliche Krankheit der Weg zum Tod und damit zur Freiheit.

•

## REINHOLD SCHNEIDER

*»Kranksein ist Weltgleichnis, denn alle liegen im Sterben.«* (Paracelsus)

*»An der Wiege stehen die Verhängnisse, in den Eingeweiden sind sie gebildet.«* (Schneider)

*»Geliebtes Kreuz, an dem ich mich bewähre.«*
(Aus dem Gedicht Schneiders »Die Seele an den Körper«)

Reinhold Schneider hat Pascals Werke mit einer Einführung herausgegeben. Er tat es, weil er sich der inneren Verwandtschaft mit dem Autor der »Pénsées« bewußt war. Die Verwandtschaft war die, daß beide vom Leiden angezogen wurden. Das Verhängnis sei in den Eingeweiden gebildet, heißt es bei Schneider. Man könnte es mit den Worten seines geistigen Antipoden, Sartre, so ausdrücken, daß die Wahl des eigenen Seins allem bewußten Entschluß vorangehe. Schneider hätte sich nach Sartre als Leidenden gewählt. Auch für ihn ist, wie für Pascal, Krankheit der christliche Zustand. Aber die innere Entscheidung für das Leiden geht seiner Entscheidung für das Christentum voraus, wird nicht durch dieses bedingt. Und das ist ein Unterschied zu Pascals Entwicklung.
Er selbst hat körperliches Leiden immer als von Anbeginn auferlegte Last gesehen, die eins wird mit der seelischen Bürde. So sagt er zu Max Mell, den er in Wien besucht, als das Gespräch auf den Freitod Ferdinand von Saars und den Stifters kommt, es handle sich um eine Fatalität der Geburt, die den nicht loslasse, dem sie angeboren sei, auch wenn Krankheit sie zu erzwingen scheine. Denn die Krankheit als Form des Schicksals ist eben auch angeboren und ein Element der physischen und psychischen Struktur. Wenn die Geschichte seiner körperlichen Leiden registriert werden soll, heißt es in den Jünglingsjahren beginnen, in denen Schneider als Kontorist in einer Dresdener Druckerei arbeitete. Es waren

die Jahre der Inflation. Der Sohn wohlhabender Hotelbesitzer aus Baden-Baden konnte auf kein elterliches Erbe mehr hoffen.

*Von da an lebte ich abends von Brot und Kunsthonig, der in Würfeln in Pappgehäusen zu kaufen war und mich wenigstens an den auf den Jahrmärkten der Kindheit geschätzten türkischen Honig erinnerte. Mittags ging ich mit zwei Kameraden in die nächste Gastwirtschaft. Der Wirt, ein redlicher Mann, bemitleidete uns, nicht bei der »kulantesten Firma« zu sein. Heißhungrig löffelten wir das Tellergericht Linsen, die ich unter Essig setzte, gefetteten Erbsenbrei und Kartoffelstückchen ...*

*Nun ist der schönste Teil des Tages wieder vorbei, pflegte mein Kollege zu sagen, wenn er nach drei Minuten den Teller wegschob. Später wurde es schlimmer; ich habe wohl zwei Jahre nichts Warmes gegessen. Das Leiden, das mich nicht mehr freigibt, mag damals erregt oder gesteigert worden sein.*

Das Leiden wurde ein schweres Magenleiden, das den Dichter in späteren Jahren dazu zwang, viele Tage liegend zu verbringen, wenig und nur ausgesuchte Speisen zu sich zu nehmen, in den letzten Monaten fast nur noch Flüssigkeiten und ein wenig von dem schweren roten Wein, den er liebte. So saß er hinter dem gefüllten Glas, saß in seinem letzten Winter in Wien vor dem Marmortischchen altväterischer Kaffeehäuser, und er suchte stets nur solche aus, die den Hauch des Verfalls, den letzten Schimmer einer vergangenen Epoche an sich trugen. Er saß hinter seinen Schulheften, in die er seine Aufzeichnungen eintrug, vor den Ansichtskarten, die er mit sich trug und die vor allem Bilder des Elends zeigten, gesehen aus der Perspektive des Künstlers. Betrachtungen über die Raubwespe, über die Dämonenmasken des ethnographischen Museums, über das Arsenal moderner Waffen, über alle Dissonanzen des Lebens entstanden.

Nur selten war er schmerzfrei. Die Freunde erschraken, wenn sie den übergroßen, hageren Mann erblickten, im langen Mantel, dünn und gebrechlich. Sie wagten nicht, nach den

Schmerzen zu fragen, die sein Gesicht gezeichnet hatten. Er wollte keine ärztliche Behandlung; er empfand sie als Eingriff Unwissender, denn was konnten die Fremden ahnen von dem, was sich in seiner Krankheit für ihn begab.

> *Aber darum* (um sein körperliches Leiden) *ging es doch nicht. Die Gefahr war nicht in der Entbehrung, sie war in mir.*

Er hat die Stunden, die er in Schmerzen verbrachte, beschrieben. Vieles, was er gesehen hat, ist aus der Perspektive des Leidenden gesehen, der allein in seinem Zimmer bleibt: Die Tür zur Terrasse ist geöffnet, Eichhörnchen finden den Weg vom Garten über den Balkon bis zu seiner Bettstatt, zur Nuß, die er vorbereitet hat. Er kennt den Laut der Vögel, er horcht auf ihren Flügelschlag. Seine Blicke gehen über die Bücher, die an den Wänden des Raumes angeordnet sind. Welche dieser Bücher, fragt er sich, wird er noch einmal aufschlagen, welche sind bereits fern entrückt in den Schatten, in das Vergessen? Das Leid ist eine unsichtbare Wand, die ihn trennt von dem, was anderen wichtig ist. So begnügt er sich damit, sich zu erinnern, was hinter den mattschimmernden Bücherrücken früher einmal auf ihn gewartet hat und jetzt so fern liegt; nur weniges bleibt, das aber erhält ein besonderes Gewicht. Alles betrachtet er unter dem Blickwinkel des Todes, eines nicht gefürchteten, sondern ersehnten Todes. Er spricht über ihn mit einem Lächeln:

> *Lieber Gott, rufe mich, wenn Du willst, nur nicht heute Nacht, beten die Iren vor dem Einschlafen. Ich wäre bereit, die Einschränkung fallenzulassen.*

Aber er will als Christ nur noch dann gehen, wenn er gerufen wird. Früher war das anders. Als junger Mann hatte er einen Selbstmordversuch unternommen. Was hätte ihn zurückhalten sollen? Die Philosophen, die er las, priesen den Tod, so z. B. Plinius, der ihn als einzigen Trost der Menschen feierte. Und er war auch der einzige Trost für ihn in diesen Tagen, der Gedanke an den Selbstmord nämlich, der einem ungeliebten Brotberuf ein Ende setzen sollte und den Abenden, an denen er einsam und traurig war:

*Nacht für Nacht auf dem Heimweg ging die unheimliche Verheißung mit: dies ist das letzte Mal, daß du große Last trägst. Die Lichter der entfernten Stadt flackerten über den Himmel, und die Leuchtkäfer stoben durch die Zweige; ich bog wieder in die schmale Straße ein, und bei jedem Schritt, beim Aufschließen der Haustür, auf jeder Stufe der Treppe sagte ich mir: Das letzte Mal, endlich das letzte Mal. Flüchtig streifte mich der Gedanke an die Heimat. Ich erwachte beschämt, weil ich am Abend nicht die Kraft gefunden hatte. Aber auf dem Weg zur Arbeit, im Kontor, abends bei einer Veranstaltung genoß ich das wunderbare Glück, nicht mehr dazuzugehören. Das »Zum letzten Mal« verklärte eine jede Rose, vielleicht ein jedes Gesicht. Unverklärt blieb nur die graue Straße zu meiner toten Arbeit; ich empfand diese Straße als Verdammnis. Am ewigen Schlaf im Jenseits zweifelte ich nicht. Oft fühlte ich mich unter den Menschen wie ein Verräter, weil ich noch mitspielte, während ich abgerufen war, und Dinge ernst nahm, die keinen Ernst mehr hatten. Ich fühlte mich, begleitet vom Tod, im Besitz einer überschwenglichen Freiheit.*

Der Selbstmordversuch durch Aufschneiden der Pulsadern mißglückt, und er wiederholt ihn nicht mehr. Doch wird er ein Leben lang die Neigung zum Selbstmord für eine angeborene Versuchung, ein nicht lösbares Problem halten.

Später, als Tiefgläubiger, sieht er ihn als furchtbare Sünde, als *das aufrührerische Nein an den Urheber des Daseins.* Dennoch bleibt die Sehnsucht nach dem Tod unverändert und führt zu einer innerhalb des christlichen Bekenntnisses seltsamen Konsequenz. Es ist ihm selbst in den letzten Jahren noch unmöglich, an die Auferstehung des Fleisches zu glauben. Er glaubt an die Gottheit Christi, auch daran, daß dieser auferstanden ist, aber wie soll er daran zweifeln, daß Gott, der seine Müdigkeit kennt, ihm nicht die ewige Ruhe lassen würde.

*Fest überzeugt von der göttlichen Stiftung und ihrer bis zum Ende der Geschichte währenden Dauer*, schreibt er im

*Winter in Wien, ziehe ich mich am liebsten in die Krypta zurück; ich höre den fernen Gesang. Ich weiß, daß Er auferstanden ist. Aber meine Lebenskraft ist so sehr gesunken, daß sie über das Grab nicht hinauszugreifen, sich über den Tod hinweg nicht zu sehnen und zu fürchten vermag. Ich kann mir einen Gott nicht denken, der so unbarmherzig wäre, einen todmüden Schläfer zu seinen Füßen, einen Kranken, der endlich eingeschlafen ist, aufzuwecken. Kein Arzt, keine Pflegerin würde das tun, wie viel weniger Er.*

Und ein anderes Mal heißt es:

*Es ist doch gar nicht möglich, in einem Atemzug um die ewige Ruhe und das ewige Leben zu bitten. Gilt aber die zweite Bitte nicht, so gelangt die Brücke nicht ans andere Ufer, und alle Wagen stürzen ab.*

Man bedenke, was dies heißt! Häresie des gläubigsten Menschen, nicht als Auflehnung, nicht als Eigenmächtigkeit, sondern nur als Folge dieses Gefälles zur Schwermut, das auch mit dem Leben nicht enden kann, das nicht mehr die Herrlichkeit im Anschauen Gottes zu denken vermag, auch nicht mehr Ruhe, wenn das eigene Fleisch wieder aufersteht. Nur im ewigen Schlaf glaubt er Frieden zu finden. Fast erschiene es paradox, sich diesen Menschen gesund zu denken: Krankheit des Leibes und Leiden am Leben fallen zusammen, sind vom Außenstehenden gar nicht mehr als getrennt wahrzunehmen, werden auch in seiner Selbstschau immer als eines gesehen. Und so forscht er denen nach, die vor ihm gelitten haben. Man denke an seine Ausführungen über Novalis (in »Über Dichter und Dichtung«); Novalis sei vom Leiden Sophie von Kühns angezogen worden, und es sei wiederum das Leiden gewesen, das nach Sophiens Tod seine Liebe zu Julie von Charpentier erweckt habe. Er habe sie am Krankenbett ihres Vaters kennengelernt, bei dessen Pflege sie sich schließlich selbst einen heftigen Gesichtsschmerz zugezogen habe. *Jetzt erst*, schrieb Novalis seinem Gönner, dem Geheimen Finanzrat von Oppel in Dresden, *fiel mir der Gedanke, ihr mein Leben zu widmen, lebhaft ein.* Krankheiten waren ihm

»Lehrjahre« der Lebenskunst und Gemütsbildung. *Jeder Schmerz eine Erinnerung unseres hohen Ranges,* jede Bedrängnis der Natur nur eine Erinnerung höherer Heimat, einer höheren verwandten Natur. »Er sucht«, sagt Schneider, »mit heißer, verborgener Inbrunst die Vollendung, die Transzendenz im Leiden, seine geheimnisvolle in das Jenseits ziehende Kraft.«

»Diese Lust im Zerfließen, dieses Hingezogenwerden von den Urgewässern läßt sich aus dem Schicksal nicht ableiten«, es gehe dem Schicksal voraus. Die Freunde Novalis' hätten dies verstanden. »Seit ich ihn kenne«, habe Tieck kurz nach des Dichters Tod geschrieben, »sah ich ihn als einen Toten an« (an Friedrich Schlegel, 23. April 1801). Es war die Entscheidung seines Innern, die den Ereignissen des äußeren Lebens vorausgegangen war, ja diese erst bestimmt und geordnet hatte. »Alles, was ihm begegnete, war in ihm vorgebildet.« Wiederum wählt Schneider die Worte, mit denen die Existentialisten die Wahl des Menschen bezeichnen, die erst nachträglich sich in äußeren Ereignissen niederschlägt. Er schreibt über Paracelsus, von dessen Arzttum nur dann Heilung erwartet werden könne, wenn es als Einverständnis mit dem Willen Gottes aufgefaßt werde: *Nicht der Mensch heilt, sondern Gott.* Die Krankheit soll verstanden werden als Ruf nach Gott. *Im Herzen west der Arzt, Arzt und Arzneien sind Mittler göttlicher Barmherzigkeit.* So sagt Paracelsus: »Es ist eine jegliche Krankheit ein Fegefeuer, kein Arzt kann gesund machen, es sei denn Sach, daß von Gott das Fegefeuer aus sei.« Der Kranke lebt in zwei Leibern, die einander stören, bis er, Gott sich ausliefernd, die höhere Lebensgestalt erreicht. Und mit den Völkern ist es nicht anders. Da der Mensch nach Paracelsus ein Ganzes ist, *Auszug der ganzen machina mundi,* muß der Arzt in ihm den Ganzen begreifen, muß er den Lauf der Himmel und Erde machen. »Er wird im Menschen nichts finden, denn was Himmel und Erden auch haben.« Heilung ist eine Art Sakrament.

*Der Arzt reicht dem Siechen auf geheimnisvolle Weise Leben von seinem Leben, Teil seines Leibes und damit seiner Willenskraft unter der Weihe des Gemütes und zu bestimmter Sternstunde an erwähltem Ort; es könnte eine Art Numina sein, vergeistigt Körperliches, in dem unermeßliche Kräfte schlummern. So beginnt das Licht der Natur wieder zu leuchten im Kranken, fluten die einander haltenden Kräfte des Alls wieder in ihn zurück. Welche Vermessenheit, heilen zu wollen, da alles Wissen, je weiter es drängt, auf um so gefährlichere Weise in die Schwebe gerät! Welcher Wahn, das Mysterium Mensch zu behandeln.*

Deshalb glaubt Schneider für sich auch nicht an die Möglichkeit einer Wiedergesundung. Seitdem er sich entschlossen hat, das Leben aufzugeben, hat er nie wieder die Stellung eingenommen, die er früher Menschen und Dingen gegenüber behauptet hat. Er weiß, daß er nach dieser radikalen Trennung nie ganz dazugehören wird zum Leben, zu den Menschen. Das Bewußtsein, daß er einmal fast jenseits der letzten Mauer war, erlaubt es ihm nicht mehr, ganz unbefangen mit dabei zu sein, wenn andere leben und fröhlich sind. Wenn Paracelsus wußte, daß Heilung nur gelingen konnte »in der Gnadenstunde, da Arzt und Patient gemeinsam Gott begegnen«, so wußte Schneider, daß für ihn, der nicht leben wollte, kein Arzt zu finden war.

*Man kann Gott nicht genug danken für den Bissen, den man nicht gegessen, die Nachricht, die man nicht empfangen hat, für den Besuch, der vorüberging, die verpaßte Umarmung, den bestandenen Tag und den getrunkenen Wein. Und immer wieder kommt eine gute Stunde herauf, nur erweist es sich im Leben, daß das Negative anderen spezifischen Gewichtes ist als das Positive, daß es in der Atomhierarchie wesentlich höher rangiert und eine Negation eine weit härtere Durchschlagskraft hat als eine Bejahung. Das scheint in der Natur des Daseins zu liegen, in der rätselhaften Neigung zur Buße, im Gefälle zum Leid.*

Dieses Gefälle zum Leid ist den Dingen als innerstes Wesen eingeprägt: er weiß, daß wir *auch Menschen nur finden und lieben können, um den Preis des Todes.* Und er gibt dem Tod recht, der dem Ackermann von Saaz zu verstehen gab, daß kein irdischer Verlust zur Empörung berechtigt, weil wir die Dinge nur um den Preis ihres Endes besitzen und also ein jeglicher seine Schuldigkeit bezahlt...

Wer sich aber aufgelehnt hat gegen Gottes Gesetz und diesen von Gott verhängten Tod nach eigenem Willensentscheid vorausnimmt, begehe, so wird er später sagen, eine Sünde, die es fast unmöglich mache, an die Vergebung zu glauben. Es bleibe nicht nur eine Auflehnung gegen Gottes Gesetz, sondern auch gegen den *auferlegten Anteil an dem in jedem Fall mitverschuldeten Leid der Welt.* Die innere Verwundung, die er (der Selbstmord) zurückläßt, vernarbt nicht. *Wer sich auf solche Weise einmal von Welt und Menschen geschieden hat, wird sich nie mehr in ungeteilter Gegenwart an ihren Tisch setzen.* Seither bleibt er ein Fremdling auf der Welt. Was Schopenhauer das Streben der Natur danach genannt hat, sich dem chaotischen Zustand anzunähern, was Freud als Todestrieb bezeichnet, nennt er die Abkehr vom Urheber des Lebens, die dazu führe, daß das Dasein von den chthonischen Fluten überschwemmt werde, hinweggerissen werde, aber in Übereinstimmung mit seinem innersten Wollen. Hier liegt auch die Wurzel der Krankheit, die ebenso als ein Überwältigtwerden des Ordnungsganzen durch den Einbruch fremder Macht angesehen wird. Und so erfährt sein Leben plötzlich die richtunggebende Macht: er nimmt das Leiden auf sich. Das körperliche Leiden wird zum Ausdruck des vielfältigen seelischen Leidens. Die Einsamkeit wird bejaht.

*An mein erschauernd Herz ein Herz zu pressen,*
*Das durft ich nie auf dieser Welt erlangen.*

Er weiß darum, daß er nur einen Teil seiner dichterischen Pläne wird ausarbeiten können, es fehle ihm die Kraft, den Torso zu vollenden:

> *Auch habe ich keine Hoffnung mehr, die dramatischen Pläne, mit denen ich mich trug... auszugestalten. Es ist keine Kraft, kein Ehrgeiz mehr vorhanden. Warum anfangen, wenn man nicht durchführen kann?*

Er glaubt, auch die Geschichte der Völker zeige, daß die Menschheit dem Untergang zustrebe. Er bedauert das Ende der monarchistischen Staatsgebilde und weiß doch, daß es kommen mußte. In der modernen Naturwissenschaft fasziniert ihn alles, was von den unzähligen Leiden der Kreatur berichtet. Es ist, als wenn alle Gedanken seiner letzten Jahre darauf gerichtet gewesen wären, dem Übel der Welt nachzuspüren. Im »Winter in Wien« nennt er selbst die Stimmung seines Lebens die des »Düsteren Tages« von Breughel. Die Lebensstimmung ist angeboren; sie macht die Erfahrung nicht, der sie korrespondiert. Sie ist ein Element des Geschicks.

> *Alle Abgründe sind aufgerissen: die des Kosmos, die des Menschen. Wenn doch noch eine Hoffnung bliebe, so kann sie nur sein in dem Sterben Christi an unserem Leib. Die Hoffnung ist das Leiden. Denn wie Kierkegaard sagt, die Wahrheit siegt durch das Leiden. Der Kreuzweg ist der Weg. Gott ist nicht eigentlich im Zusammenfall der Widersprüche. Aber der Zusammenfall ist der Ort, wo Er sichtbar, erahnbar wird.*

Vom Gottesbild werde das Weltbild, das Menschenbild, die Forderung an das Leben bestimmt, nicht umgekehrt. Das Gottesbild ist die erste geschichtliche Entscheidung. Sein Gottesbild ist das des leidenden Christus. Dieser konnte nur eine kranke Welt befreien.

> *Es ist das Paradox der Botschaft, daß wir in einem gewissen Sinn krank sein müssen, weil Er sonst nicht zu uns kommt; daß wir zugleich krank sind und geheilt werden. So ist Leibeskrankheit Heimsuchung der Gnade. Aber ein Zusammenhang mit Schuld und Sünde dunkelt hindurch: sie liegen im Anfang, im Wesen im Menschsein.*

Auch in den schlechtesten Zeiten seiner Krankheit hat er den Glauben aufrechterhalten, daß ihm nicht Unverdientes widerfahren würde. Er glaubte aber auch mit Pascal, daß Krankheit der christliche Zustand sei. Die Totenmaske, sagte er, sei im gleichen Grad die Arbeit des Menschen wie der durchlittenen und durchstrittenen Zeit. An der Totenmaske zeige sich erst, daß das Leben von einem Kontinuierlichen getragen werde.

In seinem wunderbaren Gedicht an den Vater beschreibt er, wie er von diesem das Erbe der Schwermut übernommen, auf sich genommen habe: *Der Schwermut Erbe ward mir übermacht.* Er wolle sie tragen, aber sie keinem weitergeben. In ihm solle das Leid zur Ruhe gebracht werden. *Niemand wird empfinden, was ich war.* In einem anderen Gedicht »Die Seele an den Körper« sieht er sich als Gefesselten, Gefangenen:

*Doch da ich aus der Schwermut Schatten strebe,*
*engt mich die Haft von allen Seiten ein;*
*Die Krankheit beugt mich, Schmach und Todespein*
*und Welt und Zeit, in der ich schaudernd lebe.*

Er weiß im Winter 1957, dem letzten Winter in Wien, daß er dem Tod nahe ist. Schon das leibliche Aufstehen am Morgen war ihm in den letzten Monaten so schwer gewesen.

*Immer schwerer fällt es mir, aufzustehen. (Immerhin, ich bin nicht lebensmüde, aber es reicht. Ich stelle keine Ansprüche mehr. Ich habe genug gesehen für mein Billett. Ich bekomme ein schlechtes Gewissen: so viel habe ich ja gar nicht bezahlt. Auch braucht man das Stück nicht abzusetzen, ich gehe gern in der Pause.)*

Fünf Tage nachdem er sein Manuskript des Wiener Tagebuchs seinem Verleger übergeben hat, stirbt er zu Ostern, am Fest der Auferstehung, er,der hofft, nie mehr auferstehen zu müssen. Nicht an uns liegt es, zu entscheiden, ob er, der so gedacht und empfunden hat, gesund hätte bleiben können, oder ob er so denken mußte, weil er krank war. Er selbst hat die Entscheidung zu treffen. Er hielt die innere Entscheidung zum Leiden für das Primäre, dem alle äußeren Ereignisse erst nachfolgten:

*Aber auf die Verehrung des vergöttlichten Leidens war meine tiefste Natur gerichtet; nichts war mir so gewiß, denn wie Gregor der Große sagt, einem dunklen Gemüt kann nur durch den Anblick des Leidens geholfen werden.*

Sowohl von Pascal wie von Schneider wird Krankheit als die Voraussetzung für Verwirklichung des eigentlichen Lebenszieles erlebt. Sie wird nicht nur bejaht, sondern als Notwendigkeit empfunden. Durch diesen ihnen beiden gemeinsamen Wesenszug wurde wohl Schneider dazu veranlaßt, sich mit Pascals Werken auseinanderzusetzen. Nichts verbindet über alle Zeiten hinweg so tief wie ein gemeinsames Lebensgefühl. Dennoch waren die Anlagen dieser beiden Menschen, die sich für den gleichen Weg entschieden haben, ursprünglich sehr verschiedene. Pascals Natur war die eines leidenschaftlich triebhaften und vom Ehrgeiz verzehrten Menschen. Seine »weltliche Periode« zeigte ihn mit Begeisterung dem Leben des Hofes zugewandt. Sie wird nach einer jähen, fast gewaltsam anmutenden Bekehrung von strenger Askese abgelöst.

Krankheit heißt für ihn Abtötung und wird so zur Voraussetzung dafür, daß er seiner religiösen Berufung zu folgen vermag.

Anders bei Schneider: Ihm wurde vom Vater her das Erbe der Schwermut überantwortet, eine drückende Last, an der er zeitlebens getragen hat. Von Jugend an war sein Wunsch darauf gerichtet, von diesem lastenden Fluch erlöst zu werden. Hatte er zunächst vom selbsterwählten Tod Befreiung erhofft, so erwartete er später, als er den Selbstmord als Schuld ansehen gelernt hatte, die Befreiung von seinem göttlichen Erlöser. Dieser würde — so hoffte er — ihn, den müden Schläfer, auch am Tage der Auferstehung nicht erwecken. Nur mit dem Erlöschen des Lebens konnte Leiden und Qual des irdischen Daseins enden, und glücklich diejenigen, denen dies frühzeitig beschieden war.

Erschöpft überfällt ihn die gleiche Wegmüdigkeit, wie wir sie bei André Gide wiederfinden werden, bei diesem jedoch ohne religiösen Akzent. Er habe genug bekommen für sein Billett, meint Schneider, und sei bereit, die Vorstellung zu verlassen, ohne den letzten Akt zu sehen.

Beide haben kein Verlangen mehr nach irdischer Nahrung, die Speisen quellen im Munde: Gide spricht von Anorexie, Schneiders Magenleiden macht das Essen zur Qual.

Die Appetenz — das Verlangen nach Leben, Nahrung, Genuß — liegt darnieder.

Da Selbstmord Schuld bedeutet und deshalb nicht mehr möglich ist, öffnet die Krankheit das Tor aus dieser Welt heraus. Ist es doch eine Welt, in der das Negative, das Dunkle und Leidvolle als mächtiger, da von *höherem spezifischen Gewicht* als das Helle erfahren wird.

*Krankheit ist Weltgleichnis.*

## HEINRICH FEDERER

Der Schweizer Schriftsteller Heinrich Federer hat nach jahrelangem Ringen um den Sinn seiner Krankheit, einem schweren Asthmaleiden, schließlich Ja zu ihr gesagt.

Federer hat seine Autobiographie bezeichnenderweise »Am Fenster« genannt. Nur vom Fenster her war dem Kranken Teilnahme an der Welt möglich. Das Fenster gibt den Blick frei auf das pulsierende Leben der Straße, aber es schafft auch Distanz. Zwar sieht man die Menschen, kann teilnehmen an ihrem Schicksal, aber niemals wird man ganz zu ihnen gehören. Und es ist die Krankheit, die die trennende Wand aufgerichtet hat.

Federers Erkrankung begann im vierten Lebensjahr. Man führte den ersten schweren Asthmaanfall damals darauf zurück, daß das Kind in einem noch nicht ganz ausgetrockneten neuerbauten Haus hatte übernachten müssen. Er sollte von diesem Zeitpunkt an lebenslänglich an einem schweren Bronchialasthma leiden.

Er selbst schreibt darüber:

> *Es begann die unheilbare Krankheit, die mir später das Schönste, was es für mich gab, das Pastorieren verbot, mich mehr und mehr in den Stuhl zwang und mich langsam begrub, noch ehe ein Sarg gezimmert ward. Unheilbar, sage ich, und doch nicht unheilbar.*

Späterhin wußte er, daß zu Beginn der Krankheit eine Spezialbehandlung ihn hätte retten können. Wenn es auch Jahre geben sollte, in denen das Leiden sich besserte, kehrte es doch nach einer Pause immer wieder zurück, oft mit doppelter Schwere.

*Freilich, bei meiner hitzigen Natur und der ungeheuren Begehrlichkeit meines Blutes oder meiner Nerven war dieses Schicksal vielleicht eine mir an jenem Winterabend vom Himmel gefallene Gottesgüte. Das Asthma hat mir Schranken gesetzt, wo meine eigene Willensschwäche es nicht vermocht hätte. Ich besitze alle Anlagen, deren Reife ich beim Vater sah, vielleicht noch in einem stärkeren Maße als er selbst. Ich bin träge, gelüstig nach steten Genüssen, verliere sogleich beim ersten Mißglücken alle Arbeitslust, liebe mein Wohlsein über alles, überschätze das ätherisch Schöne, bewundere das Großartige noch in der Schlechtigkeit, möchte küssen, Wein trinken, singen und alles Ernste unter den Tisch wünschen. Da kam grau, hager, eng geschnürt und unerbittlich das Asthma wie ein König über mich. Ich mußte folgen. Bei jedem Ungehorsam gab es Schläge. Der blindeste, wildeste Unverstand konnte nicht anders. Er mußte sich nach knappen Gesetzlein richten, demütige, kleinliche Regelchen beobachten, pedantische und philisterhafte Vorsicht hegen, wie eine Schnecke die Hörner der Angst aus- und einziehen und ja nie über die Schnur hauen. Noch mehr, man mußte sein Blut, seine Rasse, sein braves Ungestüm verleugnen, verwässern, nach und nach ins Kaninchenhafte hinunterzähmen. Es war keine Tugend, daß ich in allen Studentenjahren nie einen Rausch heimtrug, von Keilereien fernblieb und an den Froheiten und Glorien des Schürzenjägertums keinen Anteil nahm. Es war in erster Linie Zwang. Wie oft hätte ich sonst gesündigt! ...*

Wenn man dies hört, muß man sich fragen, warum er »Frechheiten und Froheiten« so gefürchtet hat, daß ihm sogar der bittere Zwang der Atemnot willkommen schien? — Er fürchtete das Erbe des Vaters. Werfen wir also einen Blick auf das Leben seiner Eltern: Der Vater, als Maler begabt, war ein Blender, ein unsteter innerlich gejagter Mann, der nicht fähig war, Werke, für die er die großartigsten Pläne entworfen hatte, zu vollenden. Seine Frau, Federers Mutter, war nach früher Witwenschaft in zweiter Ehe mit ihm verheiratet. Sie

war um 10 Jahre älter als er, durchaus bürgerlich und um so mehr verzweifelt über die zunehmende wirtschaftliche Unsicherheit, in die der Vater die Familie hineinzog.
Nach wenigen Ehejahren bereits wurde der Vater zum Vaganten, den die Kinder nur mehr gelegentlich sahen. Dennoch aber blieb die Mutter diesem Mann zärtlich zugetan, ihm immer wieder verzeihend und innerlich stets mit ihm und dem Kummer um ihn beschäftigt. Dem Sohn gegenüber war sie eine kühle, stille Mutter, deren Traurigkeit den Jungen ständig dazu anfeuerte, um sie bemüht zu sein. So faßte er schon als Bub den Entschluß, nicht zu heiraten.
Das Asthma (der Schrei nach der Mutter) zwang diese kühle Frau an das Bett des Kindes und verschaffte dem kranken Buben mehr Liebe als den gesunden Geschwistern.
Er, der so sehr an seiner Mutter hing, sah begreiflicherweise das Vagantentum, aber auch die Lebensfreude des Vaters mit ihren Augen: mit Angst zunächst und schließlich mit Abscheu. Im Leben stehen hieß gefährdet sein, in Schuld fallen, Unrecht tun. Zugleich aber traute er sich allein nicht die Kraft zu, der Versuchung, die ihm ja im Blute lag, zu widerstehen. Durch die Krankheit aber konnte der Widerstand gelingen. Und so lernte er schließlich das, was zunächst schmerzhaft war, als Hilfe zu bejahen und schließlich zu lieben. Er fand sogar preisende Worte für das schlimme Übel:

> *Aber nach und nach fand ich durch das Asthma und seinen Zwang auch Köstlichkeiten, die mir sonst nie aufgegangen wären. Der Asthmatiker kennt die Traulichkeit der Stube, die Süßigkeit des Sessels, den Genuß des Fensters. Er fühlt die Wonne der reinen Luft, des Waldgeruchs, des wunderbaren Odems nach einem Gewitter. Er allein vermag das Wunder des Marschierens ordentlich zu erkennen, aber auch die Wohltat einer stillen Kutschenfahrt. Die Schönheiten des Alleinseins, des Schweigens, des Grübelns und Phantasierens, die Gottesgabe eines frischen Morgens, wer hat das so tief erlebt wie der Asthmatiker? Wem bedeutet das Buch so viel wie ihm? Wer nach langem Fasten kann so die Freuden der Natur bis auf den*

*Grund auskosten wie er? Jeder Asthmatiker ist oder wird ein Poet. Jeder kennt die herben Segnungen der Askese und zugleich das Schwelgen in Stunden der Erleichterung. Immer wieder wird er bei seiner Heilung kleine Schnitzer begehen, aber im Großen wird er mehr maßhalten und nach und nach wie kein anderer Mensch das vielfach Tolle, Unnütze, Schädliche jener lauten, frechen Freiheiten einsehen, die sich die Gesunden nehmen, und um die er sie so lange beneidet hat. Ja, es kann sein, daß er zuletzt gar nicht anders sein und die bitter eroberten Vorteile seines Übels gar nicht mehr an die Vorteile jener Gesunden umtauschen möchte.*

So wird nach einer Periode des inneren Kampfes und der Auseinandersetzung mit dem Bild des Vaters sein Ja zur Krankheit gesprochen.

Was ergibt sich, wenn wir Krankheitsansicht dieses Patienten und des Arztes gegeneinander halten?

Federer sieht in der Krankheit eine Zuchtrute Gottes, die ihm helfen soll, die vom Vater übernommenen Erbanlagen zu bekämpfen. Da er sich selbst so möchte, wie die Mutter sich den Vater gewünscht hätte, nimmt er die »Erziehung durch Leiden« an und gewinnt so ein positives Verhältnis zur Krankheit.

Der Arzt rein naturwissenschaftlicher Observanz kommt mit Begriffen: Verkühlung eines überzarten Kindes (Übernachtung im feuchten Haus) — allergische Disposition — Asthma aus.

Dem Arzt tiefenpsychologischer Orientierung fällt die extreme Mutterbindung auf, die nicht durch spätere Identifizierung mit dem Vater gelöst wurde. Er sieht, daß die in ihrer Beziehung zum Gatten tief frustierte Mutter nicht fähig ist, Liebe und Wärme zu geben, nach der sie selbst so bitter verlangt hätte. Die innerlich ferne Mutter soll durch das Asthma zum Kind herniedergezwungen werden, das Schreien nach der Mutter ist nicht nur Ausdruck der Mutterfixierung, sondern hat auch finalen Charakter. Es ist also psychodynamisch gesehen von Notwendigkeit.

Nächste Frage: Kann man überhaupt versuchen, diese beiden

Auffassungen zur Deckung zu bringen? Die Schulmeinung kann hier außer acht gelassen werden. Die von ihr erwähnten äußeren Krankheitsmomente bleiben ohnedies unbestritten.

Sie, die beiden Auffassungen, können nicht zur Deckung gebracht werden, sondern sich nur ergänzen. Erscheint dies sinnvoll, oder handelt es sich um Wortspielereien, bei denen eine Auffassung mit beliebig vielen anderen vertauscht werden kann, ohne daß letztlich dadurch etwas entschieden würde?

Sehen wir näher zu, indem wir zunächst den von *Mitscherlich* geforderten erweiterten Freiheitsbegriff einführen: Dieser soll unbewußte Entscheidungen mit einschließen, wobei *Mitscherlich* Freiheit definiert nicht als Möglichkeit zu unmotiviertem Handeln, sondern als die Möglichkeit, im Motivkonflikt handeln zu können. Wird diese Möglichkeit verfehlt, dann findet die Freiheit einen anderen Ausdruck: sie zeigt sich als Möglichkeit, »biologisches Naturgeschehen in der Richtung eines Ausdrucksgeschehens nutzen zu können; Störungen einer Organfunktion werden im Verkehr der Individuen auf chiffrierte Weise direkt oder mittelbar sprachlich als Mitteilung verwendet. Freiheit in dieser Betrachtungsweise heißt also, daß nicht nur über Handeln oder Nichthandeln befunden wird, sondern auch über die Verschiebung von Handeln von der ›Willkürmotorik zur vegetativen Regulationsänderung«.

Tatsächlich erscheint als Gemeinsames in den beiden oben erwähnten Auffassungen von Patient und Arzt, daß sie auf Unfreiheit hinweisen. Noch bleibt dabei unentschieden, ob diese durch die Krankheit bedingt ist oder ob im Mitscherlichschen Sinn die Krankheit Folge dieser Unfreiheit ist. Im ersten Fall sieht Federer sich durch die Krankheit gezwungen, in einer Weise zu leben, zu der er sich aus eigenem (also frei) nie entschlossen hätte. Im zweiten Fall erweist sich das Krankheitsgeschehen als durch eine Kette von Unfreiheit bestimmt: Die Mutter konnte sich weder für noch gegen den Mann entscheiden, blieb bei den Kindern, statt zu ihm zu ziehen, wollte sich aber nicht trennen. Ebenso unentschieden, oder wie die Fachsprache es nennt, ambivalent, war sie dem Kind gegenüber (die anderen Kinder wollen wir hier außer acht lassen): Sie tat alles für seine Pflege Nötige, war aber nie ganz gegenwärtig, zugleich nahe in ihrer Pflichterfüllung und innerlich fern durch ihre enttäuschte Liebe. Das Kind wurde also zugleich an sie gefesselt, wie immer wieder zurückgestoßen. Seine Stellung zu ihr blieb für immer seine Stellung zum Leben: Angezogen werden, leidenschaftlich bewundern und zurückgestoßen sein: Er gehört nie ganz dazu, er ist Zuschauer, nicht Mitspieler; seine Lebenssituation hat er selbst im Titel seines Lebensberichtes am besten charakterisiert: »Am Fenster«: Nicht unter den Menschen, immer von ihnen getrennt, dennoch aber ihnen leidenschaftlich zugewendet.

Das Entscheidende aber: er ist sich dessen nicht bewußt, daß so die Unfreiheit der Mutter sein Leben — id est seine Krankheit — bestimmt hat. Wenn diese Auffassung richtig ist, dann müßte postuliert werden: Die erreichte Einsicht müßte es ermöglichen, einen höheren, erweiterten, bewußtseinsfähigen Freiheitsbegriff zu erreichen und damit Gesundheit zu bewirken. Kann dies — etwa durch einen psychotherapeutischen Prozeß geschehen?

Bei Federer ist dies nicht eingetreten, und seine Krankheitsauffassung ist nicht der Versuch, zur Freiheit zu kommen, sondern der, sich in der bejahten und als notwendig empfundenen Unfreiheit einzurichten.

Strenge moralische Erziehung, um so strenger, je mehr die Mutter befürchten mußte, das heißblütige Erbe des Vaters auch im Sohne auferstehen zu sehen, und eigenes Glücksverlangen, Begehren nach »Freiheiten und Frechheiten« lagen miteinander im Kampfe. Und hinzu kam als Entscheidendes: er selbst traut es sich nicht zu, als Sieger aus dem Kampf hervorzugehen. Da kam ihm die Krankheit zu Hilfe. Daß er sie für viel stärker hält als das eigene Ich, drückt seine Wortwahl aus; er nennt sie einen »unerbittlichen König«.

Nun, einem König darf man dienen, ohne sich dessen zu schämen. Man steht unter seiner Zuchtrute, aber zugleich unter seinem Schutz.

Wir sehen also, daß in dieser Schau die bisher scheinbar gegensätzlichen Auffassungen von Patient und Arzt sich nicht mehr widersprechen. Im Gegenteil, ähnlich wie beim binokularen Sehen ermöglicht erst die Schau von zwei voneinander distanzierten Blickpunkten her das plastische Bild.

Der Kranke selbst hat erst retrospektiv Ja zu seiner Krankheit gesagt: im Lebensrückblick hat er erkannt, vor welchen Gefahren sie ihn zu bewahren vermochte.

Der Tiefenpsychologe widerspricht dieser Auffassung nicht, erwägt aber die Vermutung, ob die Krankheit nicht aus ebendiesem Grund in sein Leben hineingezogen wurde. Ob — um es in dem von Federer gewählten Bild auszudrücken — sich dieser von Gefahren bedrohte und innerlich Unsichere nicht freiwillig in den Dienst des Königs Krankheit gestellt hat.

Damit kommen wir zu Mitscherlichs Freiheitsbegriff zurück. Wenn er Freiheit als »Möglichkeit, im Motivkonflikt handeln zu können« definiert, so verstehen wir, daß ebendiese Handlungsmöglichkeit hier blockiert war. Um es ganz grob und primitiv zu sagen, dieser Knabe konnte den Konflikt, wie man heißblütig und moralisch zugleich sein könne oder wie man Vatererbe und mütterliche Forderung vereinigen solle, nicht lösen. So wurde — um weiterhin mit Mitscherlich zu reden — die Störung der Organfunktion als Mitteilung gewählt und die vegetative Regulationsänderung statt des Handelns als Ausdruck verwendet. Dieser erweiterte, da auch auf das Unbewußte ausgedehnte Freiheitsbegriff läßt uns verstehen, wie bei eingeschränkter Freiheit eben Handeln unmöglich ist und der Konflikt statt dessen Ausdruck im Symptom findet. Dieses stellt damit aber auch einen Lösungsversuch des Problems dar und wird ebendarum bejaht.

Es scheint mir als außerordentlich interessant, daß Kafka etwas Ähnliches geahnt haben muß, wenn er von der Krankheit als vom Lösungsversuch einer Konfliktsituation spricht, zugleich aber diese Lösung als Pseudolösung ablehnt. Er nennt sie zu grob und sagt — gegen Gott — aus den Meistersingern zitierend: »Ich hätte ihn für feiner gehalten.« Er sieht den Versuch, Konfliktsituationen auf diese Weise — also auf Krankheitsebene — zu lösen, als unbefriedigend an. Daß er Gott für verantwortlich hält, soll uns an dieser Stelle nicht beschäftigen.

Nun werden vielleicht Einwände laut werden: Ist diese Annahme einer unbewußten Wahl nicht ein unerlaubtes Gedankenspiel, die Anwendung eines Denkmodells, das keine Beweiskraft hat? Um so mehr, als die Krankengeschichte doch ausweist, daß Federer den ersten Asthmaanfall im Alter von 4 Jahren erlitten hat. Hier kann doch wohl weder von einer Konfliktsituation, hervorgerufen durch die elterliche Problematik, noch von Entscheidungs- und daher Handlungsfähigkeit die Rede sein?

Diese Frage setzt stillschweigend voraus, daß wir dem Betroffenen einen Vorwurf machen würden, daß er nicht gehandelt habe, geht also auf eine moralische Beurteilung der Sachlage zurück. Gerade von einer solchen kann hier überhaupt nicht die Rede sein. Eben deshalb, *weil* das Kind diese Handlungsfreiheit nicht hat, nicht haben kann, drückt es seine Angst, Unsicherheit, Liebesbedürftigkeit in der einzigen Sprache und damit Ausdrucksmöglichkeit aus, die ihm bereits voll zur Verfügung steht: durch die Organsprache, d. h. durch seine Haut und sein Vegetativum.

Daß der Vierjährige sich durchaus in einer Konfliktsituation befand, beweist sein Rückblick. Gerade deshalb sollten ja hier Aussagen zu Wort kommen, bei denen der Verdacht nicht laut werden kann, daß es sich um Antworten auf eventuelle Suggestivfragen handle, wie es bei Berichten über Patienten ja möglich wäre.

Die von dem Kind in dem noch feuchten Neubau verbrachte Nacht war eine Nacht der Krise und der Zweifel in bezug auf die Mutter, die bereits am Gatten irre geworden war.

Sollte sich dieser doch in dem fremden Ort als tüchtiger Bürger bewähren, wobei sie ahnte, ja wußte, daß ihm dies niemals gelingen könne. Nun wissen wir aus vielen Berichten, am eindringlichsten wohl aus denen Benedettis, wie Unsicherheit und ängstliche Verstimmung der Mutter sich auf sensible Kinder zu übertragen vermögen und von ihnen durch körperliche Erkrankung zum Ausdruck gebracht werden. Hier, bei Federer, erzwingt der Anfall sogleich die Zuwendung der Mutter, die sonst in ihren Sorgen um den Mann innerlich weit vom Kind bliebe.

## *Das Nein – Ausgliederung der Krankheit*

### HEINRICH HEINE

*»Der Tod ist gut, doch besser wär's,*
*Die Mutter hätt' uns nie geboren.«*

So wie sich Gorki einen Hasser aller physischen Leiden nennen wird, haßt Heine Krankheit, Verfall, Häßlichkeit.

Er hatte zwei Jahre in Paris gelebt, als sich die ersten Lähmungserscheinungen der Tabes dorsalis (eines Rückenmarkleidens) zeigten. Zunächst verweigerten zwei Finger, dann ein Augenlid den Dienst. Anfallsartige Magen- und Darmstörungen quälten ihn. Aber er wird erst 16 Jahre nach dem Auftreten der ersten Lähmungserscheinungen sterben — die letzten acht Jahre wird er ans Bett, an die »Matratzengruft«, gefesselt sein.

*Sterben ist kein Unglück. Aber jahrelang leiden, ehe man es dazu bringt, zu sterben!*

Kurz bevor er sich niederlegen mußte — auf seinem letzten Ausgang — besuchte er noch einmal das Museum im Louvre — *wo die hochgebenedeite Gottheit der Schönheit, unsere Liebe Frau von Milo, auf ihrem Postamente steht.* Dann — so schreibt sein Biograph Marcuse — legte sich der 51jährige Heine *in ein Grab ohne Ruhe, auf ein halbes Dutzend aufeinandergelegter Matratzen.*

Er hatte die Schönheit angebetet, die Gesundheit bewundert. Krankheit war ihm widerwärtig und ekelerregend. Abgemagert, gelähmt, von Krämpfen gequält, lag er darnieder — Morphium, das man in eine immer offengehaltene Wunde streute, war seine einzige Hilfe.

Lange vor Ausbruch der Krankheit war er nervös und reizbar gewesen. Schon der Knabe hatte eine übermäßige Lärmempfindlichkeit gezeigt, der Student klagte in Briefen über Kopfschmerzen und Migräne, *diese kleine Hölle, welche man im Gehirn trägt.*
Seine Qualen erregen in ihm Selbsthaß und Haß gegen die anderen. Er wählt den im Grabe Ruhenden als Symbol und schreibt in den Lazarus-Gedichten:

*Mein Leib ist jetzt ein Leichnam, worin*
*Der Geist ist eingekerkert —*
*Manchmal wird ihm unwirsch zu Sinn*
*Er tobt und rast und berserkert.*

Er nennt sich eine *arme, unbegrabene Leiche.* Der Leib — in der Göttin der Schönheit so hochgepriesen — ist nur *Plunder, Materie nur, wie morscher Zunder ...*, der Verstand reist ab *o wehe! — Noch früher, als ich selber gehe.* Er schreibt eine »Berichtigung«: Man habe ihn den freiesten Deutschen seit Goethe genannt — den großen Heiden Nr. II. Das war in gesunden Tagen. Aber jetzt ist er kein *göttlicher Bipede* mehr. Was denn? *Ein armer, todkranker Jude, ein abgezehrtes Bild des Jammers, ein unglücklicher Mensch.*
Seine Frau Mathilde, ein einfacher, unverbildeter Mensch, die erst seine Freunde fragen muß, ob ihr Henri wirklich ein großer Dichter sei, verkörpert das, was ihm fehlt: frische Natürlichkeit, naive Lebensfreude. Und je begeisterter er körperliche Schönheit geliebt hat, desto tiefer haßt er sich jetzt selbst. Tausendmal wird er nein zu seiner Krankheit sagen. Nur zu einem taugt sie: er wünscht sie seinen Feinden an den Leib. Ist jemals — vorher oder nachher — solch ein Testament geschrieben worden wie dieses?

*Vermächtnis* *Ich vermach' euch die Koliken,*
*Die den Bauch wie Zangen zwicken,*
*Harnbeschwerden, die perfiden*
*Preußischen Hämorrhoiden.*

*Meine Krämpfe sollt ihr haben,*
*Speichelfluß und Gliederzucken,*
*Knochendarre in dem Rücken,*
*Lauter schöne Gottesgaben.*
*Kodizill zu dem Vermächtnis:*
*In Vergessenheit versenken*
*Soll der Herr eu'r Angedenken,*
*Er vertilge eu'r Gedächtnis.*

Eine Darstellung der Pathologie der Tabes dorsalis, in der kein Symptom ausgelassen worden ist — eine Büchse der Pandora, die den Feinden alle Übel ins Haus schickt.
Er hat sich selbst — in seinem nach Marcuse treffendsten Selbstporträt einen *armen Subjektivling* genannt. Als Subjektivling kann man nicht Distanz haben — seinem Elend nicht gegenüberstehen, nur mittendrinstehen, und es hassen. Liebe zur Schönheit — verwandelt in glühenden Haß. Ein Nein der Krankheit, ein Nein aber auch dem, der sie schickt. Lazarus hat vergeblich nach dem Sinn gefragt.

*Also fragen wir beständig,*
*Bis man uns mit einer Handvoll*
*Erde endlich stopft die Mäuler —*
*Aber ist das eine Antwort?*

Der Mensch im Protest, der Mensch, der nein sagt — auch er ein Hasser physischer und moralischer Leiden wie Gorki, den wir als nächsten betrachten wollen.

## MAXIM GORKI

*Das Leiden ist die Schande der Welt, und man muß es hassen, um es auszurotten.*

*Nirgends wird mit solchem Wohlbehagen gelitten wie im heiligen Rußland.*

Gorki litt seit seinem 3. Lebensjahrzehnt an Lungentuberkulose, wiederholt werden in seinen Briefen Blutstürze, Fieberanfälle, Bronchitiden, Lungenentzündungen erwähnt. Noch im Alter von 68 Jahren hustet er Blut aus. Wenn er die Krankheit erwähnt, so tut er dies mit wenigen knappen Worten, sehr sachlich und ohne ein Wort des Selbstmitleids. Nur aus wenigen Briefstellen, und auch dann nur aus solchen der früheren Jahre, kann man darauf schließen, wie sehr er selbst gegen Schwermut zu kämpfen hatte. So heißt es 1900:

> *Ich bin sehr eifrig darum besorgt, daß mir das Herz nicht schwer wird, aber es ist mir schwer, weiß Gott wovon, ich verstehe es nicht.*

Mit 23 Jahren hatte er einen Selbstmordversuch unternommen, den er später nicht verleugnen, für den er sich aber sehr schämen wird. So schreibt er 1910 darüber an einen jungen Mann, der ihm brieflich mitgeteilt hatte, daß er sich töten wolle:

> *Sie wollen durch Selbstmord enden — ja, ich habe auch einen Selbstmordversuch unternommen, ich schäme mich sehr, wenn ich mich daran erinnere, und bis zur Stunde finde ich keine Rechtfertigung für diese Torheit, obwohl sich das mit 23 Jahren zutrug. Ich schoß deshalb auf mich, weil ich fand, es sei unerträglich zu leben, aber die Menschen habe ich wegen nichts beschuldigt, obwohl sie sehr unsanft mit mir umgingen. Als ich verletzt im Krankenhaus lag, kamen meine Kameraden, Arbeiter, zu mir und sagten vorwurfsvoll: »Schwachkopf.« Ich fing an, mich voller Qual zu schämen, und von dieser Zeit an denke ich nicht an Selbstmord, und wenn ich von Selbstmördern lese, empfinde ich für sie weder Bedauern noch Mitleid.*

*Aber ich verurteile sie auch nicht. Sie sterben. Es ist ihr Wille, also können sie nicht leben. Machen Sie mit sich alles, was Ihnen beliebt, aber haben Sie Achtung vor den Menschen, glauben Sie: Sie selbst sind nicht besser, was Ihr Brief laut bezeugt.«*

Er hat sich selbst die Schwermut verboten, und er erlaubt sich auch in den schlimmsten Stunden seiner Krankheit niemals Selbstmitleid. Sein Leiden selbst behandelt er mit Verachtung. Es soll nicht imstande sein, ihm den Zugang zur Schönheit des Lebens zu verstellen. So schreibt er im März 1926:

*Ich bin ein alter Hasser physischer und moralischer Leiden. Die einen wie die anderen, subjektiv und objektiv genommen, erregen in mir Empörung, Ekel und sogar Zorn. Das Leiden muß man hassen — nur dadurch vernichtet man es. Es erniedrigt den Menschen, ein großes und tragisches Wesen.*

Sehr strenge urteilt er über alle, die sich selbst nachgeben:

*Meiner Ansicht nach muß man den leidenden Menschen ihre Wortlumpen vom Leibe reißen, häufig wird darunter der gesunde Körper eines Faulenzers und Komödianten, eines Reflektanten auf Mitleid und sogar noch Schlimmeres zum Vorschein kommen ...*

Er sei, schreibt er, ein Feind jeglichen Leidens. Er sieht in denen, die das Leiden bejahen oder gar verherrlichen, seine Todfeinde, als deren ersten und wichtigsten er Fjodor Dostojewski betrachtet. Dies ist schon deshalb interessant, weil auch Dostojewski an einem Lungenleiden litt wie Gorki. Für Dostojewski war jedoch sowohl die Lungenkrankheit wie auch die Epilepsie Abglanz des notwendigen, heiligenden Leidens, das erst den Blick frei macht für den tieferen Sinn der Welt. Was Gorki als ein Zur-Schau-Stellen ansehen mußte, war für Dostojewski ein Bekenntnis, das man nicht verschweigen durfte. Für ihn war Leiden das Merkmal derer, die zu Höherem berufen sind. Gorki wollte nicht duldend Leid auf sich nehmen, sondern es bekämpfen. Ist die Blickrichtung des einen der Ewigkeit zugewandt, so will der andere das Diesseits verändern. So unterscheiden sich Heiliger und Revolutionär. Gorki tadelt:

*Der Welt seine Schrammen zeigen, sie öffentlich kratzen und den Eiter herausfließen zu lassen, den Leuten seine Galle in die Augen zu spritzen, wie das viele tun und am abstoßendsten unser böser Geist Fjodor Dostojewski getan hat — das ist eine niederträchtige und natürlich eine schädliche Beschäftigung. Wir alle sterben, die Welt bleibt bestehen; sie hat mir vieles Böse gezeigt und aufgedrängt, aber ich will ihre Abscheulichkeit nicht und nehme sie nicht an. Ich nahm und nehme von der Welt das Gute, ich habe nichts an ihr zu rächen, keinen Grund, die Menschen durch den schändlichen Anblick meiner Wunden und Schwären zu vergiften, sie mit meinem Gewinsel zu betäuben. »Brüderlichkeit«, sie besteht ganz und gar nicht darin, dem Bruder — wie das bei uns aufgefaßt wird — seinen inneren Unrat und Schmutz zu zeigen, sondern darin, wenigstens schamhaft davon zu schweigen, wenn man ihn schon nicht vernichten kann ... unsere schreibenden Leute der Gegenwart sind in letzter Zeit dadurch besonders widerlich geworden, daß sie vor den Leuten ohne Hose und mit dem Hinteren nach vorne einhergehen, der Welt trübselig ihren wunden Punkt vorzeigen ...*

Er selbst erlaubt niemandem, sein persönliches Leben zu berühren, er wird es in alle Zukunft nicht erlauben. Niemanden gehe es etwas an, wo es ihm weh tue. Ein Mensch, der eine passive Einstellung zur Welt einnimmt, erscheint ihm als Todfeind,

*denn ich habe mein ganzes Leben lang die Notwendigkeit einer aktiven Einstellung zum Leben, zu den Menschen verfochten. Hier bin ich Fanatiker. Geblendet von dem unzüchtigen Geschwätz des Ästheten und Nihilisten Iwan Karamasow erörterten viele auf das platteste die Unannehmbarkeit der Welt angesichts ihrer Grausamkeit und Sinnlosigkeit.*

Er meint, daß er, wäre er Generalgouverneur, nicht die Revolutionäre aufhängen ließe, sondern alle, die von der Unannehmbarkeit des Lebens redeten.

Wenn er auch kein »Moralchirurg« sei, der den anderen ihre

Art, das Leben zu sehen, nehmen könne, so müsse er sie doch auffordern zu schweigen. Wenn jemand von der Natur mit einer häßlichen Nase bedacht worden sei, dann müsse er dies ertragen, aber er solle sich nicht einbilden, daß *sein Geruchsorgan das feinste und schönste auf Erden sei*, da es *überall den Geruch der Verwesung* spüre.

So schreibt er sehr ähnlich wie Nietzsche:

> *Das Glück beginnt mit dem Haß gegen das Unglück, mit dem physiologischen Widerwillen gegen alles, was den Menschen verstümmelt und verunstaltet, mit der inneren organischen Abneigung gegen alles, was jammert, stöhnt, nach einem billigen Wohlstand seufzt, den der Sturm der Geschichte immer mehr zerstört.*

Er hat sich entschlossen, das Leiden zu verspotten, *das der Lieblingsberuf der meisten Menschen ist und bleibt. Noch niemals und bei niemandem hat das Leiden ein Gefühl des Ekels hervorgerufen.* Er sieht es als verhängnisvoll an, daß das Leid bisher in der Geschichte die Rolle der ersten Geige, des »Leitmotivs«, der Grundmelodie des Lebens gespielt hat. Sein Kampf gegen das Leiden, gegen das Vorzeigen der Krankheit stellt nur einen Teilaspekt seines Kampfes gegen das Übel überhaupt dar. Er kämpft an drei Fronten:

1. Als Atheist gegen die Lehre der Kirche: *Von der Kirche her kommend ging die Idee von der Unvermeidbarkeit und Erlöserkraft des Leidens als Hauptthema in die Kunst ein.*
2. Er lehnt daher alle Kunst ab, die, wie z. B. die Dostojewskis, das Leiden als etwas Positives verherrlicht, es ein heiliges Geheimnis nennt, *indem die Kunst der Sprache das Leiden fixierte, erniedrigte sie sich dazu, sprachliche Almosen zu spenden, wodurch sie den Menschen anregte, durchstandene Qualen zur Schau zu stellen und sich ihrer zu rühmen.*
3. Beides, Religion und religiöse Kunst, üben einen Einfluß auf den Menschen aus. Sie lehren ihn, in seiner Erniedrigung auszuharren, sein Los auf sich zu nehmen. *Die Zwangsarbeit hat in Dostojewski die lebendige Seele getötet und ihn dahin gebracht, daß er das Leiden rechtfertigt, daß er das schicksalhafte Verfallensein der Menschheit an die Qualen verkündigt, daß er*

*ihr rät, sich zu unterwerfen, zu verzeihen; nein, wir haben uns viel zuviel unterworfen, viel zuviel verziehen, und wir sollten nicht auf Dostojewski hören, sondern ihn überwinden. Er ist unser nationaler Feind.*

Nicht nur das Leiden, sondern auch die Angst vor dem Tode wird jeder Furcht entkleidet. *Die Frage: Wozu sterben? existiert für mich nicht. — Dieses Gesetz der Vergänglichkeit sei gesegnet, das die Tage neu macht.* Den letzteren Satz hat er aus Kellermanns Roman »Das Meer« abgeschrieben, den er liebte. Wir können bei Gorki durch ein ganzes Leben verfolgen, wie ein schwerkranker, ständig leidender und gequälter Mensch gegen das Leiden in sich und das Leiden, das aus der Welt auf ihn zukommt, im Kampfe steht. Er hat als junger Mann einen Selbstmordversuch unternommen, dessen er sich schämen wird. Wie weit sich selbstzerstörerische Kräfte, die sich damals in seinem Selbstmordversuch ausgedrückt haben, später darin manifestierten, daß ein schweres körperliches Leiden keine Heilungstendenz zeigte, wagen wir nicht zu beurteilen. Es scheint uns aber wichtig, darauf hinzuweisen, daß ein Mensch, der Schwäche und Gefahr in sich selber ahnt, alles das, was mit dieser inneren Gefährdetheit im Bunde steht, besonders dann, wenn es von ihm innerlich verwandten Menschen von außen an ihn herangetragen wird, mit größter Heftigkeit abwehrt. Wir kennen diese Form der Abwehrmechanismen, die im Gegensatz zur Außenprojektion im anderen alles dies zu vernichten oder wenigstens zu bekämpfen suchen, was im eigenen Inneren als ständig drohende Gefahr wahrgenommen wird. Wir haben in dem Kapitel über Reinhold Schneider und in den obigen Bemerkungen über Dostojewski die entgegengesetzte Haltung zu formulieren versucht, nämlich die, das auferlegte Leiden nicht nur voll zu akzeptieren, sondern ihm auch bewußt entgegenzugehen, es als Sinn des eigenen Lebens aufzufassen. Es erschien uns daher wichtig, auf den ständigen Kampf und die fanatische Ablehnung des Leidens hinzuweisen, wofür Gorkis Lebenshaltung ein besonders einleuchtendes Beispiel ist.

Gorki wußte, daß die Welt eine tragische ist, verschloß nicht die Augen davor, wohl aber die Lippen. Das Böse mußte bekämpft, aber nicht beklagt werden. Er fand es verächtlich, zu jammern und zu dulden; er zog es vor, zu schweigen, aber Widerstand zu leisten.

## LEO WEISMANTEL

Nicht nur Revolutionäre wenden sich gegen das Leiden, sondern auch Menschen, die sich nicht schonen wollen, weil es ihnen wichtiger erscheint, ihre Aufgabe zu leisten, auch wenn sie an ihr körperlich zugrunde gehen.
Leo Weismantel, Schriftsteller und Journalist, Vertreter der christlichen Gewerkschaften, geb. 1888 in Röndorf, war von Kindheit an ein überaus zartes, schwächliches Kind und litt später durch Jahrzehnte an einer schweren Form der Lungentuberkulose. Die Familie war konstitutionell belastet. Der Vater war Schneider, die Mutter Näherin, Weismantel war das siebente Kind der Eltern; von diesen Kindern waren bis auf einen um 15 Jahre älteren Bruder alle in der Jugend verstorben. Schon der Vater war wegen Schwächlichkeit 1870 kriegsuntauglich, der Sohn wurde 1914 ebenfalls als untauglich befunden. Er schreibt:

> *Ich war viel krank, schwebte durch Jahre zwischen Leben und Tod und einmal, als ich auf einer Reise blutend zusammenbrach, wurde ich vom rasch herbeigeholten Arzt als tot befunden und als Leiche in eine Halle des Bahnhofs gestellt. Aber ich lebte noch, ich kam wieder zurück ins Dasein. Doch blieb ein Schauer von all dem in mir zurück — ich fürchtete den Tod nicht mehr, sondern begann das Leben schon in jungen Jahren »anders« zu sehen: Ich lernte vieles verachten und geringschätzen, weil ich es als sterblich ansah, und ich trachtete nach vielem nicht, worin andere den Inhalt ihres Lebens erblickten.*

Er besuchte die Universität, er *trat die Krankheit unter die Füße* — wie er es ausdrückte.

*Ich hatte schon als Schüler die Worte übersetzt: »Mens sana in corpore sano!« Und wir hatten dabei stets das Wörtchen »nur« eingeschmuggelt, so daß dieser Satz den Sinn ergibt: Ein gesunder Geist ist nur in einem gesunden Körper! War diese Übersetzung richtig, so war sie eine der größten Irrtümer des Griechentums, eine Verleugnung der Wahrheit und das Nicht-mehr-wissen, wie Leistungen zustande kommen und daß Krankheiten unter Umständen die Voraussetzung bestimmter geistiger Leistungen sind.*

*Schon so habe ich als Knabe erfahren, daß der Acker tief gepflügt werden muß, soll er schwere Frucht tragen.*

*War ich daran, an meinen früheren Krankheiten bitter zu werden, brauchte ich nur dieses Wort »Mens sana in corpore sano« mir zu denken: Ich stand vor der Wahl, all diese Lebenserkenntnisse wieder preiszugeben, die mir durch die Krankheit zugekommen waren, und dafür ein Boxer, ein Preisboxer zu werden, ein Mensch, dessen Körper zu mechanistischen Höchstleistungen fähig ist. Und doch — wie soll es mich nach solcher Wahl gelüsten?*

*Mich fror es vor der Öde dieser Vorstellung einer leidlosen Welt.*

*Wir »Kriegskrüppel« aber, die wir zurückbleiben mußten, suchten einen Ort unseres Kriegertums, um uns vom Leben nicht ausmustern zu lassen, und dies war die Aufgabe, vor die unser Wille gestellt war.*

Im Frühjahr 1923, im Winter der Inflation in Kälte und Not, hielt er jeden Abend Vorträge in den Volkshochschulen vor marxistischen Arbeitern. Die Krankheit wurde schlimmer. Es kam zu Heilstättenaufenthalten. Anfang 1924 schwerkrank im Allgäu, erhält er einen Brief von christlichen Arbeitern, die ihn als Abgeordneten in den Bayrischen Landtag wählen wollen.

*Ich kam noch krank in die Versammlung der Wähler nach der Wahl, um mit ihnen zu beraten, wer an meiner Stelle das Mandat übernehmen könne. Ich mußte ihnen sagen, was der Arzt über meine Gesundheit festgestellt hatte. Sie sahen mich ratlos an. Sie waren nicht zu bewegen, irgendeinen anderen Ersatzmann zu bestimmen, und sie hätten doch alles vorher gewußt.*

*Da entschloß ich mich, unter dem Eindruck dieser Versammlung nun eben das Mandat, das auf mich gefallen war, aufzunehmen. Ich tat, als sei ich gesund. Eine ungeheuere Revolution vollzog sich in meinem Körper, den ich nur mit Willenskraft bändigte. Dieser Kampf dauerte drei Monate, und mit zusammengebissenen Zähnen peitschte ich die Krankheit aus dem Leib. Es war nichts als ein Akt des Willens.*

Von da ab lebt er, als wäre er ein Gesunder. Er ist kulturpolitisch tätig, er beschäftigt sich mit pädagogischen Fragen, er veröffentlicht Arbeiten über Politik und Kunst.

Hier sehen wir eine seltsame Haltung: *Ich tat, als sei ich gesund.* Viele Kranke kommen nach Jahren des passiven Erduldens plötzlich zu diesem Entschluß. Es ist ein sehr gefährlicher. Auf die Krankheit wird nicht mehr gehört. Man tut, als gebe es sie nicht, und man verfolgt seinen Weg, ohne sich behindern zu lassen. Oft führt diese Haltung zum Untergang. Aber dieser wird sinnvoller erlebt, als ein jahrelanges Zuwarten und Schonen, manchmal — seltener freilich — wird eine andere Wendung durch dieses Ignorieren ermöglicht: die Gesundheit, auf die nun gar nicht mehr geachtet wird, wird gerade dadurch nunmehr wirklich gefestigt. Wie kann das sein? Manchmal wird sie gefördert durch das Glücksgefühl, das durch die Hingabe an eine persönliche Aufgabe erfahren wird. Aus dem Bewußtsein der Leistung wird Befriedigung geschöpft, und dieser ausgeglichene und gehobene Gemütszustand wirkt sich günstig auf den Körperzustand aus. Umgekehrt kann aus der Bitterkeit, mit der die erzwungene Schonhaltung empfunden wird, rückwirkend Unrast, Mißtrauen und Verzagtheit das vegetative Gleichgewicht empfindlich stören. So entscheidet sich der Kranke vor der Frage, ob er, seiner Aufgabe dienend, kürzer, aber intensiver, oder, die Aufgabe preisgebend, länger, aber viel ärmer leben soll, sehr oft für die erstere Möglichkeit.

# *Das Dennoch – Eingliederung der Krankheit*

KARL JASPERS

*Als Kranker versuchte ich trotz aller Demütigungen hochgemut zu leben.* (Karl Jaspers)

*Wenn ich mich auf die Kräfte besinne, aus denen ich gelebt habe, und ich die Fügung meines Schicksals bedenke, so wundere ich mich um so mehr, als mein Dasein von der Knabenzeit an durch eine Krankheit belastet wurde. Der Gymnasialdirektor sagte zu mir beim Abschied: »Aus Ihnen kann ja nichts werden, da Sie organisch krank sind.« Die Folgen dieser Krankheit waren die Verzichte, die Beschränkung bei allen Unternehmungen, die immer wiederholte Erfahrung des Nichtkönnens.*

*Methodische, absolut zweckmäßige Lebensführung unter medizinischem Gesichtspunkt war unerläßlich. Aber sie hätte das Leben selber unerfüllt gelassen. Von Hausbesuchen und Reisen bis zu der Lehrtätigkeit waren physische Störungen unvermeidlich. Die Berührung mit der Welt forderte das Risiko von Krankheitszuständen. Der Kranke braucht die Freiheit, die medizinische Ordnung zu durchbrechen. Für die Krankheit zu leben, hebt das Leben selber auf, läßt es in Isolierung und Erfahrungslosigkeit geraten. Die Spannweite zwischen geistigem Gelingen und Versagen war groß. Ich beschreibe hier nicht die Krankheit. Woher die Kraft, aus dem Versagen doch ständig wieder zu sich zu kommen? Woher, wie war es möglich, der Würdelosigkeit der Situationen, des Eindrucks auf die Umwelt in schlechten Zeiten und Stunden, des*

*Sinkens unter das eigene »Niveau« innerlich Herr zu werden? Woher das unreflektierte Vertrauen zu einem »Sinn«?*

*Stets ergriff ich die Gegenwärtigkeit, ohne viel erwarten zu dürfen. Ich lebte für den Augenblick und bezog ihn doch auf etwas Fernes. In kurzer realer Perspektive, doch geistig auf lange Sicht zu leben, schien ein Widersinn. Ich war für meine Person selten enttäuscht, vielmehr überrascht, was mir von innen und außen vergönnt war. Der klare Verzicht auf das wirklich Unmögliche ließ einen Spielraum, in dem mehr Chancen lagen, als ich vorher denken konnte. Die Wirklichkeit brachte mehr, als ich je erwartet hatte.*

Die Beschreibung der Krankheit — Jaspers erwähnt einmal, daß er ihr einen ausführlichen Bericht gewidmet hat — liegt noch nicht vor. Es handelt sich um Bronchiektasien (Erweiterungen der Bronchien), die nach dem damaligen Wissen der medizinischen Schulen die Lebenserwartung des Jugendlichen als begrenzt und seine Leistungsfähigkeit als in hohem Maße eingeschränkt ansehen ließen. Er lebte also »auf Zeit«, ständig mit einer Verschlimmerung des Leidens rechnend. Womit rechnend, worin lagen die Verzichte? Der Knabe mußte nicht nur dem Turnunterricht fernbleiben, sondern auch alle ermüdenden Spiele mit den Kameraden meiden. Der Vater kaufte eine Jagd, um ihm den Aufenthalt in der freien Natur zu ermöglichen. Wie auf den hochbegabten Jungen die Worte des Schuldirektors gewirkt haben müssen, er könne als organisch Kranker wohl nicht mit künftigen Leistungen rechnen, läßt sich nachfühlen. Aber die Verzichte wurden empfindlicher: Nach dem Erscheinen der Psychopathologie, einem schon damals bahnbrechenden und bis heute bedeutenden Werk, schien der Weg zu einer leitenden klinischen Tätigkeit frei. Jaspers besprach den Plan mit seiner Frau und lehnte ab, da er der Anstrengung dieser Stellung nicht gewachsen war. Daraufhin habilitierte sich der Mediziner auf der philosophischen Fakultät, und sein weiterer Lebensweg erhielt gerade durch diesen schweren Verzicht seine entscheidende

Wendung. Jedes Beisammensein mit Freunden mußte im vorhinein zeitlich begrenzt und genau eingeplant werden, und die Lesearbeit wurde nach einem wohldurchdachten Plan und mit Hilfe eines Lesepultes zum großen Teil liegend bewältigt.

Was sonst noch an mühsamen und quälenden Einschränkungen nötig war, wird die autobiographische Krankheitsgeschichte vielleicht jetzt nach Jaspers' Tode offenbaren.

Es ist jedoch nachfühlbar, was es für einen Mann, der nur mit einer begrenzten Lebensdauer glaubte rechnen zu können, bedeuten mußte, durch den Nationalsozialismus 1937 für eine damals noch nicht abzusehende Dauer aus seiner geistigen Heimat, nämlich aus der Universität Heidelberg, vertrieben zu werden. Weniger als jeder andere konnte er damit rechnen, das Ende dieser Zeit zu erleben oder das, was er schrieb, noch einmal veröffentlicht zu sehen. Dennoch stellte er für keinen Tag die Arbeit ein.

Aus welcher Kraft heraus konnte er dies tun? Er selbst gibt als Kraftquellen an: das Vertrauen zu seinen Eltern. Vom Vater sagt er: *Seine Güte war unser Schutz in der Welt. Weil er da war, konnte nichts uns etwas anhaben.* Und von der Mutter: Er hat sich *fraglos* mit ihr *verbunden* gefühlt. *Ich ließ mich tragen von ihrem überströmenden Herzen, wußte mich geborgen in der unreflektierten Weisheit. — Das Dasein der Mutter war für ihre Kinder die große Kraft und die letzte Zuflucht.*

Als *eigenste Kraftquelle* aber nennt er die *einzige Liebe zur Schicksalsgefährtin. Mein Leben bisher war wie das Warten auf sie gewesen. Von nun an war das Unlösbare, weil im Ursprung Verbundene, das Leben zu zweien vergönnt für eine unerwartete Dauer in der Zeit.* Über dieses Sich-selbst-geschenkt-Werden durch die Liebe der Nächsten weiß er sich dem Transzendenten verbunden — jenseits eines Offenbarungsglaubens. So wird der Heilungswille, durch den er die Krankheit nicht nur ertragen, sondern eingebaut hat in ein erfülltes Leben, zum Sinnbild eines Höheren: Die Welt ist nur zu heilen, wenn der einzelne die Heilung in sich beginnt, indem er sich, er weiß nicht woher, »geschenkt« wird.

## CHRISTIAN MORGENSTERN

> *Jede Krankheit hat ihren besonderen Sinn, denn jede Krankheit ist eine Reinigung, man muß nur herausbekommen, wovon — es gibt darüber sichere Aufschlüsse, aber die Menschen ziehen es vor, über Hunderte und Tausende fremder Angelegenheiten zu lesen und zu denken, statt über ihre eigenen. Sie wollen die tiefen Hieroglyphen ihrer Krankheit nicht lesen lernen und interessieren sich, gleich dem Neger, noch weit mehr für das Spielzeug des Lebens als für seinen Ernst, als für ihren Ernst. — Hierin liegt die wahre Unheilbarkeit ihrer Krankheiten, im Mangel an und im Widerwillen gegen Erkenntnis, hierin, nicht in Bakterien.*
>
> *Der Mensch ist mein Fach, und hier will ich bis zum Äußersten gehen.*

Der Mann, der diese Sätze geschrieben hat, hat durch Jahrzehnte an einer schweren Lungentuberkulose gelitten. Die Disposition zu dem Leiden hat er von der Mutter geerbt, die starb, als Morgenstern 10 Jahre alt war. Für ihn war es das wichtigste Prinzip, bis zum Tode das geistige Leben streng vom körperlichen Leiden getrennt zu sehen. Die Krankheit ist nie »seine« Krankheit geworden, sie ist ein Übel, mit dem es fertigzuwerden gilt, aber nichts, was ihn bis in die Wurzeln hinein erschüttern könnte. Er sieht sie nicht wie Kafka als etwas an, was von innen nach außen durchgebrochen ist, sie entspricht keiner geistig-seelischen Bereitschaft in ihm, er sieht sie von außen als Prüfung, als Übelstand verhängt. Er weicht dem Verhängnis nicht aus. Er vertuscht sie nicht vor sich. Er sabotiert weder ärztliche Behandlungsmethoden, noch benützt er sein Leiden als Ausrede, um Schwierigkeiten auszuweichen. Man würde sagen, er habe das »sachliche« Verhältnis zu seinem Leiden, so wie später Jaspers es gefordert hat, daß Arzt und Patient gemeinsam die Krankheit als etwas Unerwünschtes betrachten mögen und sich in dem sachgerechten Bemühen vereinen, ihrer Herr zu werden.

Sich selbst aber — und als sein Selbst sieht er seine geistig-moralische Persönlichkeit an — betrachtet er Zeit seines Lebens als gesund. Und so handelt er auch. Er schließt als bereits jahrelang Leidender eine Ehe, und er quält sich nicht damit ab, ob die Frau unter seiner körperlichen Behinderung leiden wird; in dem Brief, in dem er um Margaretes Entscheidung bittet, zugleich aber feststellt, daß seine Entscheidung bereits gefallen ist und sich nie mehr ändern werde, zählt er mancherlei Bedenken auf und bittet sie, darüber nachzudenken. Von seinem Lungenleiden spricht er an letzter Stelle. Daran ist nichts Gekünsteltes, er will sie nicht täuschen, auch nicht beruhigen, sondern er empfindet dies als nebensächlich. Niemals hätte er wie Kafka die körperliche Krankheit als ein Aus-den-Ufern-Treten einer geistigen Krankheit ansehen können.
Im Todesjahr noch schreibt er einem jungen Mädchen, das ihm bewundernde Zeilen gesandt hat, er habe sich niemals als Kranken angesehen, sein Wesen sei von seinem Leiden ganz unberührt.
Man darf das nicht mit einer Selbsttäuschung verwechseln. Niemals hat er vor sich verschwiegen, welche Opfer ihm die Krankheit auferlegt hat. Er weiß auch, daß ihr Einfluß bis ins Formale innerhalb seines Werkes sichtbar ist. So wählt er vor allem die Kurzform des Aphorismus. Arbeiten größeren Umfanges hätten seiner Meinung nach einen längeren Atem erfordert; aber seine Art, die Welt zu sehen, ist nicht von der Krankheit beeinflußt. Daher auch die tiefe innere Freudigkeit, die trotz aller Trauer in seinem Humor aufleuchtet. Daher auch sein optimistisches und zugleich tiefgläubiges Weltbild.
Auch haben die Menschen, die persönlichen Kontakt mit ihm hatten, dies sehr wohl empfunden. Seliger Friede, Harmonie, Glaube an unvergängliche geistige Weiterexistenz seien von ihm ausgestrahlt, berichteten sie. Eine Fotografie aus den letzten Jahren seiner Krankheit zeigt sehr einprägsam die Strahlkraft seiner Persönlichkeit im klaren, offenen Blick der großen Augen, die in dem abgezehrten Gesicht leuchten.
Dieser Trennung des körperlichen Seins vom geistigen haftet nichts Fanatisch-Asketisches an. Er sucht das Krankmachende

nicht auf. Er schont und pflegt seinen gebrechlichen Körper, wie die Ärzte es vorschlagen, und er wehrt sich nicht gegen Sanatoriumsaufenthalte und langfristige Liegekuren. Aber wie ein fester Kern kapselt sich ein unangreifbares innerstes geistiges Sein, das nicht erkranken kann, in ihm ab. Man denkt an Jaspers' Wort, »der Geist könne nicht erkranken«, man erinnert sich an Goethe, der einen fieberhaften Zustand mit den Worten beschrieb, daß trotz erschwerten Atems und trotz Übelbefindens sein Innerstes wohlbehalten bleibe wie ein Kern in einer stacheligen Frucht.

Damit ist der größte Gegensatz zu Spinozas Auffassung ausgedrückt, der im Zusammenhang von Körper und Geist »dieselbe Sache auf zweierlei verschiedene Weise ausgedrückt« sah. Bei Morgenstern kommt es niemals zu einer Identifikation mit dem körperlichen Erleben. Der Geist bleibt heil, weil er immer als Getrenntes wahrgenommen wird.

Diese innere Distanz zu seinem körperlichen Leiden macht das Wesen seines Humors aus, der auch in den schwersten Krankheitstagen nicht erschüttert wird.

So schreibt seine Frau Margarete, daß er als Antwort auf die ihn am tiefsten bewegende Frage, nämlich auf die nach dem Wesen des Menschen, gelächelt habe: »Als gesunder junger Mensch wie als kranker, reifer Mann, durch unsägliche Leiden hindurch gelächelt, mit jener alles lösenden und alles erlösenden reinen und schwebenden Heiterkeit, deren nur solche Menschen fähig sind, die in sich den sicheren Weg zur inneren Freiheit tragen. Und er ging wahrhaftig ins Freie. Nicht als ob sein äußeres Wesen von selbstsicherer Art gewesen wäre, im Gegenteil. Aber sein Gang war schwebend, seine Haltung kerzengerade und der Druck seiner Hände von jener über alles in der Welt beruhigenden Festigkeit, die Wissende verstehen.«

Sie fährt rückschauend fort: »Gerade die Vereinigung von freiester Heiterkeit und letztem, allertiefstem Ernst, der den Tod mit ruhigem Auge messen konnte, hat das seelische Bild dieses Mannes während der Jahre seiner letzten Reife zu einem Umfang geweitet, vor dem alle, die es erlebten, in stiller Ehrfurcht standen. Es wird oft von Menschen gesagt, daß ihr

Lebenswerk schmerzlich und jäh durch den Tod abgebrochen wurde. Ich glaube nicht, daß man ein Recht hat, das hier zu sagen. Warum das so ist, läßt sich mit Worten nicht beweisen. Jeder, der Christian Morgenstern geliebt hat und liebt, fühlt, daß hier ein Mensch sich erfüllt hat. Es ist ein Gefühl, vor dem alles zu schweigen hat, was Trauer oder Schmerz genannt werden dürfte. Es bedeutet in Wahrheit Erfüllung, wenn die Menschen von einem sagen können: er ist in seinem Werk, in seinem eigenen Geist aufgegangen! (1931).«

Er selbst wußte, daß Heiterkeit das Geheimnis derer ist, die Schmerzliches überwunden haben. Seine Definition des Humors beweist es. Humor — *ein gewisses Unwägbares, das wohl nur da ausströmen kann, wo die Fähigkeit besteht, das Leben zugleich mit einem unbeirrbaren Ernst, wie mit einer herzlichen, ja kindlichen Liebe zu betrachten.*

So kann er noch aus den schlimmsten Krankheitsjahren im Februar 1906 schreiben, er möchte seinem Briefpartner vom Frohsinn seines Temperamentes abgeben, *von der dauernd heiteren Skepsis, die allein Lebenslust verbürgt. — Sie mögen gern lachen, aber — tun Sie es doch. Die Welt ist durchaus nicht zu ernst dazu. Sie ist weder ernst noch lächerlich, sondern in jedem Kopf und jeder Sekunde anders, anders, anders.*

Sich selbst nicht wichtig nehmen — auch die Schmerzen, das Fieber nicht so wichtig nehmen. Wo hört man eine Bemerkung wie diese? 9. April 1906: *Die Temperatur ist gestern weggegangen. Wohin, weiß ich nicht.*

Die Aufenthalte in den Heilanstalten sind nicht leicht. Bettruhe, Liege- (Luft-) Kuren:

> *... ich stopfe mich mit unerwünschten Mahlzeiten und beklage mein der goldensten und fruchtbarsten Einsamkeit grausam entfremdetes Los. Dazu ist es etwas ganz anderes, registrierter Kranker zu sein, als angeschossenes Tier im freien Wald.*

So ist das *alte Übel wieder am Werk.* Dennoch heißt es im Mai 1905 aus Berlin: *Aber ich bin unbewegt. Größer noch als die »Sinnlosigkeit« des Schicksals ist seine Gerechtigkeit.*

Er erlaubt sich keine trübe Stimmung. *Man muß nicht abends*

*Briefe schreiben*, sagt er zu sich selbst, *sonst werden es Abendbriefe. Morgens sieht alles anders aus.*
Er wehrt sich aktiv gegen Mutlosigkeit, erlaubt sich kein Bedrücktsein, er will alles abwerfen, was sich greulich auf ihn zu legen versucht, *was letzten Grundes natürlich nur so liegen kann, weil Unentschlossenheit, Unentschiedenheit, all diese bösen Grundsuppen ihr Wesen treiben und den Willen abgesetzt haben.*
Aus diesem immer wieder erneuerten Dennoch schöpft er den Mut, neu zu beginnen und den einen Menschen an sich zu binden.
September 1908 an seine künftige Frau Margarete, geb. Gosebruch von Liechtenstern, die er am 7. März 1910 heiraten wird:

> *... weil Sie nie etwas anderes mit mir teilen sollen als das Positive meiner Natur. Dem anderen schenken Sie Geduld, Schweigen, schlichtes Wegsehen. Und meine Gesundheit betrachten Sie ebenso groß und fatalistisch wie ich. Sie hat da zu sein und ist da, aller Schwankungen ungeachtet, bis ich, wenigstens im Wesentlichen, reif und fertig geworden bin. Nicht wahr?*

Er durfte — so hat es oben seine Frau selbst bezeugt — reif und fertig werden. Die Überzeugung, daß die Krankheit dem Wesentlichsten und Unzerstörbaren in ihm nichts würde anhaben können, war es auch, die den bescheidenen Mann sich seines Wertes durchaus bewußt sein ließ. Als er um die Hand seiner Frau anhielt, die sehr wohl wußte, wie es gesundheitlich um ihn stand, schrieb er Oktober 1908:

> *... ich stelle jetzt alles ganz und gar in Deine Hände. Du sollst so frei sein, wie nur irgendein Mensch sein kann. Ich aber erachte mich Dein, gleichviel, was kommen mag und ob Du nun mein wirst oder eines anderen. Daß ich nichts bin, will ich nicht sagen, aber daß ich nichts »habe«, weißt Du. (Ich kann eben mit gelegentlichen Anleihen so für mich hinleben.) Von meiner Krankheit will ich schweigen. Die sollte mich am meisten zurückhalten, aber ich fühle mich (in guten Stunden und Zeiten) zu wenig krank dazu. Und am Ende kann man dem doch irgendwie beikommen.*

Er fühlt, daß durch eine Trennung von ihr sein Leben alle seine Wärme verlieren würde.

*Du bist seine Wärme, Du sei seine Wärme. Du weißt ja nicht, wie nahe ich der Gefahr lebe, wirklich eines Tages wie Sanct Franciscus »in der Luft zu schweben«. Ich wage mich an zu Ungeheuerliches, Menschenunmögliches.*

Wir haben gesehen, daß Morgensterns Humor aus seinem Bemühen entsprungen ist, zu sich selbst Distanz zu wahren. Sich im Mittelpunkt der Welt zu sehen, in Gedanken um sein Leid und seine Schwäche zu kreisen — das erschien ihm als Schuld. Mai 1908:

*Mir selbst scheint es auf die Dauer unerträglich, immer wieder von Gesundheit und Aufgaben zu reden ... Letzten Endes nämlich nimmt sich kein Mensch unwichtiger als ich — darum ist mir dies ewige Wichtignehmen und Wichtiggenommen-Werden meiner Person — so notwendig es manchmal sein mag — zuwider.*

So wie Novalis ausgesprochen hatte, daß wir unser Schicksal seit Ewigkeiten selbst wählen, meinte Morgenstern, daß Wehren sinnlos sei, da nur das Notwendige geschehe.

September 1908:

*Mein Lungenleiden will ich letzten Endes gar nicht so sehr los sein; wenn mir heute ein indischer Zauberer davon spräche, ich würde ihn vermutlich abschlägig bescheiden. Im Grunde ist das alles nur Vordergrundszeug, im Grunde rührt das überhaupt nicht an mein Problem (wenn ich mich so ausdrücken soll). Man wird zwar seinerzeit aus ihm, diesem Vordergrundszeug just, alles Mögliche und Unmögliche ableiten wollen, aber es wird falsch sein wie drei Viertel aller modernen »Psychologie« ... mir kann doch eigentlich nichts geschehen, außer, was aus mir selber kommt.*

Da er also im Tiefsten davon überzeugt ist, daß einer, der Herr seines Schicksals bleibt, nicht als krank angesehen werden kann, wehrt er sich dagegen, als solcher abgestempelt zu werden.

*Ich möchte den Satz aufstellen: Kein wahrhaft freier Mensch kann krank sein. Und was mich betrifft, so mögen's meine Werke von der ersten bis zur letzten Zeile bezeugen.*

*Leiden kann man an allem, aber um »krank« zu sein, muß einen ein fremdes Etwas besitzen und man der Sklave seiner Krankheit geworden sein.*

Die jugendlichen Überschwangszeiten, in denen ihm die ganze Welt krank erschienen war, wenn er sie an der Gesundheit entscheidender Geister gemessen hatte, sind vorüber. Er ist jetzt *milder geworden, mitleidender, aber nicht mit-krank. Im Innersten mitleidend, aber wahrhaftig nicht mit-krank.*

Und als ihm, in den letzten Lebensjahren, ein junges Mädchen in Verehrung Bücher sendet, erwidert er, nachdem er sich bedankt hat,

*... nur entschlagen Sie sich, bitte, gänzlich des Gedankens, daß Sie selbige einem »Kranken« schicken ... gewiß, ich bin seit 20 Jahren leidend, wie sich ja nun neuerdings in einem öffentlichen Almanach nachlesen läßt, aber so paradox es klingen mag, es sträubt sich alles in mir, von irgend jemandem als krank empfunden zu werden. Denn ein Gefühl wirklichen Krankseins ist bisher meiner noch nicht Herr geworden.*

Sich als krank empfinden, hieße sich beugen, die geistige Freiheit aufgeben. Das hat nichts mit Selbsttäuschung zu tun: Er hat durch über 20 Jahre alle Spielregeln befolgt, die die medizinische Wissenschaft um die Jahrhundertwende ihm vorschrieb. Nicht nur im Sichbeugen unter Kur- und Medikamentenvorschriften hat er sich gefügt; das hätte ihm noch als äußere und daher nicht so schwerwiegende Anpassung gegolten. Aber er richtet auch die Form seines Werkes nach seiner »Kurzatmigkeit«, indem er die Kurzform, den Aphorismus, das Gedicht wählt. Es fehle ihm Zeit und der lange Atem zur großen Form, die er Kräftigeren — Kafka hätte sie »Starkwandige« genannt, vorbehalten wissen will.

Er fügt sich also, aber er will sich nicht unterjochen lassen. Unerschütterlich bleibt sein »Dennoch!« Er nennt es die *innere*

*Gesundheit, jene höhere Gesundheit, die ich meine.* Nicht zufällig klingt die Wortwahl an »Freiheit, die ich meine ...«. Blickt man noch einmal zurück auf den Ursprung dieses großen »Dennoch!«, dann sieht man:

Distanz zu sich selbst. Sich nicht wichtig nehmen — was durchaus vereinbar ist mit dem Wissen, etwas wert zu sein.

Aus dieser Distanz entspringt Heiterkeit. Sein Humor ist die Fähigkeit, trotz Leidens zu lieben.

Aber heitere Skepsis und Bescheidenheit würden allein nicht genügen, um den Kampf zu bestehen. Es bedarf noch eines letzten tiefen Einverständnisses mit dem Leiden, und Morgenstern zitiert in einem Brief vom Oktober 1907 aus Nietzsches »Wille zur Macht«:

> *Solchen Menschen, welche mich etwas angehen, wünsche ich Leiden, Verlassenheit, Krankheit, Mißhandlung, Entwürdigung — ich wünsche, daß ihnen die tiefe Selbstverachtung, die Marter des Mißtrauens gegen sich, das Elend des Überwundenen nicht unbekannt bleibt: ich habe kein Mitleid mit ihnen, weil ich ihnen das Einzige wünsche, was heute beweisen kann, ob einer Wert hat oder nicht — daß er Stand hält ...*

Aus diesem Willen, standzuhalten, bezog sein »Dennoch!« die eigentliche Kraft. So besehen, taucht vor uns der ungeheure Abgrund auf, der die seine von Kafkas Krankheitsauffassung trennt: Morgenstern hat sein körperliches Leiden immer als etwas Äußeres aufgefaßt, nie wie Kafka als ein Aus-den-Ufern-Treten der geistigen Krankheit. Von einer Identitätsauffassung körperlichen und geistigen Leidens war er himmelweit entfernt. Die Haltung des »Dennoch!« ist eine Haltung der Distanz und damit des Widerstandes. Dieser kann nur geleistet werden, wenn das Zentrum der Person — und als solches empfand Morgenstern sein geistiges Sein — nicht angegriffen erscheint.

Wir sehen also ein Erleben, das nicht krankheitsspezifisch sein kann. Kafka und Morgenstern litten an der gleichen Krankheit, waren beide zartgliedrige, leptosome (schmal, schlankwüchsig) Astheniker (zart gebauter Mensch), beide geistig ungemein

differenziert, beide ihrer dichterischen Berufung treu, beide durch die Krankheit zu einem äußerlich ähnlichen Patienten-Leben gezwungen.
Dennoch war ihr Krankheitserleben so sehr verschieden, Ergebnis eines schöpferischen Prozesses, einer Auseinandersetzung der Persönlichkeit mit ihrem Schicksal.
Der Schauplatz, an dem die Auseinandersetzung mit der Krankheit selbst stattfand, war verschieden: Kafka erlebte ihn im Kern seines Wesens, Morgenstern verlegte ihn an die Peripherie.
War für Schneider, wie wir gesehen haben, Krankheit Weltgleichnis, dehnte er sie also auf den Kosmos aus, war sie für Kafka Erscheinungsform der geistigen Not, wobei er aber bei anderen Gesundheit für möglich hielt, nur nicht bei sich, so verwies sie Morgenstern an den Rand seiner Existenz. Im Geistigen empfand er sich als gesund, als unantastbar. Hier hatte sein »Dennoch!« die tiefste Wurzel.

## SIGMUND FREUD

19o1 gibt Freud folgende Definition des Glücks:

> *Man kann dann von Glück sprechen, wenn das Schicksal nicht alle seine Drohungen auf einmal wahrmacht.*

Freud hatte während seiner Assistentenzeit bei Meynert drei Sprüche an die Wand seines Zimmers gehängt. Einer davon hieß: »Travailler sans raisonner.« Dieses Leitwort hat er im Laufe seines Lebens voll verwirklicht, und auch seine schwere Erkrankung in den letzten Lebensjahrzehnten vermochte daran nichts zu ändern. Vielleicht verdient es doch erwähnt zu werden, daß der zweite Spruch lautete: »Il faut avoir la foi.« Wir können nicht sagen, was Freud, der Jahrzehnte hindurch täglich abends eine halbe Stunde seiner Selbstanalyse widmete, in späteren Jahren zu diesem Spruch assoziiert hat. Aber wir erinnern uns an Jaspers, der die Geborgenheit in der Liebe seiner Eltern als Wurzeln seiner Kraft bezeichnet hat, wenn wir bei Freud lesen: *Der Mann, der der unbestrittene Liebling seiner Mutter war, behält für sein Leben lang das Gefühl, ein Eroberer zu sein, dieses Vertrauen in den Erfolg, das oft tatsächlich zum Erfolg führt.* Dies ist wohl *ein* Ursprung des Glaubens an sich selbst. Wird dieser aus der Vergangenheit genährt, so bezieht der andere seine Kraft aus der Zukunft: *Mein Ehrgeiz wird befriedigt sein, wenn es mir im Laufe eines langen Lebens möglich sein wird, etwas von der Welt zu verstehen.* Diese Neugier bezieht sich nicht sosehr auf die Naturwissenschaften; er betont wiederholt, daß er sich innerhalb der Medizin niemals ganz zu Hause gefühlt habe. Er bedauert, daß er seinen kulturellen und historischen Neigungen nicht habe nachgehen können:

> *Weder zu dieser Zeit, noch auch in meinem späteren Leben fand ich eine besondere Hinneigung zur Laufbahn eines Arztes. Es herrschte eine Art Neugierde vor, die aber mehr auf menschliche Belange als auf naturwissenschaftliche Objekte hin ausgerichtet war.*
>
> *Nach 41 Jahren medizinischer Tätigkeit sagt mir meine Selbsterkenntnis, daß ich niemals im vollen Sinne ein Arzt war ... Ich glaube nicht, daß ich in meinen jungen Jahren Sehnsucht danach gehabt habe, der leidenden Welt zu helfen. Meine angeborene sadistische Veranlagung war keine sehr starke, so daß ich nicht nötig hatte, diese Neigung zu entwickeln ... In meiner Jugend fühlte ich ein überwältigendes Bedürfnis, etwas von den Rätseln der Welt, in der wir leben, zu verstehen und vielleicht sogar etwas zu ihrer Lösung beizutragen. Die hoffnungsvollste Weise, dies zu erreichen, schien mir, mich in der medizinischen Fakultät einschreiben zu lassen.*

Warum erwähnen wir dies alles als Einleitung einer Krankengeschichte? Deshalb, weil nur aus dem Positiven, das ein Mensch anstrebt, aus den Werten, die sein Leben tragen, verstanden werden kann, wieso er widrigem Schicksal Widerstand entgegensetzt. Wieweit hiebei auch menschliche Vorbilder eine Rolle spielen, wagen wir nicht zu entscheiden. Jedenfalls erwähnt *Jones* in seiner Biographie, daß es unter Freuds Zeitgenossen sechs Männer gegeben habe, die Freud bewunderte. Einen darunter, Ernst von Fleischl-Marxow (1846—1891), liebte er besonders, seinen Tod bedauerte er tief. Dieser Mann war Arzt und Psychologe. In vielen Punkten war er das Gegenteil zu Brücke, den Freud ebenfalls verehrte. Fleischl-Marxow war jung, hübsch, enthusiastisch, ein glänzender Redner und ein anziehender Lehrer. Er hatte die gewinnenden Manieren der alten Wiener Gesellschaft, diskutierte sehr lebhaft über wissenschaftliche und literarische Ideen. Diese Eigenschaften standen in einem eigenartigen Kontrast zu seiner tragischen Rolle als Heros und Opfer der Physiologie.

Mit 25 Jahren hatte er sich bei Arbeiten in der Pathologie eine Infektion zugezogen, eine Amputation des rechten Daumens rettete ihm das Leben, doch ständiges Wachstum von Neuromen (Nervenfasergeschwülste) verlangte wiederholte Amputationen. Sein Leben wurde eine endlose Reihe von Qualen, und er fühlte, wie der Tod langsam näher kam. Trotz der verstümmelten und schmerzenden Hand führte er technische Arbeiten mit großartiger Vollkommenheit aus. Seine schlaflosen Nächte verwendete er dazu, Physik und Mathematik zu studieren. Schließlich studierte er Sanskrit.

Freud selbst hatte im Jahre 1923 eine Veränderung der Mundschleimhaut bemerkt, die zunächst als Leukoplakie (Auftreten von weißlichen, oberflächlichen Herden an der Zunge), später als Karzinom aufgefaßt wurde. Von Beginn des Leidens an war Freud davon überzeugt, daß es sich um das Wachstum eines bösartigen Tumors handelte, und machte sich keinerlei Illusionen über seine Zukunft. Es ist für seine Bescheidenheit charakteristisch, daß er zur ersten Operation in die öffentliche Ambulanz der Hals-Nasen-Ohren-Klinik des Allgemeinen Krankenhauses ging, ohne seine Familie benachrichtigt zu haben und ohne dort Sonderwünsche zu stellen. Ein Umstand, der dazu beitrug, daß eine schwere postoperative Blutung auftrat, die dann dazu führte, daß Freuds Gattin verständigt wurde. Seit dem Jahre 1923, in dem die erste Radikaloperation durchgeführt worden war, bis zum 8. September 1939 in Freuds Todesjahr war es zu insgesamt 33 Operationen gekommen. Die späteren ausgedehnteren Operationen, bei denen große Teile des Oberkieferknochens entfernt werden mußten, machten das Tragen einer Prothese nötig, die Freud selbst nicht allein in die Mundhöhle einführen konnte. Seine Tochter Anna erwies sich als die geschickteste Krankenpflegerin, und es wurde zwischen Vater und Tochter ausgemacht, daß kein Wort des Mitleids oder der Besorgnis ausgesprochen werden sollte, sondern daß es sich um eine rein sachliche schweigsame Hilfeleistung handeln müsse; auch dies ist für Freuds sachliches Verhältnis zur Krankheit überaus charakteristisch.

Nach Jones' Aussagen zeigte Freud während der ganzen Leidenszeit niemals Reizbarkeit, klagte nicht, nahm sein Schicksal voll an und war resigniert. Er nahm keine Medikamente, sagte zu Stefan Zweig: *Ich ziehe es vor, bei Qualen klar zu denken und lieber zu leiden.* Selbst in den schwersten Schmerzen, im Endstadium der Krankheit, nahm er nur Aspirin und lokale Chloroformumschläge auf die Wunde, die seine Tochter Anna ihm bereitete. Die Wunde, es war vom Tumor bereits die Wange und die Orbita (Augenhöhle) ergriffen, roch schlecht. Dies wurde dem Kranken selbst in erschütternder Weise klar, als in seinen letzten Lebenswochen sein Lieblingshund, ein Tschau, ihm ins Zimmer gebracht wurde, aber statt freudig wedelnd auf den Herrn zuzulaufen, wie er es immer getan hatte, sich angsterfüllt, winselnd in eine Ecke des Zimmers zurückzog, eine, wie Jones schreibt, herzergreifende Erfahrung, die dem kranken Mann offenbarte, wie weit es bereits mit ihm gekommen war.

Freud setzte bis zum letzten Krankheitsmonat nicht mit seiner Arbeit aus, er arbeitete auch nach seiner Emigration in England täglich analytisch, er las bis zum Ende die Zeitungen. Als im letzten Monat seiner Krankheit, Freud starb am 23. September 1939 in London, Marsfield Garden 20, Luftalarm gegeben wurde, übrigens ein falscher Alarm, wie sich später herausstellte, blieb er ganz ruhig sitzen, während man seine Schriften und Antiquitäten in Gewahrsam brachte. Schur, sein Hausarzt, der während des letzten Jahres ständig um ihn war, fragte ihn, ob er glaube, daß es sich diesmal um den letzten Krieg handle. Freud antwortete: *Jedenfalls ist es mein letzter Krieg*. In den letzten Wochen konnte er kaum mehr Nahrung zu sich nehmen, schon lange vorher war es nur noch flüssige Nahrung gewesen. Sein letztes Buch war Balzacs »Peau de Chagrin«. Er sagte darüber: *Dies ist jetzt das richtige Buch für mich. Es handelt von der Entbehrung*. Er meinte den ständigen Schrumpfungsprozeß, das Weniger-und-weniger-Werden, das in dem Buch so deutlich beschrieben wird. Während der letzten Tage, in denen er große Schmerzen litt, zeigte er weder Ungeduld noch Verzweiflung. Seine Philosophie der Resignation und seine Überzeugung davon, daß es darum gehe, die Realität uneingeschränkt anzuerkennen, triumphierte. Erst zwei Tage vor seinem Tode entschloß sich Freud dazu, eine kleine Menge Morphium als Schmerzstillung anzunehmen. Er starb vor Mitternacht am 23. September 1939 und wurde in Golden Green begraben; Jones und Stefan Zweig hielten die Grabreden.

Haben wir die Lebensläufe dieser drei voneinander so verschiedenen Menschen mit Recht nebeneinandergestellt? Was ist ihnen gemeinsam? Sie haben alle drei an einer schweren Krankheit gelitten, ohne Hoffnung auf Heilung, jahrzehntelang gezwungen, sich den Einschränkungen, die das Leiden von ihnen forderte, anzupassen. Zwei unter ihnen waren Ärzte. Sie wußten Bescheid über das, was die medizinische Wissenschaft hier zu leisten imstande war und wo sie versagen mußte. Bei allen dreien erforderte das Leiden Änderungen des Lebensstils — ständiges Verzichtleisten. Dies wurde dadurch ermöglicht, daß bewußt eine objektiv-sachliche Einstellung zur Erkrankung erkämpft wurde. Medizinische Hilfe wurde angenommen, alles ergriffen, was zur Besserung oder Linderung helfen konnte. Sowohl Jaspers wie Freud forderten von ihren Ärzten ein rein sachliches Verhalten und erwarteten nur das Mögliche. Freud war ein dankbarer und bescheidener Patient; er wollte keinerlei Sonderstellung, und seiner ersten Operation unterzog sich der bereits damals in Wien bekannte Mann in einer öffentlichen Ambulanz.

Die Krankheit wurde nicht verdrängt, es geschah alles Nötige — aber es geschah auch nicht mehr. Ein Bereich der inneren Freiheit wurde unangetastet gelassen, und nie erhielt die Krankheit das Recht, ganz vom Leben und Denken Besitz zu nehmen.

Die innere Auseinandersetzung wurde bewußt vollzogen. Der geleistete Verzicht wurde diesen Männern dadurch erleichtert, daß sie sich einer besonderen Aufgabe verpflichtet fühlten. Freud führte seine analytische Arbeit noch in seinem Todesjahr fort; einen Trost durch Glauben an Metaphysisches gab es für ihn nicht. Er handelte in voller Anerkennung der Realität und in klagloser Resignation.

Morgenstern stand den Anthroposophen nahe, war also im kosmischen Sinne religiös.

Jaspers' Überzeugung vom Transzendenten — jenseits eines Offenbarungsglaubens — haben wir aufzuzeigen versucht.

Gemeinsam war ihnen:

1. Sachlich-objektives Verhalten ihrer Krankheit gegenüber.
2. Ständiges Ringen danach, dennoch ihrer Lebensaufgabe gerecht zu werden.
3. Trotz Anerkennen der Realität und bewußter Resignation wurde die Krankheit weder Lebensinhalt noch Entschuldigung für Versäumtes.

Wie schon öfters in dieser Arbeit, soll darauf hingewiesen werden, daß diese drei Beispiele willkürlich herausgegriffen sind, wobei die Auswahl vor allem durch die Fähigkeit dieser Menschen bestimmt war, ihre Stellungnahme auszusagen. Ihnen gesellen sich viele Kranke hinzu, die ein schweres Schicksal tapfer ertragen. Dennoch sind es gegenüber denen, die wir beschrieben haben, nur wenige, die zu dieser Haltung fähig sind, da diese Haltung ebenso menschliche Reife wie ein Bewußtsein von der Rangordnung der Werte unbedingt zur Voraussetzung hat.

# DIE AUSEINANDERSETZUNG MIT DEM PARTNER

# *Bedingte Partnerschaft*
# *Die konditionale Beziehung*

## CATHERINE MANSFIELD

> *»To be happy with you seems such an impossibility. It requires a luckier star than mine.«* (Keats to Fanny Brawne, August 182o.) (Siehe die Übersetzung im Kapitel über Keats.)
> *»I can't forget my body for a moment.«*
> Ich kann meinen Körper nicht einen Augenblick lang vergessen. (Catherine Mansfield)

Die englische Schriftstellerin Catherine *Mansfield* ist 1888 in Neuseeland als Tochter von Harold *Beauchamps* geboren und nahm als Schriftstellerin den Mädchennamen ihrer Großmutter an. Diese erzog sie, da die Mutter durch Jahre schwer herzleidend war. Das junge Mädchen hatte 19o3 bis 19o6 ein Londoner College besucht, war 19o9 ihre erste Ehe eingegangen, die erst nach Jahren getrennt werden sollte, obwohl Catherine ihren Mann bereits am nächsten Morgen verlassen hatte.
1918 heiratete sie das zweitemal, und zwar John *Middleton Murry*, den Herausgeber der Zeitschrift »Rhythm«, einen glänzenden Literaturkritiker. Er war ein schwacher, weicher, nicht schöpferischer Mensch, der sich selbst als »Part snob, part coward, part sentimentalist« bezeichnete. Er war um ein Jahr jünger als Catherine, ein auffallend schöner Mann; sie war zur Zeit der Eheschließung bereits lungenleidend. Catherine, so schreibt ihr Biograph, Anthony Alpers, hatte gesehen, wie Murry sein Taschentuch vor den Mund preßte und wie er sich wegwandte, wenn sie hustete. Und Murry hatte Catherine danach gefragt, ob sie noch an das Himmelreich auf Erden

glaube, von dem sie so oft gesprochen habe. Was wünschte sie sich von der Zukunft?

*Oh, ich möchte das Leben selbst! Ich möchte Freunde haben und Leute um mich und ein Haus. Und ich möchte geben und schenken dürfen!*

Aber die Krankheit erzwang lange Aufenthalte in Kurorten, ärztliche Untersuchungen, Liegekuren. Wenn sie von ihrem Mann getrennt leben mußte, und das mußte sie durch Jahre, dann litt sie unter der Einsamkeit. War sie aber mit ihm beisammen, dann litt sie darunter, daß er sich vor ihrer Krankheit fürchtete. So schreibt sie 1819 in Hampstead in ihr Tagebuch:

*Ich huste und huste und John ist schweigsam, läßt den Kopf hängen, verbirgt das Gesicht hinter seinen Händen, so als wenn für ihn dies alles unerträglich wäre: »Das tut sie mir an. Jedes Hustengeräusch geht mir auf die Nerven.« Ich weiß, daß er für diese Empfindungen nichts kann, aber — oh Gott — wie ungerecht sind sie doch! Wenn er nur für eine einzige Minute lang mir helfen, sich selbst aufgeben könnte, so aber werde ich schließlich für ihn nur zum Verhängnis.*

»Ich konnte den ganzen Tag über nichts tun«, sagte er, »meine Hände zitterten, ich hatte die Empfindung äußerster Kälte, zeitweise fühlte ich, daß der Druck unerträglich wurde, zu anderen Zeiten wieder war ich glücklicherweise fast gefühllos«, und so weiter.

*Was für ein Schicksal, wenn ein Mensch so in sich selbst eingekerkert ist, was für ein furchtbares Schicksal. In solchen Zeiten fühle ich, daß ich niemals mehr gut werde mit ihm auskommen können ...*

Die Realität, in der sie lebt, ist nicht die Gemeinschaft mit diesem zögernden Menschen, der sich vor der Ansteckung fürchtet, sondern: *Dies ist die Wirklichkeit, das Bett, das Arzneifläschchen, das Meßglas mit Tee, der Löffel, die Guyacol-Tabletten ...*

Während einer Fieberattacke schreibt sie das folgende Gedicht und schickt es ihrem Mann: (in Übersetzung):

*Jemand kam zu mir und sagte, vergiß, daß Du verheiratet warst. Wer ist der Mann, der Dich krank und erfroren in einem fremden Land alleinlassen kann? Wer ist der Ehemann — der steinerne — der ein Kind wie Dich alleinlassen kann?*

Sie nennt sich ein Kind und schreibt am 16. Dezember 19.. in ihr Tagebuch:

> *Es war eine Kinderliebe. Ja. Ich glaube, die allerherrlichste, die allerstrahlendste Liebe, die diese Erde kennt: Eine ganz seltene Liebe. Wir haben sie gehabt. Aber wir waren nicht rein genug. Wenn wir das gewesen wären, hätte er daran denken müssen, mit mir fortzugehen, und gerade das wollte er nicht tun. Er wollte es nicht sagen, daß er sich zu kraftlos fühlte, um genug zu verdienen, damit wir beide hätten leben können.*
>
> *Er wollte nicht sehen* (He always refused to face), *was es bedeutete, zwei Jahre mit wenig Geld zu leben. Er sagte und glaubte es selbst zu zwei Drittel: »Ich konnte es nicht aushalten, wenn Du krank bist.« Aber das war eine Lüge und das Eingeständnis dessen, daß nicht alles gut war zwischen uns, und ich habe es immer gewußt. Trotzdem habe ich alles überspielt, ich hing mich noch immer an ihn, ganz wie ein Kind, und dachte, ein Haus auf dem Land in England könnte unsere Rettung sein — nicht später als im nächsten Mai könnten wir es beziehen, und dann sollte es nie mehr eine Trennung für uns geben.*

Alle Briefe endeten damit. Doch endeten damit nur die Briefe?

> *Ich darf etwas anderes nicht vergessen, alle diese beiden letzten Jahre war ich besessen von der Furcht vor dem Tode!*

Und ihrem Mann schreibt sie in einem Brief:

> *Wie kann ich mich so auf Dich stützen, wie ich es tue? Findest Du, daß ich Dir eine Last bin? Ich möchte mich so leicht, so leicht nur stützen, plötzlich werde ich schwer und möchte getragen werden. Du hättest mich nicht als Gefährtin wählen sollen. Nein, so meine ich es nicht. Wir haben die richtige Wahl getroffen, die beste, richtigste Wahl — auf jeden Fall. Wir haben alles getan, was wir*

*konnten. Es ist nur der Allmächtigste, der so furchtbar war.* (»It's only the boss Omnipotent who's been so horrid.«)

Und während sie mit dem schwachen und zögernden Mann innerlich um ihr gemeinsames Leben kämpft und versucht, die Hoffnung aufrechtzuhalten, fühlt sie, wie die Zeit verrinnt. Es hat sich ihr Verhältnis zur Welt seit ihrer Erkrankung verändert: Ihre Liebe zum Leben hat sich millionenfach gesteigert:

*Seit meinem Anfall* (von Bluthusten) *ist etwas Seltsames geschehen. Ich spüre, daß meine Liebe und meine Sehnsucht nach der äußeren Welt* (my love and longing for the external world) *und meine Liebe zur Natur plötzlich millionenfach gesteigert wurden.* Es wird für sie *unerträglich, daß alles vergänglich ist, daß das Leben vergeht — ein Gefühl, das Menschen, die gesund sind, nicht kennen und nicht verstehen können!*

*Wenn ich an die kleinen Blumen denke, die im Grase blühen, und an die kleinen Bäche und Plätze, wo man sich ausstrecken und in die Wolken hinaufschauen kann — oh, ich sehne mich so nach ihnen, mit Dir nach ihnen: Wenn man aber Dich wegließe, dann wäre die Summe all dessen Null. Ich fühle mich so schrecklich als kleines Mädchen, das jemand in einen finsteren Kasten gesperrt hat, obwohl es Tag ist. Ich will nicht an die Türe klopfen und Lärm machen, aber ich möchte, daß Du kommst mit einem Schlüssel, den Du selbst verfertigt hast, und mich heraus läßt, und dann würden wir auf den Zehenspitzen miteinander fortgehen zu einem schöneren Fleckchen, das mehr nach unserem Herzen und nach unseren Wünschen wäre.*

Aber eigentlich weiß sie immer, daß dieser Tag, an dem er ganz für sie einstehen wird, nie kommen kann.

Was für sie alles besonders schlimm macht, ist die Tatsache, daß sie sich verstellen muß. Am 24. November 1921 schreibt sie ins Tagebuch:

*Wäre ich nicht tagtäglich verfolgt von der Nähe des To-*

*des und von seiner Unvermeidbarkeit — ich bin wirklich sehr krank! Und ich kann davon nicht sprechen. Wenn ich es John sage, macht ihn das unglücklich. Und wenn ich es ihm nicht sage, dann bleibe ich ganz allein, um dagegen anzukämpfen. Ich bin müde vom Kampf. Niemand weiß, wie müde.*

Sie hätte mit dem Mann, den sie liebte, leben wollen, mit anderen Menschen, um Liebe zu schenken und zu empfangen.

In der aufgezwungenen Einsamkeit der Kuraufenthalte aber fühlt sie sich innerlich absterben: All diese Liebe und Freude, die sich nach einem Ausdruck sehnt: *And all this life drying up, like milk in an old breast.* (All dieses Leben, das vertrocknet wie die Milch in einer welken Brust.)

Besonders quält sie der Gedanke, daß sie sich selbst nicht helfen kann, daß von außen Hilfe kommen sollte, aber ausbleibt: *Ich kann meine Seele ebensowenig heilen wie meinen Körper,* und die anderen sagen, sie solle sich anstrengen, aber sie antwortet: *fünf Jahre Gefangenschaft. Jemand muß mir helfen, herauszukommen.* Das eben hätte sie von ihrem Mann erhofft. Sie schreibt:

*Wer aber wird mir helfen? Denke an die Schweiz, da sagte er: »Ich bin hilflos!« Natürlich ist er es. Ein Gefangener kann dem anderen nicht helfen. Glaube ich an die Medizin allein? Nein, niemals. An die Wissenschaft allein? Nein, niemals. Es erscheint mir kindisch und lächerlich, zu glauben, daß man wie eine Kuh geheilt werden könne, wenn man keine Kuh ist. Alle diese Jahre lang habe ich nach jemandem gesucht, der mich hätte verstehen können ...*

*Habe ich Angst, ihn zu verlieren? Schau den Dingen ins Gesicht: Was hast du jetzt von ihm? Wie ist Eure Beziehung? Hie und da spricht er zu dir und dann geht er wieder weg. Er denkt zärtlich an dich. Er träumt von einem Leben mit dir — eines Tages, wenn das Wunder sich ereignet haben wird.*

*Du bist für ihn wichtig — als ein Traum.* (He dreams of a life with you some day when the miracle has happened.

You are important to him as a dream. Not as a living reality.) *Nicht als lebendige Wirklichkeit. Denn die bist du nicht. Was teilt ihr miteinander? Fast nichts. Und dennoch ist ein tiefes, süßes, zärtliches Gefühl in meinem Herzen, das Liebe zu ihm ist und Sehnsucht nach ihm. Aber wozu ist das gut, so wie die Dinge jetzt liegen? Solange ich krank bin, ist unser gemeinsames Leben nur Qual, mit wenigen glücklichen Augenblicken. Aber es ist kein Leben. Ich habe während meiner Krankheit immer getrachtet (mit einer oder zwei verhängnisvollen Ausnahmen), ihn davon abzuhalten, das Ganze ins Auge zu fassen, was eigentlich vor sich ging. Ich hätte versuchen müssen, ihn dazu zu bringen, es ins Auge zu fassen. Aber das konnte ich nicht. Er kannte nur die »Wig« — (Kosename), der es bald besser gehen wird.* (Wig who is going to be better some day). *Nein, du kennst diesen Mann nicht und du bist für ihn nur ein Traum von etwas, was sein könnte.* (Die konditionale Beziehung.) *Und das, was sein könnte, kann niemals sein, außer wenn du gesund wärest. Und du wirst nicht gesund werden durch Phantasieren oder durch Zuwarten, oder indem du versuchst, das Wunder selbst zu vollbringen.*

Deshalb entscheidet sie sich für den letzten gefährlichen Schritt: Sie schließt sich der von Guedjeff geleiteten Kolonie in Fontainebleau an, in der sie fern der Schulmedizin Heilung erhofft. Dort stirbt sie am 9. Jänner 1923.

Die Textstellen wurden deshalb so ausführlich wiedergegeben (ausführlich nur, was den Umfang dieser Arbeit betrifft; sie sind vielen ähnlichen aus hunderten Seiten der Tagebücher und Briefe sehr auszugsweise entnommen), weil diese Art der Partnerbeziehung überaus häufig zu beobachten ist. Der Kranke erhofft vom Gesunden Rettung, Trost — kurz, unbedingte Entscheidung: Der andere aber macht gerade diese Entscheidung von der Wiedergesundung des Erkrankten abhängig. Ein verhängnisvoller Wettkampf: Der Gesunde versucht seine Angst und seine Aggression (spiegelbildliche Verhaltensweisen) hinter Projektionsmechanismen zu verbergen: »*Wig* — der es bald besser gehen wird«, das ist ihr Kosename; zugleich aber wird damit ein Partner angesprochen, den es eben jetzt, in dieser konkreten Gegenwart, noch gar nicht gibt. So wird die Beziehung in eine Zukunft verlegt, deren Herankommen ungewiß ist. Dadurch wird die Unsicherheit des Patienten noch verstärkt, sein ohnedies schwankender Glaube an sich selbst zerstört.

Es wird immer schwierig bleiben, Krankheitsbilder miteinander zu vergleichen. Bedenken wir dennoch, wie völlig anders das Leben *Barrett-Brownings* verlaufen ist, die gleichfalls an einer Tuberkulose gelitten hat. Hier hat es keine konditionale Beziehung gegeben. Ihr Partner hat sich bedingungslos für sie entschieden, und wir gehen nicht fehl, wenn wir annehmen, daß diese Entscheidung mit daran beteiligt war, daß Barrett-Brownings Leben weit über die Grenzen des rein medizinisch zu Erwartenden hinaus verlängert worden ist.

Der Bericht über Catherine Mansfields Lungenleiden ist insoferne ein Bericht ohne Aktualität, als die medizinische Wissenschaft seither einen weiten Weg zurückgelegt hat. Die Heilungschancen der tuberkulös Erkrankten sind verbessert und die Heilmethoden grundlegend geändert worden. Doch sind durch Jahrhunderte Tuberkulosekranke auf dieselbe Weise wie Catherine Mansfield behandelt worden, nämlich durch Ruhe, Schonung, Mastkuren. In den Morbiditätsstatistiken stand durch viele Jahrzehnte die Tuberkulose an erster Stelle. Viele unserer bedeutendsten Dichter haben jahrzehntelang an ihr gelitten und sind ihr zum Opfer gefallen:

Schiller, Morgenstern, Petzold, Tschechow, Kafka; unter ihnen haben einige, besonders aber Tschechow und Kafka, das Erlebnis der Erkrankung tiefer analysiert und genauer ausgesprochen. Wenn trotzdem Catherine Mansfield hier zu Worte kam, dann einerseits deshalb, weil sie dank ihrer schriftstellerischen Begabung die Fähigkeit hatte, das, was in ihr vorgegangen ist, lebhaft und deutlich auszusprechen. Andererseits, weil sie besonders geeignet ist, das verständlich zu machen, was viele tausende Erkrankte vor ihr ebenso erlitten und gefühlt haben: Sie war ein Mensch wie viele — ohne geniale Begabung, ohne psychopathologische Besonderheiten, die sie aus der Menge herausheben. Gerade das macht ihr Schicksal so ergreifend, daß sie sich wünschte, was sich alle Menschen wünschen: ein erfülltes Leben mit ihren Mitmenschen; zu nehmen und zu geben. Mit ihrem Mann in einem kleinen Haus, in einem Garten zu leben, gemeinsam mit Kindern und Tieren, mit schönen Bildern und Musik. Ihre sprachliche Begabung hätte ihr nur die Möglichkeit geben sollen, den anderen mitzuteilen, wie sehr sie das Geschenk des Lebens, seine Fülle und seine Farben liebte. Statt dessen wurde ihr diese Fähigkeit zum einzigen Ausdruck ihrer Liebe zum Leben, die nur in erträumten, nicht aber in erlebten Lebensbildern sich verwirklichte. Am 19. Februar 1918, sie war gerade aus dem Bett gesprungen, um die Fenster zu öffnen und die aufgehende Sonne freudig zu begrüßen, erlitt sie die erste Lungenblutung. Bis zu ihrem Tod im Jänner 1923 führte sie das Leben einer Invaliden: Eine halbe Stunde Spaziergang täglich, die übrige Zeit auf der Chaiselongue. Von Kurort zu Kurort, von Hotel zu Hotel, von Arzt zu Arzt reisend, immer mit der Hoffnung, daß einer dieser »distinguierten, schwarz gekleideten Wissenschaftler« ihr nach der Untersuchung sagen würde: Miß Murry, ich kann Sie heilen. Keiner hat es gesagt, immer wieder hörte sie nur: »Sie haben noch *eine* Chance.« So liegt sie mit ihrer von fremden Händen gefüllten Wärmeflasche in den fremden Hotelbetten, in fremden Räumen, starrt auf die geschmacklosen Tapeten, auf die unpersönliche Einrichtung der Zimmer, hört durch die Wände das Husten fremder Gäste, deren Schicksal sie überdenkt. Sie liegt durch viele Stunden. Das Essen bringt man ihr auf Servierbrettern ins Bett. So schreibt sie einmal:

> *Im Himmel werde ich nicht mehr von Servierbrettern essen, und wenn Cherubim oder Serafim mir Jam bringen wollen, werde ich mit einem Satz vom Himmel in die Hölle stürzen und dort rösten.*

In ihrem letzten Krankheitsjahr erhält sie die damals erst in Mode gekommene erste Röntgenbestrahlungsserie in Paris. Ihr Herz aber ist schon so schwer geschädigt, daß sie trotz einer geringen Gewichtszunahme nicht mehr fähig ist, längere Zeit aufzubleiben, zu gehen. So entschließt sie sich drei

Monate vor ihrem Tode zu einem verzweifelten Ausweg: Sie verläßt die Schulmedizin, übersiedelt aus den verhaßten Hotelzimmern in eine Siedlung in Fontainebleau, wo russische Kolonisten sie in ihrer Gruppe aufnehmen. Dort stirbt sie am 9. Jänner 1923. Ihre Auseinandersetzung mit der Erkrankung wird in Briefen und Tagebüchern sehr deutlich. Die Briefe halten oft mit sichtbarer Mühe noch eine hoffnungsfrohe Stimmung aufrecht, während in den Tagebüchern immer stärker die Grundtöne der Verzweiflung und der tiefen Hoffnungslosigkeit transparent werden. 1921 schreibt sie ihre Novelle: »Das letzte Wartezimmer«.

*Denke an die seltsamen Orte, zu denen die Krankheit dich hinbringt, die seltsamen Leute, du gehst von Hand zu Hand, es folgen die Ärzte in ihren schwarzen Anzügen einer auf den anderen, zu wie vielen hast du schon flüsternd sagen müssen »99, 44, 1, 2, 3«, wie viele Empfangsdamen in Wartezimmern hast du schon angelächelt. Dies ist das letzte Wartezimmer. Bisher ist immer alles so leicht gewesen. »Sie glauben also nicht, daß mein Fall hoffnungslos ist?« — »Die Krankheit besteht schon lange, aber sie ist sicherlich nicht hoffnungslos«. Dieser eine Arzt aber lehnte sich zurück: »Sie wollen wirklich wissen, wie es um Sie steht?« — »Ja sicher, Sie können mit mir ganz aufrichtig sein.« — »Gut, dann werde ich es sein.« Dann kam der Wagen und fuhr mit dir fort und dein Kopf war in deinem Mantelkragen vergraben.*

Wie alle Kranken interessiert sie sich für die, die an derselben Krankheit gelitten haben, so schreibt sie aus Tschechows Tagebuch ab: »Ich war im ersten Stadium der Schwindsucht, und ich litt mehr noch als unter dieser Krankheit unter einem Leiden, das ich nicht ausdrücken konnte. Es war dies, daß ich Tag für Tag durch eine leidenschaftliche Sehnsucht nach dem ganz gewöhnlichen Alltagsleben anderer Menschen gequält wurde, ich sehnte mich nach seelischer Ruhe, nach Gesundheit, nach gutem Essen, schließlich wurde ich ein Träumer, und wie ein Träumer wußte ich nicht mehr genau, was ich wünschte.«

Sie, die infolge ihrer Krankheit gezwungen war, ständig getrennt von ihrem Ehemann zu leben, liest mit Erschütterung die Briefe Keats', der, ebenfalls ein Lungenleidender, seine letzten Jahre in Italien verbrachte und Briefe an das Mädchen, das er liebte, in England schrieb. So schreibt sie in ihren Tagebüchern einen Brief Keats' an Fanny Brawne vom August 1820 ab: »Mit dir glücklich zu sein, ist ein Gedanke, der mir ganz und gar nicht realisierbar erscheint. Dies würde einen glücklicheren Stern verlangen als den, unter dem ich geboren bin. Für mich ist die Welt zu grausam«, und sie fügt hinzu: *diese Briefe, die Keats während seiner schrecklichen Krankheit geschrieben hat, sind fürchterlich zu lesen für einen, der in meiner Situation ist. — Es ist schrecklich, zu sehen, daß er dieselbe Angst gekannt hat, die ich kenne, und die Stelle an Fanny auf Seite 180 vom 5. Juli 1820 zu lesen, in der er schreibt, daß sie, wenn sie ihn liebe, kein Recht habe, glücklich zu sein: Wenn du andere Leute anlächelst und wünschst, daß sie dich bewundern, jetzt* ... Sie allein glaubt zu verstehen, wie Keats gelitten hat. Auch sie ist von dem Menschen getrennt, den sie liebt, und auch sie hat jede Hoffnung aufgegeben. In einem anderen Brief schreibt sie, Oktober 1920:

> *Das körperliche Leiden, so wie ich es nun seit drei Jahren kenne, hat für mich die Welt verwandelt, sogar ihre Erscheinungsform ist nicht mehr dieselbe, irgend etwas ist neu dazugekommen. Alle Dinge haben einen Schatten, und manchmal glaube ich, ich wollte dem Leiden gar nicht widerstehen, sondern es auffassen als ein unerhörtes Privilegium, ja trotz allem, ich habe drei Jahre gebraucht, das zu verstehen, wir alle leisten Widerstand, wir haben entsetzliche Angst. Wir sitzen in einem kleinen Boot, das in eine furchtbare Dunkelheit hineinfährt, und wir wollen nur aus dem Boot wieder heraus ans Land, aber all das ist sinnlos. Niemand hört, wie wir rufen. Ein dunkler Fährmann rudert, und man muß stillsitzen und seine Augen bedecken. Ich glaube, das Schlimmste ist diese schreckliche Angst. Und dann muß man verstehen, daß es sich um die verzweifelte Wahl der eigenen Seele handelt.* (The soul's desparate choice.)

Mai 1921:
Ihre eigene Furcht wurde durch die Furcht des Partners um ein Vielfaches verstärkt. Auch wurde sie dadurch gezwungen, ihre Gedanken vor ihm zu verbergen. Sie hatten kein gemeinsames Schicksal, da er dieses an ein »Wenn...«, an eine unerfüllbare Bedingung, an ihre Gesundheit knüpfte. Diese konditionale Beziehung war es, die sie vom Tode sprechen ließ wie von einem selbstgewählten Schicksal: The soul's desparate choice.

### *Die konditionale Beziehung*

Was haben wir also unter konditionaler Beziehung verstanden? Wir wollen die Bezeichnung zunächst an einem anderen — der Krankheit fern abliegenden Beispiel erläutern. Margret *Mead* hat darauf hingewiesen, daß die Erziehung amerikanischer Mütter eine konditionale sei. Sie versuchen, die Kinder dadurch zu lenken, daß sie Bedingungen (Conditio=Bedingung) stellen. So heißt es »Wenn du Spinat ißt, bist du mein braves Kind. Wenn du deine Spielsachen aufräumst, werde ich dich liebhaben«. Diese Denkungsweise ist jedem Pädagogen vertraut und bedarf keiner näheren Erläuterung. Ist es erstaunlich, daß *Mead* dies für gefährlich hält? Liebe wird an Bedingungen geknüpft. Zuneigung, Wärme, Partnerschaft sind also nicht etwas absolut Gegebenes, sondern müssen erkämpft werden. Das verstößt nicht gegen die pädagogische Grundwahrheit, daß ein Kind nur zwei Motive kennt, um etwas zu leisten: Die Liebe oder die Angst. Es stellt vielmehr eine neue gefährliche Verknüpfung zwischen Liebe und Angst her, nämlich die, daß die Liebe durch die Angst bedroht wird. Wenn etwas nicht geleistet werden kann, wird die Liebe verweigert. Hiezu wäre viel zu sagen, doch kann darauf hier nicht weiter eingegangen werden. Das Beispiel soll nur dem besseren Verständnis dienen. Tatsächlich gibt es nämlich zwischen dem gesunden und dem kranken Partner eine ebensolche konditionale Beziehung: »Wenn Du wieder gesund bist«, heißt es da, »werden wir dies oder das unternehmen!«. — »Wir werden füreinander da sein, ich werde dich heiraten.« Oder: »Wir werden uns dann entscheiden« usw. — in tausend Variationen. Man könnte *Jungk* abwandeln und sagen: »Alles liegt für uns in der Zukunft, aber die Zukunft hat noch nicht begonnen.«

Wir haben bei Catherine *Mansfield* gesehen, daß es trotz der langjährigen Ehe nie zu einer eigentlichen Partnerschaft zwischen ihr und *Murry* gekommen ist. Gewiß kann man viele äußere Gründe dafür anführen. Das Leben in Kurorten hat zur äußeren Trennung geführt, die Angst vor Ansteckung hat die Partner entfremdet, Catherine war zu krank, um Haushaltpflichten auf sich zu nehmen. Dies ist alles richtig. Man lese jedoch in *Morgensterns* Krankengeschichte und Selbstaussagen nach und wird sehen, daß bei gleichen äußeren Umständen auch eine völlig andere Lösung, nämlich echtes Mit- und Füreinanderleben möglich ist. Wir sind jedoch nicht hier, um zu richten, sondern um zu verstehen. Was uns interessiert, ist die Reaktion des Kranken auf diese vorsichtige, Bedingungen stellende Haltung des Gesunden. Der gesunde Partner selbst — und in wie vielen Sprechstunden haben wir uns mit ihm zu beschäftigen! — argumentiert so: »Das wird den Gesundungswillen stärken. Unsere Pläne für die Zukunft sind ja das beste Medikament.« Hat er recht? Der Kranke gibt dies sogar oft zu, aber beim näheren Beobachten, bei geduldigerem Zuhören entdeckt man, daß diese Haltung in ihm Angst und Verbitterung erweckt. Warum? Er erkennt:

1. So wie er jetzt ist, kann er nicht akzeptiert werden. Man liebt ihn nicht so, wie er ist, sondern so, wie er einmal sein könnte.

2. Die eigene Angst vor seiner Krankheit wird durch die des Partners noch verstärkt: wenn man wegen des Leidens alle Pläne in eine ungewisse Zukunft hinausschieben muß, so heißt das, daß dieses Leiden etwas sehr Schlimmes, etwas Unüberschaubares, vielleicht Unheilbares sein muß.

3. Durch die Annahme der Bedingung fühlt der Patient sich gedemütigt. Das ist nicht so leicht zu verstehen, doch empfindet er die Krankheit nicht als ein Etwas *an* ihm, sondern doch als

Teil seines Wesens. Diese Einstellung ist sehr komplex: Der Kranke will zwar selbst gegen diesen Wesensanteil kämpfen, ihn ausgliedern oder verdrängen, wie wir oben gesehen haben, aber dennoch wünscht er — zwar irrationalerweise —, aber gerade darum desto stärker, daß der andere ihn mitsamt seiner Schwäche lieben und anerkennen möge.

4. Besonders schlimm wird all dies für den Kranken dadurch, daß er von seinem Intellekt her genauso argumentiert wie der Partner. Auch er erkennt an, daß jetzt keine Zeit für bindende Entschlüsse, etwa für eine Lebensentscheidung sei. Er kann und will dem anderen daher nichts vorwerfen. Das macht es aber für ihn nur um so quälender, denn er leidet trotz aller dieser verstandesmäßigen Überlegungen an dem peinigenden Gefühl: ich werde eben wegen meiner Krankheit dem anderen als Person überhaupt nicht mehr sichtbar.

Der Kranke versucht diese niederdrückende Partnerschaft manchmal durch eine von ihm selbst erzwungene Trennung zu lösen, meist aber fehlt ihm die Kraft dazu. Dann aber gibt er sich selbst auf, weil der andere ihn aufgegeben hat.

Im nächsten Abschnitt aber wollen wir eine Beziehung betrachten, die nicht an Bedingungen geknüpft war.

# *Unbedingte Partnerschaft*

## ELISABETH BARRETT-BROWNING

*Ach, ich bin schwer zu lieben: denn ich litt!*

Elisabeth Barrett, eine der größten Lyrikerinnen Englands, war bis zu ihrem vierzigsten Lebensjahr eine schwerkranke Frau. Weder sie noch ihre Familie erwarteten von der Zukunft eine Änderung. Über die Diagnose ihrer Erkrankung hat es mehrere Kontroversen gegeben, doch gibt es nach vorliegenden Berichten der drei behandelnden Ärzte, nämlich Cardon, Colzer und Nutal kaum einen Zweifel darüber, daß Elisabeth Barrett an einer Lungentuberkulose gelitten hat. Alle drei Schwestern Barrett waren tuberkulös, eine starb bereits als Kind. Elisabeths Mutter war durch lange Jahre leidend gewesen, und in der Familie ist eine erbliche Disposition zur Tuberkulose nachgewiesen.

Die Änderung in Elisabeth Barretts Leben trat in ihrem 40. Lebensjahre ein. Mit vierzig Jahren ist ein Charakter in seinen Grundstrukturen ausgeprägt. Zwar kann er noch Milderungen oder Verschärfung der eingeprägten Züge erfahren, doch ist eine durchgreifende Änderung kaum mehr zu erwarten. Die Lebenslinien sind bereits so weit zu überschauen, daß man von der Zukunft eine Fortsetzung der eingeschlagenen Richtung erwarten kann, um so mehr, wenn keine eigenen Impulse festzustellen sind, die eine Änderung herbeizuführen imstande wären, und mit einschneidenden äußeren Ereignissen nicht mehr zu rechnen ist.

Elisabeth, die mit Vater und Geschwistern in dem geräumigen Londoner Haus in der Wimpole-Street lebte, erwartete nichts mehr von der Zukunft: Sie war den ganzen Tag über an ihr Zimmer, meist sogar ans Bett gefesselt, die Vorhänge vor dem Fenster waren zugezogen, die Teppiche dämpften alle Geräusche; durch die Tür des Krankenzimmers traten außer den Familienangehörigen nur selten Besucher. Ein kleiner Hund war stets bei ihr, ihm hat sie ein besonderes Dankgedicht gewidmet; menschliche Gesellschaft fand sich nur stundenweise ein. Nachdem die Mutter Elisabeths im Alter von 47 Jahren gestorben war, wachte allein der Vater über das Wohl seiner Tochter — ein Wohl, so wie er es verstand. Er legte ihr strenge Schonung auf, ließ ihr zwar ärztliche Behandlung zuteil werden, nahm ihr aber jede Hoffnung darauf, daß sie noch einmal genesen könne. Ihre Dichtung schätzte er hoch, nach ihren irdischen Wünschen fragte er nicht.

Die Familie hatte sich damit abgefunden, daß Elisabeth krank war, zu schwach, um auch nur mehrere Stunden aufzubleiben, daß sie bei kleinen Anstrengungen bereits atemlos und taumelig wurde.

Und sie selbst? Die Krankheit hatte in ihrem 21. Lebensjahr sehr heftig eingesetzt, und da Elisabeth zuerst gehofft hatte, daß Kuren und Aufenthalte an der Meeresküste ihr Linderung verschaffen würden, hatte sie alles unternommen, um wieder zu gesunden. Dann aber trat ein Ereignis ein, das ihr diese Hoffnung völlig nehmen sollte: Elisabeth hatte während eines Aufenthaltes am Meer in Torquay den Besuch ihres Lieblingsbruders erhalten. Nach kurzem Aufenthalt wurde der Bruder vom Vater nach London zurückberufen. Elisabeth legte sich ins Mittel, bat um längeres Bleiben, und mit Rücksicht auf ihre schwere Krankheit willigte der Vater ein. Der Bruder konnte bleiben — und kam bei einer Bootsfahrt durch einen Unfall ums Leben. Elisabeth, die drei Tage lang auf die Rückkehr des Segelbootes gewartet hatte, war außer sich vor Schmerz um seinen Verlust und zugleich gequält durch ein schweres Schuldbewußtsein, hatte doch der Bruder ihrer Bitte wegen den Tod gefunden; *nachdem mein Herz in Torquay gebrochen war,* schreibt sie Jahre später ihrem Mann, *lebte ich jenseits meines eigenen Lebens, von Tag zu Tag in einer tie-*

*feren Dunkelheit ohne jede Hoffnung, so als preßte ich mein Gesicht gegen ein Grab.*

Die Familie erwartete nicht mehr, daß sie gesund würde. Über das Verhalten der Familie ihr gegenüber schreibt sie:

> *Meine Familie hatte sich so an die Idee gewöhnt, daß ich immer und immerfort in diesem Zimmer leben würde, daß, während ich mich selbst verzehrte* (while my heart was eating itself), *sie ganz ruhig waren und schließlich das Übel überhaupt nicht mehr bemerkten. Es war nicht einmal so sehr Mangel an Liebe, sondern die Macht der Gewohnheit, die über uns alle Herr ist, so waren sie an den Gedanken, daß ich in einem Grab läge, gewöhnt. Ich war einfach begraben, das war alles. Schließlich war es nicht einmal für mich mehr etwas Auffälliges. Ich lebte blind und stumm von einem Tag zum anderen, so völlig tot, wie die Hoffnung in mir getötet war, seit mein Herz in Torquay brach.*

Ihre eigene Depression hatte auf die anderen übergegriffen, und auch umgekehrt prägten die Erwartungsvorstellungen der anderen ihr Leben. Sie wurde als lebend eingesargt betrachtet, und niemand fragte mehr danach, ob sie unter diesem Zustand leide, auch sie selbst nicht, es gab für sie nur noch *eine* Ausdrucksform ihres Lebens, ihr Dichten. Sie schien völlig ruhig, ja fast schmerzfrei; nur die Zeit der Umstellung war schmerzhaft gewesen, dann hatten Geist und Körper sich angepaßt, und sie schien nicht mehr zu leiden. Daß dennoch unbewußte Kräfte der Abwehr da waren, zeigt sich darin, daß sie in diesen Schmerzensjahren zum Opium gegriffen hat, worüber sie selbst an ihren späteren Mann schrieb, daß die innere Rastlosigkeit und die Schlaflosigkeit so sehr Besitz von ihr ergriffen hätten, daß nur das Opium ihr Hilfe bringen konnte.

> *Ich konnte nicht mehr schlafen, und sogar tagsüber war das ständige schmerzhafte Bewußtsein meiner Schwäche mir unerträglich — ganz abgesehen von dem schnelleren Herzklopfen. Es war, wie wenn das Leben, statt dem Körper Bewegungsfreiheit zu geben, in ihm eingemauert sei, erfolglos hin- und herflattere, um einen Ausweg zu*

*finden, einen Ausweg durch Tür oder Fenster. Deshalb gaben die Ärzte mir Opium.*

Und gerade als dieser Zustand der Hoffnungslosigkeit bereits für immer gefestigt schien, trat die Änderung ein. Robert Browning, zu dieser Zeit selbst schon als Dichter bekannt, hatte ihr geschrieben, sie antwortete, und es kam zu seinem Besuch. Dieses erste Treffen bestärkte ihn in seinem Eindruck, daß Elisabeth nie wieder gesund werden könne, ja wahrscheinlich sich niemals aus ihrem Krankenstuhl werde erheben können, doch kam er wieder und schließlich wagte er das, was allen, Elisabeth eingeschlossen, widersinnig und unverständlich erscheinen mußte: Er fragte nicht nach dem, was Elisabeth nicht konnte, nicht nach ihrer Krankheit, nicht nach ihrer Einsamkeit, er betrachtete nur das, was sie vermochte und was er von ihr erhoffte. Er war überzeugt, daß nur sie die Gabe habe, ihn zu verstehen. Er seinerseits war bereit, neben ihr auszuharren, sei es auch nur »wie ein Bruder neben der schwer Körperbehinderten, vielleicht Gelähmten, wofür er sie zunächst gehalten hatte«. Elisabeth, die angefangen hatte, auf seine Briefe, auf seine Besuche mit Sehnsucht zu warten, erschrak: das hatte sie nicht gewollt. Sie konnte diesen um mehrere Jahre jüngeren, gesunden, als Dichter bereits bekannten Mann nicht an sich fesseln, *ich konnte nicht glauben, daß er für einen Menschen wie mich etwas empfinden könnte — außer in einer Illusion oder in einem Traum. Ich war ganz sicher, daß einige Tage des Kennenlernens und ein wenig mehr Licht auf mein blasses angegriffenes Gesicht ihn davon überzeugen würden, daß er für meine Ablehnung nur dankbar sein könne.*

Sie versicherte ihm, daß schon die kleinste körperliche Anstrengung genüge, um sie völlig zu erschöpfen, daß sie für die Vergnügen des Lebens ebensowenig geeignet sei wie für seine sozialen Verpflichtungen. Er antwortete nicht mit den »gewöhnlichen Komplimenten, die den Männern so leicht von den Lippen fließen«, sondern damit, daß er sagte, er liebe sie, und daran könne nichts etwas ändern, er erklärte, daß auch er nicht mehr ganz jung, daß er bis dahin nie einem Menschen tief innerlich verbunden gewesen sei und daß er jetzt zum ersten- und zum letztenmal in seinem Leben wirklich liebe. Er sei ebenso entschlossen, neben der Schwerkranken wie ein Bruder zu leben, wie die Gesundende in sein gesundes Leben mit hinüberzunehmen. Er wäre bereit, auch zwanzig Jahre auf sie zu warten und sie dadurch schließlich dazu zu bringen, ihn und sein Wesen zu verstehen. Er erwarte nur das von ihr, was sie zu geben imstande sei: Nicht daß sie singe oder tanze, sondern daß sie ihm helfe »zu arbeiten und zu leben«, ein nützliches Leben zu leben und eines frohen Todes zu sterben, und das stünde in ihrer Macht.

Dennoch bedurfte es langer Zeit, um sie zu überzeugen. Es ist schwer für einen Menschen, der den Tod vor Augen sah, wieder zum Leben zurückzufinden. *Wie nahe war der Totenschere Schnitt an diesem Haar,* heißt es in einem ihrer Sonette.

In der Familie beachtete man Brownings Besuche nicht. Man glaubte, sie gälten der Dichterin und nicht der Frau. Erst als Elisabeth vor dem Vater zu erwähnen wagte, Robert Browning hänge an ihr, fuhr dieser empört auf, sie möge sich niemals einbilden, daß dieser Mann sie lieben könne. Daraufhin schwieg sie. Sie wußte, daß der Vater, der patriarchalisch über seiner Familie herrschte, niemals die Erlaubnis zur Heirat geben würde. Das Wunschbild, das er von seiner Tochter in sich trug, war das einer berühmten Dichterin, zugleich aber das einer hoffnungslos Schwerkranken, der ein Recht auf privates Glück nicht zustand. Sie gab die Hoffnung auf, ihn zu überzeugen, und wie recht sie damit hatte, bewiesen ihre Briefe, die nach des Vaters Tod alle uneröffnet bei ihm gefunden wurden. Elisabeth hatte sie nach ihrer Heirat geschrieben: Der Vater hatte keinen von ihnen geöffnet, da er nicht verzeihen wollte. So mußten zunächst alle Vorbereitungen zur Hochzeit verheimlicht werden. Ein Priester wurde von Robert Browning ins Vertrauen gezogen und die Hochzeit in einer kleinen Kapelle vorbereitet. Die 40jährige Frau, die nach jahrelangem Krankenlager sich zu diesem — für die Auffassung der Zeit ungeheuer kühnen Schritt entschlossen hatte, traf am Tag der Hochzeit ihren Verlobten zum erstenmal außerhalb ihres Hauses. Sie hatte ihr Zimmer für zwei Stunden verlassen, dann kehrte sie wieder in die Wimpole-Street zurück und bereitete dort heimlich die Flucht vor. Drei Tage später verließ sie das Elternhaus für immer. Sie ließ Briefe an Vater und Bruder zurück, doch der Vater verzieh ihr Zeit seines Lebens nicht mehr. Er starb unversöhnt, er konnte den Entschluß der Tochter unmöglich verstehen, schon deshalb nicht, weil dieser allen seinen Erwartungsvorstellungen widersprochen hatte. Er war stolz gewesen, daß sie schriftstellerischen Ruhm erworben hatte, doch er war davon überzeugt, daß diese Schwerkranke ihr ganzes Leben lang unlösbar an das Haus, die Familie und damit auch an ihn gefesselt bleiben würde. Daß sie nach anderer Bindung verlangen, auf persönliches Glück hoffen könne, wollte er nicht anerkennen. Er liebte seine Tochter, vielmehr er wollte sie um keinen Preis verlieren, und so schien die Krankheit die sicherste Fessel, die sie an ihn kettete. Den Mann, dem es gelingen sollte, diese Fesseln zu sprengen, haßte er ingrimmig als seinen Feind.

Als Elisabeth mit ihrem Mann die Schiffsreise nach Le Havre antrat, war sie in großer Angst, wie sie diese gesundheitlich überstehen werde. Sie kam jedoch lebend aufs Festland hinüber. Nach der Überfahrt gab es eine kurze Rast in Paris, dann ging es weiter nach Italien. Und das Wunder geschah. Elisabeth überstand die stürmische Seereise, die anstrengenden Tage in Paris: es gibt schwierige, aber auch sehr viele fröhliche Augenblicke. Abends muß sie sehr erschöpft frühzeitig ins Bett, sie ist schwach und kraftlos, aber daß es ihr überhaupt möglich war, die Reisestrapazen zu überstehen, gibt ihr neuen Mut, und jeden Tag geht es ein kleines Stückchen aufwärts. Sie will ihrem Mann keine Last sein, sie verbirgt, so gut es geht, ihre Schwäche vor ihm. Sie zeigt ihm, wie sehr sie sich seiner Gegenwart freut. Sie mieten ein Landhaus in Oberitalien, weil dort das Klima für Elisabeth am günstigsten ist. Beide arbeiten an ihrem literarischen Werk, meist vormittags in getrennten Zimmern, den Nachmittag verbringen sie gemeinsam. Wegen Elisabeths Kränklichkeit und weil sie im fremden Lande wohnen, ist der Kreis ihrer gesellschaftlichen Beziehungen nur klein. Sie leben für- und miteinander. Dann wird am 9. März

1849, 3 Tage nach dem 43. Geburtstag Elisabeths, ihr erstes und einziges Kind geboren, der Sohn Widemann, der den Kosenamen Penini erhält.

Sie drückt in ihren Gedichten in tausend Bildern aus, wie nahe sie dem Tode war, und daß nur Browning sie davor gerettet hat: *Ich aber werde dem nahen Himmel fremd um deine Erde.* Oder: *Und eine Stimme rief, die furchtbar war: Rate, wer hält dich so? Der Tod gewiß. Die Liebe, klang es wieder sanft und nah.*

»Deine Heilkunst wußte ein Gegengift zu finden — so träume ich nicht mehr vom Tode.« (Nach Rilkes Übersetzung.)

Als Elisabeth am 29. Juli 1861 stirbt — die Todesursache wird eindeutig als Tuberkulose diagnostiziert, hat sie ein erfülltes Leben hinter sich. Nicht einen Tag seit ihrer Flucht ist sie tagsüber im Bette gelegen, und bis zum Ende hat sie die Befürchtungen des Arztes, der die Schwere ihres Zustandes erkannte, nicht geteilt, ist bis zur letzten Stunde fröhlich gewesen. Hier hat die Bindung an einen Menschen eine schwer körperlich Kranke weit über ihre scheinbaren physischen Möglichkeiten hinaus leben lassen. Entgegen der Erwartung der Familie und entgegen ihrer eigenen Hoffnungslosigkeit hat ein Mensch, der ohne jede Bedingung zu dieser Kranken sein Ja gesprochen hat, ihr ein reiches und erfülltes Leben wider alle medizinischen Prognosen ermöglicht.

# DIE AUSEINANDERSETZUNG MIT DEM TOD

Jede Auseinandersetzung mit der Krankheit ist ein Dreifrontenkrieg:

1. Auseinandersetzung mit dem Schmerz und der durch ihn bedingten Einengung des Lebensraumes.

2. Auseinandersetzung mit der Umwelt.

Soziale Gefährdung — berufliche Konsequenzen — Änderung der Beziehung innerhalb einer Partnerschaft, Stellungnahme des Mitmenschen zur Erkrankung.

3. Auseinandersetzung mit dem Tod.

Daß im folgenden diese Konfrontation mit dem Tode gesondert herausgegriffen werden soll, ist zu begründen: Es gibt Leben, die von Jugend an gezeichnet sind durch das Bewußtsein, daß mit dem Leben der Tod geboren wird. Es ist, als fiele von ihm her ein Schatten über alles Tun. Die Empfänglichkeit für dieses Fühlen kann in einer zarten Konstitution mit übersteigerter Empfindsamkeit liegen wie bei Rilke oder in früher Kränklichkeit wie bei Novalis und Proust.

Krankheit, die als Bedrohung empfunden wird, führt manchmal zu einer Änderung des Zeiterlebens: man könnte von einem Zeitraffer — und einem Zeitlupenphänomen sprechen. Zeitraffer: Nach schwerer Krankheit, oft aber auch als ihr Vorbote, zeigt sich ein geändertes Lebenstempo. Wie eine an zwei Enden angezündete Kerze beginnt der Mensch sich zu verzehren, indem er in jeden Tag, jede Stunde ein Maximum an Erleben hineinzupressen sucht. Er kann nicht mehr zuwarten, er plant nicht für längere Sicht, er vermag nichts aufzuschieben. Alles muß heute, jetzt, in diesem Augenblick getan, erlebt, einverleibt werden. An unseren Kranken haben wir diese Änderung des Lebensstils als ein Signum mali ominis zu sehen gelernt.

Im folgenden steht Thomas Wolfe als Vertreter des Zeitrafferphänomens: Über ein Jahrzehnt steht seine Arbeit unter dem Druck des Nicht-mehr-Zeit-Habens, lange bevor an dem kräftigen und gesunden Mann dem Außenstehenden etwas bedrohlich scheinen könnte. Und er, der gehetzt, gejagt, ständig zu fliehen sucht, stürzt sich eben dadurch dem Tod in die Arme.

Bei André Gide hat hohes Alter und Müdigkeit zu dem Zeitlupenphänomen geführt, das Plügge als charakteristisch für viele Schwerstkranke beschrieben hat: der Lebensraum ist eingeschrumpft, nichts vermag mehr eigentliches Interesse zu erwecken, nichts ist mehr da, was fesselt, was schmeckt. Der Lebens-Appetit im weitesten und engsten Sinn ist verschwunden. Langsam gehen die Stunden des Tages dahin, schleichender noch die meist schlaflosen der Nacht. Ein Absterben nach innen, von Gide unter dem Namen der Anorexie zusammengefaßt, geht dem äußeren Sterben voraus. Diese Änderung ist um so pathognomischer (für eine Krankheit charakteristisch), als sie der physiologischen Abwandlung des Zeiterlebnisses widerspricht: Dieses hängt vor allem von den in die Zeiteinheit eingepreßten Erlebnismomenten ab, das heißt davon, wie viele Eindrücke in einem Zeitraum aufgenommen werden. Es sind innerhalb des gleichen Zeitraumes viele beim Kind, wenige beim alten Menschen. Daher erscheint dem Kind ein Tag sehr lang, dem Erwachsenen viel kürzer. Durch den Lebensüberdruß, das Taedium vitae, wird dieses Erlebnis aber ins Gegenteil verzerrt.

Alle diese Erlebnisweisen sind jedem Arzt von seinen Kranken her vertraut.

Ist Rilkes Gedankenwelt infolge seiner zarten Konstitution von Kindheit her vom Todesgedanken geprägt, so führte Prousts bereits im Jugendalter ausgebrochenes Asthmaleiden zu einer ähnlichen Entwicklung. Wolfe und Gide stehen hier als Repräsentanten des Zeitraffer- und Zeitlupenphänomens, der Veränderung des Lebenstempos im Vorgefühl des Todes.

Dauthendey schließlich zeigt in einprägsamer Weise, daß Hoffnungslosigkeit zum Tode führt. Vom Wodu-Tod, bei dem die Übertretung eines Tabus und die darauffolgende Ausstoßung aus der Gemeinschaft des Stammes ohne körperliche Verletzung innerhalb von wenigen Tagen zum Tode führt, bis zum Tod unserer Kranken, die nichts mehr im Leben erhoffen, ist nur kulturgeschichtlich, nicht aber psychologisch ein weiter Weg. »Der Sich-Verlierende gibt alles auf«, schrieb Rilke, und Dauthendey beweist uns, daß für ihn Aufgabe der Hoffnung Aufgabe des Lebens war.

# *Begrenzte Zeit*

## MARCEL PROUST

*Nur für den Denker und den Kranken kann das animalische Leben alle seine berauschenden Reize entfalten.*

Ein Leidender, der in der Kindheit bereits sich daran gewöhnen mußte, sich mit der Krankheit einzurichten, wie Marcel Proust, der durch Jahrzehnte an einem schweren Bronchialasthma gelitten hat, entwickelt Gegenkräfte, die das Ertragen des Unglücks erleichtern sollen. Dreierlei Gegenregulationen sind bei Proust zu beobachten. 1. Sammeln von Erinnerungen:
Er rechnet mit einer kurzen Dauer seines Lebens und damit, daß er möglicherweise bereits als junger Mensch sein Bett oder seine Wohnung nicht mehr werde verlassen können. Er richtet sich darauf ein: Alle Eindrücke nimmt er auf, als wären sie die letzten, die an ihn herantreten. Er, der ungemein feinfühlig auf Farb- und Formeindrücke reagiert, will alles, was ihm noch zu schauen vergönnt ist, unverlierbar seinem Gedächtnis einprägen. So schildert sein Freund Reynaldo Hahn einen Spaziergang mit Proust: Sie seien an einem Rosenbeet vorbeigekommen. »Proust blieb stehen und fragte: Würden Sie es übelnehmen, wenn ich zurückbleibe, ich möchte die Rosenbäumchen ›noch einmal‹ sehen.« Hahn setzte seinen Rundgang längere Zeit fort, fand aber beim Zurückkehren Proust immer noch in »leidenschaftlicher Aufmerksamkeit« vor den Rosen an. So sammelte er ein, um später die Bilder »in aller Muße in der Dunkelkammer seines Gedächtnisses sich immer wieder vorführen zu können.«

Doch bleibt es nicht bei dem Sammeln von Reproduktionen. Die aufbewahrten Bilder erhalten aus der Kraft seines der Erinnerung zugewandten Gemüts eine Leuchtkraft, die schließlich die der realen gegenwärtigen Eindrücke übersteigt. Es wird dann nur noch »das Abwesende« Gegenstand der Imagination. Die Einbildungskraft wird sein einziges Organ für den Genuß der Schönheit:

*Nur ein Augenblick der Vergangenheit? Vielleicht mehr als das, etwas, was zugleich der Vergangenheit und der Gegenwart zugehört und viel wesentlicher als beide ist. So viele Male hatte im Laufe meines Lebens die Wirklichkeit mich enttäuscht.*

Einfach deshalb, weil die Einbildungskraft ein faszinierendes Übergewicht erhalten hatte.

Es kommt also im Verlauf der schweren chronischen Erkrankung zu einer seltsamen Metamorphose: Zuerst wird an Wirklichkeitseindrücken gespeichert, was möglich ist — dann aber wird dieses Wirkliche in einer Weise transformiert und mit einer Leuchtkraft aus Phantasie, Sehnsucht, Traum versehen, daß die Realitätskontrolle selbst enttäuscht. So kommt es zu einer Überlagerung der Eindrücke. Ein Erlebnis der Gegenwart — der Geschmack des Tees, das Geräusch des Löffels, der an die Tasse anschlägt — läßt ein Stück Vergangenheit aufleuchten: Die Tasse Tee, die ihm die Mutter bringen ließ, als er durchfroren nach Hause gekommen war, das Teegebäck, das er zu sich nahm und das ihn wieder an einen Morgen seiner Kindheit und an die Auslage eines Bäckers erinnert. Dadurch erst bereitet die Gegenwart, durch die er nicht genügend Glück zu empfangen vermöchte, ihm jenes Erlebnis, das er sucht: Auf *die Dauer eines Blitzes* etwas zu erlangen, zu sondern und festzuhalten: Ein kleines Quantum reiner Zeit. Diese wird *vor Glück bebend* wiedergeboren.

*Sobald ein bereits gehörtes Geräusch, ein schon vormals eingeatmeter Duft von neuem wahrgenommen wird, und zwar als ein gleichzeitig Gegenwärtiges und Vergangenes, ein Wirkliches, das gleichwohl nicht dem Augenblick an-*

*gehört, ein Ideelles, das deswegen dennoch nichts Abstraktes bleibt, wird auf der Stelle die ständig vorhandene, aber gewöhnlich verborgene Wesenssubstanz aller Dinge frei, und unser wahres Ich, das manchmal seit langem tot schien, aber es doch nicht völlig war, erwacht und gewinnt neues Leben aus der göttlichen Speise, die ihm zugeführt wurde.*

Er verhält sich wie einer, dem rechtzeitig bekannt geworden ist, daß eine Hungersnot zu erwarten ist, und der den Großteil seiner Nahrung konserviert für spätere Zeiten. Er beobachtet leidenschaftlich, um später von dieser Erinnerung zu zehren. Mit welcher Intensität er den Honig der Wirklichkeit in die Bienenkörbe der Erinnerung eingesammelt hat, um den langen Krankheitswinter zu überstehen, bedarf für diejenigen, die »Auf den Spuren der verlorenen Zeit« gelesen haben, keines gesonderten Nachweises.

Er fordert seine Freunde auf, ihm Ratschläge zu geben, welche Städte, welche Gegenden einer Reise wert seien, falls er aufstehen, falls er den Zug benützen könnte. Der Schwerkranke steht nochmals taumelnd aus dem Bett auf, um in die Gemäldeausstellung zu fahren, wo er auf einem Bild Vermeers im Musée du Jeu de Paume ein winziges Detail betrachten will, das er einen Kritiker hat rühmen hören: Eine kleine gelbe Mauerecke. Er wird im Saal von Übelkeit befallen, muß nach Hause gebracht werden. Was tut es, er hat erreicht, was er sich *so glühend gewünscht hat:*

*Etwas ganz anderes als ein Vergnügen, nämlich viel mehr, die Begegnung mit Wahrheiten, die einer wirklicheren Welt angehörten als der, in welcher ich lebte und deren einmal gewonnener Ertrag mir nicht durch belanglose, wenn auch vielleicht körperlich schmerzhafte Zwischenfälle meines müßigen Daseins je geraubt werden konnte.*

2. Das Brevier der Freuden:

War der erste Weg zur Überwindung des Leidens das Sammeln von Beobachtungen und Erinnerungen, so ist der zweite der, Freuden zu sammeln; er betrachtet sein Buch als ein

Brevier der Freuden, die auch jene noch kennenlernen können, denen viele menschliche Freuden nicht mehr zugänglich sind. Er schreibt wenige Wochen vor seinem Tod an Gaston Gallimard:

> *Andere als ich, und ich freue mich darüber, können das Universum genießen. Mir selbst ist Bewegung, Rede, Denken, ja sogar das schlichte Wohlgefühl der Schmerzlosigkeit versagt. So gleichsam aus mir selbst verbannt, flüchte ich mich in die Bände (der verlorenen Zeit), die ich betaste, da ich sie nicht mehr lesen kann, und lasse ihnen die Voraussicht der Schlupfwespe angedeihen, über die Fabre die von Metschnikow zitierten wundervollen Seiten geschrieben hat, die Sie sicherlich kennen.*
>
> *In mich selbst zurückgezogen und aller Dinge beraubt, beschäftige ich mich nur noch damit, ihnen in der Welt der Geister die Weite des Daseins zu sichern, die mir selbst versagt geblieben ist.*

Er sammelt Glück auf eine merkwürdige Weise — auch dann, wenn er selbst es nicht genießen kann: So liebt er es, Mahlzeiten für seine Freunde zusammenzustellen. Die Speisenfolge besteht aus den Gerichten, die er bevorzugen würde, aber nicht genießen darf. Er selbst?

> *»Oh, für mich nur Kaffee, starken Kaffee, in dem ich meine Pulver auflösen kann — wenn es Ihnen recht ist, so werde ich mehrere Tassen trinken.«*

Er selbst nimmt nicht nur fast nichts zu sich, er verträgt auch die Gerüche der meisten Speisen nicht, so daß sein Haushalt Unsummen verschlingt, weil er das Essen seiner Hausangestellten aus dem Gasthof beziehen muß, da in der Wohnung wegen der Küchendünste nicht gekocht werden darf. Er selbst liegt in dem großen Zimmer, dessen Wände zur Schallabdichtung mit Kork ausgekleidet sind, dessen Fenster man verhängt hat, in dem es keine anderen Gerüche geben darf als die des Räucherwerks, das angezündet wird, wenn Asthmaanfälle ihn heimsuchen. Es darf nicht mit einem Zündholz angezündet werden, da er den Geruch des Schwefels nicht verträgt. Deshalb muß Tag und Nacht eine Kerze brennen bleiben.

Ein sinnenfreudiger Genießer, dem jeder Genuß unmöglich ist: Blumen? — er schenkt sie an Freunde; Essen? — er bestellt es für andere. Für ihn bleibt die Stille der Nacht, in der er arbeitet, und der tiefe Drogenschlaf während des Tages. So beschreibt er sich:

> *Ich, das seltsame menschliche Wesen, das, während es darauf wartet, daß der Tod es erlöst, bei geschlossenen Fensterläden, abgeschieden von der Welt, unbeweglich wie eine Eule lebt und wie jene einigermaßen klar nur im Dunkel sieht.*

Und in dieser Dunkelheit sammelt er Kostbarkeiten: Die Freunde erhalten plötzlich Briefe: Sie sollen ein Kleid beschreiben, einen Gegenstand, den Proust in seinem Werk schildern will. Es ist nicht nur die Gewissenhaftigkeit des Schriftstellers, die ihn antreibt, sondern es ist zugleich seine Art, ästhetische Freuden zu erleben: Immer als ein Zuschauender, nie als ein Genießender. Aber der Zuschauende hat eine tiefere Leidenschaft, ein echteres Wissen um die Dinge als der Besitzende. Es waren immer die Sehnsüchtigen und Darbenden, die die Freuden des Lebens großartig beschrieben haben.

Proust selbst weiß, daß erst die Gefahr des drohenden Verlustes ihm ein Ding ganz zu eigen gibt. So schreibt er, der über Baudelaire gearbeitet hat:

> *Vielleicht muß man — ach! — bedroht sein, wie Baudelaire, um jene Hellsichtigkeit im wahren Leiden, jenen Ton von Religiosität in satanischen Dichtungen zu haben, vielleicht muß man dazu bereits die tödlichen Müdigkeiten erlebt haben, die dem Tod vorauszugehen pflegen. Baudelaire und Dostojewski haben in dreißig Jahren zwischen epileptischen und sonstigen Anfällen alles das geschaffen, wovon eine ganze Phalanx bei bester Gesundheit befindlicher Künstler nicht einmal einen Absatz zustande gebracht haben würde.*
>
> *Man kann fast sagen, daß es mit den Werken wie mit dem artesischen Brunnen ist, nämlich daß sie sich um so höher erheben, je tiefer die Grube ist, die das Leiden in unserem Herzen ausgehoben hat.*

3. Die Bejahung des Leidens:

So erreicht sein Vorwärtsschreiten die dritte und letzte Stufe: Die Bejahung seines Leidens. Er sieht die »Existenz seines Körpers« als ein Gefäß an, in dem *unsere Geistigkeit eingeschlossen ruht. So befinden sich alle Güter unseres Inneren, unsere vergangenen Freuden, unsere Schmerzen unaufhörlich in unserem Besitz.* Auch die Leiden bejaht er:

> *Da man einsieht, daß Leiden das beste ist, was man im Leben antreffen kann, denkt man ohne Grauen — wie an eine Befreiung fast — an den Tod. Die Leiden sind unansehnliche, verhaßte Diener, die man bekämpft, unter deren Herrschaft man aber mehr und mehr gerät. Sie sind harte Diener, die unmöglich zu ersetzen sind und uns auf unterirdischen Wegen zur Wahrheit und zum Tode führen. Glücklich, wer die erste vor dem zweiten gefunden hat und für den, wie nahe sie auch zusammenliegen mögen, die Stunde der Wahrheit vor der des Todes schlägt.*

Es wird immer ein Wagnis bleiben, den geistigen Weg eines anderen Menschen mit zu vollziehen. Wenn dies aber dennoch unternommen werden soll, dann sieht man hier auf drei Stufen den Weg sich höher erheben: Die erste Stufe wird sehr bald nach dem Einsetzen der Erkrankung angestrebt: Nachdem alles, was man liebt, vom Untergang bedroht ist, wird es mit ungeheurer Intensität noch einmal aufgenommen; eingeprägt, geistig in Besitz genommen. Die zweite Stufe ist die eines Menschen, der bereits Verluste hinter sich hat: Viel Ballast ist abgeworfen, nur weniges bleibt. Die wenigen Freuden aber werden bewußt gesammelt. So erscheint sein großer Roman als ein Geschenk für diejenigen, die auf andere Freuden haben verzichten müssen. Und plötzlich — an einer Wegbiegung wird die dritte Stufe sichtbar, von der die Rückschau auf das bisher Erreichte möglich ist: Die Erkenntnis, daß ohne sein Leiden dieser Weg nicht hätte beschritten werden können — und daß dieses Leiden zu eben diesem einmaligen besonderen Leben unabdingbar gehört.

# *Der eigene Tod*

## RAINER MARIA RILKE

*Daß mich mein strömendes Antlitz glänzender mache ...*

Rilke starb im Alter von 50 Jahren an Leukämie. Sein Tod in einem Schweizer Krankenhaus war ein früher, ein schmerzhafter und ein ganz ungewöhnlicher — ungewöhnlich deshalb, weil selten in einem Spital Qualen ohne schmerzstillende Medikamente ertragen werden — noch dazu auf den besonderen ausdrücklichen Wunsch des Patienten selbst. Die Erkrankung, die zu schweren Geschwürsbildungen, blutigen und schmerzhaften Hautveränderungen geführt hatte, war eine überaus quälende. Rilkes langjähriger behandelnder Arzt, Dr. Haemmerli, sagte, Rilke sei nur noch ein armer »Ausgeschundener« gewesen. Warum lehnte er hartnäckig jede Linderung durch Medikamente ab? Er war davon überzeugt, daß der Tod eines Menschen wesensmäßig zu seinem Leben dazugehöre, daß jeder seinen »eigenen Tod« haben müsse, so wie er sein eigenes Leben gehabt habe. Sehr früh bereits ist in seinem Werk die Rede davon, daß der Tod in dem Menschen heranwachse wie eine Frucht, die reifen müsse. Er sei der Sinn eines erfüllten Lebens — dort, wo das Leben verkümmert bleibe, könne auch der Tod nicht reifen; er sagt über solche seelisch verkümmerte Menschen: Ihr Tod liege grün in ihnen wie eine Frucht, die nicht reife.

Wie ein roter Faden zieht sich durch sein Werk die Beschäftigung mit dem Todesgedanken. Schon im Stundenbuch steht über den Tod: *Wenn wir uns mitten im Leben meinen, wagt er zu weinen, tief innen in uns.* Die erste Darstellung des Auf-sich-Nehmens des eigenen schweren Todes finden wir im »Malte Laurids Brigge«.

Sein Blick war von früh an geschärft. Er war ein blasses, kränkliches Kind. Die Mutter, deren einziges Kind er nach dem Tod der Schwester bleibt und die eigentlich die Geburt eines Mädchens gewünscht hatte, steckt den schwächlichen Jungen in Mädchenkleider, und sie gibt ihm bezeichnenderweise den Namen René, einen Namen, den man auch für einen Mädchennamen halten könnte. Die Kinderzeit ist eine Zeit der Angst für ihn, an die er als Erwachsener mit Schaudern zurückdenkt, und es wird ihm für immer unmöglich bleiben, diese Kinderängste später im Werke zu gestalten und dadurch zu überwinden, als so unsäglich schwer hat er sie erlebt. Als junger Mann bleibt die Unsicherheit, ob er sich im Leben zunächst körperlich werde durchsetzen können; so heißt es noch in einem Brief von seiner Rußlandreise: *Ich werde ohnedies bald zu liegen kommen, entweder mit dem Herzen oder mit der Lunge.*

Wie viele Leptosome von schwächlichem Körperbau, gewinnt Rilke später eine Haltung, aus der heraus er versucht, diesem Körper Schonung und Pflege angedeihen zu lassen, um nicht ständig durch seine Störungen in seiner Lebensaufgabe behindert zu werden. Er ist durch Jahre hindurch Vegetarier, er gönnt sich reichlichen Schlaf, er vermeidet Anstrengungen, kurz: er gewinnt immer deutlicher eine Haltung, die von der Verneinung des Körpers weg zu seiner Bejahung und pfleglichen Schonung geht.

> *Mein Leib, als der in alles Eingeweihte, hat auch immer Prokura gehabt, er durfte, ebenso wie seine Mitverantwortlichen, zeichnen für die ganze »Firma«. Ein Umsturz dieser Geschäftsordnung wäre ein Désastre für mich; denn soviel große, ja gewaltige Gegenbeispiele man mir entgegenhalten könnte, unendliche Ergebnisse aufweisend, die aus der Überwindung des Körperlichen, seiner Ignorierung, ja sogar noch aus der Ausnutzung seiner Übelstände hervorgehen konnten, es wäre nicht mein Weg,*

*dergleichen zu erreichen, und ich weiß nicht, welche Lösung ich mir in solcher Situation, so wie ich einmal bin, erarbeiten müßte. Nun, vielleicht ist es noch nicht dauernd an dem, und ich darf, wenn mir hinreichend ist zugesetzt worden, die alte Verfassung fortsetzen und noch ein paar Ergebnisse, mittels ihrer, erringen.*

Gerade weil er, wie er es ausdrückt, *nicht leicht einen Interpreten zwischen sich und seiner Natur verträgt*, meidet er ärztliche Behandlung und ist im Grunde genommen der Schulmedizin gegenüber ablehnend. So schreibt er am 13. Februar 1924:

*Dieses »Sich-Einlassen« mit Ärzten hat etwas unbeschreiblich Verwirrendes für mich, nicht anders, als ob ich mich plötzlich in der Lage fände, mit meiner Seele auf dem Umweg über einen Priester zu verkehren. Denn der Umgang mit meinem Körper war, seit 25 Jahren, so unmittelbar und von so strikter Verständigung, daß ich das Gefühl habe, dieser ärztliche Dolmetsch dränge wie ein Keil in unsere gefügte Vereinbarung. Auf der anderen Seite wäre es ein Neues und irgendwie Schmerzliches für mich, sollte ich genötigt sein, mich mit nie gebrauchter, geistiger Überlegenheit über einen nachlassenden Körper gewissermaßen hinwegzusetzen. Ich habe da nie einen Gegensatz entwickelt, im Gegenteil, ich war überzeugt, daß alle Elemente der Natur zu einer reinen Eintracht zusammenwirkten, an deren Höhepunkten dann die Leistung sich ergab, hervorgehend aus diesem Überschuß gemeinsamer (physischer und geistiger) Froheit.*

Man lese in Jüngers Tagebüchern die Aufzeichnung darüber nach, daß die schöpferische Leistung dann am ehesten erreicht werden könne, wenn körperliche und geistige Antriebssteigerung zusammenfallen, was Jünger als Springflut bezeichnet. Diese so verständlich scheinende Ansicht ist keineswegs eine für jeden Menschen zutreffende. Siehe zum Beispiel bei Freud die von ihm oft geäußerte Beobachtung, daß er bei »Mittelelend« (in einer nicht zu guten Verfassung) am besten arbeiten könne. Oder als Vertreter des anderen Extrems, Pascal, der seine be-

rühmte Rechenmaschine in einer wegen heftigster Zahnschmerzen schlaflosen Nacht erfunden hat. In dieser sehr verschiedenen Einstellung liegt zum Teil der Grund dafür, daß von dem Betreffenden allgemeinärztliche Ratschläge, die sich auf Einhaltung von Ruhe, auf Schonung, auf möglicherweise erreichbare Schmerzfreiheit beziehen, und so weiter, nicht befolgt werden, da sie die vom einzelnen ganz individuell erfahrenen optimalen Schaffensbedingungen zuwenig berücksichtigen. Wir kommen in der Schlußübersicht auf diese Auffassung noch zurück.
Bei Rilke sind vier miteinander zusammenhängende Anschauungen wie eine Leitlinie zu verfolgen:

### *1. Der Körper hat Prokura*

Der Leib habe »immer Prokura gehabt«. Was heißt das? Wir sehen bei unseren Patienten oft, wie sehr Menschen von asthenischem Körperbau besonders dann, wenn sie schwächliche, kränkelnde Kinder gewesen sind, dazu neigen, in Selbsthaß zu verfallen. Sie beginnen ihren Körper, den sie vor allem als Hindernis erleben mußten, abzulehnen und verfallen in quälende Selbstbeobachtung und Schonung oder aber versuchen durch alle Arten asketischer Abhärtung, diesem Körper etwas abzuverlangen, was aus ihm nur mit Gewalt herauszupressen ist. Rilke hat — hierin Kafka ähnlich — anders reagiert. Er wollte dem Körper seine Rechte zuerkennen, ihn pfleglich und schonend behandeln. Er lebt Jahre hindurch vegetarisch, stellt die Speisenfolge sorgfältig zusammen, will nicht nur bekömmlich, sondern auch in gepflegtem Rahmen essen. Er gönnt sich, wenn er müde ist, viele Stunden Schlaf — kurz: er gibt seinem Körper Prokura und nimmt ihn als gleichberechtigten Partner an.

## 2. *Erde, du liebe, ich will!*

Diese Entscheidung *für* den Körper entspricht seiner Entscheidung für das *Hiesige*, Irdische. Er hat nicht wie Hans Henny Jahnn das Christentum eine rasante Fahrt in die falsche Richtung genannt, aber er hat das Kreuz als einen Wegweiser bezeichnet, der die Bemühungen der Menschen von ihrer irdischen Aufgabe abgelenkt habe. Er aber hat sich für dieses Diesseits entschlossen: *Erde, du liebe, ich will; namenlos bin ich zu dir entschlossen.* Seinen künstlerischen Auftrag hat er darin erblickt, das, was vergänglich erschaffen wurde, unvergänglich zu machen, seinen persönlichen Auftrag darin, Leben und Leiden duldend an sich zu erfahren, es nicht zu überwinden, sondern zu ertragen. Er wollte — wie er es ausdrückt — *der Besiegte von immer Größerem sein.* Das Leiden und der Schmerz gehören für ihn unabdingbar zum Dasein. *Sie* (die Schmerzen nämlich), *sie aber sind ja — unser winterwähriges Laub, unser dunkles Sinngrün, eine der Zeiten des heimlichen Jahres und, nicht nur Zeit — sind Stätte, Siedlung, Lager, Boden, Wohnort.* Die Schmerzen sind daher aus seinem Weltbild nicht auszuklammern. Im Grunde sind sie das gleiche wie das Glück, nur die andere Seite, das Negativ, dessen positive Entsprechung die Freude ist. So entspringt in den Duineser Elegien die »Quelle der Freude« im Reich der Schmerzen. Es ist möglich, sagt Guardini, zu sagen, daß bei Rilke die tiefste Freude aus angenommenem, durchlebtem und überwundenem Leid hervorgehe — ebenso wie umgekehrt die wirkliche Freude fähig wird, Leid in sich aufzunehmen. Die beiden Bereiche Leid und Glück gehören in Rilkes Weltbild zusammen wie Tag und Nacht, oder wie Guardini meint, es liege sogar der Schwerpunkt im Leid. Daher muß die Quelle der Freude im Leid-Land entspringen. So nennt er uns Menschen tadelnd: *Wir Vergeuder der Schmerzen, wie wir sie absehen voraus, in die traurige Dauer — ob sie nicht enden, vielleicht!*

### *3. Wir Vergeuder der Schmerzen*

Rilkes Werk hat daher keinen revolutionären Akzent. Wenn er über einen Bettler schreibt, dann wird nicht Aufbegehren gegen soziales Elend in seinen Worten ausgedrückt, und selbst die äußerste Armut weiß er zu preisen, wenn er über einen Armen, der mit durchlöcherten Schuhen im Schnee steht, sagt: *Selbst der Schnee im Schuh, er zerrinnt ihm lind — wie die Tränen zergehen einem getrösteten Kind.*

Er entscheidet sich also für das Erdulden, das Ertragen und nicht für das Aufbegehren. Der geduldige Muschik und nicht der Revolutionär macht ihm sein Rußlanderlebnis zur großen Entscheidung des Lebens.

Aber was hat dies alles mit Rilkes Krankheitserleben zu tun? Sehr viel, ja Rilkes Einstellung zu seiner Todeskrankheit kann nur von hier aus verstanden werden: eines sind schöne Theorien, romantische Bemäntelungen von Unglück und Not — ein anderes ist das bittere eigene Erleben des Schmerzes. Hier, in der einsamen Leidensstunde, fallen dann die Mäntelchen erborgter Weltanschauungen allzuoft ab und legen ein verängstigtes, armseliges Menschenkind bloß. Wir verstehen dies, und wir haben nicht zu urteilen, sondern zu helfen. Bei Rilke aber hat es sich offenbar nicht um Tünche, sondern um echte, erlebte, angeeignete innere Wahrheit gehandelt, denn er hat auch als Kranker den Schmerz bejahend in sein Leben hereingenommen.

### *4. Der eigene Tod*

Die vierte tragende Idee, die uns sein Verhalten verstehen lehrt, war die vom »eigenen Tode«. Wie jeder Mensch seine besondere Lebensaufgabe, seinen jeweiligen Lebenssinn zu verwirklichen hat, so habe er auch seinen eigenen Tod zu erleiden. Dieser Tod wird schon in seiner Geburtsstunde mit ihm geboren. Wenn das Leben selbst nicht verwirklicht wird, dann bleibt auch dieser Tod »unreif«, er liege in diesen Menschen wie »eine Frucht, die nicht reift«. Rilke, der den dänischen Dichter

Jacobsen verehrt hat, hat an Niels Lyhne vor allem bewundert, daß dieser den Mut hatte, seinen eigenen schweren Tod — ohne Konzessionen an die Umwelt, das heißt ohne Bekehrung — zu sterben. Im »Malte Laurids Brigge« läßt er den Großvater ebenso einsam und eigenwillig einen Tod sterben, der zu diesem besonderen Leben zu passen scheint.
Wiederum ist man versucht zu denken, dies seien künstlerische Gestaltungen, die mit dem wirklichen Erleben des Autors, seinem Alltag, nichts zu tun hätten. Rilke aber war davon überzeugt, daß Werk und Leben Ausdruck der gleichen Überzeugung sein müßten und daß nur das Echte Geltung habe. Wir werden in den Briefen seiner letzten Lebensjahre zeigen können, wie er sich darum bemüht hat, diesen »eigenen Tod« zu verwirklichen.

## *5. Beschreibung der Krankheit in Briefen an die Freunde*

Am 13. Januar 1923 an Lou Andreas-Salomé:

> *Zumal meine Gesundheit eigentümliche Erschütterungen durchmacht: Immer mehr wirft sich mir jede Erregung, auch die der Arbeit (die mich oft durch Wochen nicht hat ruhig essen lassen), auf jenes Zentrum in der Magengrube, den Sympathicus, das »Sonnengeflecht«, dort bin ich so eigentlich aufhebbar, und ich mache merkwürdige Erfahrungen durch über die Rivalitäten und Einklänge der beiden Zentren, des cerebralen und jenes mittleren, das doch vermutlich unsere Mitte ist: dem Sichtbaren wie dem Unsichtbaren gegenüber!*
> *Indessen: Ich kümmere mich nicht allzuviel um diese, die mittleren Organe angreifenden Schwankungen; höchstens, daß ich meine Energie verwende, die vom Geist oder Gemüt ausgehenden, intensiven Vibrationen für die Essensstunde ebenso »abzustellen«, wie mir das ja dem Schlaf gegenüber meistens gelingt. Dieser große Gott: der Schlaf; ich opfere ihm ohne jeden Zeit-Geiz — was kümmert ihn*

*Zeit! 1o Stunden, 11, ja 12, wenn er sie annehmen mag in seiner erhabenen Milde und schweigenden Art.*

Am 13. Februar 1924 schreibt er an Gertrude Ouckama Knoop den schon eingangs erwähnten Brief, in dem noch weiterhin steht:

*Mein Leib, als der in alles Eingeweihte, hat auch immer Prokura gehabt, er durfte, ebenso wie seine Mitverantwortlichen, zeichnen für die ganze »Firma«. Ein Umsturz dieser Geschäftsordnung wäre ein Désastre für mich; denn soviel große, ja gewaltige Gegenbeispiele man mir entgegenhalten könnte, unendliche Ergebnisse aufweisend, die aus der Überwindung des Körperlichen, seiner Ignorierung, ja sogar noch aus der Ausnützung seiner Übelstände hervorgehen könnten, es wäre nicht mein Weg, dergleichen zu erreichen, und ich weiß nicht, welche Lösung ich mir in solcher Situation, sowie ich einmal bin, erarbeiten müßte. Nun, vielleicht ist es noch nicht dauernd an dem, und ich darf, wenn mir hinreichend ist zugesetzt worden, die alte Verfassung fortsetzen und noch ein paar Ergebnisse mittels ihrer erringen!*

An Clara Rilke, 26. Februar 1924:

*... der Stoß kam und traf mein physisches Gleichgewicht, so sehr, daß ich mir, so erfahren ich sonst im Umgang mit meiner Natur bin, nicht anders zu helfen wußte und gleich nach Weihnachten von einem Tag zum anderen mit raschem Entschluß ein Sanatorium ... aufsuchte.*

*Gerade am 21. Januar war ich dann wieder zu Hause, nicht hergestellt, aber doch soweit, um wieder mit mir allein auszukommen, was für mich ja das wichtigste ist; weil ich nicht leicht einen Interpreten zwischen mir und meiner Natur vertrage. Was diese angeht, meine gute Natur, so hat sie schon im Sommer nicht den Eifer zur Wiederherstellung gezeigt, den ich sonst an ihr kannte, wenn man ihr in schwankenden Momenten zu Hilfe kam. Sei es, daß das Alter diese Bereitschaft beeinträchtigt, sei es, daß sonst irgendein kritisches Moment im Blut zu überwinden ist; — die Tatsache besteht, daß ich mich nicht, so wie sonst, von ihr getragen fühlte, sondern merkwürdig im Stich gelassen; vor zwanzig Jahren konnte mir ja dergleichen Unsicherheit und Not oft widerfahren, aber später — in wieviel Ländern und Lagen — war ich des guten Kanevas immer sicherer geworden und schließlich gewohnt mich wohl im Muster manchmal zu irren, aber den Fehler immer wieder in einem verläßlichen Grunde auszubessern. Diesmal (ich muß es so ungeschickt sagen) schien das Grundgewebe angegriffen, und da hat dann alles Sticken ein Ende. Ich bin ja, zum Glück, über die hypochondrischen Jahre hinaus, wo derartige Beunruhigungen einem das ganze Leben unterbrechen, um eine ängstliche Selbstbelauerung an Stelle aller geübten Beschäftigungen einzuführen, so schlimm war es nicht, aber gestört und abgelenkt war ich immerhin zur Genüge, schon deshalb, weil mir ja daran gelegen ist, mit meiner physischen Wesenheit, die mir nichts Geringeres ist als das seelische oder geistige Element, in jenem Einklang zu bleiben, aus dem meine naivste Heiterkeit und Freude stammt ... Möglicherweise handelt es sich um eine Erkrankung des Sympathicus, jenes Nervengeflechts, das die Darmleistungen regelt — vielleicht auch bestehen Unregelmäßigkeit und Schwankungen der inneren Sekretion (von der man eben erst anfängt, genaue Erkenntnisse zu haben) ... jedenfalls ist es etwas, was nicht von heute auf morgen behoben werden kann; rechnet man dazu, um mit Fließ zu denken, daß in den beiden letzten Jahren zwei, mein Blut nahe berührende Todesfälle — Ossi und Paula von Rilke — vorgefallen sind, so sind ja schon genug Ursachen genannt, die, zusammenwirkend, Veränderungen des Blutes hätten herbeiführen können. Dabei ist noch gar nicht die große glückliche, aber doch unbeschreiblich erschütternde Arbeit der letzten Winter in Rechnung gestellt; ihr Getansein ist ja nicht nur eine lohnende Erleichterung, sondern auch eine Leere, in der dann Raum ist für alle reaktive Entspannung, die, nach solchen Momenten innerster Zusammenfassung, sich abspielen möchte.*

(Rilke spielt hier auf die Fertigstellung der »Duineser Elegien«, die ihm knapp vor seiner schweren Erkrankung gelungen ist, an.)

Am 16. Mai 1924 an Dori von der Mühl:

*R. Bs. langsames Wiederaufkommen, an das sich seine Freunde rasch gewöhnen, wird für ihn selber am unwahrscheinlichsten sein; obzwar wir ja, muß man bedenken, dem Tod immer gleich nahe sind, nur ohne fühlbare Wehr gegen ihn; während die Natur, in solchen Momenten plötzlichen Alarms, alles gegen ihn aufbietet, so daß gerade dann, wenn sie sich mit allen Mitteln von einem zu entfernen strebt, ein Verhältnis der Todesnähe sich herzustellen scheint. In Wirklichkeit sind wir ihm, durch die bloße Tatsache des Lebens, so nahe, daß wir ihm, unter keinen Umständen, uns noch enger annähern könnten ...*

An Clara Rilke, 17. November 1925:

*Es scheint, daß das »Fünfzigste« Jahr doch so eine Art Krisis bedeutet. Für mich jedenfalls wird's eine, die gründlichste meines Lebens, gewesen sein; ich sehe noch nicht, wie und wo ich über sie hinauskomme. Aber, da nichts bei sich stehen und anstehen bleibt, muß sich das ja finden. Ich kann mich gar nicht aussprechen über mein unüberwindlich Schweres, es kommt von seiten der Gesundheit her, die zentraler angegriffen scheint, als die Ärzte bisher erkennen wollten. Aber wahrscheinlich begegne ich auch dieser zunehmenden Tatsache mit der falschesten Einstellung: statt, wie Du es gelernt hast, hell zu sehen, sehe ich schwarz, und das wirft nun über alles Wirrnis und Verdüsterung.*

Am 1. Januar 1924 an seinen Verleger:

*Ich hatte so ungefähr seit dem 15. Dezember eine böse Zeit, und da sie böser und böser wurde, und ich nicht mehr wußte, wie die Übelstände ändern oder ertragen, begab ich mich am 28. hierher, als dem nächsten Sanatorium, das für Darmleiden in Betracht kommt, und werde nun hier untersucht und beobachtet. Ich hoffe indessen, bald nach Muzot zurück zu dürfen; denn auf eine längere Behand-*

*lung und Kur kann ich mich jetzt schlecht einlassen, wo es um die ersehnte Ordnung und Arbeit meines Winters geht. Ich will nur wissen, woran ich bin, wenn die Ärzte einigermaßen fähig wären, das zu erkennen und zu formulieren. Durch so viele Jahre bin ich mit meinen Zufällen fertig geworden, in steter Vertraulichkeit mit meiner Natur! Es verwirrt mich unendlich, fremden Beistand einbeziehen zu müssen, der vorderhand nicht einmal einer ist; denn die Wurzel des Übels will sich nicht finden lassen, und so tastet man an seinen Erscheinungen entlang, ohne ihm wesentlich beizukommen.*

An denselben am 17. Mai 1925:

*... eine Reihe schlimmer Wochen, die an eine an sich kurze und glimpfliche Grippe angeschlossen waren; wie das so geht, mit dieser vieldeutigen Krankheit, da sie überwunden schien, trat erst die eigentliche Störung ein, ein Sich-in-sich-Nichtzurechtfinden, eine Leere und Unwegsamkeit im Gemüt, ein Nichtdenkenmögen, eine unerklärliche Unlust, die alles einbezog, was man vornehmen wollte, und in der besonders dem Lesen und Schreiben der Reiz und die Leichtigkeit völlig genommen schien.*

An denselben, geschrieben am 8. Januar 1926:

*Heute vor einem Jahr, genau auf den Tag, aus dem gleichen Zimmer, habe ich von hier den Sprung nach Paris gewagt — diesmal wird mir Val-Mont nicht so elastisch sein, es sei denn zum Absprung nach innen, auf eine neue feste Stelle meiner so unsicher gewordenen Natur. Ich hatte das Gefühl, durch Wochen schon in einer großen Krisis zu sein, und Dr. Haemmerli (der mich ja nun schon im dritten Jahr kennt und behandelt) kam gleich in den ersten Tagen zu derselben Auffassung, und nun heißt es darüber hinaus — einen guten eigenen heilen Boden gewinnen — wär's nur zwei Fuß breit, darauf sich stehen läßt.*

An denselben, 27. Oktober 1926:

*Die Verletzung durch einen tief eingedrungenen Rosendorn setzte meine linke Hand für Wochen außer Ge-*

*brauch, gleich darauf wurde auch die Anwendung der rechten infolge einer schwierigen und schmerzhaften Nagelinfektion erschwert: beide Hände staken 1o Tage lang in teilweisen Verbänden. Kaum, daß diese Übelstände überstanden waren, holte ich mir in Sion, wo sie, scheint's, umgeht, eine fiebrige Darmgrippe, mit der ich nun, seit nächstens vierzehn Tagen, sehr geschwächt zu Bett liege.*

An Rudolf Kassner, 15. Dezember 1926:

*Mein lieber Kassner, das war es also, worauf meine Natur mich seit drei Jahren eindringlich vorgewarnt hat: Ich bin auf elende und unendlich schmerzhafte Weise erkrankt, eine wenig bekannte Zellveränderung im Blut wird zum Ausgangspunkt für die grausamsten, im ganzen Körper versprengten Vorgänge, und ich, der ich ihm nie recht ins Gesicht sehen mochte, lerne mich mit dem inkommensurablen anonymen Schmerz einzurichten. Lerne es schwer, unter hundert Auflehnungen und so trübe erstaunt ...*

Die Briefstellen wurden deshalb in extenso wiedergegeben, weil sie es dem Leser ermöglichen sollen, die sich ergebenden Schlußfolgerungen zu überprüfen: Rilke hatte von Anfang an geahnt, daß er schwerst erkrankt sei. Er setzt sich mit dem Sympathicusleiden auseinander, das er vermutet und das ihm — ausgehend von der Lokalisation des Sonnengeflechts — die »zentrale Ergriffenheit« zu erklären scheint.

Die Vorstellung, daß die Verletzung durch einen Rosendorn die Bluterkrankung verursacht haben könnte, hat für ihn tieferen Sinnbezug. Ist er doch ein Rosenliebhaber. Auf seinem Grabstein in Muzot wird das Gedicht stehen, in dem er die Rosenblätter mit Augenlidern vergleicht — aber hinter diesen Lidern schläft niemand.

Er kämpft also um einen tieferen Sinn der Erkrankung. Erst mit der Sinnfrage wird für den Leidenden das Problem seiner Einstellung zur Krankheit lösbar.

Obwohl er anscheinend seinen eigenen Tod in ganz anderer Form erwartet hat — wofür sein »trübes Erstaunen« spricht, bemüht er sich, den Schmerz zu bewältigen.

Es betrübt ihn, dabei auf Mittelsmänner — die Ärzte — angewiesen zu sein.

### 6. *Zusammenfassung*

Rilke litt an einer Leukämie. Das Leiden ist bis heute unheilbar, das Ende kann jedoch durch chemische und Strahlenbehandlung durch viele Jahre, oft durch Jahrzehnte verzögert werden. Zu Rilkes Zeit kannte man diese Behandlungsmethoden noch nicht, selbst die Stellung der Diagnose war schwierig; der Kranke selbst erkannte sehr frühzeitig, daß es sich um ein »zentrales Ergriffensein« und nicht um ein lokalisiertes Leiden handelte.

Dieser schwache, zarte, überaus sensible Kranke verweigerte dennoch jedes Medikament, das Linderung hätte bringen können (man vergleiche mit Freud, der bis zum Tode Morphium ablehnte).

Er ist, nach dem Zeugnis des behandelnden Arztes, als ein »armer Ausgeschundener« gestorben. Er hat so das wahrgemacht, woran er geglaubt hat. Seinen Körper hat er als gleichberechtigten Partner empfunden, seine Ansprüche gleich wichtig genommen wie die des seelischen und geistigen Bereiches. Den Schmerz hat er als wesentlichen Teil des Daseins aufgefaßt und bejaht. Und den »eigenen Tod«, den er für jedes Menschenleben gefordert hat, ist er gestorben.

All dies darf nicht falsch verstanden werden. Dem Arzt steht es nicht zu, Heldenverehrung zu fordern, noch auch Märtyrertum zu preisen. Niemand weiß so dankbar zu sein wie er für die Tatsache, daß die Forschung es uns ermöglicht hat, durch schmerzstillende Medikamente furchtbares Leiden zu lindern. Er ist verpflichtet, dem Kranken diese Erleichterung zu ermöglichen, und über seine ärztliche Pflicht hinaus drängt es ihn als Mitmenschen dazu, den Schmerz zu bekämpfen.

In dieser Arbeit aber geht es nicht um Sicht und Stellungnahme des Arztes, sondern es geht uns darum, dem Erleben des Kranken nachzuforschen. Bei Rilke sehen wir besonders deutlich, wie der Tod ein Ziel darstellt, in dem alle Fäden zusammen-

laufen, die das Grundgewebe seines Lebens, den Kanevas, wie er es nannte, durchzogen hatten.
Die Todeskrankheit ist zu einem genau definierten Zeitpunkt ausgebrochen, im fünfzigsten Lebensjahr, nicht lange Zeit nach der Fertigstellung der Duineser Elegien. Diese hatte Rilke als Ziel und Gipfel seines künstlerischen Werkes aufgefaßt. Sie waren vor dem Ersten Weltkrieg begonnen worden, waren während der Kriegszeit, die den Dichter überaus erschütterte, nicht fertigzustellen gewesen, und er hatte nach Kriegsende durch Jahre sehnsüchtig darauf gewartet, daß er sie endlich werde vollenden dürfen. Er hatte sein Leben ganz auf diese Erwartung hin eingerichtet. Es war ein einsames, sehr stilles, zurückgezogenes Leben in dem Schweizer Schlößchen Muzot, das ihm Freunde zur Verfügung gestellt hatten und in dem er im Winter 1921/22 die Elegien vollenden konnte.
Er hatte, vom Arbeitstaumel wie von einem Sturm überwältigt, fieberhaft gearbeitet und war völlig erschöpft zurückgeblieben. In dieser reaktiven Phase der Entlastung trat die Krankheit auf. Dies ist kein seltenes Geschehnis. So schrieb die Dichterin Langgässer, die an einer multiplen Sklerose gelitten hat, nach Beendigung ihres letzten Buches, der »Märkischen Argonautenfahrt«: »Das Buch ist fertig, aber leider ich auch!« Einen Monat darauf war sie tot.
Dem Arzt ist die akute Erkrankung in der Entlastungssituation nichts Ungewohntes. Viele Heimkehrer, die an der Front unerhörte Strapazen anscheinend großartig überstanden hatten, brachen nach der Heimkehr — gerade dann, wenn die Situation sich zum Guten gewendet hatte — zusammen. Viele unserer Patienten erkranken in vielfältigster Weise, besonders an psychosomatischen Erkrankungen, gerade dann, wenn die äußere Lebenssituation dafür keinen Anlaß mehr bietet, während sie Jahre zuvor schwerste seelische und körperliche Belastungen überwunden haben. »Warum gerade jetzt?« fragen sie oft. Wir wissen aber, daß die Anspannung, die nötig ist, um schwere Krisen zu überstehen, die Stress-Situation, sowohl seelisch wie biologisch zur Mobilisierung der letzten Reserven führt. Um ein Werk zu beenden, um einen Engpaß zu über-

winden, wird die letzte Kraft verbraucht, und dann, in der reaktiven Entspannung, findet die Krankheit bei längst geschwächten Abwehrkräften guten Nährboden.
*Le Shan* hat den Lebenslauf von 450 Krebspatienten studiert und bei 75 Prozent »eine ganz typische Linie« entdeckt, nämlich den Ausbruch der Erkrankung zu einem Zeitpunkt, als die Patienten nicht mehr auf die Zukunft hin orientiert waren. Der Zustand der Hoffnungslosigkeit — aus welcher Motivation immer — begünstigte den Ausbruch der Erkrankung. Wir wollen dazu nicht Stellung nehmen. In Rilkes Leben hatte sich seine Hoffnung erfüllt, die Elegien waren vollendet, die große Freude darüber fiel mit einer großen Erschöpfung zusammen. Das Werk war vollendet. Der Tod war reif geworden.

# *Gefürchteter Tod*
# *Das Zeitrafferphänomen*

## THOMAS WOLFE

*Es gibt nur eines, was ein tapferer und ehrlicher Mann fürchten sollte, das ist der Tod.*

Thomas Wolfe mit 24 Jahren

Wir haben gesehen, daß es Krankheitserfahrungen sind, die das Lebenstempo eines Menschen verändern können. Es gibt auch Formen der Todesangst, die den Menschen dazu zwingen, alles, was ihm widerfährt, nur im Zeichen der Furcht zu erleben: er tut alles, um dem Tod auszuweichen, aber so — wie in der griechischen Fabel — läuft er ihm gerade dadurch in die Arme. Wieso? Weil er, in der Furcht, nur noch wenig Zeit vor sich zu haben, so intensiv zu leben und zu schaffen versucht, daß er — eine an beiden Enden angezündete Kerze — sich vorzeitig verbraucht. Wenn man die Briefe Thomas Wolfes liest, wird man diese Haltung verstehen.

Der amerikanische Schriftsteller Thomas Wolfe, geboren 1900 in Ashwill, Nord-Carolina, war nicht durch frühe Kränklichkeit für die Todesfurcht prädisponiert. Ganz im Gegenteil, er war ein sehr großgewachsener, breitschultriger, kräftiger Mensch, ein starker Esser und Trinker (die Mutter, deren jüngstes Kind er war, hatte ihn 3½ Jahre lang gestillt). Er kam aus engen, aber gesicherten Verhältnissen, die er in seinem Erstlingswerk »Schau heimwärts, Engel« beschrieben hat. Der Vater war Steinmetz, die Mutter versorgte Pensionäre. Er hatte die Universität Harvard besucht, war dann Englischlehrer in New York gewesen und konnte sich nach dem großen Erfolg seines ersten Buches als freier Schriftsteller niederlassen. Im

38. Lebensjahr erkrankte er im Juli an einer Lungenentzündung, bei einem Rückfall fanden sich Herz und Nieren angegriffen, trotz zweier Operationen konnte er nicht mehr gerettet werden und starb am 15. September 1938, noch nicht 38 Jahre alt. Der Krankheit waren keine Vorboten vorausgegangen, aber über ein Jahrzehnt hatte ihn die Todesangst nicht mehr losgelassen. Hören wir ihn selbst:

Brief an die Mutter, März 1924:

> *Bedenke nur eines, Mama: Das Leben ist schonungslos und ist nach seiner inneren Anlage tragisch. Wir bedeuten nichts in dem großen Plan, und die Gesundheit kann uns jeden Augenblick durch die gleichen blinden, zugreifenden Finger zerquetscht werden, die vor uns Billionen Menschen in die Erde stampften, wo sie modern. Blick den Tatsachen gerade ins Gesicht und schrick nicht vor ihnen zurück. Wenn Du davon sprichst, »auf bestem Wege zu sein«, in fünf Jahren in den Genuß der Früchte Deiner Arbeit zu gelangen, so müßtest Du erst sicher sein, daß Du bis dahin die Genußfähigkeit nicht einbüßen wirst, denn darauf kommt es an; Du müßtest Dir klar darüber sein, daß die fünf Jahre nicht eine Selbsttäuschung bedeuten und daß Du, wenn sie vorüber sind, nicht nochmals fünf Jahre zuwarten mußt. Bedenke, daß wir am Ende alle auf »bestem Wege« sein werden; nur werden wir es nicht wissen, es wird uns gleichgültig sein, denn unsere Häuser in jener Straße werden alle gleich sein — sechs Fuß lang, zwei Fuß breit. Ich rate Dir, lebe jetzt ein wenig, denn wir sind Menschen, wie die vergangenen, in nichts von ihnen verschieden; und am Ende werden auch wir das Gesicht zur Wand drehen, und das Licht wird auslöschen, und wir gehen an einen Ort, wo nichts ist als Finsternis.*

Juni 1924:

> *Es gibt nur eines, was ein tapferer und ehrlicher Mann fürchten sollte, und das ist der Tod. Er sollte die Todesfurcht immer im Herzen tragen — denn das setzt der Herrlichkeit Grenzen, und er sollte sie als Ansporn brau-*

*chen, das Leben über alle Hindernisse hinwegzuretten. Ich hasse die Menschen, die behaupten, sie hätten keine Angst vor dem Tode. Es sind Lügner, Narren und Heuchler.*

Juni 1924:

*Ich habe einen großen Körper und einen zehrenden Geist, der mir keine Ruhe läßt. Das verdammte Ding mahlt, mahlt, mahlt — es gibt keine Ruhe, nur wenn ich schlafe. Darüber wirst Du vielleicht lächeln, aber ich empfinde es zeitweise, als hätte ich ein gewaltiges Ungeheuer großgezüchtet, das mich eines Tages vernichten wird ... In mir ist eine erschreckende Urkraft ausgebrochen — immer muß ich im Gange sein, entweder im wilden Angriff auf ein Buch oder auf mein Stück oder wild unterrichtend, oder umherrennend, so schnell ich nur kann, selbst in der Sonne. Ich nehme die Dinge zu intensiv? Ich kann kein Ding nur halb tun.*

Ein andermal, ebenfalls an die Mutter. Er spricht darüber, unter welch großem Druck er stand, als er innerhalb von viereinhalb Jahren drei Bücher fertigstellen sollte:

*Mir war, als hätte ich die ganze Zeit eine große, schwarze Wolke in mir, und diese Wolke wäre mit Elektrizität geladen, schwanger, aufgetrieben, von einer gewissermaßen tornadohaften Gewalt, die nicht mehr lange zurückzuhalten wäre, so daß der Augenblick schnell heranrückte, in dem die Wolke bersten müsse. Nun, alles, was ich sagen kann, ist: Der Sturm brach los. Er brach los noch in jenem Sommer, als ich in der Schweiz weilte, es goß in Strömen, und das Gewitter ist jetzt noch nicht vorüber.*

Er nennt sein Schaffen »eine Art wilden Rausches«, in ihm werde *ein geradezu wahnsinniger Hunger, die gesamte menschliche Erfahrung zu verschlingen, offenbar, der Versuch, mehr zu erfassen, mehr zu erfahren, als das Maß eines einzelnen Lebens fassen kann oder als die Grenzen eines einzelnen Kunstwerks gestatten.*

Über seine Arbeitsweise schreibt er, daß er wie ein von Furien Getriebener arbeite, ständig den ganzen Druck der unwiederbringlichen Zeit empfinde und nur die dringende Notwendigkeit fühle, etwas fertigzustellen. Er schreibe immer wie ein Verrückter. Tatsächlich schreibt er von Früh bis Nacht, irrt dann allein durch die Straßen New Yorks, und selbst beim Umhergehen ist ihm, als müsse er ununterbrochen arbeiten, um alle aufgenommenen Eindrücke genauestens zu registrieren.

> *Nun erkannte ich zum erstenmal eine andere nackte Tatsache, wie sie jeder Künstler kennen muß, und diese ist, daß im Werk, das einem Menschen zu leisten gegeben ist, nicht nur der Samen des Lebens enthalten ist, sondern auch der Samen des Todes und daß dieselbe Schöpferkraft, die uns erhält, uns auch wie ein Aussatz zerfressen wird, wenn wir sie wie ein Totgeborenes in unseren Eingeweiden verwesen lassen. Irgendwie mußte ich es aus mir herausschaffen. Das sah ich nun ein. Und nun stahl sich mir zum erstenmal ein fürchterlicher Zweifel ins Gemüt, nämlich, daß ich womöglich nicht lange genug leben würde, um es aus mir herauszuschaffen, daß ich mir da eine so große und eine so unmögliche Arbeit angeschafft hätte, daß die Kräfte von zwölf Lebzeiten nicht genügen würden, sie darzuleisten.*

Als der Vorwinter 1933 anrückte, hatte er das Gefühl, daß er sich einem endgültigen Verhängnis nähere. Er schrieb und schrieb, aber blindlings, hoffnungslos *wie ein alter Gaul, der unaufhörlich in der Tretmühle geht und keinen anderen Daseinszweck, kein anderes Daseinsziel kennt als dieses gesträngte Gehen in der alten Kreisbahn. Wenn ich nachts Schlaf fand, war es ein Nachtmahrschlaf mit grellen Schaubildern, die über mein fiebriges rastloses Bewußtsein hinfegten. Und wenn ich aufwachte, war es nur ein Aufwachen in Erschöpftheit, und dann wußte ich weiter nichts zu tun als zu arbeiten: ich trieb mich an wie mit Geißeln zu der hoffnungslosen Plackerei und schaffte wie ein von Furien Getriebener den ganzen Tag über, und dann kam die Nacht wieder, das verrückte Herumstreunen auf den tausend Straßen, dann das Zubettgehen und wiederum der schlaflose Schlaf, der Zug der Nachtmahrträume, vor denen mein Bewußtsein als Zuschauer angekettet lag.*

Der Kindheitsschlaf, gnädig und dunkel, sei für immer vorüber. Ein Wurm habe sich ihm ins Herz gefressen, er fresse auch *an seinem Gehirn, seinem Geiste und seinem Gedächtnis.*

> *Ich wußte, daß ich schließlich im eigenen Feuer gefangen war, verzehrt war vom eigenen Hunger, festgefangen am Haken des fürchterlichen, unersättlichen Verlangens, das seit Jahren mein Leben verzehrte. Ich wußte, kurz gesagt, daß für immer eine helle Zelle meines Gehirns, meines Herzens oder Gedächtnisses brennen würde — Tag und Nacht, wachend oder schlafend, jeden Augenblick meines Lebens würde der Wurm nagen und das Licht brennen. Es gab keine Betäubung durch Nahrung, Freundschaft, Reise, Sport, Frauen, die es jemals zu löschen vermöchte, es gab keine Flucht davor, bis mein Tod völlige Dunkelheit in mir ausbreitete.*

Im Jahre 1928 macht er seiner Familie die Mitteilung, daß er zwei Ärzte aufgesucht habe, er sei — wie er es formuliert — *zwecks Reparatur ins Trockendock eingelaufen* (Zahnarzt und Augenarzt), und sagt dann: *So habe ich jetzt vielleicht ein paar Monate länger zu leben vor mir.* Ein für einen noch nicht 28jährigen bemerkenswerter Ausspruch.

> *Als Kind hatte ich Tagträume von 5 bis 10 Millionen* (tatsächlich war Thomas Wolfe in seiner Jugend als Zeitungsjunge zwar nicht in Not, aber doch in Armut), *die ich für Dampfjachten, Automobile, große Landgüter und dergleichen Großtuereien hinauswarf. Jetzt weiß ich, daß man auf diese Weise nicht glücklich wird; der einzige Weg, den ich kenne, ist, die Sache herauszufinden, die man mit ganzer Seele zu tun wünscht, und wie ein Verdammter an ihr zu arbeiten. Vielleicht werde ich auch so niemals glücklich, aber wenn ich nichts täte, würde ich in einem halben Jahr reif für das Irrenhaus sein.*

Im Mai 1930, vor einer Reise nach Europa, macht er sein Testament. Er vermacht die Hälfte seines damals sehr geringen Vermögens seiner Mutter, die andere Hälfte seiner Freundin.

> *Natürlich scheint es verrückt zu sein, daß ich ein Testament mache, da ich noch unter dreißig bin und so wenig*

*zu vermachen habe, und ich hoffe, noch manches Jahr bei guter Gesundheit weiterzumachen. Aber man weiß nie, was kommen kann ...*

Alle diese Briefstellen zeigen uns einen von der Todesangst Gepeinigten und Gehetzten, der eben durch dieses pausenlose Jagen und Arbeiten das erreicht, was er unter allen Umständen vermeiden möchte: Er verkürzt sein Leben aus panischer Angst vor dem Ende. Diese Angst ist ihm bewußt, und er versucht Heilmittel gegen sie zu finden, aber vergebens.

Man könnte viel über Patienten berichten, bei denen wir denselben — hier allerdings unbewußten Mechanismus aufzeigen können, der zu einer Beschleunigung des Lebenstempos vor einem neuerlichen, oft schweren Einsetzen der Erkrankung führt. Den entgegengesetzten Vorgang, nämlich eine zunehmende Verlangsamung des Lebenstempos und eine Einengung des Lebensbereiches werden wir im folgenden bei *Gide* beschreiben — sie ist für sehr alte Menschen und für Schwerstkranke in den letzten Wochen vor dem Tode oft charakteristisch.

Zusammenfassend wollen wir hervorheben, daß eine auffällige Änderung des Lebenstempos, sei es im Sinne eines Zeitraffer- oder eines Zeitlupenphänomens unserer Erfahrung nach immer ein Zeichen mali ominis ist. Es ist, als hätten Tiefenschichten der betroffenen Persönlichkeit eine Vorahnung des nahenden Endes, lange ehe dies dem Menschen bewußt wird. Allerdings wirkt auch die bewußtgewordene quälende Angst — wie wir das bei Wolfe gesehen haben — als krankheitsfördernd, weil hier ein ständiger Raubbau an den eigenen Kräften einsetzt. Die Tiefenpsychologie weiß längst, daß sowohl Wünsche wie Ängste starke Kräfte sind, die das, worauf sie gerichtet sind, herbeizuziehen vermögen.

# *Ersehnter Tod*
# *Das Zeitlupenphänomen*

## ANDRÉ GIDE

*»Ainsi soit il« ou »Les jeux sont faits«.*
(»So sei es« oder »Die Würfel sind gefallen«.)

Aufs Geratewohl aufgezeichnete Überlegungen und Erinnerungen Gides seit 1950 beweisen die oben angeführten Überlegungen über die Einengung des Lebensraumes beim alten Menschen. (Gide starb am 19. Februar 1951.) Es sind Aufzeichnungen eines sehr müden, sehr alten Mannes.

*Gestern im Zuge habe ich mich allen Ernstes gefragt, ob ich eigentlich noch am Leben sei. Die Außenwelt war zwar noch da, und ich nahm sie in aller Klarheit wahr; war es aber noch ich, der da wahrnahm? Zur Zeit meiner Einführung in die Deutsche Metaphysik (ich war 18 Jahre alt) war ich lange staunend über dem Satz Schopenhauers gesessen: »Ich also bin die Stütze der Welt!« Ich erinnere mich noch gut daran, nach mehr als einem halben Jahrhundert: Nichts existiert also, es sei denn als Funktion von mir. Es war berauschend. Nun aber war die Sache umgekehrt: Alles existierte und fuhr fort zu sein, ohne mein Dazutun. Die Welt brauchte mich nicht mehr. Und während ziemlich langer Zeit (es dauerte etwa eine Viertelstunde) war ich abwesend; es schien mir, als sei ich nicht mehr da; und mein Verschwinden ging unbemerkt vor sich. Dann begriff ich, daß immerhin ich es noch war, der sich von dem allen Rechenschaft gab, der sich sagte: »Ich bin nicht mehr da.« Ich nahm meinen Platz wieder ein, aber mit einer Art Verblüffung.*

*Ich bin nicht mehr sehr neugierig auf das, was mir das Leben noch bieten könnte. Ich habe das, was ich meinte, sagen zu müssen, mehr oder minder gut gesagt und fürchte mich zu wiederholen. Untätigkeit aber ist mir eine Last. Was mich immerhin davon abhielte, mich zu töten (obgleich ich Selbstmord nicht für tadelnswert halte), wäre der Umstand, daß gewisse Leute versuchen würden, in einer solchen Handlung eine Art Eingeständnis meines Bankrotts, das zwangsläufige Ende meines Irrens zu sehen. Andere würden denken, ich entzöge mich der »Gnade«. Es wäre schwierig, klarzumachen, daß ich einfach vom Leben gesättigt bin und nicht mehr recht weiß, wie ich die kurze Zeit, die mir noch zu leben bleibt, anwenden soll. Anorexie. Grauenhaft, ausdrucksloses Antlitz des Überdrusses. Meine Anorexie kommt auch und vor allem von einem Rückgang der Säfte ...*

*... sehr lange habe ich gebraucht, bis ich verstand, in welchem Maß mich meine Erbanlage fesselte ...*

*Ich habe ein Wort kennengelernt, das einen Zustand bezeichnet, unter dem ich seit ein paar Monaten leide; ein sehr schönes Wort: »Anorexie« von an (verneinend) und orego — wünschen. Es bedeutet Appetitmangel (»was nicht mit Ekel verwechselt werden darf«, sagt Littré). Der Ausdruck wird meist von Ärzten gebraucht, wennschon: Ich habe ihn nötig. Daß ich an Anorexie leide, wäre nicht zuviel gesagt: das schlimmste ist, daß ich fast nicht darunter leide, aber mein physischer und intellektueller Appetitmangel ist so groß geworden, daß ich manchmal nicht mehr recht weiß, ob mich noch etwas anderes am Leben erhält als die bare Gewohnheit des Lebens. Es scheint mir, als bräuchte ich mich, um nicht mehr zu sein, nur aufzugeben. Man sehe aber in dem, was ich hier schreibe, ja nicht Verzweiflung: vielmehr Befriedigung.* (Gide ißt nunmehr nur mehr wenig, er liest nicht mehr gerne, vor allem keine Neuerscheinungen.) *Der Appetitmangel ist ebenso intellektuell wie physisch. Es fällt mir sehr schwer, mich für das, was ich lese, zu interessieren.*

Früher hatte er eine Art *kecker Fröhlichkeit, aus Sympathie habe ich mich lange im Zustand der Inbrunst erhalten.* (Er reiste mit jungen Gefährten und *lebte dann in Stellvertretung*, übernahm ihr Staunen und ihre Freuden.)

Er betrachtet Beispiele ruhmlosen Alters. Musset saß nach Schluß der Kaffeehäuser noch beim Absinth, Lamartine verfiel in Naschsucht, bekleckerte sich mit Schokoladecreme und konnte daher seine Gäste nicht empfangen, Carducci wurde von Gide in einem Restaurant beobachtet, wie sein Gesicht alles Geistige verlor, während er aß. *Man hätte meinen können, Circe habe ihn mit ihrem Zauberstab berührt. Nichts Edles, ja ich möchte fast sagen: nichts Menschliches war mehr an ihm. Er beugte sich über seinen Teller, und es wäre falsch, zu sagen, er habe angefangen zu essen: Er schlang wie ein Vielfraß, wie ein Schwein. Vater Espinas* (den Gide sehr geliebt hatte und der ein Buch über Insekten geschrieben hatte) *verblödete im Alter, verlangte während der Begräbnisfeier seiner Frau im Nebenzimmer brüllend: Tot oder lebendig — ich muß etwas zu essen haben.*
*Ich bin immer ein Schlafloser gewesen, wenigstens seit meiner Jünglingszeit, wie viele Intellektuelle. Das hat mit dem Temperament nichts zu tun ... Ich wundere mich, daß ich mich nach der schlaflosen Nacht noch zum Leben oder zum Werke fähig fühle ...*

Wir sehen, daß es bei Gide im hohen Alter zum Einverständnis mit dem Tode kommt. Es ist gut, daß alles endet. Was zu sagen war, ist gesagt. Die Arbeit ist getan, alles Weitere wäre nur Wiederholung. Die Gaben des Lebens, geistige oder leibliche, schmecken nicht mehr, haben Duft und Farbe verloren. Anorexie — Appetitlosigkeit, ja Überdruß stellt sich ein. Er könnte wie Schneider sagen, er habe genug gesehen für sein Billett.
Wie anders fühlte Goethe, als er höhere Mächte für verpflichtet hielt, ihm jenseits des Todes noch eine weitere Existenz, das heißt Schaffensmöglichkeit, zuzuweisen.

Plügge hat das, was Gide empfunden hat, bei Schwerkranken beschrieben, deren Lebenskreis sich immer mehr einengt: die Nachrichten, die von draußen kommen, interessieren nicht mehr, das Buch auf dem Nachttisch bleibt ungelesen liegen, Fragen werden nicht mehr gestellt. Stillschweigendes Einverständnis mit dem nahenden Ende drückt sich auf diese Weise einprägsam aus.

Es ist bezeichnend, daß er selbst das in der Medizin wohlbekannte Wort Anorexie wählt, um seinen Zustand zu bezeichnen.

Anorexie — Appetitlosigkeit in jedem Sinne, im körperlichen und geistigen, stellt sich dann ein, wenn das Leben verneint wird. Das Wort bezeichnet demnach nicht eine bestimmte Krankheit, sondern ein Symptom. Für den Nicht-Mediziner kann gerade an diesem Symptom erläutert werden, was den Gegensatz zwischen unbewußter und bewußter Triebverneinung ausmacht: Ein Mensch kann die Nahrungsaufnahme verweigern oder beschränken, weil er sich aus *bewußten* Motiven dazu verpflichtet fühlt. Von der Askese im religiösen Sinn bis zum Fasten einer Simone Weil — die als Emigrantin nicht mehr Nahrung zu sich nehmen wollte, als ihr im besetzten Frankreich zugeteilt worden wäre — sind hier alle Abstufungen möglich. Immer aber wird Hunger bewußt erlebt. Der Triebanspruch ist demnach nicht verdrängt, doch wird ihm nicht nachgegeben. Ganz anders empfindet die Anorexia-nervosa-Kranke; ihr ekelt vor den Speisen, sie weist alle Nahrung zurück, in ihren nächtlichen Träumen aber kommt dieser eine besondere Bedeutung zu: so erscheinen mit Früchten beladene Bäume oder festlich gedeckte Tafeln, auf denen auserwählte Speisen angerichtet sind. Daß dieses, das Traumerleben so stark beherrschende Hungergefühl nicht bewußt erlebt werden darf, ist darin begründet, daß von diesen Frauen — meist sind es Mädchen in der ausklingenden Pubertät — die weibliche Rolle innerlich abgelehnt wird. Wenn die Kranke das Streben nach einem als ästhetisch empfundenen Schlankheitsideal vorgibt, um ihr Verhalten zu erklären, sprechen wir deshalb von Rationalisierung, weil Vernunftmotive vorgetäuscht werden, um die als viel gefährlicher empfundenen und daher zum Großteil verdrängten irrationalen Beweggründe zu bemänteln. Diese Abschweifung war nötig, um das zu erklären, was Gide unter Anorexie verstand.

Auf dreifache Weise kann Leben verneint, können Triebimpulse unterbunden werden:

Ihre Befriedigung kann vom Bewußtsein her verboten, die »Welt als Wille« verneint werden.

Die Verneinung kann — allen Verstandesgründen entgegen — aus der Tiefe gesteuert werden. Oft sollen unbewältigte sexuelle Konfliktsituationen auf diese Weise gemeistert werden. Ein Versuch, der ebenso zum Scheitern verurteilt ist wie der eines Reiters, der, außerstande, sein feuriges Pferd zu zähmen, sich bemühte, es durch Aushungern sanft und gefügig zu machen.

Im dritten Falle schließlich, und dieser trifft für Gide zu, sprechen tiefere Wesensschichten und Tagesbewußtsein die gleiche Sprache: Das Vitalgefälle ist abgesunken, die körperliche Spannkraft liegt darnieder, Müdigkeit breitet sich aus. Aber auch im geistigen Bereich erscheint nichts mehr verlockend. Gide betont ausdrücklich, daß es sich nicht um Ekel handle. Ekel drückt wie Haß immer noch eine Gefühlsbeziehung aus, wenn auch eine mit umgekehrtem Vorzeichen. In dem von ihm beschriebenen Lebensgefühl werden weder positive noch negative Bindungen erlebt, nur die Ablösung wird erstrebt — nichts mehr erwartet, nichts mehr gewünscht. Die an die Welt sich »klammernden Organe« lösen sich sacht, die Tentakel der Seele werden eingezogen. Das Ende wird weder gefürchtet noch mit Gier erwartet — es ist reif geworden wie eine Frucht, die sich vom Baume löst.

Trat bei Gide der Lebensüberdruß erst im hohen Alter auf, so haben wir Beispiele dafür, daß er sich — als Vorbote des Todes — auch in jungen Jahren manifestieren kann.

So schrieb *Lawrence* in den Monaten vor seinem Tode (Lawrence, 1888 geboren, verunglückte am 13. Mai 1935 tödlich mit seinem Motorrad):

*Ich verbringe meine Zeit, indem ich ... Reisig hacke und*

*verrückte Arbeiten erfinde. Briefe werden nicht mehr geschrieben, außer wenn sie ganz dringend sind, und Pflichten gibt es keine. Ein seltsamer Sturz in die Unfähigkeit, nach der langen Serie verschiedener Tätigkeiten, die mein Leben ausgemacht haben ...*

*Ich habe die Politik satt, ich habe den Orient satt, und ich habe die Intellektualität satt. O Gott, wie bin ich müde! Ich möchte mich so gerne niederlegen, schlafen und sterben. Sterben ist das Schönste, danach gibt es kein »Wecken«. Ich möchte meine Sünden und den Überdruß dieser Welt vergessen.*

Der berühmte Schauspieler *Kainz* sagte mit 36 Jahren (1o Jahre bevor sein Krebsleiden zum Ausbruch kam), daß er in sein Inneres horche und »einen finde, der mit der Welt fertig ist, ohne sie zu hassen und zu verachten«. Er hatte mit 4o Jahren sein Lebensziel, nämlich im Wiener Burgtheater zu spielen, erreicht. In ähnlicher Weise äußerte der Dichter *Hebbel* mit 4o Jahren, er sei sich bewußt, auf seinem Höhepunkt zu sein, es könne, »der Natur der Dinge nach, nur noch bergabgehen«.

*Turgenjeff* (1818 bis 1883) schrieb knapp vor seinem Tode an *Tolstoi:*

*Ich bin ein verlorener Mensch, die Ärzte wissen nicht einmal, wie sie meine Krankheit nennen, ich kann weder gehen noch essen, noch schlafen; was soll ich dann noch! Es langweilt sogar, das alles zu wiederholen!*

Zu gleicher Zeit schrieb er an Frau *Polanskaja:*

*Sie werfen mir zu Unrecht Niedergeschlagenheit und Mutlosigkeit vor ... eher könnte ich mich darüber beklagen, daß mich eine derartige Resignation überkam, daß es mir weder langweilig noch traurig ist, ja sogar jeder Wunsch nach etwas Besserem in mir erlosch. Ich bin jetzt völlig allein und sehr zufrieden damit. Ich bewege mich nicht vom Fleck, schreibe, lese, trinke Milch, sonst kann ich gar nichts zu mir nehmen, schlafe 8 Stunden hintereinander und nehme zu gar keinen Arzneimitteln meine Zuflucht. Und wunderbar, ich denke weder an die Zukunft noch an den gestrigen Tag. Ist dies das Alter, so begrüße ich es.*

Zusammenfassung:

Einverständnis mit dem Tod kann demnach erreicht werden:

1. Durch schweres Leiden, das das Leben zur Qual macht, weil nichts von dem, was der Kranke sich gewünscht hat, erreichbar erscheint. Keats, der Fanny Brawne geliebt hatte, war vom ersten Tag ihrer Bekanntschaft an überzeugt, daß die Krankheit ihnen ein gemeinsames Leben niemals erlauben werde. Das hätte einen glücklicheren Stern erfordert als den, unter dem er geboren war: A luckier star than mine. Sein Erleben ist daher von Beginn an durch Hoffnungslosigkeit geprägt. Der Todeswunsch, ja »die Gier« nach dem Ende, ist daher verständlich.

2. Lawrence hatte in seinem abenteuerlichen Leben alles ausgekostet, was ihm zu erleben möglich war: Plötzlich kam der Augenblick, in dem Lebensgier in Lebensüberdruß umschlug. Sehr bald danach ereignete sich der »Unfall«, der ihn tötete. Seit den Untersuchungen über die psychologischen Determinationen von scheinbar zufälligen Unfällen haben wir auf innere Zusammenhänge hören gelernt.

Sehr oft ist die Tatsache, daß das manchmal durch Jahrzehnte angestrebte Lebensziel erreicht oder daß ein Werk beendet worden ist, sehr bedeutend: Nach einer Zeit der Hochspannung kommt es zur Entspannung, aber auch zur Erschöpfung. In dieses seelische Vakuum brechen dann die bisher durch die angespannteste Anstrengung niedergehaltenen zerstörerischen Kräfte ein. Einige Kranke sprechen eine ähnliche Beobachtung wie Kainz aus und vergleichen ihr Leben bis zum Erreichen des Zieles mit dem Besteigen eines Berges, wobei man immer den Gipfel vor Augen habe. Dann plötzlich — auf der Höhe — sei der Blick in die Tiefe freigegeben. Schaudernd sieht man hinunter ins Tal des Todes.

# *Tod aus Hoffnungslosigkeit*

## JOHN KEATS

*He has now given up all thought, hopes or even wish for recovery.*
(Er hat jetzt alle Hoffnung aufgegeben und jeden Wunsch nach Genesung.) (Ein Freund über Keats)

*To be happy with you seems such an impossibility! It requires a luckier star than mine! It will never be!*
(Mit Dir glücklich zu sein, erscheint ganz unmöglich! Dazu bedürfte es eines glücklicheren Sterns, als es der meine ist! Es wird nie sein!)
(Keats an Fanny Brawne)

Keats war vom ersten Tag seiner Krankheit an davon überzeugt, daß er bald werde sterben müssen. Als er 23 Jahre alt war, trat die erste Lungenblutung auf. Drei Jahre später war er tot. Bei der Obduktion zeigte sich das Lungengewebe völlig zerstört. Er selbst war sich vom ersten Bluthusten an ganz im klaren. *Das bedeutet meinen Tod. Dieses Blut ist arteriell,* sagte er, indem er sein Taschentuch betrachtete. Keats wußte Bescheid, denn er war Arzt, hatte im Londoner Thomas Spital gearbeitet und war bis zum Jahre 1817 als Arzt, Chirurg und Apotheker in der Londoner Ärzteliste eingetragen. Bis zu seinem 18. Lebensjahr hatte er keine Zeile geschrieben und keine Dichtung gelesen.
Von Jugend an war er hypochondrisch, trachtete jedoch danach, seine düsteren Gedanken vor seinen Freunden zu ver-

bergen. Nur zu seinen beiden Brüdern George und Tom sprach er davon.

*Eingebildete Sorgen haben mich immer mehr gequält als wirkliche. Wirkliche Sorgen treiben mich dazu, einen Ausweg zu finden oder sie zu meiden. Das ist leicht zu erklären. Unsere eingebildeten Sorgen werden durch unsere Leidenschaften geschürt und werden durch tiefe Gefühle aufrechterhalten. Die wirklichen Sorgen aber vertreiben die Leidenschaften. Die eingebildeten nageln den Menschen als Leidensmann ans Kreuz, die wirklichen peitschen ihn zum Handeln an.*

Warum war er von vornherein von seinem Unglück überzeugt? Weil die Hoffnungslosigkeit diesem voranging. Keats hatte eine schmerzliche und einsame Kindheit hinter sich. Bereits in seinem zehnten Lebensjahr hatte er eigentlich Vater und Mutter verloren. Der Vater war ein Jahr zuvor eines Abends betrunken von einem Gelage heimgekehrt, war gestürzt und bald darauf gestorben. Die Mutter, eine hübsche, kleine Frau, hatte von ihrem Vater ein heißblütiges Temperament geerbt. Dieser war ein Pferdezüchter in Moorsfield gewesen, ein starker, kräftiger Mann, von dem die Biographen berichten, daß in seinem Hause die Frauen vier Tage in der Woche Essen vorkochen mußten, damit die Sonntagstafel reichlich versehen werden konnte. Keats' Vater war Stallbursche bei ihm gewesen — so hatte die Mutter ihn kennengelernt. Bereits zwei Monate nach seinem Tode heiratete die Mutter ein zweites und später noch ein drittes Mal. In den neuen Ehen waren ihr die Kinder nicht erwünscht, und so wurde Keats von seinen Großeltern Jennings aufgezogen. Schon ein Jahr nach seiner Aufnahme bei ihnen starb der Großvater und 1810 dann seine Mutter.

Seine Kindheit war nicht nur durch frühe Verluste geprägt, sondern es festigte sich in ihm auch immer mehr die Überzeugung, daß weiteres Unglück auf ihn warte. Erst in jüngster Zeit hat Toman an einer großen Anzahl von Probanden nachweisen können, daß in jungen Jahren erlittene Verluste wichtiger Beziehungspersonen in den Betroffenen eine oft ihnen selbst nicht erklärliche Erwartungsangst davor entstehen lassen, daß ähnliche Verluste auch im späteren Leben sich wiederholen müßten.

So war Keats von Anfang an davon überzeugt, daß er das von ihm geliebte Mädchen Fanny Brawne nie werde heimführen können. Dazu wäre ein »glücklicherer Stern« nötig, als es seiner war. Das durch früh erfahrenes Leid geprägte Lebensbild empfand er selbst als unglücksbringendes Gestirn: so nannte er äußeres Verhängnis, was innere Not war.

Da er nur das auf sich zukommen sah, was er im tiefsten Innern immer erwartet hatte, leistete er keinen Widerstand. Die Freunde verwunderten sich darüber. Der behandelnde Arzt erkannte den Zusammenhang zwischen dem schnellen Fortschreiten der Erkrankung und Keats' innerer Einstellung sehr bald. Dr. Clarke schrieb im Jahre 1821: »Seine Einstellung (his state of mind) ist die für sein Befinden denkbar ungünstigste und wird zweifellos dazu beitragen, daß ein Ereignis, das nicht mehr weit entfernt ist, eintreten wird« (gemeint ist der Tod. Tatsächlich starb Keats am 23. Februar 1821 im Alter von 26 Jahren). Seine Lungen und der Magen—Darm-Trakt seien angegriffen, beides sei schlimm, und, so setzt er fort, »beide Übel und zusätzlich seine unglückselige innere Verfassung werden ihn bald umbringen«. — »Ich fürchte, daß er so lange Zeit von seiner Phantasie und seinen Empfindungen beherrscht worden ist, daß er jetzt wenig Kraft und noch weniger Neigung hat, sie in seine Gewalt zu bekommen. Es ist unendlich quälend, einen Geist wie den seinen (oder das, was er hätte sein können) in der verzweifelten Verfassung zu sehen, in der er sich befindet.« Er fügt noch hinzu, daß das Christentum schon dann gerechtfertigt wäre, wenn es nichts anderes mit sich gebracht hätte, als den Kranken Trost zu spenden. Das gleiche wie der Arzt sah auch Keats' Freund Severin, der den Kranken nach Rom begleitet hatte, weil man vom Klimawechsel Besserung erwartete: »Keats hat keinen Funken Hoffnung, keine Philosophie, keine Religion, die ihn aufrechterhalten könnten — obwohl er sich so sehr danach sehnt —, es ist ihm nicht möglich, sie anzunehmen.« Severin betont ausdrücklich, daß er dies nicht aus eigener religiöser Überzeugung bedauere, sondern deshalb, weil ein Gegengewicht — wo immer dieses zu finden sei — gegen die unablässigen seelischen Martern, denen Keats sich hingebe, gefunden werden müsse.

Keats bedauert, daß der Freund Severin, der noch nie jemanden hat sterben sehen, jetzt seinetwegen soviel Kummer durchleiden müsse. Aber er tröstet ihn damit, daß es nicht mehr lange dauern werde:

> *Ich werde bald ins stille Grab gelegt werden, ich danke Gott für das stille Grab — Oh, ich kann die kühle Erde auf mir fühlen — die Margueriten werden über mir wachsen. Diese Stille — sie wird die erste in meinem Leben sein.*

Er quält sich mit diesen Gedanken. Man erinnert sich an den Stachelgürtel, den Pascal unter seinen Kleidern trug und dessen Spitzen er sich oft absichtlich ins Fleisch preßte. So peinigt sich Keats — und weiß doch genau, daß er sich damit zerstört:

> *Dieses Wissen um den Gegensatz, um Licht und Dunkel — all das, was nötig ist, um ein Gedicht zu schreiben — ist ein Feind der Genesung des Körpers.*

Als er Fanny kennenlernt, weiß er, daß sie allein ihn vielleicht hätte retten können, wäre er damals noch gesund gewesen. So aber gibt er nicht nur jede Hoffnung auf, sondern verläßt auch England, wo sie zurückbleibt.

> *Wenn ich nicht mit Dir leben kann,* schreibt er ihr, *will ich allein leben. Ich glaube nicht, daß mein Gesundheitszustand sich bessern wird, solang ich von Dir getrennt bin. Aus all diesen Gründen will ich Dich lieber nicht sehen — ich könnte es nicht ertragen, Helligkeit aufleuchten zu sehen und dann wieder in meine Düsternis zurückzukehren. Ich bin sogar jetzt nicht so unglücklich, als wenn ich Dich erst gestern zum letztenmal gesehen hätte. Mit Dir glücklich zu sein, erscheint ganz unmöglich! Dazu bedürfte es eines glücklicheren Sternes, als es der meine ist. Es wird nie sein!*

Er möchte gleich ein Ende machen — sterben. Er haßt die grausame Welt, die gleiche, der Fanny sich lächelnd zuwendet. Er haßt die Männer, *aber mehr noch die Frauen.*

Diese Worte lassen im Hintergrund die Gestalt der Mutter aufscheinen — einer Frau, die das Kind als Hindernis für ihr persönliches Glück und ihr fröhliches Leben angesehen hat. Jetzt ist es das geliebte Mädchen, das der Welt und ihren Freuden zulächelt, während er stirbt. Er darf nicht daran denken, daß sie sich mit anderen unterhält, während er einsam ist. Obwohl er dem Freund gesteht, daß er fest überzeugt ist, daß er sterben werde, wenn er Fanny nicht mehr sehen könne *(The persuasion that I shall see her no more will kill me),* trennt er sich von ihr. In den letzten Lebensmonaten schreibt er ihr nicht mehr und schließt ihre Briefe ungeöffnet weg. Sie würden ihn zu sehr schmerzen. Zuvor hat er ihr geschrieben:

> *Ich bin so hartnäckig wie eine Nachtigall; ich werde nicht in einem Käfig singen — Gesundheit ist mein ersehntes Himmelreich, und darin bist Du die Königin.*

Nach der Trennung aber will er von diesem Himmelreich nichts mehr wissen. Der Freund erkennt, daß seine einzige Hoffnung die auf das Ende ist. »Der Gedanke an Genesung ist für ihn der allerschrecklichste. (»The thought of recovery is beyond everything dreadful to him.«) Man darf von einer Besserung gar nicht zu ihm sprechen. Erst im Grabe wird er Ruhe finden — nur dieser Gedanke versöhnt ihn mit seinem Verhängnis. Er wünscht auf seinem Grabstein die Inschrift: »Here lies one whose name was written in water.« (»Hier liegt einer, dessen Namen man in Wasser geschrieben hat.«)

Er ist sich selbst darüber im klaren, daß eine Hinneigung zum Unglück, wie er sie an sich selbst erkennt, geeignet wäre, selbst einen Gesunden krank zu machen — einen Kranken wie ihn aber zu vernichten. Aber er könne nicht dagegen ankämpfen. (I cannot help it. Who can help it?)

Er weiß auch, wo diese Vertrauenslosigkeit, diese Faszination durch das Unheil ihren Ursprung hat:

> *Ich könnte vielleicht hoffen, wenn jemals etwas Glückliches sich für mich oder meine Brüder ereignet hätte — so aber*

*ist die Verzweiflung mir aufgezwungen worden wie eine Gewohnheit.* (Er spielt darauf an, daß die Brüder wie er, der älteste, das Elternhaus verloren haben und unglücklich geworden sind: sein Bruder George ist ausgewandert, Tom an einem tuberkulösen Lungenleiden gestorben.)

*So aber habe ich feurige Kohlen in meiner Brust. Es überrascht mich, daß das menschliche Herz imstande ist, so viel Elend zu empfinden und zu ertragen.*

Er starb leicht, er wußte, daß dies das Ende und der Friede war. Severin, der Freund, der ihn im Arm hielt, sollte auf seine Bitte hin Gott danken, daß nun alles vorbei war.

Wir sehen in unheimlicher und bezwingender Folgerichtigkeit *einen* Grundgedanken und *eine* tragende Stimmung dieses kurze Leben beherrschen: die Hoffnungslosigkeit. Sie ist dem Krankheitsgeschehen vorausgegangen, hat dessen Auftreten begünstigt und den Verlauf beschleunigt.

Keats ersehnte den Tod, er wußte jedoch, daß lange vor dessen Kommen sein eigentliches Leben bereits abgeschlossen war. Er nennt deshalb seine Existenz eine posthume. Man könnte keinen besseren Ausdruck für ein Leben finden, das nicht mehr auf Zukunft hin orientiert ist. So heißt es im letzten Brief, den der Freund Charles Brown von Keats erhalten hat: Rom, 30. November 1820.

*Ich habe immer das Gefühl, daß mein eigentliches Leben vorbei ist und daß ich eine posthume Existenz führe.* (I have an habitual feeling of my real life having past, and that I am leading a posthumous existence.)

Vielleicht wird man einwenden, daß unzählige Menschen in den letzten Jahrhunderten in jungen Jahren an Tuberkulose gestorben sind, auch solche, die leidenschaftlich gerne gelebt hätten. Erst Kochs Entdeckung und hygienische Maßnahmen haben der Volksseuche Einhalt geboten. Dies bleibt ebenso unbestritten wie der zweite pathogenetische Faktor, die erbliche Disposition. Doch hat Hübschmann mit Recht darauf hingewiesen, wie sehr gerade bei der Tuberkulose der Zeitpunkt des Auftretens und vor allem die Verlaufsform von innerdynamischen Faktoren abhängig sind. Wie der Mensch der

Krankheit begegnet, das hängt weitgehend davon ab, ob er imstande ist, Abwehrkräfte zu mobilisieren. Aufgeben der Hoffnung aber ist auf alle Fälle gleichbedeutend mit Aufgeben jeder Gegenwehr. Sie erzwingt nicht nur die Niederlage des Erkrankten, sondern auch des Gesunden.

Wir wissen vom Wo-du-Tod, daß Stammesangehörige, die ein Tabu verletzt haben, keiner körperlichen Strafe unterzogen werden. Der Stamm stößt sie aus — ohne daß den so Verurteilten irgendwelche Gewalt angetan würde. Sie sterben binnen drei Tagen — nicht an Hunger oder Durst, nicht an einer Verletzung, auch nicht durch Selbstmord, der gar nicht nötig ist. Sie sterben an Hoffnungslosigkeit.

Daß dies nicht nur bei primitiven Stämmen möglich ist, zeigt der folgende Bericht — der sich allerdings nicht auf drei Tage, sondern auf über drei Jahre erstreckt, der aber sichtbar macht, wie ein Gesunder, dem der Ausweg in die Zukunft versperrt zu sein scheint, mit der Hoffnung auch sich selbst aufgibt.

Die Erfahrungen der Konzentrationslager bestätigen, daß es unter unerträglichsten Bedingungen nur *eine* Chance des Überlebens gab: der Glaube und das Planen für eine Zukunft.

## MAX DAUTHENDEY

*Ich fühle mich ganz hart werden vor Einsamkeit, Ziellosigkeit und Sorgen.*

*Ich spüre es schon am Herzen und fürchte manchmal, wenn ich sehr leide an Heimwehheißhunger, vor Herzschwäche sterben zu müssen.*

(Dauthendey)

Das Schicksal Dauthendeys steht hier für viele andere. Frankl hat aus dem Konzentrationslager berichtet, wie ein Kamerad, der fest davon überzeugt war, der Zweite Weltkrieg werde an einem bestimmten Tag zu Ende sein, auf diese Hoffnung zu lebte. Als der Tag näherrückte, ohne daß bestätigende Nachrichten eintrafen, legte er sich hin, und an dem Tage, den er vorausgesagt hatte, war tatsächlich der Krieg für ihn zu Ende, nämlich dadurch, daß er starb.

Diesen Tod aus Hoffnungslosigkeit haben wir in Konzentrationslagern, in Spitälern immer wieder beobachten können. Das Beispiel Max Dauthendeys, der als kerngesunder, kräftiger Mann zu einer Vergnügungsreise startete, von der er nicht mehr zurückkam, zeigt, wie wir aus seinen Briefen und Tagebüchern genau verfolgen können, wie das Fortschreiten seines Krankheitszustandes parallel ging mit seiner zunehmenden Mutlosigkeit. Dauthendey, der von 1867 bis zum 29. August 1918 lebte, war 1914 auf eine mehrmonatige Reise nach Sumatra abgefahren und konnte wegen des Kriegsausbruchs nicht zurück. Merkwürdigerweise hatte er selbst immer mit dem Kriegsausbruch gerechnet, alle Bekannten davor gewarnt, er hatte nur geglaubt, er werde auf einem holländischen Schiff zurückfahren können, was sich später als unmöglich erwies. Er war gesund, kräftig, mit einer Fülle literarischer Pläne weggefahren. Kurz vor seiner Abreise hatte er ein eigenes Häuschen in einem Garten am Waldrand gebaut, das Haus im Guckeles Graben im Gutenberger Wald bei Würzburg. Er war sehr glücklich verheiratet. Die Briefe lassen verfolgen, wie sich mit der zunehmenden Einsicht, daß seine Rückkehr nach Hause sich zumindest auf Jahre hinaus verzögern würde, seine Einstellung zum Leben völlig änderte.

Februar 1915:

> *Oft glaube ich bestimmt, liebe Anni, ich finde nicht mehr heim zu Dir aus dieser Kriegswirrnis, oft wird mir so weh. Meine Zimmernummer ist 50 hier im Hotel. Ich habe zeitlebens die Fünf als eine Todeszahl angesehen. Ich fand diese Zahl immer von pechschwärzestem Aussehen.*
>
> *Auf dem Schiff Buyskers träumte ich in der Nacht vor der Ankunft hier auch etwas Auffallendes. Es erschienen mir am Ende des Schlafes, ehe ich von anderen Träumen erwachen wollte, drei Männer. Alle drei saßen um drei Seiten eines viereckigen Tisches. An der vierten Seite stand ich. Sie waren altmodisch wie Buren oder Engländer aus dem 18. Jahrhundert gekleidet. Ich wurde von ihnen strenge befragt. Aber als ich hartnäckig dabei blieb, holte einer nach dem anderen eine Pistole oder ein Gewehr unter dem Tisch hervor und legte die Waffe quer vor sich auf die Tischplatte. Da sah ich ein, daß man mir ans Leben wollte. Vielleicht bedeutete mein Traum von heute nacht, daß die drei Alliierten mich nicht nach Hause reisen lassen. Nach Ausbruch des Krieges zwischen Österreich und Italien sollen die Deutschen von Java auf eine Insel außerhalb Batavias gebracht werden.*

Er fürchtete, daß es eine Fieberinsel sein werde. Und schreibt in einem Gedicht:

> *Ich kann noch kein Ende der Krankheit sehen.*
> *Werde ich je froh auf den Füßen stehen?*
> *Das Fieber des Krieges, Heimweh und Sehnen,*
> *ich dulde stumm mit verbissenen Zähnen.*

Er fühlt sich nicht wohl, hat auch Angst, seine Frau zu Hause möchte erkranken oder erkrankt sein. Er fürchtet sich vor der Cholera, die auf einer Nachbarinsel ausgebrochen ist, und beobachtet die Erkrankungen von Bekannten mit großer Ängstlichkeit.

*Wenn ich ein Telegramm nach Hause schicken kann, das tut so wohl, und meine Gedärme, die mich Tag und Nacht frieren machen und die ich nicht durch Wein, nicht durch Alkohol, nicht durch Sonnenbäder, nicht durch kochende Wasserbäder, nicht durch Spazierenlaufen, nicht durch roten Pfeffer, nicht durch wollene Decken erwärmen kann, werden warm, wenn ich an Anni telegrafieren darf oder wenn ich ein Zeichen von ihr erhalte. Mir fehlt die Wärme der Liebe, die Schätze der Liebsten, ich bin krank an kalt gewordenem, entsagungsvollem Blut; bald ist mein Blut in den Adern von der langen Liebesentbehrung, die nun über ein Jahr dauert, so kühl wie Tau in meinen Adern und so keusch wie Maientau. Davon frieren mir die Därme. Es ist mir manches Mal, als würde ich vor Sehnsucht und Heimweh immer weniger und weniger. Mein Blut kommt mir schlank und dünn vor, die Adern sind glatter und kühler, ich sehe mir selbst zu, wie ich an dieser Tropensonne fortschmelze. Ich dürste und hungere nach frischer deutscher Luft, kräftiger, deutscher Nahrung, nach Liebe und Leidenschaft. Alles vergebens. Diese Wünsche träumte ich schon seit bald einem Jahr.*

Im Juli 1915 aus Garoit:

*Um mich ist stündlich Kummer, grau, mein Leid rückt nicht von seiner Stelle.*

13. Juli 1915:

*Es wird heißer Mittag draußen, und die blauen Berge legen sich ein wenig flach hin. Der Schwung des Morgens ist von den Berglinien verschwunden. Das denke ich auch immer, wenn ich mein jämmerliches Gesicht im Spiegel suche. Es ist spät nachmittag in meinen Gesichtszügen, ich bin mager und verhärmt. Wenn ich meine Hände wasche, so ist mir, als fühlte ich die Finger eines Kindes an meiner Hand, so winzig und glatt schlank sind die Hände geworden. Es ist, als wollte der ganze Leib verschwinden, weil er keine Bedeutung mehr findet in der Leere hier.*

Am 23. August 1915 aus Garoit, Java:

*Ich bin eigentlich auch nur im Geist hier, denn mein Körper lebt nicht eingewurzelt, wo er keine Liebe genossen hat. Und er liegt eigentlich immer in einer Art »Scheintod«. Ich esse, so wie man einen Scheintoten oder einen Dauerschläfer nährt. Ich lache, ich spreche, aber ich bin dabei geistlos, witzlos, oft fast dumm und einfältig in meinen Äußerungen, weil mich hier nichts fesselt.*

Dazu kommt die Erschwerung der Arbeit, sein Unvermögen, in dem Maße dichterisch zu schaffen, wie er es wünschen würde.

*Es ist in den Tropen schwer, genau und sicher zu denken, alle geistige Arbeit ist beinahe wie Zufallsarbeit, und ich arbeite jedes Gedicht hier doppelt so schwer wie daheim in der europäischen Kühle.*

22. September 1915 aus Garoit, Java:

*Nun sagt man auch noch, der Krieg würde noch zwei Jahre dauern. Die Leute hier behaupten es. Ich fange an, es auch einzusehen, aber überleben werde ich das wohl kaum. Der leibliche Teil ist aufgezehrt von Heimweh, das brennt Tag und Nacht und wird schlechter, statt besser.*

Am 8. Oktober erkrankt er an einer Blinddarmentzündung. Sie wird mit kalten Umschlägen konservativ behandelt.

Am 5. Dezember 1915 vermerkt er im Tagebuch:

*Mein rechtes Ohr ist heute wieder fest zu, vorübergehende Taubheit auf einem Ohr soll in den Tropen oft vorkommen.*

Am 12. Dezember 1915 im Tagebuch:

*Welche Krankheit steht mir jetzt bevor? Ich glaube, ich habe neuerlich zum zweitenmal geträumt, daß ich mich im Traum selbst gesehen habe, man sagt, wenn man sich im Traum selbst sieht, muß man sterben.*

14. Dezember:

*Ich habe hier 5 Pfund abgenommen und wiege nur 68 kg.*

Am 14. August 1916 erkrankt er an Malaria.

*Drei Fieberanfälle. Der letzte schrecklich. Chininkur bis zum 12. September. Diese Tropenkrankheit ist viel schlimmer noch als ihr Ruf, finde ich. Die Fieberstunden waren ganz unbeschreiblich herzaufregend.*

Am 5. September sieht er im Traum das Bett mit weißer sandiger Erde bestreut.

Am 11. September schweres Erdbeben.

Am 19. September 1916:

*Oft glaube ich jetzt in manchen Augenblicken, ich kann es keine Stunde länger mehr aushalten, dieses öde, öde, liebeleere Dasein! Es ist zu lang, zu lang. Ich fange an, inwendig vor grenzenloser Sehnsucht wild zu werden.*

Man hatte den 49jährigen Mann bisher immer auf 35 Jahre geschätzt, so jung und kräftig sah er aus.

Am 6. Oktober 1916 schreibt er:

*Ich sitze hier vor den ewig blauen Morgenhügeln, vor den ewig gefüllten Hoteltischen und leide den größten Hunger, das ist Heimwehhunger. Der ist jetzt schon zum Heißhunger geworden, ich spüre es schon am Herzen und fürchte manchmal, wenn ich sehr leide, an Heimwehheißhunger vor Herzschwäche sterben zu müssen.*

Er beklagt sich über das lärmende Leben in Hotelzimmern. Seit fast drei Jahren sei er nie mehr in einem abgeschlossenen Zimmer gesessen. Immer vor blauem, ewig grellem Himmel auf den Veranden.

Am 17. November 1916 im Tagebuch aus Malang:

*Neulich in Wendit fiel das Wort »Gesundbeten« aus Professor L.'s Munde, und er sagte höhnisch über jemanden: »Ich werde ihn gesundbeten lassen.« Da habe ich in dummer Weise nur gelächelt und bin nicht aus mir herausgegangen und habe ihm nicht erklärt, daß es ein Gesundbeten gibt. Ich habe mich schon oft in meinem Leben, wenn ich elend war, gesundgebetet, und immer wenn ich verzweifelt war, haben Vaterunser und Gebet mir geholfen. Und ich glaube auch, daß Gesundbeten, wenn man selbst betet oder für jemanden betet, den man liebt, daß heiliges Beten, tiefes und ganz hingegebenes, einsames Beten auch Krankheiten fortbeten kann. Es ist das ganz einfach erklärlich. Was ist Gesundheit? Eine vollständige Harmonie im Zusammenleben aller Körperteile im Menschen, auch zugleich ein Friede im Leibe zwischen Endlichkeit und Unendlichkeit, zwischen Tod und ewigem Leben, zwischen Leib und Geist. Wende ich mich nun im Gebet an das ewige Leben, an Gott (wir benennen mit »Gott« die Verkörperung alles Schöpferischen, des Ewigen, des Guten und Gesunden), so leite ich den Strom des ewigen Lebens, der Schöpferkraft des Weltalls wie einen elektrischen Strom in meinen Leib, durch meinen guten Herzenswillen, wobei das Gebet den Kontakt zwischen Gott, dem Unendlichen und meiner leiblichen Endlichkeit herstellt. Ich werde durchströmt vom ewigen Geist, der in mich kommen oder in mir aufstehen oder mich durchleuchten und reinigen kann, wie ein elektrisches Lichtbad. Und diese Seelenreinigung hat zugleich eine Körperreinigung in den feinsten Atomzuständen zur Folge. Die ungeordneten Atome, die durch den Alltag in Verwirrung, in Unordnung geraten waren, werden durch den Einlaß des ewigen schöpferischen Lebensstromes wieder so angeordnet, wie sie im Plan der Schöpfung vorgesehen waren. Das Gebet, der Anschluß der Endlichkeit an die Unendlichkeit, vernichtet die Unordnung in den feinsten Atomzuständen des Leibes. Das Gebet kann darum Kranke gesund machen. Und wenn ich für Freunde stark bete und sie mir im Geiste vorstelle und ihnen die Welle des ewigen Lebens durch meine Gedanken an sie im Gebet zuschicke, dann können auch Freunde gesundgebetet werden. (Nur geschäftlich kann man das Gesundbeten nicht betreiben, wie die Gesundbeter in Amerika es getan haben.)*

Aus Malang, November 1916:

*An Durchfall erkrankt.*

Über dessen Entstehung sagt er selbst:

*Kein holländisches Schiff, das einen Deutschen nach*

*Singapur mitnähme, und andere Schiffe fahren nicht nach Singapur, nur holländische. Ich bin tief betrübt nach Hause gegangen. Ich war viele Tage so tief erschüttert, daß ich ganz lebensmüde und widerstandslos war, und dann wurde ich krank. Jetzt habe ich es wieder überwunden ... Wenn Du mich nicht losläßt im Geist, läßt mein Geist meinen Körper auch nicht los.*

Im Dezember 1916 bot sich ihm noch einmal die Hoffnung, mit einem Schiff nach Amerika fahren zu können und von dort nach Deutschland. *Wieder fehlgeschlagen!* Außerdem kam es zu Geldschwierigkeiten, da das Geld aus Europa nur verspätet und in kleinen Beträgen ankam, er hatte Schulden. So schreibt er auch vom 3. Januar 1917 aus Soerabaja:

*Ich fühle mich ganz hart werden vor Einsamkeit, Ziellosigkeit und Sorgen; hält das ein Mensch drei Jahre aus, der 20 Jahre verheiratet ist; gegen seinen Willen von Frau, Heimat und Verdienst getrennt leben zu müssen? Es ist schauderhaft lange und soll noch weiter dauern.*

Und es kam so, wie er es vorausgefühlt hatte. Im letzten Kriegsjahr hatte er die Hoffnung aufgegeben. Ohne Hoffnung aber war ihm zu leben unmöglich, so starb er im August 1918 in Malang auf Java.

# Teil II

## Die Frage nach Ursprung und Sinn der Erkrankung

# *Körperliche und seelische Erkrankung sind eines*
# *Die Identitätsauffassung*

FRANZ KAFKA

*Die Lungenkrankheit ist nur ein Aus-den-Ufern-Treten der geistigen Krankheit.* (Kafka an Milena)

*Klage ich? Ich klage nicht, mein Anblick klagt. Und wessen ich gewürdigt bin, das weiß ich.*
(Aus einem Brief an Max Brod, Meran 1920)

Kafkas Krankengeschichte soll hier vom Standpunkt der psychosomatischen Forschung her durchleuchtet werden. Es wird ausdrücklich hervorgehoben, daß es nicht Fragen der Literaturkritik sind, die uns hier beschäftigen, und daß die Tatsache, daß es sich um einen Dichter handelt, hier nur insofern von Bedeutung ist, als ihm eben aus diesem Grunde die Fähigkeit gegeben war, prägnante Aussagen über das zu machen, was er selbst über seine Krankheit dachte und was er empfand. Es geht hier nicht um den schöpferischen Menschen, sondern um einen leidenden. Deshalb ziemt hier nicht Neugier, sondern Ehrfurcht und Scheu.

### *Entscheidung durch die Krankheit*

Bei Kafka, der 1883 in Prag geboren worden war, wurde im September 1917 eine Lungentuberkulose festgestellt. Die Krankheit hatte mit einer nächtlichen Lungenblutung eingesetzt. Kafka, der damals als Versicherungsbeamter angestellt war, war kurz zuvor in eine Wohnung im Schönborn-Palais in Prag eingezogen, die er für seine geplante Heirat herzurichten gedachte. Die Blutung kam für ihn völlig überraschend. Er beschreibt in einem Brief an den Freund, wie sie *jetzt erregend wie alles Neue* auf ihn gewirkt habe, wie er, der damals von dem medizinisch dringend indizierten Stillhaltegebot nach einer Hämoptoe (Blutspucken infolge Lungenblutung) gar nichts wußte, immer vom Fenster zum Bett hin und her ging, in Erwartung, in Erregung, immer mehr und mehr Blut verlierend. Und ganz plötzlich habe er gewußt, daß er, der schon seit Wochen nachts kaum mehr geschlafen hatte, diesmal werde schlafen können. Dies sei ihm jetzt möglich gewesen, und daher habe er sich auch am Morgen so erfrischt gefühlt, daß er wie jeden Tag in sein Büro und erst am Nachmittag zum Arzt ging. Das Mädchen, das jeden Morgen kam, um seine Zimmer zu fegen, habe, erschrocken über das viele Blut, freilich gleich erklärt, daß der Herr Doktor es nicht mehr lange machen werde.

Was aber kann dieses erstaunliche Gefühl der Befreiung bei einem durch eine schwere Blutung überraschten jungen Menschen erklären? Zwar wird Kafka später über dieses Ereignis, das mit seinem Schrecken doch zugleich eine Lösung brachte, Gott angreifend, aus den Meistersingern zitieren: »Ich hätt' ihn für feiner gehalten« (die Lösung sei zu grob gewesen), doch wird er an der Tatsache, daß hier eine Entscheidung gefällt worden war, die er allein nicht treffen konnte, immer festhalten. Die Entscheidung aber offenbar war, daß er jetzt seine Verlobung lösen, die geplante Heirat aufgeben mußte. Was aber bedeutet die Heirat für Kafka? Es ging nicht allein um die Entscheidung für einen bestimmten Menschen, es ging um eine Lebensform, die für Kafka eine im höchsten Sinn ausgezeichnete war. Heiraten, eine Familie gründen und erhalten, Kinder aufziehen, das hieß für ihn, sich im Leben bewähren, ein »Erdenbürger« sein, wobei dies der höchste Orden war, den er zu vergeben hatte. Einer sein, der sich in der Wirklichkeit bewährt, der den väterlichen Namen fortpflanzt, der die Ehrung der Ahnen und damit ein Weiterleben über den Tod hinaus verbürgen kann. So zitiert er Flaubert, den Junggesellen, der zu seiner Nichte sagt, nachdem sie gemeinsam deren Freundin im Kreis ihrer Familie besucht hatten: »Ils sont dans le vrai.« Noch einmal wird Flaubert in seinem Gedankenkreis wiederkehren. Flauberts Vater war tuberkulös, also hatte vielleicht auch ein Tuberkulöser das Recht, Kinder zu haben. Diese konnten dann entweder kranke, geschädigte, armselige werden oder bedeutend wie ein Flaubert. Zittern des Kranken, *während im Leeren darüber beraten wird.*

Ein Kind zu haben, schien Kafka die höchste Bestätigung dessen zu sein, daß ein Mensch zum Leben *berechtigt* sei. (Kafka hat nie erfahren, daß ein italienisches Mädchen ein Kind von ihm geboren hatte, das noch vor Kafkas Tod verstorben war!)

## *Der Vater*

Kafkas Sehnsucht nach Lebensbewährung geht auf seinen schweren Konflikt mit dem Vater zurück. Um diesen ganz zu verstehen, muß man Kafkas Brief an den Vater lesen, der zugleich mit der Bemühung, sein eigenes Leben zu rechtfertigen und gegen das des Vaters abzugrenzen, die tiefste Hochachtung, ja Ehrfurcht vor dem ausdrückt, was ihm als die Bewährung des Vaters im Irdischen erscheint. Daß der Vater ein Geschäft geführt und hochgebracht, daß er Frau und Kinder in patriarchalischer Weise völlig beherrscht, ja daß er einen schweren und kräftigen Körper zu eigen hatte, hat Kafka größten Respekt eingeflößt. Er wird Jahre später zu Milena, die sich über die Korpulenz Werfels geäußert hatte, sagen, daß nur die Dicken nützliche Erdenbürger seien, *Im Norden wärmen sie, und im Süden werfen sie Schatten.* Dazu gehört auch die von Milena geschilderte höchste Ehrerbietung, die Kafka allen lebensklugen, geschäftstüchtigen Menschen zollte. So sprach er mit Bewunderung von seinem Direktor in der Versicherung, der *so gut Maschine schreiben konnte (wirklich!).* Und als Milena ihn einmal dringend gebeten hatte, sich ihretwegen um einen zweitägigen Urlaub aus dem Amte zu bemühen, schrieb er verzweifelt, daß er die Wahrheit nicht sagen, aber noch weniger diesen Direktor, der so tüchtig sei, belügen könne. Wenn man ihn fragte, weshalb er seine (zweite) Braut so geliebt habe, antwortete er ernstlich, *weil sie so geschäftstüchtig war.* (Sie war Directrice in einem großen Modesalon.) Er bewunderte Menschen, die Geld verdienen und Geld ausgeben konnten — nicht des Geldes, sondern der Tüchtigkeit wegen. Ihm selber war nichts von dieser Tüchtigkeit gegeben. Er schilderte Milena seine Zweifel, als er am Postschalter nicht wußte, ob man ihm richtig herausgegeben hatte, und ausdrücklich Überlegungen anstellte, ob er Geld zurückgeben oder Geld zurückverlangen sollte. So wird er in seinen letzten Briefen aus Berlin berichten, wie die Gefährtin des letzten Jahres, Dora Dymant, die wunderbare Fähigkeit habe, eine Petroleumlampe so zusammenzusetzen, daß sie helles Licht gebe, oder Speisen in einer Kochkiste vorzubereiten. Alles das waren Dinge, die ihm unbegreiflich schwierig und wichtig vorkamen.

Wie soll einer, der dies alles nicht kann, sich nicht vor einem Vater schuldig fühlen, der das, was man von einem Sohn erwarten darf (Enkel, Ansehen, Tüchtigkeit), von einem nicht erwarten kann. Der Vater ist einer, der im Leben steht und »Schatten wirft«. Ihm gegenüber kann man nie im Recht sein. So wird Kafka auch immer wieder die Auffassung, die der Vater über seine, Kafkas Krankheit haben muß, als eine berechtigte anführen: der Vater müsse es so sehen: der Sohn erkrankt beim ersten Versuch, sich aus dem Familienverband zu lösen. Die Wohnung, die er im Schönborn-Palais mietet und die kaum heizbar ist, ist schuld an seiner Verkühlung; die Krankheit ist also durch Kafkas »Extravaganz« (Ausdruck des Vaters) verschuldet worden.

Welche Schwächung des eigenen Standpunktes, wenn man gezwungen ist, sich mit den Augen der anderen zu sehen, mit Augen, vor denen man niemals recht behalten kann. So wird Kafka in den späteren Jahren der Erkrankung in den Briefen nach Hause über seinen ständig schlechter werdenden Gesundheitszustand immer beruhigend und beschönigend schreiben, wird nie Unterstützung verlangen, obwohl der Vater reich ist, wird die innere Auseinandersetzung mit dem Vaterbild nie zu Ende führen. Das Bewußtsein, der einzige männliche Nachkomme einer jüdischen Familie zu sein und nicht geleistet zu haben, was man von ihm erwartet hat, lastet auf ihm. Die geplante Familiengründung war der erste Schritt auf dem Weg zu seiner Bestätigung hin, und gerade sie wird durch die Lungenblutung unmöglich gemacht.

## *Die Ehe*

Worum es ihm bei der Sehnsucht nach Ehe und Familiengründung ging, hat Kafka ein Jahr vor Ausbruch der Krankheit am 20. August 1916 zusammengefaßt:

| | |
|---|---|
| *Rein bleiben* | *Verheiratet sein* |
| *Junggeselle* | *Ehemann* |
| *Ich bleibe rein* | *Rein?* |
| *Ich halte meine Kräfte zusammen* | *Du bleibst außerhalb des Zusammenhangs, wirst ein Narr, fliegst in alle Windrichtungen, kannst da nicht weiter, ich ziehe aus dem Blutkreislauf des menschlichen Lebens alle Kraft, die mir überhaupt zugänglich ist* |
| *Nur für mich verantwortlich* | *Desto mehr für (in) dich vernarrt (Grillparzer, Flaubert)* |
| *Keine Sorge, Konzentration auf die Arbeit* | *Da ich an Kräften wachse, trage ich mehr. Hier ist aber eine gewisse Wahrheit* |

Man sieht, wie sehr die rechte Seite der Waagschale noch ein Jahr vor der Entscheidung das Übergewicht behielt. Kraft ziehen aus dem Blutkreislauf des Lebens, für andere wirken, für andere verantwortlich sein, wird hier als Vermehrung der Kräfte durch Wachsen an der auferlegten Last gesehen. Zu

Grillparzer und Flaubert gibt er an dieser Stelle keinen Kommentar. Beide waren vereinsamte Junggesellen. Flaubert hatte sich für seine Arbeit entschieden, aber nie hatte ihn das Gefühl verlassen, daß die anderen, die in der Gemeinsamkeit lebten, im Recht waren. Grillparzer hat seine Einsamkeit als die Folge seines Nicht-lieben-Könnens erlebt.

## *Der Kopf hat sich mit der Lunge verabredet*

Kafkas rückblickende Auseinandersetzung mit seiner Krise läßt es als wahrscheinlich annehmen, daß er sich ohne *Eingreifen seines Körpers* nicht für die Einsamkeit entschieden hätte. Wie sieht er es selbst?: in Brods Tagebuch von 1917, »Maßnahmen wegen Kafkas Krankheit«: »Er stellt sie als psychisch dar, gleichsam Rettung vor der Heirat. Er nannte sie: seine endgültige Niederlage! Doch schläft er seither gut. Befreit — gequälte Seele!« Kafka selbst hatte zu Brod gesagt: *Mein Kopf hat sich hinter meinem Rücken mit meiner Lunge verabredet.* Drei Jahre später (Brief aus Meran ohne Datum, adressiert an Milena) wird er es ausführlicher darstellen:

> *Es war so, daß das Gehirn die ihm auferlegten Sorgen und Schmerzen nicht mehr ertragen konnte. Es sagte: »Ich gebe es auf; ist hier aber noch jemand, dem an der Erhaltung des Ganzen etwas liegt, dann möge er mir etwas von meiner Last abnehmen, und es wird noch ein Weilchen gehen.« Da meldete sich die Lunge, viel zu verlieren hatte sie ja wohl nicht. Diese Verhandlungen zwischen Gehirn und Lunge, die ohne mein Wissen vor sich gingen, mögen schrecklich gewesen sein.*

Welche Sorgen und Schmerzen konnte sein Gehirn nicht mehr ertragen?

> *Meine Zweifel stehen um jedes Wort im Kreis herum ... Wenn ich mich zum Schreibtisch setze, ist mir nicht wohler als einem, der mitten im Verkehr der Place de l'Opéra fällt und beide Beine bricht. — Alles ist Phantasie, die*

*Familie, das Büro, die Freunde, die Straße, alles Phantasie, fernere oder nähere, die Frau, die nächste Wahrheit aber ist nur, daß du den Kopf gegen die Wand einer fenster- und türlosen Zelle drückst.*

Gegenüber seiner Aufgabe, alle Dimensionen der Welt in ihrer Preisgegebenheit und in ihrer Einengung und Schutzlosigkeit auszusagen, mußten alle anderen Aufgaben bis zur Entfremdung zurücktreten. Die Familie und die Freunde — alles Phantasie. Wer weiß, was die Gebundenheit an die Familiensituation, insbesonders die übermächtige Persönlichkeit des Vaters, für ihn bedeutet hat, kann die Größe seiner Aufgabe an dieser Entfremdung ermessen.

*Du bist die Aufgabe. Kein Schüler weit und breit.*

*Falls ich in nächster Zeit sterben oder gänzlich lebensunfähig werden sollte — die Möglichkeit ist groß, da ich in den letzten zwei Nächten starken Bluthusten hatte — so darf ich sagen, daß ich mich selbst zerrissen habe.*

*Die systematische Zerstörung meiner selbst im Laufe der Jahre ist erstaunlich, es war wie ein langsam sich entwickelnder Dammbruch, eine Aktion voll Absicht. Der Geist, der das vollbracht hat, muß Triumphe feiern; Warum läßt er mich daran nicht teilnehmen?*

Erst an solchen Extremen merkt man, wie jeder Mensch unrettbar an sich selbst verloren ist.

*Sein eigener Stirnknochen verlegt ihm den Weg, an seiner eigenen Stirn schlägt er sich blutig.*

Um das aussagen zu können, was ihm aufgegeben war, durfte er im Hiesigen nicht beheimatet sein. Dennoch hatte er sich mit dem Vatervorbild identifiziert, sagte ja zu einer Aufgabe, die die seine nie werden konnte. Aus diesem Konflikt kam es zur Krise. Was er im Geiste nicht lösen konnte, half der Körper klären: das Gehirn hatte sich ohne sein Wissen mit seiner Lunge verbündet.

Dieser Vorgang, den Kafka selbst so klar bezeichnet hat, ist ein schwierig zu fassender.

Man hat Weizsäcker, den Gründer der psychosomatischen Forschung, meistens dahingehend mißverstanden, daß man annahm, er verfechte die Psychogenesis, das heißt, er verfechte die seelische Verursachung körperlicher Erkrankung, während er doch im Kranksein des Körpers einen seelischen Konflikt sah, also eine *Identitätsauffassung* vertrat. Da es nur auf den Ausdruck des Konflikts als solchen ankam, war die Art der Erkrankung innerhalb dieser Identitätsauffassung als solche nicht wesentlich: Schon Freud war aufgefallen, daß eine Neurose sich durch eine Körpererkrankung ablösen läßt, und er hatte auch auf die »merkwürdige Immunität« mancher Neurotiker hingewiesen, die gegen Infektionen und Erkrankungen immun seien, diese Immunität aber nach psychischer Besserung verlieren. Es war hier sozusagen ein Ausdrucksmittel durch ein anderes zu ersetzen, als wichtig erschien nur das, was ausgesagt wurde, was nicht länger verschwiegen werden konnte, was der Körper aussprach, nachdem es im Geiste allein nicht erledigt werden konnte. Weizsäcker knüpfte daran eine weitere außerordentlich wichtige Beobachtung. Die Selbstbeobachtung und die Analyse der von ihm gesehenen Krankheitsbilder erwiesen den hohen Anteil des Ich des Kranken an der Entstehung der jeweiligen Krankheit. Doch vertauschten, wie Weizsäcker es ausdrückt, die Betroffenen sehr bald die Ich- mit der Es-Stellung, das heißt, der Kranke wollte nicht mehr wahrhaben, daß er selbst krank sei, sondern nur, daß sein Körper krank sei, wodurch die Willensambivalenz, das Amphibische der Erkrankung, die Gewissenfrage, wegfallen könnte. Diesen Weg der Exkulpierung ist Kafka nie gegangen: Er hat das Ereignis der Krankheit nie als völlig ichfremd betrachtet, diese also nie als einen feindlichen Eindringling von außen gesehen, sondern als etwas, was mit dem unlösbaren Konflikt in ihm selbst in Zusammenhang stand.

*Sie müssen eben nur wissen,* heißt es in einem Brief an Robert Klopstock, Prag 1922, *daß Sie an einen armen kleinen, von allen möglichen bösen Geistern besessenen Men-*

*schen schreiben (Ein unzweifelhaftes Verdienst der Medizin ist es, daß sie statt des Begriffes der Besessenheit den tröstenden der Neurasthenie eingeführt hat, wodurch sie allerdings die Heilung erschwert und außerdem die Frage offengelassen hat, ob Schwäche und Krankheit die Besessenheit herbeiführen oder ob nicht vielleicht Schwäche und Krankheit ein Besessenheitsstadium schon sind, die Präparierung des Menschen zum Ruhe- und Lust-Lager der unsauberen Geister), und den man quält, wenn man das nicht anerkennt, mit dem sich aber doch sonst erträglich auskommen läßt.*

## *Keine Hoffnung auf Heilung*

Deshalb wohl auch von vornherein die Überzeugung, daß er auf keine Heilung hoffen könne. Schon vor dem Blutsturz hatte er nach schmerzlicher Auseinandersetzung mit seiner Braut geschrieben:

> *Klage ich, um hier Erlösung zu finden? Aus diesem Heft wird sie nicht kommen, sie wird kommen, wenn ich im Bett bin und wird mich auf den Rücken legen, so daß ich schön und leicht und bläulich-weiß liege, eine andere Erlösung wird nicht kommen.*

1917 heißt es:

> *Später kam langsam noch andere Einsicht hinzu, an Selbstmord hörte ich auf zu denken. Was mir nun bevorstand, war, wenn ich es über verwirrte Hoffnung, einsame Glückszustände, aufgebauschte Eitelkeiten hinweg klar dachte (dieses »Hinweg« gelang mir ja eben nur so selten, als das Am-Leben-Bleiben es vertrug), ein elendes Leben, elender Tod!*

Parallel mit seiner immer wieder tiefer werdenden Klarheit darüber, daß eine Rettung im Diesseits nicht zu erwarten sei, geht die Entwicklung der Krankheit, abzulesen an den Diagnosen der Ärzte: So schreibt er aus Zürau am 22. September 1917:

*Gestern kam ein Brief von Dr. Mühlstein (ich hatte ihm erst brieflich mitgeteilt, daß ich beim Prof. P. gewesen bin, legte auch eine Abschrift des Gutachtens bei), in welchem es unter anderem heißt: Besserung (!) können Sie sicher erwarten, allerdings wird sie nur in längeren Intervallen zu konstatieren sein. Es haben sich allmählich meine Aussichten bei ihm getrübt. Nach der ersten Untersuchung war ich fast ganz gesund, nach der zweiten war ich sogar noch besser, später ein leichter Bronchialkatarrh links, noch später »um nichts zu verkleinern und nichts zu vergrößern« Tuberkulose rechts und links, die aber in Prag vollständig und bald ausheilen wird, und jetzt schließlich kann ich einmal, einmal Besserung sicher erwarten. Es ist, als hätte er mir mit seinem Rücken den Todesengel, der hinter ihm steht, verdecken wollen, und als rücke er jetzt allmählich beiseite. Mich schrecken (leider?) beide nicht.*

Für den Außenstehenden — und auch der Arzt ist ja immer Außenstehender — war dieser Verlauf einer Krankheitsdauer von nur sieben Jahren keineswegs zu erwarten gewesen. Die Krankheit hatte als »Lungenspitzenkatarrh« (Hilusaffektion) begonnen, war sofort behandelt worden. Wenn auch Tuberkulostatika (Tbc zum Stillstand bringende Mittel) und alle modernen spezifischen Präparate der Tbc damals noch nicht bekannt waren, so waren die Erfolge einer Luft- und Heilstättenbehandlung bei Ruhe und Diät zumindest quoad vitam nicht zu ungünstig. Hinzu kam, daß Kafka als Patient nichts von den *offenen* selbstzerstörerischen Tendenzen zeigte, die gerade bei Phtysikern (Schwindsüchtigen) so häufig sind. Gerade der Tuberkulose-Erkrankte neigt dazu, die Bedrohlichkeit seiner Erkrankung vor sich selber zu verbergen und das auch vor anderen dadurch zu tun, daß er alles das und noch mehr, was der Gesunde vermag, auch zu tun versucht. Davon weiß jeder Heilstättenarzt ein Lied zu singen. Kafka aber führte die ihm aufgetragene Schonbehandlung durch, freilich zog er den Aufenthalt bei der Schwester, die in Zürau eine kleine Landwirtschaft betrieb, der eigentlichen Heilstättenbehandlung vor.

Auch in Meran behandelte er sich nach eigenem Ermessen, obwohl auch Heilstätten wie Matiary ihm nicht erspart blieben. Was ihn in diesen besonders bedrückte, war seine Anteilnahme am Schicksal der Mitkranken. Darauf werden wir noch zurückkommen.

### *Bewunderung der Gesunden*

Wie stand Kafka zu seinem Körper? Nichts von Ablehnung oder gar Feindseligkeit, nichts von Askese und Weltabgeschiedenheit war zu finden, er liebte schöne, gesunde, trainierte Körper, und schon kleine körperliche Mängel oder Unbilden konnten ihn tief verstimmen: Schuppenbildung, ein Hühnerauge, ein Furunkel. Solange er noch gesund war, machte er mit dem Freund Brod weite Fußwanderungen, er ruderte, er schwamm. Ärzten und Arzneien gegenüber war er mißtrauisch, er verlangte, daß die Natur wieder selbst das Gleichgewicht herstellen solle, alle »unnatürlichen Mittel« verschmähte er. Hingegen fühlte er Zuneigung zu »Naturheilaposteln«. »Im Grunde sah er in der Arbeit, einen neuen, gesunden Menschen zu schaffen und die geheimnisvoll offen dargebotenen Heilkräfte der Natur hierzu zu benutzen, etwas sehr Positives, das mit vielen seiner eigenen Instinkte und Überlegungen übereinstimmte und das er auch weitgehend praktizierte. Er schlief zu jeder Jahreszeit bei offenem Fenster. Besuchte man ihn in seinem Zimmer, so war die frische, kühle Luft etwas Auffallendes. Er trug immer leichte Kleider, auch im Winter, aß während langer Zeitperioden kein Fleisch, trank keinen Alkohol. Als er krank wurde, zog er die häusliche Pflege (in Zürau) in ländlich-primitiver Umgebung Sanatorien weit vor, und erst notgedrungen suchte er Sanatorien auf.« (So Max Brod.) Die Schwimmschule blieb für ihn der Ort, wo Gesundheit ermöglicht wird. Unmittelbar nach der Konsultation bei Professor Pick, der die erste Diagnose stellte, geht er in die Schwimmschule. Manche Kindheitserinnerungen: er selbst ganz klein, schmächtig, frierend, neben dem breiten, wohlgenährten, mächtigen Vater, der ihn in die Schwimmschule mitgenommen hat: der mächtige, entblößte, dem Kinde riesig scheinende Körper, vor dem der eigene, schmächtige ganz verschwindet. Er sieht staunend zu, wie der Vater Bier und Wurst genießt, mächtig atmet. Immer wieder wird Kafka hervorheben, wie dieses Erlebnis, zart und schmächtig zu sein, ihn von der Unwichtigkeit der eigenen Person überzeugt habe: er schildert die ungewöhnlich häßlichen, ungefügen Anzüge, die ein kleiner Hausschneider ihm als Buben auf Anordnung der Eltern verfertigen muß, in denen er des schlechten Schnittes wegen noch unbeholfener erscheint als sonst. Da er sich, so angetan, davor scheut, das eigene Spiegelbild zu betrachten, festigt sich in ihm die von den Eltern unterstützte Meinung, er sei nicht eitel. Der Erwachsene aber wird sorgsam auf die Wohlgestaltheit und die Pflege seines Körpers bedacht sein. Daß er Vegetarier ist, entspricht seinem Bestreben, auch in der Kost einfache, naturhafte, durch den Kochprozeß nur wenig veränderte Nahrungsmittel zu sich zu nehmen.

Von außen gesehen waren, wie aus all dem Zitierten begreiflich wird, die Kräfte, die in Kafka danach drängten, ihn gesundzuerhalten oder ihn wieder gesunden zu lassen, sehr ausgeprägt. Daher ist auch zu verstehen, daß entgegen allen Erwartungen, die der Leser aus seinem Werke ableitet, Brod mündlich und schriftlich immer besonders darum bemüht ist, ein anderes, nämlich heiteres und versöhnlicheres Kafka-Bild darzustellen, in dem es Sonne und Zuversicht gibt. Offenbar hat Brod auch Kafkas Erkrankung nicht sonderlich ernst genommen. Für ihn bleibt der Freund in der Erinnerung ein wandernder, schwimmender, naturnaher Kamerad.

Kafka verehrte alle, die dem Vater ähnlich waren, die Kräftigen, die Dicken, die »starkwandigen Gefäße«.

> *Nur diese Kapitalisten des Luftraumes sind, soweit es bei Menschen möglich ist, geschützt vor Sorgen und Wahnsinn, können sich ruhig mit ihrer Aufgabe beschäftigen, und sie allein sind, wie einmal einer sagte, als eigentliche Erdenbürger auf der ganzen Erde verwendbar, denn im Norden wärmen sie und im Süden geben sie Schatten.*

Im Sport sah er die Möglichkeit, aus dem Körper ein starkwan-

diges Gefäß zu machen. Gesundheit war ihm ein hoher Wert, und vor gesunden, kräftigen, im Bürgerlichen sich bewährenden Menschen, die ihre Körperkräfte auf ihre Kinder vererbten, empfand er höchste Verehrung.
Nur wer diese Haltung deutlich sieht, kann ermessen, welch gewaltiger Gegner ihr im Innern Kafkas — gegen seinen Willen? — entstehen mußte, und wird dann die Schwere des aufbrechenden Konfliktes verstehen.

### *Die geistige Krankheit*

> *Immerfort,* schreibt er aus Zürau im September 1917 an Brod, *suche ich eine Erklärung der Krankheit, denn selbst erjagt habe ich sie doch nicht. Manchmal scheint es mir, Gehirn und Lunge hätten sich ohne mein Wissen verständigt: »So geht es nicht weiter«, hat das Gehirn gesagt, und nach fünf Jahren hat sich die Lunge bereit erklärt, zu helfen. Aber das ganze ist auch in dieser Form ganz falsch, wenn ich will, Erkenntnis der ersten Stufe. Der ersten Stufe jener Treppe, auf deren Höhe mir als Lohn und Sinn meines menschlichen (dann allerdings nahezu napoleonischen) Daseins das Ehebett ruhig aufgeschlagen wird. Es wird nicht aufgeschlagen werden, und ich komme,* so *ist es bestimmt, nicht über Korsika hinaus.*

Oder an Milena:

> *Ich bin geistig krank, die Lungenkrankheit ist nur ein Aus-den-Ufern-Treten der geistigen Krankheit . . .*

Offenbar besteht die geistige Krankheit in einer unauflöslichen Dissonanz, einem Widerspruch, einer Gegnerschaft, deren Partner beide gleiches Anrecht an ihn haben. *Er hat zwei Gegner: der erste bedrängt ihn von hinten, vom Ursprung her. Der zweite verwehrt ihm den Weg nach vorn. Er kämpft mit beiden. Eigentlich unterstützt ihn der erste im Kampf gegen den zweiten, denn er will ihn nach vorn drängen, und ebenso unterstützt ihn der zweite im Kampf gegen den ersten; denn er bringt ihn doch zurück. So ist es aber nur theoretisch. Denn es sind ja nicht nur die zwei Gegner da, sondern auch noch er selbst, und wer kennt eigentlich seine Absichten? Immerhin ist es sein Traum, daß er einmal in einem unbewachten Augenblick — dazu gehört allerdings eine Nacht, so finster wie noch keine war — aus der Kampflinie ausspringt und wegen seiner Kampferfahrung zum Richter über seine miteinander kämpfenden Gegner wird.*

Den einen Gegner haben wir in *dem* Wesensteil Kafkas kennengelernt, der sich mit dem Vorbild des Vaters, der Familie, des Bürgerlichen, des Gesunden identifizierte. Was ist Identifikation? Der Wille, durch Bejahung einer Lebenshaltung oder eines Menschen ihm ähnlich oder gleich zu werden. Zusammenfassend heißt es bei Kafka:

> *Es ist ja so, wie wenn meine Lebensaufgabe darin bestanden hätte, ein Haus in Besitz zu nehmen.*

Was aber hinderte ihn daran? Welches war der andere Gegner? Das Innewerden seiner Aufgabe. Hier kann man nicht genug versuchen, es deutlich zu machen: Es war nicht die Tatsache, daß Kafka Dichter war (er spricht selbst von sich nie als Dichter, er nennt es nur seine »Schriftsteller«-Aufgabe), die es ihm verwehrt hat, den Weg zu gehen, der ihm an anderen richtig schien. Aber daß er als Dichter das darzustellen hatte, was er im Tiefsten erfahren mußte, nämlich Ungeschütztheit, Fragwürdigkeit, das Sich-Entziehen einer schwankenden Welt, machte diese Notwendigkeit aus. Auch hier ist die Wissenschaft mit ihrer Diagnose da. Der Psychiater wird sagen, daß es Kafkas Neurose gewesen sei, die ihn die Welt auf diese und nicht auf andere Weise erfahren ließ. Wer Kafkas Brief an den Vater kennt und wer seine anderen Briefe gelesen hat, kann an dieser Aussage nicht zweifeln. Aber er wird sie mit Kafkas Worten eine Erkenntnis erster Stufe nennen. Sie ist richtig, aber sie enthält noch nicht die ganze Wahrheit: daß es Zustände innerhalb des menschlichen Lebens gibt — und zu diesen gehört die seelische Erkrankung —, in denen die Fragwürdigkeit der Welt dem Leidenden besonders drohend gewiß wird, sagt nichts aus über den existentiellen Stellenwert dieses Erlebens. In diesem höheren geistigen Sinn kann

auch die Krankheit eine berechtigte und wesentliche Form der Wahrheitserfassung sein.
So haben wir bei Pascal und Schneider gesehen, daß Weltbild und Körpererleben völlig übereinstimmten, daß im wahrsten Sinn »Krankheit für sie Weltgleichnis war«. So kam es in ihnen zu keinem inneren Widerspruch gegen die Krankheit, sondern diese war, wie Weizsäcker es formuliert hat, »Ausdruck einer leidenschaftlichen Lebensbewegung« — hier einer tiefinneren Bejahung im Blick auf das Kreuz.
Ganz anders bei Kafka: Er bejahte die Welt des Vaters und damit die Gesundheit, die Tüchtigkeit im Irdischen; zugleich aber wußte er, daß er zu anderem berufen war: Er hatte nicht die von ihm bejahte und ersehnte, sondern die von ihm erlebte, aber gefürchtete Welt darzustellen, eine feindliche Welt.

## *Die Aufgabe*

Wie sah er seine Aufgabe? Schon 1912 heißt es:

> *Die ungeheure Welt, die ich im Kopf habe. Aber wie mich befreien und sie befreien, ohne zu zerreißen? Und tausendmal lieber zerreißen als sie in mir zurückhalten und begraben. Dazu bin ich ja hier, das ist mir ganz klar!*

Daß er sich dem Zerreißen (auch im Sinn des körperlichen Sich-Verbrauchens aufgefaßt) nicht entzogen hat, bezeugen viele Stellen. Nur eine für alle (lange vor der Erkrankung am 15. November 1911 im Tagebuch):

> *Gestern abend schon mit einem Vorgefühl die Decke vom Bett gezogen, mich gelegt und wieder aller meiner Fähigkeiten mir bewußt geworden, als hielte ich sie in der Hand; sie spannten mir die Brust, sie entflammten mir den Kopf, ein Weilchen wiederholte ich, um mich darüber zu trösten, daß ich nicht aufstünde um zu arbeiten: »Das kann nicht gesund sein, das kann nicht gesund sein.« Und wollte den Schlaf mit fast sichtbarer Absicht mir über den Kopf ziehen. Immer dachte ich an eine Mütze mit Schirm, die ich, um mich zu schützen, mit starker Hand mir in die Stirn drücke ...*

Daß einer, der sich schonen soll, weiß, daß er durch die Schonung den ihm gewordenen Auftrag, seine Arbeitsleistung, versäumen müßte, und sich für diese und somit für die Aufopferung seiner Person entscheidet, ist, geistig gesehen, tragischer Heroismus. Medizinisch gesehen ist es ein pathogenetischer Vorgang. Darüber ist sich Kafka ganz klar. 1918 in einem Brief:

*Willst Du eine Laiendiagnose? Die körperliche Erkrankung ist hier nur ein Aus-den-Ufern-Treten der geistigen Krankheit; will man sie nun wieder in die Ufer zurückdrängen, wehrt sich natürlich der Kopf, er hat ja eben in seiner Not die Lungenkrankheit ausgeworfen, und nun will man sie ihm wieder aufdrängen, und zwar gerade in dem Augenblick, wo er die größte Lust hat, noch andere Krankheiten auszuwerfen. Und beim Kopf anfangen und ihn heilen, dazu gehören Kräfte eines Möbelpackers, die ich mir eben aus dem obigen Grund niemals werde verschaffen können. So bleibt es also beim alten. Früher hatte ich immer die dumme, aber für die ersten Jahrgänge der Selbstmedizin begreifliche Meinung, daß ich mich bei einer einzelnen Gelegenheit aus diesem oder jenem zufälligen Grunde nicht ordentlich habe erholen können. Jetzt weiß ich, daß ich diesen Gegengrund immer mit mir herumtrage.*

Er vergleicht sich mit dem Teilnehmer an einem Wettrennen, der, statt die Spielregeln einzuhalten, um zu gewinnen, vor der ersten Hürde ausbricht, dies mit tiefem Ernst tut, überzeugt davon, daß auf diese Weise ein Gewinnen möglich sei, während doch dem Schiedsrichter klar ist, daß der Mann so nicht gewinnen kann.

Es gibt also keine Möglichkeit, auszubrechen, zumindest keine, die Aussicht hätte, zum Siege zu führen. Es gilt, das Grunderlebnis, das das der eindringenden Feindlichkeit der Welt ist, auszuhalten. Im Frühjahr 1919 (?) an Brod:

*Alles, was ich besitze, ist gegen mich gerichtet, was gegen mich gerichtet ist, ist nicht mehr mein Besitz. Wenn mich zum Beispiel — es ist nur ein reines Beispiel —, wenn mich mein Magen schmerzt, so ist es eigentlich nicht mehr mein Magen, sondern etwas, was sich von einem fremden Menschen, der Lust bekommt, mich zu prügeln, wesentlich nicht unterscheidet. So war es mit allem, ich bestehe nur aus Spitzen, die in mich hineinragen, will ich mich da wehren und Kraft aufwenden, heißt das nur, die Spitzen besser hineindrücken. Manchmal möchte ich sagen, Gott weiß, wie ich überhaupt noch Schmerzen spüren kann, da ich vor lauter Dringlichkeit, sie mir zu verursachen, gar nicht dazukomme, sie aufzunehmen ...*

Wenn man die in den Briefen und Tagebüchern auffindbaren Aufzeichnungen Kafkas über seine Krankheit verfolgt, sieht man, wie die Beschreibung, daß die Spitzen immer tiefer eingetrieben werden, den Sachverhalt genau wiedergibt. Noch im September 1917 schreibt er aus Zürau, wo er bei der Schwester durch eine Liegekur und eine bessere als während der Kriegsjahre in Prag mögliche Ernährung der Krankheit beizukommen versucht, daß *die Gegenwart der Krankheit* ihm leicht sei. Er fiebere nicht, huste nicht viel, habe auch keine Schmerzen, kurzatmig sei er, aber das spüre er beim Sitzen und Liegen nicht, und beim Gehen oder bei irgendeiner Arbeit trage es sich leicht, er atme dann eben zweimal so schnell wie früher, das sei keine wesentliche Beschwerde.

*Ich bin zu der Meinung gekommen, daß die Tuberkulose, so wie ich sie sehe, keine besondere Krankheit, keine eines besonderen Namens werte Krankheit ist, sondern nur eine ihrer Bedeutung nach vorläufig nicht immer einzuschätzende Verstärkung des allgemeinen Todestriebes.*

### *Der Husten*

In den folgenden Jahren werden die Fieberanfälle häufiger, besonders der quälende Husten verschlechtert sich. Emrichter weist nach, daß zwei Stellen in Kafkas Werk sich darauf beziehen. So heißt es in der »Beschreibung eines Kampfes«:

*Was sollen zwei Lungen tun, ... atmen sie rasch, erstik-*

*ken sie an sich, an inneren Giften; atmen sie langsam, ersticken sie an nicht atembarer Luft, an den empörten Dingen. Wenn sie aber ihr Tempo suchen wollen, gehen sie schon am Suchen zugrunde. Das ist der Beweis dessen, daß es unmöglich ist, zu leben.*

In der Erzählung »Der Bau« wird das Tier durch ein Zischen verfolgt, das ganz unabhängig von dem Platz ist, den das Tier innerhalb des Baues aufsucht. Es kann also kein von außen hereinbrechendes Geräusch sein, sondern eines, das aus dem Tier selbst kommt. Emrichter meint, Kafka habe während seiner Krankheit oft das Tier und das Geräusch, das dieses verfolgt, mit seinem eigenen quälenden Husten identifiziert. Dieser Husten sei von Kafka nie als bloße biologische Todesdrohung empfunden worden, sondern als Aufforderung zur Selbstrechtfertigung im Angesicht des Todes. Die »Lungenwunde« ist nach Emrichter für Kafka immer ein Sinnbild, dessen Tiefe in der Aufforderung zur Rechtfertigung liegt.

## *Die Krankheit zum Tode*

Er hat in vollkommener Klarheit seine Krankheit vom Anfang an als »Krankheit zum Tode« aufgefaßt. Wie aber war Kafkas Stellung zum Tod? Als ein Verfolgter und Gequälter sah er im Tode die Ruhe und die Erlösung. In diesem Sinn sprach er wiederholt von seinem grenzenlosen »Vertrauen« zum Tod. Die existentielle Rechtfertigung des Todes sah Kafka nicht im biblischen Sinn darin, daß der Mensch schuldig und daher seinem körperlichen Ende verfallen sei, sondern in der Unmöglichkeit, dem *einen* auferlegten Gebot, gut zu sein, nachzukommen. Kafkas Todesbegriff ist durch seinen ethischen Heroismus geprägt, der ihn einer unabdingbaren Forderung nach absoluter Reinheit und Güte unterwirft, wobei ihm aber bewußt war, daß er sich diesem Auftrag weder entziehen noch ihm völlig nachkommen konnte. Die Erkenntnis des Guten und Bösen zwinge den Menschen zur Einsicht, daß er unmöglich auf Erden gut handeln könne. Um zum Guten zu gelangen, müsse er also

sich selbst zerstören. Darin liege *der Sinn der Todesdrohung beim Verbot des Essens vom Baum der Erkenntnis; vielleicht ist dies auch der ursprüngliche Sinn des natürlichen Todes.*
Man denke, worauf Emrichter hingewiesen hat, an die Aufforderung des Gerichtes an Josef K. am Ende seines »Prozesses«, sich selbst zu töten. Dieser Aufforderung aber kann K. nicht nachkommen: »K. wußte jetzt genau, daß es seine Pflicht gewesen wäre, das Messer ... selbst zu fassen und sich einzubohren. Aber er tat es nicht ... vollständig konnte er sich nicht bewahren, ... die Verantwortung für diesen letzten Plan trug er, (der höchste Richter) der ihm den Rest der dazu nötigen Kraft versagt hatte.«

### *Die sittliche Verantwortung*

Nichts erschüttert in Kafkas Selbstaussagen und in den Aussagen seiner Freunde über ihn mehr als dieses ständig in ihm wachgehaltene Bewußtsein der sittlichen Verantwortlichkeit, der höchsten und unabdingbaren Forderung nach Reinheit. Die Selbstbewahrung auch im körperlichen Sinn und die Lebensbewährung im Sittlichen waren ihm ein und dasselbe. So schrieb er dem Freund Brod einmal, daß er seinen, Brods Weg, ganz anders sehe als den eigenen: *Du bewährst dich, also bewahre dich.* Er selbst habe aus eigenen Kräften keinen Ausweg in seinem Leben gefunden, wobei er zweifelnd hinzufügt: *Soweit die Tuberkulose nicht zu seinen Kräften gehöre.* Manchmal meint er, daß der Weg für ihn darin bestehen müsse, offen *(Nicht nur privat, nicht nur durch ein Beiseite-Sprechen)* durch sein Verhalten einzugestehen, daß er sich *hier nicht bewähren* könne. Dazu sei es nur nötig, daß er Umrisse seines *bisherigen Lebens mit voller Entschiedenheit nachziehe.* Er habe es immer als ein besonderes Unglück gefühlt, daß er (»Verkörperung der Symbole«) *förmlich nicht genug Lungenkraft gehabt hätte,* der Welt die Mannigfaltigkeit einzublasen, die sie ja offenbar habe. Er gebe sich diese Mühe jetzt nicht mehr.

Und als die Krankheit immer schwerer zu ertragen wird — aus Mathiary Anfang März 1921: *Niemals hatte ich solchen Husten, niemals solche Atemnot, niemals eine solche Schwäche,* heißt es:

> *Aber es ist dumm und eitel, so zu reden und es so wichtig zu nehmen. Wenn man mitten in einem Hustenanfall ist, kann man nicht anders, als es äußerst wichtig zu nehmen. Wenn er aber nachgelassen hat, kann man anders und soll es. Wenn es dunkel wird, wird man noch eine Kerze anzünden, und wenn sie niedergebrannt ist, wird man still im Finsteren sein. Eben weil im Hause des Vaters viele Wohnungen sind, soll man keinen Lärm machen.*

Kafka lebte seit dem Beginn seines Leidens immer mit dem Tod vor Augen. Als er, nachdem die Diagnose gestellt war, zur Schwester fahren sollte und zwei Leute aus dem Geschäft des Vaters mit dem Schubkarren kamen, um das Gepäck abzuholen, sagte er zum Freund: *Sie kommen um den Sarg.*

Er verglich den Tod mit einem Bild, das man ständig vor Augen habe, *etwa wie im Schulzimmer an der Wand ein Bild der*

> *Alexanderschlacht: Es kommt darauf an, durch unsere Taten noch in diesem Leben das Bild zu verdunkeln oder gar auszulöschen.*

Manchmal spricht er von der Krankheit wie von Dämonen, die einen verfolgen. Er versuche, ihnen durch häufiges Übersiedeln zu entkommen:

> *Ich bin ihnen entwischt* (1923), *diese Übersiedlung nach Berlin war großartig, jetzt suchen sie mich, finden mich aber nicht, wenigstens vorläufig nicht.*

Über die Art, wie er sein Leiden ertrug, berichten die ihm Näherstehenden, daß er es »heroisch, meist gar mit heiterem Gleichmut« ertragen habe. Brod erzählt, er habe ihn nur einmal in späteren Jahren über Schmerzen klagen gehört. »Ich besuchte ihn, nachdem er schwere Fieberanfälle erlitten hatte. Er lag zu Bett, im Sprechen verzerrte er das Gesicht: ›Das dauert so lange, ehe man ganz klein zusammengedrückt und durch dieses letzte enge Loch durchgestopft wird.‹ Dabei ballte er die Hand, als zerknülle er in ihr ein Taschentuch.«

Die Krankheit quälte ihn vor allem durch die zunehmend erschwerte Atmung. Es sei nicht *Leben oder Tod, sondern Leben oder Viertelleben, atmen oder nach Luft schnappend langsam (nicht viel schneller als ein wirkliches Leben dauert) sich zu Ende fiebern.* Die Atemnot, das Schnaufen, sieht er zugleich — und quält sich dadurch — doppeldeutig. *Es ist sogar biblisch; wer den schöpferischen Lebensodem nicht voll aufnehmen kann, der muß in allem kranken.* Es sei der *innere Feind,* der an ihm zehre und keine Heilung zulasse. Er fühle sich wie der Gladiator im Training, der nicht wisse, was man mit ihm beabsichtige. *Aber nach dem Training zu schließen, das man ihm auferlegt, wird es vielleicht ein großer Kampf werden vor ganz Rom.*

### *Das Mitleiden mit den Mitkranken*

Wenn er allein sein kann, bei der Schwester, in Meran, später in Berlin, kann er allein mit seinem Dämon kämpfen. Was den Aufenthalt in den Heilstätten so schwer macht, ist das Miterleben mit den anderen. Er hat kaum Kraft genug für sich allein, schreibt er 1921 aus der Heilstätte Mathiary. Im Sanatorium war Kafka außer zwei Tschechen der einzige, der die tschechische Sprache beherrschte, und es ließ ihn ein an Lungen- und Kehlkopftuberkulose erkrankter Mitpatient, ein Tscheche, um seinen Besuch bitten. Es war ein freundlicher, stiller, etwa 50jähriger Mann, Vater zweier erwachsener Jungen. Kafka besuchte ihn in seinem Zimmer, und der Kranke zeigte ihm zwei kleine Spiegel, erklärte ihm den Gebrauch. Der eine diente dazu, den zweiten richtig einzustellen, und dieser sollte die Geschwüre im Kehlkopf beleuchten und durch Sonnenbestrahlung ausheilen. Kafka empfand, wie eine Ohnmacht gleich einer Welle auf ihn zukommen wollte, konnte sich mit Mühe und unter Stammeln noch entschuldigen und in sein Zimmer zurückziehen. Der Kranke wurde durch diese seine Schwäche so erschreckt, daß er, wie Kafka später durch das Zimmermädchen erfuhr, die Nacht über nicht schlafen konnte.

*Trotzdem kann ich mir keine Vorwürfe machen, vielmehr verstehe ich nicht, warum nicht jeder ohnmächtig wird. Was man dort in dem Bett sieht, ist ja viel schlimmer als eine Hinrichtung, ja selbst als eine Folterung. Folterungen haben wir ja nicht selbst erfunden, sondern den Krankheiten abgeschaut, aber so wie sie wagt doch kein Mensch zu foltern, hier wird jahrelang gefoltert, mit Kunstpausen, damit es nicht zu schnell geht und — das Besonderste — der Gefolterte wird selbst gezwungen, aus eigenem Willen, aus seinem armen Inneren heraus, die Folterung in die Länge zu ziehen. Dieses ganze elende Leben im Bett, das Fiebern, die Atemnot, das Medizineinnehmen, das quälende und gefährliche (er kann sich durch eine kleine Ungeschicklichkeit leicht verbrennen) Spiegeln hat keinen anderen Zweck, als durch Verlangsamung des Wachsens der Geschwüre, an denen er schließlich ersticken muß, eben dieses elende Leben, das Fiebern usw. möglichst lange fortsetzen zu können, und die Verwandten, die Ärzte, die Besucher haben sich förmlich über diesem nicht brennenden, aber langsam glühenden Scheiterhaufen Gerüste gebaut, um ohne Gefahr der Ansteckung den Gefolterten besuchen, abkühlen, trösten, zu weiterem Elend aufmuntern zu können. Und in ihrem Zimmer waschen sie sich dann voll Schrecken, wie ich.*

Einen Monat später berichtet Kafka über den Tod dieses Kranken. Ein Tod, von dem nicht zu entscheiden ist, ob es Unfall oder Selbstmord gewesen war. Der Mann sei ohne Brieftasche, Uhr und Dokumente von der Heilstätte fort zum Bahnhof gelaufen, habe einen Zug in Richtung nach Hause bestiegen und sei während der Fahrt zwischen zwei Wagen hinuntergefallen, zwischen die Puffer. Er sei wegen seiner Vereinsamung unter den anderen Kranken, *lauter Ellbogenmänner beim Schiffsuntergang*, gestorben.

### *Krankheit ist Glaubenstatsache*
### *Es gibt nur* eine *Krankheit*

Das eigentlich Schreckliche der Erkrankung hat sich jedoch für Kafka (und das machte von vornherein das Aussichtslose in ihrer Prognose aus) nicht in den körperlichen Leiden, den »Folterungen« erschöpft. Darum können die Auffassungen der ihm Nahestehenden über den Grund seiner Erkrankung sich auch mit seiner eigenen Erkenntnis nicht decken: der Vater hält es für Verkühlung und Infektion, der Freund Brod für Aufreibung der zarten Konstitution Kafkas durch die Anstrengung des ungeliebten Brotberufs, er aber sieht sie als Ausdruck der metaphysischen Preisgegebenheit des Einzelnen, der nirgends Sicherheit, Boden unter den Füßen gewinnen könne. Ja, so gesehen sei sogar die Krankheit noch eine Art Zuflucht oder Asyl vor dem letzten Absturz ins Bodenlose. Nur so ist folgende Aussage zu verstehen:

> *Alle diese angeblichen Krankheiten, so traurig sie auch aussehen, sind Glaubenstatsachen, Verankerungen des in Not befindlichen Menschen in irgendwelchen mütterlichen Böden; so findet ja auch die Psychoanalyse als Urgrund der Religionen nichts anderes, als was die Krankheiten des einzelnen begründet.*

In dieser Sicht bedeutet die Krankheit eine Form der Mauer, des Haltes für den sonst völlig ungesicherten Menschen, der ins Bodenlose abzusinken droht. So spricht er auch einmal davon, daß er sich zu der Krankheit (falls er, erblich gesehen, vielleicht von seiner Mutter die Disposition mitbekommen hätte) verhalte wie ein Kind *zu den Rockfalten der Mutter.* In diesem tieferen Sinn, dem der Preisgegebenheit, gibt es da nicht viele, sondern nur eine einzige Krankheit:

> *Die Tuberkulose hat ihren Sitz ebensowenig in der Lunge wie z. B. der Weltkrieg seine Ursache im Ultimatum. Es gibt nur* eine *Krankheit, nicht mehr, und diese eine Krankheit wird von der Medizin blindlings gejagt wie ein Tier durch endlose Wälder.*

Der aufgetane Abgrund ist die Ungesichertheit des Menschen. Der eine vor Kafka, der ihn ebenso deutlich gesehen hat, hat sich durch einen Sprung ins Religiöse errettet: Kierkegaard. Er hat nie ein Hehl daraus gemacht, daß der Glaube nichts anderes sei als dieser Sprung in den Abgrund mit dem Vertrauen, von Gott aufgefangen zu werden. Dieses Vertrauen hat Kafka gefehlt. Aber geistig war ihm keiner so verwandt wie Kierkegaard (den er auch immer wieder gelesen hat). Für beide war die Kluft sichtbar zwischen der Welt der Gerechtigkeit Gottes und der Welt menschlicher Ethik, so daß der Raum für Kierkegaards Furcht und Zittern entstand.

Was für Kafka das Leiden an der Tuberkulose bedeutete, war für Kierkegaard der Pfahl im Fleisch (ob er damit, wie viele meinen, eine körperliche Deformation, nämlich seinen Buckel, verstanden hat, kann nicht als sicher ausgemacht gelten, andere glauben, er habe die vom Vater ihm vererbte Schwermut darunter verstanden). Kafkas Worte an Brod könnte Kierkegaard ausgesprochen haben: *Er halte die Ehe für Ablenkung von der einen Blickrichtung aufs Absolute.* Die Auflösung der Verlobung mit Regine Ohlsen hat Kierkegaard trotz der vielen Facettierungen, die er diesem Entschluß in seinen pseudonymen Schriften vor der Welt gegeben hat, vor sich selbst nie anders gesehen. Er war zu anderem aufgerufen. Und auch Kafka, der dreimal Verlobungen gelöst hat, hat die Erkrankung als Ausdruck dieser Forderung des Absoluten an ihn verstanden. In den letzten Lebensjahren war Kafka noch einmal die Gemeinsamkeit mit einer Frau, Dora Dymant, gegönnt. Er hatte in den letzten Monaten daran gedacht, sie zu heiraten. Der Vater des Mädchens zeigte einem Rabbiner Kafkas Anfrage mit der Bitte um eine Entscheidung. Der Rabbiner gab keine Gründe an, sagte nur nein. Dieses Nein hat Kafka tief getroffen. Er hat es als Entscheidung eines tieferen Wissens um seine Existenz aufgefaßt.

Bei Kafka und bei Kierkegaard fiel die Entscheidung für den einzelnen und gegen die Gemeinschaft, wobei sich Kafka

Brod gegenüber ausdrücklich auf Kierkegaard beruft. Doch geht hier beider Entscheidung auf verschiedene Wurzeln zurück.

Bei Kierkegaard auf das Bewußtsein der Verantwortung des einzelnen und seiner Einsamkeit vor Gott, bei Kafka auf das Gebot, alle seine Kräfte für die eine Aufgabe zu sammeln. Aus Brods Tagebuch 1913: »Nachmittag mit Kafka baden, rudern. Gesprochen über Gemeinschaftsgefühl. Kafka sagte, er habe keines, weil seine Kraft nur eben für ihn hinreiche (er zeigt mir Kierkegaards, Beethovens Briefe).«

Der tiefste Unterschied zwischen Kafka und Kierkegaard liegt in ihrer Stellung zum Absoluten. Für beide ist Erkenntnis aus eigener Kraft nicht möglich. Kierkegaard glaubt aus einer existentiellen Entscheidung heraus, die nur den Sprung in den Abgrund kennt. Er glaubt, weil die Wahrheit geoffenbart ist. Kafkas Überzeugung von dem Dasein des Absoluten ist unzerstörbar, er glaubt nur an die Unerschütterlichkeit des ethischen Gebots. Doch ist das Absolute dem Menschen nicht erreichbar. Dennoch wird der Mensch gestraft, wenn er das, was ihm nicht möglich ist, nicht erreicht. Auf die Frage Brods, ob es in der äußeren Welt keine Hoffnung gäbe, antwortet er,

> *Viel Hoffnung — für Gott — unendlich viel Hoffnung — nicht für uns.*

Ein anderes Mal:

> *Wir sind nihilistische Gedanken, die in Gottes Kopf aufsteigen.*

Es gibt ein Tor zum inneren Tempel, aber es wird geschlossen, ohne daß der Torhüter den Eingang freigegeben hat, es wurde eine Botschaft vom Herrscher des innersten Palastes an den einzelnen erlassen, aber der eilende Bote kann durch die inneren Palasträume, durch die äußere Mauer, durch die eindringenden Massen, durch die weiten Räume nicht bis zu dem Angesprochenen hingelangen.

> *Der Mensch kann nicht leben ohne ein dauerndes Vertrauen zu etwas Unzerstörbarem in sich, wobei sowohl das Unzerstörbare, als auch das Vertrauen ihm dauernd verborgen bleiben können. Eine Ausdrucksmöglichkeit*

*dieses Verborgenbleibens ist der Glaube an einen persönlichen Gott.*

Sowohl Kierkegaard wie Kafka steht unabdingbar das Bewußtsein der höchsten ethischen Verantwortung des Menschen vor Augen. Kafka spricht aus, daß der Mensch vor der *Erkenntnis des Guten und Bösen,* die ihn zwinge, ihr gemäß zu leben, ausweiche, um *Ruhe vor der Erkenntnis* zu gewinnen, *und er müsse daher, da er die Kraft zum guten Handeln nicht besitze, sich zerstören ...*

Eine merkwürdige und meines Wissens noch nie aufgezeigte Parallele zwischen beiden besteht in einer Auseinandersetzung mit dem, was Kafka den Teufelsdienst an der Schriftstellerei, Kierkegaard das Ästhetische genannt hat. Man kann nicht genug darauf hinweisen, welches schonungslose Sich-selbst-in-Frage-Stellen, das fast über menschliche Kraft hinausgeht, dazu gehört, wenn einer sich den Boden, auf dem er steht, gleichsam selbst unter den Füßen wegzieht, indem er das, wozu ihn sonst alles hindrängt und was er in gewissem Sinn als größte Aufgabe empfindet, dennoch als fragwürdig aufdeckt. 1922 schreibt Kafka:

*Als ich heute in der schlaflosen Nacht alles immer wieder hin und her gehen ließ zwischen den schmerzenden Schläfen, wurde mir wieder, was ich in der letzten, ruhigen Zeit fast vergessen hatte, bewußt, auf was für einem schwachen oder gar nicht vorhandenen Boden ich lebe. Über einem Dunkel, aus dem die dunkle Gewalt sich hervorwagt, die, ohne sich an mein Stottern zu kehren, mein Leben zerstört. Das Schreiben erhält mich, aber ist es nicht richtiger, zu sagen, daß es diese Art Leben erhält? Damit meine ich natürlich nicht, daß mein Leben besser ist, wenn ich nicht schreibe: vielmehr ist es dann schlechter und gänzlich unerträglich und muß mit dem Irrsinn enden. Aber das freilich nur unter der Bedingung, daß ich, wie es tatsächlich der Fall ist, auch wenn ich nicht schreibe, Schriftsteller bin, und ein nicht schreibender Schriftsteller ist allerdings ein den Irrsinn herausforderender Unsinn. Aber wie ist es mit dem Schriftstellersein selbst? In der Nacht war es mir mit der Deutlichkeit kindlichen Anschauungsunterrichtes klar, daß es der Lohn für Teufelsdienste ist. Dieses Hinabgehen zu den dunklen Mächten, diese Entfesselung von Natur aus gebundener Geister, fragwürdige Umarmungen und was alles noch unten vor sich gehen mag, von dem man oben nichts mehr weiß, wenn man im Sonnenlicht Geschichten schreibt. Vielleicht gibt es auch ein anderes Schreiben, ich kenne nur dieses; in der Nacht, wenn mich die Angst nicht schlafen läßt, kenne ich nur dieses. Und das Teuflische daran scheint mir sehr klar. Es ist die Eitelkeit und Genußsucht, die immerfort um die eigene oder um eine fremde Gestalt — und die Bewegung vervielfältigt sich dann, es wird ein Sonnensystem der Eitelkeit — schwirrt und sie genießt: was der naive Mensch sich manchmal wünscht: »Ich wollte sterben und sehen, wie man mich beweint«, das verwirklicht ein solcher Schriftsteller fortwährend, er stirbt (oder er lebt nicht) und beweint sich fortwährend. Daher kommt eine schreckliche Todesangst, die sich nicht als Todesangst äußern muß, sondern auch auftreten kann als Angst vor Veränderung ... Die Gründe für die Todesangst lassen sich in zwei Hauptgruppen teilen: Erstens hat er schreckliche Angst zu sterben, weil er noch nicht gelebt hat. Damit meine ich nicht, daß zum Leben Weib und Kind und Vieh nötig sind. Nötig zum Leben ist nur, auf Selbstgenuß zu verzichten. Einziehen in das Haus, statt es zu bewundern und zu bekränzen. Dagegen könnte man sagen, daß das Schicksal ist und in niemandes Hand gegeben. Aber warum hat man dann Reue, warum hört die Reue nicht auf? Um sich schöner und schmackhafter zu sehen? Auch das. Aber warum bleibt darüber hinaus das Schlußwort in solchen Nächten immer: »Ich könnte leben und lebe nicht«? Der zweite Hauptgrund — vielleicht ist es auch nur einer, jetzt wollen sich mir die zwei nicht recht sondern — ist die Überlegung: Was ich gespielt habe, wird wirklich geschehen. Ich habe mich durch das Schrei-*

*ben nicht losgekauft. Mein Leben lang bin ich gestorben, und nun werde ich wirklich sterben. Mein Leben war süßer als das der anderen, mein Tod wird um so schrecklicher sein. Der Schriftsteller in mir wird natürlich sofort sterben. Denn eine solche Figur hat keinen Boden, hat keinen Bestand, ist nicht einmal aus Staub, ist nur im tollsten Leben ein wenig möglich, ist nur eine Konstruktion der Genußsucht. Dies ist der Schriftsteller. Ich selbst aber kann nicht weiterleben, da ich ja nicht gelebt habe, ich bin Lehm geblieben, den Funken habe ich nicht zum Feuer gemacht, sondern nur zur Illuminierung meines Leichnams benützt.*

*Es wird ein eigentümliches Begräbnis werden, der Schriftsteller, also etwas nicht Bestehendes, übergibt den alten Leichnam, den Leichnam seit jeher, dem Grabe. Ich bin genug Schriftsteller, um das in völliger Selbstvergessenheit — nicht Wachheit, Selbstvergessenheit ist erst Voraussetzung des Schriftstellertums — mit allen Sinnen genießen oder, was dasselbe ist, erzählen zu wollen, aber das wird nicht mehr geschehen. Aber warum rede ich nur vom wirklichen Sterben? Im Leben ist es ja das gleiche, ich sitze hier in der bequemen Haltung des Schriftstellers, bereit zu allem Schönen, und muß untätig zusehen — denn was kann ich anderes als schreiben — wie mein wirkliches Ich, dieses arme, wehrlose (das Dasein des Schriftstellers ist ein Argument gegen die Seele, denn die Seele hat doch offenbar das wirkliche Ich verlassen, ist aber nur Schriftsteller geworden, hat es nicht weitergebracht; oder sollte die Trennung vom Ich die Seele so sehr schwächen können?) aus einem beliebigen Anlaß ist es vom Teufel gezwickt, geprügelt und fast zermahlen. Mit welchem Recht erschrecke ich, der ich nicht zu Hause war, daß das Haus plötzlich zusammenbricht; weiß ich denn, was dem Zusammenbruch vorausgegangen ist, bin ich nicht ausgewandert und habe das Haus allen bösen Mächten überlassen?*

Auf Kierkegaards Stellung zum ästhetischen Genuß im Beruf

des Schriftstellers kann hier nicht näher eingegangen werden, doch stellt er immer dem Ästhetischen das Ethische gegenüber, und hinter den tausend Verkleidungen, mit denen sein Schmerz sich maskiert, um nicht entblößt zu erscheinen, wird beim Ablegen der Maske immer diese eine Forderung, die ethische, sichtbar.

### *Die Lebensaufgabe: Der Teufel wird vor den Pflug gespannt — Sublimation*

Wie Kafka sich das Fertigwerden mit den Mächten der Dunkelheit eigentlich vorgestellt hat, enthüllt er in einem großartigen Gleichnis. Er hat von der Psychoanalyse gewußt. Ob er auch den Begriff der Sublimation gekannt hat, ist nicht festzustellen, doch könnte zu dessen Illustration kein treffenderes Beispiel als das von ihm gewählte gefunden werden: Er beschreibt das Relief unter einer Heiligenstatue auf der Karlsbrücke in Prag. Dieses zeigt einen Teufel, den ein Heiliger vor seinen Pflug gespannt hat. Der Teufel sei zwar noch wütend, *also Übergangsstadium; solange nicht auch der Teufel zufrieden ist, ist es kein ganzer Sieg.*

> *Fletscht die Zähne, schaut mit schiefem, bösem Blick zu seinem Herrn zurück und zieht krampfhaft den Schwanz ein, aber unter das Joch ist er gebracht.*

Und erklärend meint er: Jeder habe seinen beißenden, nächtezerstörenden Teufel in sich — das ist weder gut noch schlecht, sondern es ist Leben: hätte man den nicht, würde man nicht leben. Dieser Teufel ist das Material, das jeder Mensch mitbekommen hat und *aus dem er etwas machen* solle. Es gibt kein großartigeres Bild für die Lebensaufgabe des Menschen. Dies war Kafkas Haltung zur Welt. Mit seinen Trieben, nicht gegen sie, soll man sein Ziel erreichen, daher seine ganz der falschen körperlichen Askese abgewandte Haltung. Nur war das, was aus der freigelegten Tiefe heraufdrang, nämlich die Erkenntnis der Fragwürdigkeit aller Erscheinung, zu übermächtig, um von ihm ertragen zu werden. Seine verzweifelte Lage hat er selbst so dargestellt:

*Wäre das Wesen nicht so hinfällig, man könnte ja die Erscheinung fast aufzeichnen: Links stützt ihn etwa D.* (Dora Dymant, die Weggefährtin seiner letzten Jahre); *den Nacken könnte einem zum Beispiel irgendein »Gekritzel« steifen, wenn jetzt nur noch der Boden unter einem gefestigt wäre, der Abgrund vor einem zugeschüttet, die Geier um den Kopf verjagt, der Sturm über einem besänftigt, wenn das alles geschehen würde, nun, dann ginge es ja ein wenig.*

## *Kafkas Kompromißlosigkeit*

Warum ist diese weltanschauliche Problematik oder besser gesagt Preisgegebenheit Kafkas überhaupt zur Sprache gekommen? War das nicht ein Umweg oder Abweg? Wir glauben das nicht. Jede Krankheit ist — neben all dem, was sie sonst noch bedeutet — auch eine Frage an den Menschen. Die Antwort, die er auf diese Frage findet, ist zugleich seine Antwort auf die Sinnfrage in der Welt. Aber damit jeder Fehldeutung vorgebeugt werde: niemals soll damit einer Übereinstimmung zwischen Gläubigkeit (= Sinnfindung in der Welterfahrung), Hoffnung auf Gerechtigkeit und Versöhnung außerhalb der menschlichen Willenssetzung, also letzten Endes der Übereinstimmung zwischen Glauben und Gesundheit und Unglauben und Krankheit das Wort geredet werden. Auch das ist eine der Gefahren, die von manchen Vertretern der psychosomatischen Medizin nicht vermieden worden ist. Hier muß dazu nur so viel gesagt werden, daß es unerlaubt ist, zwischen Kafkas Krankheit zum Tode und seinem Weltbild eine kausale Beziehung zu suchen.

Doch besteht vielleicht ein Zusammenhang zwischen Kafkas unbedingter Wahrheitsliebe und seiner Ungeschütztheit, seinem Ausgeliefertsein an alle Schwierigkeiten des Lebens, mögen sie nun existentieller Art oder mögen es kleine Entscheidungen des Alltagslebens sein. Dadurch wurde das, was ein weniger zum Ethisch-Unbedingten Verpflichteter nachlässig, fast unbemerkt, abtut, für ihn zur schier unüberwindlichen Schwierigkeit. So wurde schon von seiner Unfähigkeit gesprochen, sich im Alltag auch nur einer Notlüge zu bedienen. Daher auch seine Verwunderung über die, die das konnten und die er die Starkwandigen, die Erdenbürger, die Geschäftstüchtigen nannte. Milena, die über mehrere Erlebnisse mit Kafka berichtet, die diese Schwierigkeiten aufscheinen lassen, schließt ihren Bericht mit der schmerzlichen Erkenntnis: »Frank kann nicht leben. Frank wird nie gesund werden. Frank wird bald sterben. Gewiß«, fährt sie weiter fort, »steht die Sache so, daß wir alle dem Augenschein nach fähig sind zu leben, weil wir irgendeinmal zur Lüge geflohen sind, zur Blindheit, zur Begeisterung, zum Optimismus, zu einer Überzeugung, zum Pessimismus oder zu sonst etwas. Aber er ist nie in ein schützendes Asyl geflohen, in keines. Er ist absolut unfähig, zu lügen, so wie er unfähig ist, sich zu betrinken. Er ist ohne die geringste Zuflucht, ohne Obdach. Darum ist er allem ausgesetzt, wovor sie geschützt sind. Er ist wie ein Nackter unter Angekleideten ... und seine Askese ist durchaus unheroisch und hiedurch allerdings um so größer und höher. Jeder Heroismus ist Lüge und Feigheit, das ist kein Mensch, der sich seine Askese als Mittel zu einem Ziel konstruiert, das ist ein Mensch, der durch seine schreckliche Hellsichtigkeit, Reinheit und Unfähigkeit zum Kompromiß zur Askese gezwungen ist. Es gibt sehr gescheite Menschen, die auch keine Kompromisse machen wollen, aber sie legen Wunderbrillen an, mit denen sie alles anders sehen. Darum brauchen sie keine Kompromisse. Dann können sie rasch maschineschreiben (wie der Direktor, den Kafka bewunderte) und Weiber haben (Milena hatte von der Untreue ihres Ehemannes berichtet und auch, wie sehr Kafka darüber erstaunt war). Er steht neben ihnen und schaut sie verwundert an, alles, auch diese Schreibmaschinen und diese Weiber. Nie wird er es begreifen. Seine Bücher sind erstaunlich. Er selbst ist viel erstaunlicher.« Und später fährt sie fort: »Das, was man von Kafkas Nichtnormalität schreibt, gerade das ist sein Vorzug. Ich glaube eher, daß alle, die ganze Welt und alle Menschen, krank sind und er der einzige Gesunde, der richtig auffassende, der richtig fühlende, der einzig reine Mensch. Ich weiß, daß er sich nicht gegen das Leben wehrt, sondern nur gegen diese Art von Leben, da wehrt er sich ... Es gibt auf der ganzen Welt keinen zweiten Menschen, der seine ungeheure Kraft hätte: diese absolute, unumstößliche Notwendigkeit zur Vollkommenheit hat, zur Reinheit und zur Wahrheit.«

Um feinste Schwingungen zu registrieren, bedarf es empfindlicher Instrumente. Um höchste Forderungen spüren zu können, bedarf es empfindlicher Seelen. Um in Abgründe zu schauen, bedarf es derer, die sich über Abgründe hinauswagen. Dies kann von den Starkwandigen, den Tüchtigen, den »Kapitalisten des Luftraumes«, den Robusten nicht geleistet werden. Daß es zu leisten ihm aufgetragen worden war, war sein Schicksal. Daß er dem Auftrag nicht ausgewichen ist, war seine Größe. Er stellte sich unter den Richtspruch: »Klage ich? Ich klage nicht. Mein Anblick klagt. Und wessen ich gewürdigt bin, das weiß ich.«

# *Kränkung macht krank*

## ANTON WILDGANS

An zwei Beispielen soll gezeigt werden, daß die Diagnose der Schulmedizin vom Kranken zwar nicht bestritten, aber dahingehend ergänzt wird, daß er über Verursachung und Heilungsmöglichkeit seines Leidens mehr zu wissen glaubt als sie.
So wie es sich manchmal in der Sprechstunde bewährt, wenn man sich einmal Zeit nehmen kann und den erstmalig vorsprechenden Kranken ruhig ausreden läßt, ohne ihn durch Zwischenfragen zu unterbrechen, wollen wir auch hier zunächst nur zuhören. Der Unterschied besteht darin, daß dieser Kranke nicht an einem Tage zu uns spricht, sondern daß seine Aussagen sich über Jahre erstrecken. Auch hat er sie nicht für den Arzt zusammengefaßt. Er hat sich bemüht, sich über seine fortschreitende Kränklichkeit Rechenschaft abzulegen. Anton Wildgans wußte, daß er an einem chronischen Venenleiden litt, doch führte er — wie auch wir es immer wieder von anderen Kranken hören — sein Herzleiden auf Herzeleid zurück. Hören wir ihm zu und fragen wir uns, ob er recht hatte.

1919: *Die Tage des Lebens werden immer kürzer, die Schatten länger, und die Zukunft ist ungewiß. Ich rücke nun scharf an mein Vierzigstes heran und habe, wenn ich nicht irre, mein äußeres Leben so ziemlich hinter mir; die Zeit des großen Aufnehmens ist vorüber . . . und noch ein anderes bedeutet das Vierzigste: Der Stab, den man zu Mittag senkrecht in die Erde pflanzt, wirft keinen Schatten, aber schon eine Viertelstunde nachher wächst ihm ein Schatten zu. In dieser Stunde unmittelbar nach Mittag bin ich jetzt — man weiß nicht, mit welcher Geschwindig-*

*keit das Gestirn des Lebens seinen Gang gegen Abend fortsetzt ...*

1o. Dezember 192o:

*Das Letzte ist mir immer gegenwärtig, nicht als ein Schreckhaftes, doch immerhin als etwas, für dessen Eintritt das Herz rein und bereitgehalten werden muß, damit es keine Schulden hinterläßt bei denen, die es liebt, und bei der Menschheit, für die es geschlagen und für die es sich bemüht hat.*

26. September 1924:

*Mein Venenleiden, das von Jahr zu Jahr lästiger wird und durch die allmähliche Ausbreitung der Entzündungszone die Gefahr eines plötzlichen Endes potentiell vermehrt, zwingt mich immer öfter, über mein Leben hinaus zu denken ...*

8. September 1928:

*... daß dieses Unsicherheitsgefühl bei mir melancholische Formen mitunter annimmt, ist bei meinem sonstigen Nervenzustand und bei meiner ganzen Beschaffenheit selbstverständlich.*

*... mein Nervenzustand mit all seinen physischen und psychischen Folgeerscheinungen ist eine Folge meiner in jeder Beziehung naturwidrigen Lebensweise. Etliche dieser Naturwidrigkeiten lassen sich vermeiden, andere wieder sind unvermeidbar ...*

12. November 1928 (Er hat erfahren, daß es sich um eine Erkrankung der Arterie des rechten Beines und nicht der Venen handelt, das Rauchen ist ihm verboten worden, er leidet an Gefäßkrämpfen.):

*Ich habe wahrscheinlich nicht mehr viel Zeit vor mir, um meine Geltung zu behaupten. Die Flügel, lieber Freund, sind mir gebrochen.*

11. Dezember 1929:

*... wie sehr ich mein ganzes Leben lang durch meine latente Krankheit nicht nur physisch, sondern auch psychisch und geistig beeinträchtigt bin, und daß es nicht nur die Hemmungen jedes künstlerischen Schaffens sind, dic*

*mir zu schaffen machen, sondern daß ich darüber hinaus noch mit vielem in stetem Kampfe liegen muß, was anderen Männern meines Berufes erspart bleibt. Fehlen mir doch, auch wenn mein Zustand relativ normal ist, infolge meiner ewigen physischen Behinderung alle jene Reservoirs der Kräfteerneuerung und des Kräftezustroms, die jedem Menschen, der sich körperlich ausarbeiten und erfrischen kann, von der Natur gegeben sind. Du mußt also, liebster Freund, mit mir Geduld haben und das mir glauben, daß mein Arbeitstempo und meine Arbeitsmethoden weit weniger durch mein künstlerisches Temperament, das gerne rastlos vorwärtsstürmte, als durch meinen elenden Körper und seine Nerven bedingt sind.*

11. Dezember 1929:

*Meine Situation wird immer bedrohlicher, um so mehr, als Krankheit nun schon fast zu einem ständigen Gast bei mir geworden ist und die Medizin bisher noch kein zuverlässiges Mittel gefunden hat, um speziell mein Venenleiden zu heilen oder auch nur günstig zu beeinflussen. Der Fall der Arbeitsunfähigkeit kann heute oder morgen eintreten.*

20. Juni 1930:

*... denn ein Teil meiner Krankheit ist ohne Zweifel meine seelische Zermürbtheit, hervorgerufen durch meine erste Burgtheaterzeit, durch den gleich darauf folgenden Verlust meines gesamten erarbeiteten Vermögens und durch den moralischen Zwang, unaufhörlich drauflosschreiben zu müssen — vor allem nicht jenes schreiben zu dürfen, was nicht ganz unmittelbar in entsprechende Gutschriften verwandelt werden kann.*

Am 28. Juni 1930 schreibt er nach Übernahme des Postens eines Burgtheaterdirektors:

*... In einer gewissen anderen Sache stehe ich wirklich an einem Scheideweg — vor der verantwortungsvollsten Entscheidung meines Lebens. Diese Verantwortung bezieht sich auf mich selbst, der ich physisch längst nicht mehr für ein so schweres und aufregendes Amt geeignet bin, auf meine Familie, der ich die Chance der Versorgung über den*

*Tod hinaus nicht leichten Herzens benehmen kann, und schließlich auch auf das Institut, das einen tatkräftigen und sachkundigen Führer heute mehr denn je benötigt.*

März 1930 (Aus einem Sanatorium in Graz.):

*Der Blutdruck ist von fast 200 auf 160 heruntergegangen, und vor allem: Mein Leiden scheint nun endlich erkannt zu sein! Es handelt sich um eine krankhafte Reizbarkeit und Krampfneigung meines Gefäßnervensystems.*

Juni 1930:

*Meine Zeit war seither ausgefüllt mit vielem Kranksein, mit immer neuen Versuchen, einen quälenden, unheimlichen Zustand loszuwerden, und vor allem mit einer tiefen Depression über die Wendung des Schicksals, die mich nach so trüben Erfahrungen zum zweitenmal vor die nämliche Aufgabe stellt und zum Verzicht auf mein Eigentlichstes zwingt.*

Am 20. Mai 1931 an den Bildhauer Gustinus Ambrosi:

*Eigentlich habe ich ja die Absicht gehabt, Dich zu bitten, wieder einmal eine Büste von mir zu machen, die ja voraussichtlich die letzte gewesen wäre. Denn ohne besonders hypochondrisch zu sein, glaube ich, in gesundheitlicher Beziehung einer recht trüben Zukunft entgegenzugehen, da sich die Anfälle meines Leidens in den letzten Jahren allzuoft wiederholten und immer vehementer wurden. Zumindest hätte ich gewünscht, daß Du noch zu meinen Lebzeiten eine Maske von meinem Gesicht angefertigt hättest, denn darin erblicke ich, abgesehen von allem Künstlerischen, das lebendigste Vermächtnis menschlicher Leiblichkeit.*

Juli 1931:

*Unmittelbar nach meinem Geburtstag im April wurde ich von einer heftigen Venenentzündung befallen, lag fast 2 Monate in meiner Dienstwohnung im Burgtheater zu Bett, amtierte nichtsdestoweniger bis zu 10 Stunden täglich während dieser Zeit, acquirierte durch die damit verbundenen Anstrengungen und Aufregungen einen Herzdefekt, brach Anfang Juni ganz zusammen und befinde mich (inmitten eines Wustes unerledigter Arbeit) im Zustande einer sehr zögernden Rekonvaleszenz, während welcher mir von den Ärzten so ziemlich alles verboten ist, was einem normalen Menschen das Leben lebens- und liebenswürdig macht. Das ärgste daran aber ist, daß mich die lange Krankheit in jeder Beziehung todmüde gemacht hat.*

16. Dezember 1931:

*Du kannst Dir die Erschöpfung nicht vorstellen, in der ich mich die ersten drei Tage hier befunden habe. Schwindelanfälle und die Krampfmahnungen in der Brust und so weiter, und so weiter. Ich sehne mich nach nichts anderem als Ruhe, nach endlicher Entspannung, sonst geschieht am Ende wirklich noch ein Unglück!*

5. Jänner 1932:

*Ich habe infolge der Überanstrengung und Aufregungen der letzten Monate eine sehr ernste Herzerweiterung, einen regelrechten Zusammenbruch meines gesamten Organismus davongetragen, von dem ich mich am Semmering nur vorübergehend ein wenig erholt habe, gerade nur so viel, um mir meines ganzen Elends erst recht bewußt zu werden.*

13. Jänner 1932:

*... ich war all die Zeit meiner zweiten Direktionsführung ein kranker, todmüder Mann, der Mühe hatte, den eigenen Tag und die eigene Mühsal zu bewältigen.*

4. März 1932:

*War ich früher nervös und von einer hysterischen Lärmempfindlichkeit befallen, so bin ich jetzt wirklich krank und kann ohne nahe menschliche Hilfe nicht mehr leben. Besonders abends und nachts kann ich nicht mehr allein sein, da ich niemanden herbeirufen könnte, wenn meine Angina-pectoris-Anfälle über mich kommen. Beim An- und Ausziehen befällt mich oft Schwindel und Ängstlichkeit, ein überheiztes Zimmer verursacht mir Congestionen und Vernichtungsgefühle, und der jähe Wechsel von Wärme und Kälte in den Räumen und Nebenräumen löst bei mir jene quälenden Gefäßkrämpfe aus, die ein Bestandteil meines Leidens sind ... Wo man einst so heiter, furchtlos und gesund war, soll man dort jetzt als Gespenst zwischen Vergangenheiten herumwanken? — Und nicht nur als Gespenst, sondern als Schiffbrüchiger des Lebens! Denn ein solcher bin ich in gewisser Beziehung.*

20. April 1932:

*Zuerst war ich eine Maschine und dann ein gehetztes Wild, das auf seinem Wundbett lag (durch Monate wörtlich zu nehmen!) und sich gegen die Meute nicht wehren konnte, da mir die Ärzte immer wieder in den Arm fielen.*

28. April 1932:

*Kaum in Mönichkirchen angekommen, bin ich von einem Anfall meines Angina-pectoris-Leidens betroffen worden — und dadurch auch in der glücklich begonnenen Arbeit unterbrochen ...*

Dies war die letzte Aussage.

Einen Tag vor seinem Tod wurde Wildgans von seiner Gattin nach Hause nach Mödling geholt und starb dort am Morgen des 3. Mai 1932.

Wir haben Wildgans also durch 13 Jahre hindurch zugehört — dies war die Geschwindigkeit, mit der — nach seinen Worten — das Gestirn seines Lebens den Gang gegen Abend fortgesetzt hat. In all diesen Jahren befand er sich in dem quälenden Zwiespalt: Er ahnte, daß er sich beeilen müsse, auch war sein künstlerisches Temperament ein »restlos vorwärtsstürmendes«, doch mußte er sich des Venenleidens wegen schonen. Der Krankheit wegen strebte er nach Sicherheit, vor allem wegen der Verantwortung für seine Familie.

Er stand also in der für ihn unlösbar scheinenden Konfliktsituation: Des Werkes wegen drängte es ihn zu ungehinderter Freiheit und seiner Verpflichtungen wegen zu sicherer Bindung. Er tat nun — ähnlich wie Wolfe, aber aus ganz anderer Motivation: aus Furcht vor der Krankheit und der durch sie bedingten Einschränkung — gerade das, was die Krankheit entscheidend förderte: Er nahm das Amt auf sich; dem er nicht mehr gewachsen war und das ihm durch die damit verbundenen Sorgen und Kränkungen den Todesstoß versetzte. Er hat mit offenen Augen das Unheil auf sich zukommen gesehen, aber da er sich weder durch Unempfindlichkeit gegen erlittenes Leid wappnen noch dieses selbst von sich abhalten konnte, war er schutzlos. Auch bedeutete es für den kräftigen und lebhaften Mann eine schmerzliche Beschränkung, daß ihm gerade das Venenleiden der Beine längeres Gehen und jede körperliche Anstrengung unmöglich machte. So entbehrte er jeder Möglichkeit, innere Spannung durch Sport und Bewegung körperlich zu entlasten.

Durch äußere Notwendigkeit eingeengt zu werden, ist schlimm. Hier aber war die Lage weit gefährlicher: hatte er sich doch aus eigenem Entschluß in die für ihn unerträgliche Situation begeben. Das Venenleiden machte es ihm unmöglich, sich körperliche Bewegungsfreiheit zu verschaffen. Das Amt und die mit diesem verbundenen Mißhelligkeiten verboten ihm die noch viel nötigere geistige Bewegungsfreiheit, die er für sein künstlerisches Schaffen gebraucht hätte. Damit schloß sich der unheilbringende Kreis.

## ADALBERT STIFTER

Stifter klagt in vielen Briefen der letzten Lebensjahre über die ihm zugefügten Kränkungen, auf die er sein Leberleiden zurückführt.

An Gustav Heckenast, seinen Verleger, Linz, 12. Februar 1864:

> *Lange haben Sie keine Zeile von mir bekommen. Ich war krank. Schon im Oktober hatte ich zeitweise Mahnungen von Kleinmut, Ängstlichkeit und dergleichen, was ich nicht beachtete. November war soso. Im Dezember brach es aus. Der Arzt nannte es einen schleichenden Typhus. Ich weiß es anders: ein Nervenübel war es (ich kenne den Namen nicht). Mein Wesen strebt nach Schaffen in edlen Kreisen, nach Umgang mit höheren und guten Menschen und nach der großen, schönen Natur. Mein Amt*

*legt mir tausenderlei klägliche Arbeiten auf, die in der Welt nichts verrücken. Es nagt an meinem Herzen, wenn ich die bedeutungslosesten Zeilen schreiben muß, während Reineres, Schöneres in Haupt und Gemüt drängt. Und doch ist das noch das kleinste Übel. Ein größeres ist schon, daß ich mit so vielen auf ziemlich tiefer Stufe stehenden Menschen in Verkehr komme. Auch das ist noch zu ertragen, wenn wenigstens Güte vorhanden ist. Ich erlabe mich sogar oft, besonders an dem Lehrstande, der mir noch am besten in meinen Bestrebungen entgegenkömmt und der mir Liebe und Neigung zeigt. Es sind sehr viele achtbare Männer darunter und auch solche, die sonst selbst Bedeutung haben. Aber wenn zum tiefen Bildungsgrad auch noch tiefer Stand der Menschlichkeit kömmt und Bosheit und Selbstsucht, dann ist es sehr bitter, und ich habe solche Früchte zu kosten. Das Übelste aber ist, wenn gar von so vielen Seiten durch Unverstand, durch Selbstsucht, durch Bequemlichkeit und Schlendrian, und ich muß noch Wohldienerei hinzufügen, das Gute und Heilsame gehemmt und gar vernichtet wird; wenn so die äußersten Anstrengungen vergeblich werden, das frißt in die tiefste Seele hinein, und ich habe solche Dinge zu erfahren. Unfähigkeit höherer Stellen tut dem wohlmeinenden Mann fürchterlich weh, und weher, wenn noch Hochmut damit verbunden ist. Und wo fehlt der Hochmut, sobald nur die Unfähigkeit da ist? Das verlieh mir reichlich das gewesene Unterrichtsministerium. Jetzt ist es da besser, in Kreisen, die mir nahe sind, ist es aber da schlechter. So sammeln sich Gram und Bitterkeit gerade in gefühlsvollen Menschen mehr, und endlich wird eine körperliche Krankheit daraus, und der Arzt sagt dann: ein schleichender Typhus. Und dann sagten sie weiter, es ist nur aus Mangel an Bewegung gekommen. Ich ließ alles gut sein. Mein Zustand war Angst, Unruhe, eine furchtbare Scheu vor Erzählungen unangenehmer Dinge oder vor Lärm und endlich Ergriffensein der Schleimhäute, daher Ekel vor Speisen, auf welch letzteres Ding der Arzt hinwirkte.*

*Ich aber behandelte mich nebenher selbst, und zwar durch Ruhe. Ich lag im Bette und schloß die Augen und schwebte so in einem Halbschlafe immer fort. Als beste Arznei erhielt ich die tiefste Liebe meiner Gattin. Sie saß unverdrossen, wenn ich mich auch nicht regte, stundenlang bei dem Bette, und wenn ich die Augen öffnete, begegnete ich ihrem liebevollen Blicke, der mir unsäglich wohl tat.* (Er beschreibt dann weiter seine Heilmethode: Hunger leiden. Später dichten.)

An Gustav Heckenast, Lackerhäuser, 28. August 1864:

*Ich beklage tief meine Verhältnisse. Wäre ich unabhängig, so hätte ich vielleicht (oft ist es mir, als empfinde ich es in meiner Seele) weit größere Dinge geleistet, und wenn ich auch tief unter den Ersten Größen unseres Volkes stehe, welche durch ihre Schriften Wohltäter desselben geworden sind, so wäre ich dennoch vielleicht auch ein ähnlicher Wohltäter geworden. Doch das sollte nicht sein, ich mußte mein Geschick tragen und oft auch meinen Schmerz. Wie oft denke ich an den großen sternkundigen Kepler, der auch in der Stadt Linz gequält wurde, da er seine Planetengesetze fand, und dem sie jetzt eine Tafel auf sein Wohnhaus und ein Denkmal in seine Geburtsstadt setzen. Bin ich auch nicht Kepler, kann ich auch so Großes nicht leisten, so habe ich gewiß eines mit ihm gemein: den Schmerz. Nun wurde ich auch noch krank. Mit dieser Krankheit war eine so tiefe körperliche Schwermut verbunden, daß, wenn ich sie auch zuzeiten mit meinem Geiste niederkämpfte, sie jedoch oft hervorbrach, daß ich in ein Schluchzen geriet, dessen ich nicht Herr werden konnte. (Unmöglichkeit der Weiterarbeit am Witiko: »denn mein Geist war ein halbes Kind geworden«) . . .*

*Ich weiß nicht, ob ich je über das Wesen meiner Krankheit schrieb. Der Arzt sagte, ich hätte den Grund zur Nervenverstimmung durch einige Tage gelegt, indem ich bei kräftiger Nahrung stets geistig tätig war und keine Bewegung machte. Das eigentliche Übel war im Beginn eine Grippe, die ich mir in meinem Amte oft zuzog, wenn ich, der ich bei meiner Körperfülle leicht in Schweiß geriet, oft aus heißen Schulzimmern in kalte Luft mußte. Diese Grippe pflanzte sich in Magen, Gedärme, Gallengänge, kurz in alle Schleimhäute fort, und es entstand ein nervöses, schleichendes Schleimfieber, durch welches alle Schleimhäute sich neu bilden mußten, welcher Hergang stets sehr langwierig ist, was mir aber verschwiegen wurde. Bei diesem Übel traten nun alle Nervenzustände, die ich durch meine Lebensweise angeregt, mit auf, und da schon durch das Unterleibsleiden allein sehr drückende Schwermut und eine quälende Angst hervorgerufen wird, so kam dies bei mir in höherem Maße als gewöhnlich zum Vorschein.*

An Gustav Heckenast, Lackerhäuser, 28. Juli 1865:

Nachdem der erste Band Witiko fertig war: »*... er wurde fertig, und ich fiel in Nervenzustände zurück, daß ich zum Unkenntlichen abmagerte und die Leute erschreckte ...*«

An Adolf Freiherrn von Kriegs-Au, Lackerhäuser, 28. September 1865:

*Ich habe einen Körper, der nicht völlig gesund ist, und da ich dem 60. Lebensjahr entgegengehe, so schreitet meine Genesung nur langsam vorwärts.*

An denselben, Lackerhäuser, 28. Oktober 1865:

*... mein jetziger, unbestimmter Zustand ist bis zum Entsetzlichen peinigend. Ich muß wieder um Urlaubsverlängerung einschreiten und harren, was wird, dann, wenn der Urlaub abläuft ...*

An den Statthalter von Oberösterreich Franz X., Freiherrn von Spiegelfeld, Kirchschlag, 21. Oktober 1865: Bitte um weitere Belassung im Ruhestande.

*In der Schwermut meines Wesens ist Unsicherheit und Ungewißheit meiner Zukunft eine peinigende, das Übel vermehrende, die Heilung hindernde Zugabe, wie ja jeder Arzt und insbesondere Werbec die sozialen Verhältnisse (wie er sich ausdrückt) bei dieser Krankheit sehr hoch anschlägt. Im tiefsten Wesen empfinde ich, daß ich mindestens diesen Winter in Kirchschlag bleiben, dann nach*

*Karlsbad gehen, den Sommer wieder in hoher Waldluft leben muß und daß dann vielleicht Heilung erfolgt ist, vielleicht auch nicht, vielleicht noch später, vielleicht gar nicht mehr ... und da ich auch meine, selbst stets als rechtschaffener und ehrlicher Mensch gehandelt zu haben, so bitte ich die hohe Staatsregierung, nicht zuzulassen, daß ich in meinem Alter und bei siechem Körper, der nichts mehr verdienen kann, der Not anheimfalle.*

Stifter führt, wie wir gehört haben, einen schweren Depressionszustand und das Leberleiden, an dem er sterben sollte, nicht zuletzt auf Kränkungen im Schuldienst zurück. Er übte das Amt eines Landesschulinspektors in Linz aus und litt darunter, daß der Dienst ihn zwang, Stunden, die er seinem Werk hätte widmen können, in unliebsamen Auseinandersetzungen mit kleinlich denkenden Menschen hinzubringen.

*Durch das Heu, den Häckerling, die Schuhnägel, das Sohlenleder, die Korkstöpsel und Besenstiele, die in meinem Kopf sind, arbeitet sich oft ein leuchtender Strahl durch, der all das Wüste wegdrängen und einen klaren Tempel machen will, in welchem ruhig große Götter stehen; aber wenn ich dann in meine Amtsstube trete, stehen wieder Körbe voll von jenen Dingen für mich bereitet, die ich mir in das Haupt laden muß. Dies ist das Elend, nicht die wirkliche Zeit, die mir das Amt nimmt. Könnte ich diese Zeit verschlafen oder die Amtsdinge ohne Teilnahme des Herzens abtun, zu welchem schönen Grade der Ruhe es viele Beamte bringen, so hätte meine Dichtkunst nichts verloren. Aber das ist's, wenn eine Kirche zur Scheune gemacht wird, so steht ihr das Predigen in ihr übel. Ich glaube, daß sich die Dinge an mir versündigen ... die kleinen Dinge schreien drein, ihnen muß von Amts wegen und auf Befehl der Menschen, die sie für wichtig halten, abgewartet werden und das Große ist dahin. Glücklich die Menschen, die diesen Schmerz nicht kennen! Und doch auch unglücklich, denn sie kennen das Höchste des Lebens nicht. Ich gebe den Schmerz nicht her, weil ich sonst auch das Göttliche hergeben müßte.*

So klagt er über den verhaßten Dienst. Aber hören wir doch genauer hin: Auch unsere Kranken sprechen so, indem sie zunächst über die äußeren Lasten ihres Alltags, ihre Berufssorgen klagen. Über diese sprechen sie am leichtesten, sie empfinden sie als »ichfern«. Worüber sprach Stifter viel weniger, obwohl es ihn viel tiefer verwundete? Wir können an dieser Stelle keine innere Lebensgeschichte Stifters schreiben. Eine psychoanalytische Studie hat Winterstein veröffentlicht.

Hier nur soviel: Stifter hat — auch hier im tiefsten eine sittliche Persönlichkeit im Kantschen Sinne — sein Leben lang *gegen* sein innerstes Naturell gelebt. Ein leidenschaftlicher, heißblütiger und zu jähen Temperamentsausbrüchen neigender Pykniker predigt sich selbst und den anderen die Lehre der Sanftmut, der Stille. Ein stürmisches Temperament belehrt sich selbst darüber, daß Gott nicht im Sturme, sondern im Säuseln des Windes sei.

Ein leidenschaftlicher Liebhaber, der nie über die Trennung von der jugendlichen Fanny Greipl hinwegkommen wird, predigt sich Entsagung, wird in vielerlei Nuancierungen im Werk die stille Resignation nicht erhörter Liebe beschreiben und wird im Leben selbst resignieren, sich zur Liebe ermahnen, zu der er sich seiner Gattin gegenüber verpflichtet fühlt. Alle Zeitgenossen beschreiben sie als kühle Natur, eine peinlich genaue und reinliche Hausfrau. Diese Eigenschaft mochte er schätzen, war er, der Sammler und Kunstliebhaber, ja ähnlich wie Goethe ein genauer Hausvater.

Doch schenkte sie ihm keine Kinder — ein ewig zehrender Kummer für Stifter, der durch das unglückliche Ende der im Haushalt aufgenommenen Nichte seiner Gattin noch verstärkt wurde. Diese hätte die Stelle einer Tochter einnehmen sollen, verschwand jedoch eines Tages und verübte Selbstmord durch Ertränken.

So stößt sich Stifter immer wieder an Mauern wund, wird ihm immer wieder Verzicht abverlangt. Und er fügt sich nicht nur, sondern er preist die Entsagung. Seine schönsten Dichtungen könnte man eine Apotheose des nicht gelebten Lebens nennen. Ob der stille Jüngling im Heidedorf schweigend auf die ausbleibende Antwort der Geliebten wartet, ob Brigitte in der gleichnamigen Erzählung den Gatten, der sich vorübergehend einer schönen Frau zugewendet hatte, durch eine 15jährige Trennung büßen läßt, obwohl sie ihn liebt, oder ob im Nachsommer zwei Menschen, die ihr Leben hinter sich haben, sich still damit abfinden, daß es kein gemeinsames sein durfte — es ist immer derselbe Ton des Verzichtes, der durch alles hindurchschwingt. Muschg hat darauf hingewiesen, daß der aufmerksame Leser des Nachsommers hinter der Idylle des Rosenhauses etwas wie Angst lauern spürt. Nur wer auch diesen »unsichtbaren Hauch von Angst« wahrgenommen habe, habe das Buch ganz verstanden.

Dieselbe Verhaltenheit prägt auch die Sprache: Nie darf sie zupackend mit sich fortreißen, darf keinen Gefühlsüberschwang zeigen. Es gibt nichts Abruptes, Jähes in ihr. Langatmig, in gebändigter Kraft, der kein Aufruhr erlaubt ist, fließen die Sätze dahin.

Wo finden wir da im Dichter das lebhafte, phantasiebegabte Kind wieder, das er war und das alle Biographen als überaus leicht erregbar schildern? Den Wildling, der die Katze in den heißen Backofen sperrte und dem Bruder das Messer in die Seite stieß? Noch der 28jährige spricht in einem Brief an Fanny Greipl von *manchem tollen Einfall, zu dem ihn sein lebhaftes Temperament verführt hatte.*

Als er aber mit 36 Jahren zu schreiben beginnt, wird alles, was er schreibt, *gegen* sein Temperament geschrieben werden. Das zeigt sich von der Wortwahl bis zu den Themenkreisen. »Sanft, einfach, still« sind Lieblingsworte, und Kinder und Greise wählt er als Lieblingsgestalten. Sind sie doch den wilden Trieben entrückt, die er im Brief zu Grillparzers 70. Geburtstag abschätzig den Hauptgegenstand der modernen Kunst nennt. Dieser Kampf zwischen einer leidenschaftlichen Triebanlage und einem bewußten Ideal der Selbstbezwingung und sittlichen Größe führt zu merkwürdigen Gegensätzen. Das Höchste, *Herrlichste, Wünschenwerteste dieses Lebens, die Vernunftwürde des Menschen, soll dauern, soll verehrt werden, soll die reinste Herrschaft führen*, schrieb er.

Aber es kam zu seltsamen Revolutionen gegen diese Herrschaft. Der 28jährige, der sich um eine Lehrstelle in Prag beworben hatte, die ihm die Möglichkeit gegeben hätte, Fanny heimzuführen, hatte die schriftliche Prüfung gut bestanden. Zur mündlichen Prüfung trat er nicht an — er behauptete später, den Termin vergessen zu haben. Wir gehen wohl nicht fehl, wenn wir dieses Vergessen für einen unbewußten Lösungsversuch in einem Konflikt halten.

Als Fanny für ihn verloren war und er seiner späteren Frau Amalie »das Wort künftiger Ehe« gegeben hatte, ging er nach Hause und weinte »auf dem Kissen« des Bettes »unendlich« — um Fanny.

Auch über sich selbst ist er im Zweifel. Bis zur Lebensmitte hält er sich für einen Maler — bemüht sich um die ideale Landschaft, erst mit 36 beginnt er zu schreiben. Zu dieser Zeit ist seine innere Entwicklung aber bereits so vom Ideal der Selbstbezwingung bestimmt, daß die Ansprüche der Triebnatur im Werk keinen ungebrochenen Ausdruck mehr finden dürfen. So gibt es hier kaum mehr Erfüllungsstunden der Leidenschaft. »Die Zeit war vorüber«, sagt Muschg für Stifter.

Der Mann mit dem »Klotz von einem Körper«, dem derb geschnittenen Gesicht war trotz seiner vitalen Lebenskraft seelisch überaus empfindsam. Er fürchtete sich vor dem Abgründigen, Dämonischen der eigenen Natur.

> *Wir alle haben eine tigerartige Anlage, wie wir eine himmlische haben, und wenn die tigerartige nicht geweckt wird, so meinen wir, sie sei gar nicht da und es herrsche bloß die himmlische ... Wir alle können nicht wissen, welche unbekannten Tiere durch die schreckliche Gewalt der Tatsachen in uns emporgerufen werden können, sowenig wir wissen, was wir im Falle eines Nervenfiebers reden oder tun würden?*

Und ein andermal:

> *Ich denke allemal ... daß ich meinem Gotte danken müsse, der mich so nebenher mit meinen kleinen Stürmen und Leidenschaften fertig werden läßt, daß ich nicht ergründen kann, welche fürchterliche in meinem Herzen schlafen ge-*

*blieben sein mögen, die mich vielleicht unterjocht und zu Entsetzlichem getrieben hätten.*

Die »tigerartige Anlage« — die »fürchterlichen Leidenschaften« — sie waren in einem, wie sein Biograph Walter sagt, »lebenslangen, zermürbenden Kampf« niedergehalten worden. In der Todesstunde, als der Körper, durch die schwere, schmerzhafte Lebererkrankung geschwächt, den ein Leben lang geleisteten Widerstand nicht mehr aufzubringen vermochte, brechen sie durch: Der Schwerstkranke nahm sich selbst das Leben.

Es war das letzte, durch die Depression und die furchtbaren Schmerzen des Leberleidens begünstigte Aufbäumen der »tigerartigen Anlage«. Nach dem Schnitt mit der Rasierklinge lebte er noch zwei Tage, doch blieb er bewußtlos. Diese Tat beendete ein Leben des unablässigen Kampfes gegen die Ansprüche der eigenen Natur. Jedes seiner Werke war ein Mahnmal dieses Kampfes. In ihnen fand das Gemeine, das Triebhafte, das er persönlich so fürchtete, keinen Platz. Stille herrscht hier, Friede — wenn es auch ein Friede nach leidvollem Verzicht ist. Nur dem aufmerksamen Leser wird diese Ruhe manchmal zu der bewegungslosen Stille vor einem heraufziehenden Gewitter, einer Lautlosigkeit vor dem Sturm, wie Stifter selbst sie in seinen Landschaftsbildern so großartig zu beschreiben wußte.

Naturen aber, die solche dämonischen Gewalten in sich niederzuzwingen haben, verbrauchen ihre beste Kraft schon in diesem Abwehrkampf. Welchen Preis, welche Anstrengungen kostet es schon, damit nichts davon ins Werk eindringen möge. Dadurch erklärt sich die überaus große Verletzlichkeit solcher Naturen. Es genügt dann selbst eine geringe Belastung, um das so mühsam aufrechterhaltene Gleichgewicht zu zerstören und die schwermütige Verstimmung auszulösen.

Von den tiefen Bedrängnissen, die es niederzuhalten galt, spricht Stifter nicht. Läßt er sie doch auch in sein Werk, in seine Gespräche kaum ein. Hier erscheinen sie nur manchmal wie ein Wetterleuchten, das aufmerken läßt. Aber er spricht vom allgemein Verständlichsten, Bewußtseinsnächsten: von den Alltagssorgen im Beruf.

Kränkung macht krank — davon aber »ahne der Arzt nichts«. Es ist an der Zeit, daß wir Ärzte darauf zu horchen lernen. Hier erhebt sich im Leser vielleicht die Frage: Enthält nicht jedes Menschenleben Enttäuschungen, Leid, Verluste? Ist es daher nicht billiges »Psychologisieren«, hier Krankheitsprozesse auf Kränkungen zurückzuführen? Müßte nicht alle Welt krank sein oder, um mit Reinhold Schneider zu reden, »Krankheit Weltgleichnis« sein? Darauf muß geantwortet werden. Zum ersten: Nicht der Arzt hat hier ein Kausalitätsverhältnis herzustellen versucht, sondern der Leidende selbst, und es schien wichtig, darauf zu achten. Zum zweiten: Die medizinische Forschung hat sich mit der Frage beschäftigt, wann seelisches Leiden krank macht oder vielmehr, genauer ausgedrückt, wann es als Auslöser wirksam ist für ein pathogenetisches (Gesamtheit der an der Entstehung und Entwicklung einer Krankheit beteiligten Faktoren) Geschehen, dessen biologische Determination — Infektion, Degeneration, tumoröses Wachstum — daneben unbestritten bleibt.

Die Antwort, die sie gefunden hat, ist einfach zu formulieren: Krankmachend sind Leiden, die keine Entlastung durch Erlebnisbewältigung finden können. Noch kürzer: Eindrücke ohne Ausdrücke erregen Krankheit. Schmerz verlangt nach Schmerzabwehr oder Schmerzäußerung. Nicht unbegründet hat Lessing es als Zeichen seelischer Gesundheit angesehen, daß Homer seine Helden im Schmerz aufschreien ließ.

Uns ist das Aufschreien aber nicht mehr natürlich, ja nicht mehr erlaubt. Welche anderen Ausdrucksmittel bieten sich an? Sie gleichen dem Ventil, das den Druck aus dem sonst explosionsgefährdeten, überheizten Kessel entweichen läßt. Neben der motorischen Aktivität, dem Ausdruck durch Handeln, dem unsere Gesellschaft enge Grenzen setzt, ist die Sprache das wichtigste Ausdrucksmittel des Menschen. Sie ist ja auch die Voraussetzung der gedanklichen Auseinandersetzung mit einem Problem, des Sprechens mit sich selbst. Sie erlaubt ihm aber auch, sich anderen mitzuteilen, zu klagen, zu fluchen, zu toben. Dem kleinen Kinde, dem sie noch nicht zur Verfügung steht, bleiben das Schreien, das Hilfe herbeiholen soll, und die Ausdrucksmittel, die durch Haut und Magen-Darm-Trakt, also das Vegetativum, gegeben sind, als einzige Ausweichstelle. Dem Erwachsenen aber, der nicht sprechen will (weil er sich zu klagen schämt) oder der nicht sprechen kann — weil der Konflikt ins Unbewußte verdrängt ist — stehen schließlich nur noch dieselben Ausdrucksschienen zur Verfügung: die Geleise über das vegetative System, also den dem Bewußtsein und Willen entzogenen Teil unseres nervös gesteuerten Körpergeschehens.

Daß dichterische Aussagen Selbstheilungsversuche darstellen, bedarf kaum einer Erwähnung. Ihre formale Vollendung hat dann darüber zu entscheiden, ob es sich bei ihnen um Kunstwerke handelt. Muschg hätte keine Tragische Literaturgeschichte schreiben können, wenn nicht erlebte Tragik im Werk Ausdruck, manchmal Überwindung hätte finden können. Widerlegt das nicht unsere Annahme? Stifter stand doch gewiß das Medium der Sprache — also die Möglichkeit, seiner Not Ausdruck zu verleihen und sie dadurch zu entlasten — in hohem Maße zu Gebote. Es soll aber der Nachweis versucht werden, daß er sie nicht nur als Ausdrucks-, sondern als Abwehrmittel verwendete.

Stifters schönstes und reifstes Werk, der »Nachsommer«, ein Kunstwerk höchsten Ranges, ist, psychologisch gesehen, Zeugnis eines leidenschaftlichen Abwehrversuches. Um Stifters Empfindlichkeit gegen Kränkungen zu verstehen, muß kurz darauf hingewiesen werden.

Dieses Werk, von dem Hebbel wegen seiner Langatmigkeit höhnisch sagte, man könne unbesorgt demjenigen, der es zu Ende lese, die Krone Polens versprechen, hielt Nietzsche für eines der fünf bleibenden Werke deutscher Sprache. Auch ihm, dem überaus Verletzlichen, tat die unversehrte schöne, allem Gemein-Widerwärtigen des Alltags entrückte Atmosphäre des Rosenhauses wohl. Über diese Selbstheilungsversuche der Seele durch Wahl gemäßer Vorbilder wäre viel zu sagen.

Stifter selbst hat sich bewußt ein Asyl geschaffen in dieser Welt des Nachsommers, in der das Böse keinen Platz hat, aus der nicht nur alles Dämonische, sondern auch alles Schwankende, Zwielichtige verbannt ist.

Wir wissen, daß er für sich selbst im Alter einen Nachsommer — nicht nur im Werk, sondern auch im Leben — erhofft hat, aus dem äußere Widerwärtigkeiten ausgeschlossen bleiben sollten, um innere Ruhe zu ermöglichen. Er wußte nur zu gut, warum er sich vor allem Gefühlsüberschwang fürchtete: *Gräbt nicht tiefes Sehnen und heftiges Fühlen, durch Jahre forgesetzt, alle Kräfte des Menschen an?* läßt er warnend die Mutter Mathildens sagen. So wird das Werk Sanftmut statt Heftigkeit, schweigendes Dulden statt trotzigen Handelns, Verzichten statt Begehren predigen. Aber nicht nur leidenschaftliche Gefühle sind aus dieser klaren, reinen Welt ausgeschlossen, auch Unsicherheit und Zweifel finden hier keinen Platz: In ruhiger Stetigkeit bleiben die Menschen ihren Gefühlen treu, auch wenn diese niemals Erfüllung finden. Es wird von inniger Liebe, niemals aber von geschlechtlicher Begierde gesprochen. Verletzliches Schamgefühl verwehrt das. Als der Hausherr von seinem Gast gefragt wird, warum er nach der Wiedervereinigung mit der Jugendgeliebten mit dieser nicht in einen »näheren Bund« getreten sei, finden wir die erstaunlichen Zeilen: *Der Greis errötete bei diesen Worten, er errötete so tief und zugleich so schön, wie ich es nie an ihm gesehen hatte.*

*Die Zeit war vorüber,* antwortete er, *das Verhältnis wäre nicht mehr so schön gewesen, und Mathilde hat es auch wohl nie gewünscht.*

Wenn wir — um wiederum mit Stifter zu reden — das *Gehörte in uns ausklingen* lassen, dann spüren wir hinter dieser schamhaften, scheuen Verletzlichkeit eine tiefe Angst vor triebhafter Begierde. Deshalb wird das Erröten schön genannt. So wird auch am Vermählungstag Nataliens und Heinrichs dem Zeremoniell des Festes, der Kleidung des Paares, dem geschenkten, sorgfältig gewählten Schmuck und der Ordnung des Mahles ausführlich Aufmerksamkeit geschenkt, über Leidenschaft aber kein Wort verloren.

Diese Gegengewichte gegen die drückenden Alltagssorgen, den Beamtenberuf, das Unverständnis der Zeitgenossen hatte er sich geschaffen: eine Welt ohne materielle Sorgen, ohne Arbeitslast nur des Brotverdienens wegen, wohl aber in ständiger Tätigkeit, eine Insel der Ordnung, des Kunstverständnisses und des häuslichen Friedens.

Wir wissen, daß Ordnungssinn bis zur Pedanterie, Reinlichkeitsliebe bis zum Putzzwang und Sammlerleidenschaft gewissen verletzlichen Naturen als Schutzwehr dienen. Winterstein ist auf diese, in psychoanalytischer Terminologie anal geprägten Charakterzüge Stifters näher eingegangen.

Warum aber hat der Aufbau dieser friedvollen Welt der Zucht und Ordnung die ersehnte Selbstheilung nicht bringen können? Stifter hat dem »Nachsommer« elf Lebensjahre gewidmet. Er ist 1857 erschienen. Weitere elf Jahre später ist Stifter gestorben, im Jänner 1868.

Gottfried Benn hat darauf hingewiesen, daß die schöpferische Leistung eine Ausdrucks- und damit Befreiungsmöglichkeit erster Ordnung darstellt, und hat das hohe Lebensalter vieler berühmter Künstler, das weit über der durchschnittlichen Lebenserwartung ihrer Zeitgenossen gelegen ist, darauf zurückgeführt. Diese Befreiung aber kann nur dann erreicht werden, wenn im Werk die Gewalten der Tiefe frei werden. So ist Werther gestorben, um Goethes Leben zu retten.

Stifter aber hat in seinem Werk nur *den* Teil seiner Persönlichkeit zu Worte kommen lassen, zu dem er sich bewußt bekannte. Wenn die Herausgeber den »Nachsommer« eine »Selbstdarstellung des Denkers und des Erziehers« nannten, der hier »seiner Lebens-, Welt- und Kunstanschauung« Gestalt gegeben habe, hatten sie recht, nicht aber, wenn sie ihn für eine Selbstdarstellung des Menschen Stifter hielten. Er hat zwar seine bewußten Wünsche und Träume erfüllt, hat aber, ebensowenig wie sein privates Leben, seiner innersten Natur Rechnung getragen.

Gerade bei Naturen von mächtiger leiblicher Vitalität führt eine Verpflichtung zu höchster Sittlichkeit — man könnte von moralischer Überforderung sprechen — zu einer hohen Verletzlichkeit des innersten Wesens.

Das im eigenen Seelengrunde nicht nur niemals verwirklichte, sondern auch nie angeschaute, anerkannte Böse und Dunkle

übermächtigt solche Naturen, indem es — nur scheinbar von außen her auf sie eindringend — in der Gestalt des Gemeinen und Niederträchtigen auf sie zukommt.
Goethe, dem Stifter nachstrebte und den er verehrte, hat über das Untergründige und Dämonische der eigenen Natur wohl Bescheid gewußt. Wenn er auch Methoden des Selbstschutzes aufgebaut hat, von denen viele den von Stifter gewählten ähnlich waren und die beim alternden Goethe schließlich bis zur Verneinung oder Auflösung des Tragischen führten, so ließ er doch nie außer acht, was an Gefahren in der Tiefe lauerte: schaudernd sprach er vom Gang zu den Müttern.
Auch er wußte, daß uns alle das Gemeine fesselt. Nur sein Freund Schiller, der Kant-Jünger und Idealist, habe dieses Gemeine im wesenlosen Scheine hinter sich gelassen. Dies in seinem Werke zu leisten, war auch des Idealisten Stifter Lebensaufgabe.
Aber das Gemeine, dem nicht nur Verwirklichung, sondern auch Auseinandersetzung versagt geblieben war, rächte sich furchtbar. Nicht nur dadurch, daß es in der Gestalt von »Heu, Häckerling, Schuhnägeln und Glasscherben« (siehe obiges Zitat) wiederum in sein Leben zurückkehrte, sondern auf weit gefährlichere Weise.
Er litt an schweren Verstimmungszuständen, die mit quälenden leiblichen Mißempfindungen, mit Angst und Schlaflosigkeit einhergingen. Sie zwangen ihn, dem gequälten Körper immer mehr Augenmerk zuzuwenden, sein Heil in Klimaveränderung und in Trinkkuren mit Granitwasser zu suchen. Quälende Unruhe, peinigende Schwermut und hypochondrische Selbstbeobachtung waren der furchtbare Preis, der für das geglückte Niederhalten *der tigerartigen Anlage* zu bezahlen war. Welche Kraft sollte dann noch bleiben, um mit den vielen Mißhelligkeiten des beengten Alltags fertig zu werden? Mit dem Schuldienst, mit dem Leben neben einer kühlen, von vielen als zänkisch beschriebenen Frau?
Da mir persönlich auf diesem Gebiet schon die seltsamsten Mißverständnisse begegnet sind, soll es noch einmal deutlich ausgesprochen werden: Es ist nicht die verhinderte Triebbefriedi-

gung als krankmachend anzusehen, denn dann wäre Sittlichkeit mit Krankheit gleichzusetzen. Es ist das Vermeiden der Auseinandersetzung, was gefährdend wirkt.

Es ist das große Verdienst der psychosomatischen Forschung, daß nunmehr wir Ärzte beginnen, nach dem zu fragen, was der Kranke selbst als den Ursprung seines Leidens ansieht. Der Arzt will es durchaus nicht immer besser wissen, er will bei seinem Patienten in die Schule gehen. Und er glaubt ihm, ja er weiß es, daß Kränkendes krank macht. Aber er weiß auch, daß es vor allem zwei Situationen der »inneren Kränkung« sind, die pathogene Faktoren erster Ordnung darstellen:

1. Das Verharren oder Verharren-Müssen in einer ungelösten Konfliktsituation.
2. Das ungelebte Leben.

Das erstere kann, muß aber nicht, allein das letztere bedingen. Wenn Wildgans vor der »verantwortungsvollsten Entscheidung seines Lebens«, zwischen der Verpflichtung für die Familie und der vor sich selbst, zögert und mit Kranksein auf den »Verzicht auf sein Eigentlichstes« antwortet, verstehen wir diese Antwort des Körpers auf die seelische Notlage.

Wenn Stifter von dem *klaren Tempel* spricht, *in welchem ruhig große Götter stehen*, und dabei *so nebenher* mit seinen *kleinen Stürmen und Leidenschaften fertig werden will*, ohne zu ergründen, *welche fürchterlichen in seinem Herzen schlafen geblieben sein mögen*, so sehen wir beide Gefahren auf ihn zukommen: die Bitterkeit: *... ich glaube, daß sich die Dinge an mir versündigen*, und das nicht gelebte Leben: *Die Zeit war vorüber* — beides dringt auf ihn ein.

Wir verstehen, in welch tiefstem Sinn sie beide recht hatten, wenn sie darüber klagten, daß Kränkung sie krank gemacht habe.

# *Krankheit kränkt*

## PETER ALTENBERG

Man stirbt nie direkt an *gebrochenem Herzen, und dennoch immer! Das Herz freilich bricht nie, aber nachdem durch ununterbrochene Traurigkeit der gesamte Verdauungsapparat gleichsam »den Dienst« versagt, so stirbt man doch indirekt schließlich an gebrochenem Herzen.*
Dies schrieb der Mann, der sich selbst eine *lebendige Menschen-Mimose* genannt hat. Der nie wie ein Gesunder leben und essen konnte, sondern *seit 40 Jahren,* wie er mit 58 Jahren schrieb, *wie eine kranke Wöchnerin.*
Und dennoch, oder vielleicht gerade deshalb, wurde der Dichter Peter Altenberg zum Gesundheitsapostel der Großstadt. Die Wiener blickten sich nach ihm um, wenn er in Wandersandalen über den Graben spazierte, und seine Freunde lächelten, wenn er den Rathauspark mit seinen Springbrunnen als ländliches Paradies beschrieb.
Daß Altenberg uns hier beschäftigt, hat seinen Grund in einem höchst besonderen, tragisch-komischen Phänomen, dem man bisher noch zu wenig Beachtung geschenkt hat. Menschen, deren Selbstwertgefühl vom körperlichen Wohlbefinden abhängt, befinden sich in einem labilen Gleichgewicht. Altenbergs begeisterte Lobpreisungen des physischen Elans lassen sich als Abwehrhaltung eines Übersensitiven leicht durchschauen. Trotzdem wird man überrascht von der Katastrophe, die ein mäßiges körperliches Unheil ausgelöst hat. Ein Armbruch des 58jährigen — er stürzte auf der Steinstiege seines Hotels — führte zu einer schweren Depression mit chronischer Schlaflosigkeit und schließlich zum schwersten Medikamenten-, nämlich Paraldehyd-Mißbrauch.

Eine gewaltig übersteigerte Reaktion, gewiß, die uns jedoch die vielen anderen Patienten verstehen läßt, die den Verlust ihrer körperlichen Integrität als Bedrohung ihrer Gesamtpersönlichkeit, ja als Verlust ihres Ich empfinden. Keinem Körperverletzten bleibt die Auseinandersetzung mit dem Körperideal der Gesunden erspart, aber selten finden wir die Gleichsetzung körperlicher und geistiger Elastizität so selbstverständlich vorausgesetzt wie hier — bei einem Menschen, von dem wir auf Grund seiner differenzierten geistigen Fähigkeiten vielleicht andere Reaktionsmöglichkeiten erwartet hätten. Hören wir zunächst seine Klagen: 12. März 1919.

> *Ich hatte seit 13 Wochen — viele unausgeweinte Tränen in mir wegen meines doppelten Armbruches* (Verlust der fast pathologischen Beweglichkeit eines 58jährigen Mannes) ... *wie ein berühmter Seiltänzer, dem man heimtückisch die Beine abgesägt hätte! Niemand braucht so unerbittlich, fast eigentlich noch mehr krankhaft, meine nun verlorene körperliche Elastizität. Ich bin also momentan zu einem Greis geworden, durch diesen, für andere mehr oder weniger gleichgültigen Unfall! Meine Dichterfähigkeit hängt ausschließlich von meiner fabelhaften, ja fast mystischen körperlichen Bewegungsfähigkeit ab, und ein doppelt gebrochener Arm ist ein doppelt gebrochener Peter Altenberg! Wenn ich nicht mehr auf Stelzen leicht nach rückwärts gehen kann, so bin ich nicht mehr ich. Wenn ich nicht den Handstand im Meere unter Wasser machen kann, den Sprung vom Trampolin, so bin ich nicht mehr ich. Mein Talent ist vollkommen konventionelle Nebensache. Ich hänge von der absoluten Beweglichkeit meiner Maschinerie ab und gar nicht vom Denken und Empfinden, das nur natürliche, selbstverständliche, unentrinnbare Folge ist einer richtiggehenden Maschinerie!*

Er spricht wiederholt von seiner gemarterten, überbürdeten und vorzeitig abgenützten Lebensmaschinerie. Und so macht der Bruch seiner Hand ihn *unermeßlich traurig*, zerrt an seiner Seele *bei Tag und Nacht, wie die Strafe für ein in jeder Beziehung verfluchtes Leben!*

*Meine Lebensenergien, die stets minimal, ja pathologisch waren, sind grauenhaft entschwunden und haben meine, seit jeher versteckte, zerstörende Lebens-Melancholie* (Taedium vitae) *plötzlich pathologisch mich beherrschen lassen, so daß ich ein Unterliegender meiner selbst geworden bin!*

Er vergleicht das Ereignis mit einem Schiffsunglück, durch das Leck würden die Lebenskräfte untergraben, und niemand nehme sich seiner an, niemand verstehe ihn oder bemühe sich, ihn zu verstehen. So wandelt er dahin *wie auf Lebenskrücken, und niemand will ihm gerecht werden.*

*Meine Ideale, die mir bisher ewige Elastizität spendeten, sind entschwunden und ebendadurch die Leichtigkeit meines Denkens und Empfindens! Ich rangiere nun in der Klasse der gewöhnlichen Sterblichen, die nicht mehr zu bieten haben in geistiger und seelischer Beziehung für die Fremden als die anderen, deren armseliges Dasein ihnen nicht allzu wichtig zu sein scheint, infolgedessen stehe ich am Abgrund meines ganzen, einst so beweglichen, spendenden Lebens, bin gealtert, weil ich nichts mehr spenden kann, sondern meinen armseligen, traurigen Gaul nun langsamen Trott gehen lassen muß! Wo seid ihr Zeiten, da ich ewige Jugend trotz allem in mir spürte und mein Geist, meine Seele gleichsam Tausende befruchtete! Armer Peter!*

Er versinkt in Verzweiflung:

*Fünf Monate lang, seit Februar, lag ich mit doppelt gebrochener Hand, ohne zu essen, ohne mich zu waschen in meinem Sarg-Kabinett* (Grabenhotel).

Voll *tiefsten Lebensekels* nimmt er in übertriebenem Maße Schlafmittel — bis zu 40 Likörgläschen Paraldehyd täglich. Professor Wagner von Jauregg hörte von diesem noch nie dagewesenen Fall und besuchte ihn. Kurz und deutlich erklärt er dem zu Tode Erschrockenen, daß dieser sich entscheiden könne: er habe die Wahl zwischen Delirium oder Krebs.

*Als er draußen war, wußte ich sofort nicht mehr, daß diese Schlafmittel überhaupt existierten.*

Und stolz schreibt er an Grete Wiesenthal:

> *Ich habe mich, wie der Professor Wagner in der Gesellschaft der Ärzte mitteilte, als ersten Fall seitdem es Schlafmittel gibt, mysteriös unerklärlich innerhalb einer Nacht errettet, wo man sonst Entziehungskuren von 6 Wochen bis 6 Monaten unbedingt nötig habe! Seit 26. Juni bin ich in früherer Elastizität.*

Dies ist gewiß ein Beispiel von außergewöhnlicher Suggestibilität, die uns hier jedoch nicht so sehr interessiert wie Altenbergs überschießende Reaktion auf den Unfall.

1. Der Kliniker spricht von einem Dekompensationszustand, der ein labiles Gleichgewicht abgelöst hat. Die Philosophie des »mens sana in corpore sano« läßt den Betroffenen sich selbst verfluchen.

2. Heilmittel gegen das Gift der Selbstzerstörung durch Schlafmittelmißbrauch ist nur das stärkere Gegengift: die eindringliche Warnung vor dem schlimmsten Ende. Das Taedium vitae wird durch den Schock der Angst ausgetrieben wie der Teufel durch Beelzebub.

3. Der schwierige Patient hat seinen Arzt gefunden. Er, der kurz zuvor noch geklagt hatte: *Niemand hat Mitleid mit dir, niemand wird es versuchen, dich zu erretten! Schaue dem Tod ruhig entgegen, er ist dein einziger, wirklicher Retter,* steht nun aus dem Bett auf und fühlt sich elastisch wie vordem. Dieser eine, *sein* Arzt hat es verstanden, sich in seinen Organismus *liebevoll — genial — hineinzuversetzen.*

Auch aus diesem Grund ist der Fall hier wichtig, zeigt er doch, welche Erwartung der Patient an den Arzt stellt und welche Kritik er an ihm übt:

> *Der Arzt hat, abgesehen von ökonomischen Nachteilen, einen leisen, unbewußten Groll gegen Patienten, denen man nicht helfen kann, und führt den Grund auf die Unfolgsamkeit des durch sein eigenes Leben leidenden Organismus zurück. Nie hat der Arzt einen Selbstvorwurf, eine Selbstanklage eines imminenten Irrtums, niemals, sondern er schiebt jede Schuld dem verhältnismäßig unschuldigen, rätselhaften Patienten zu. Der Arzt ist stets der*

*geheime Feind des Patienten, bei dem die Heilungsprozedur nicht in angemessener Zeit vor sich geht. Selbst »hohe Honorare« versöhnen ihn nicht mit den Heilungsprozessen, die die Natur aus irgendeinem mysteriösen Grunde verweigert. Er beschäftigt sich nie mit seinen eigenen, eventuellen Irrtümern, sondern pflegt und hegt seinen fast pathologischen »Größenwahn« auf Kosten seiner Patienten. Dieselben geben ihm in allem recht, und der Patient ist eine Art von selbstmörderischem Verbrecher an sich selbst. Niemand glaubt ihm, das meiste seiner Zustände wird als Einbildung, Hysterie oder absichtliche Entstellung gedeutet. Niemand glaubt dem noch so aufrichtigen Kranken, und er befindet sich in einer qualvollen Situation dem vorgenannten Menschen gegenüber. Der Arzt hat immer recht, weil er seine, durch Prüfungen protokollierte Wissenschaft beherrscht, ohne den Einzelfall, das Einzelereignis auch nur zu ahnen! Der Patient ist das unglückselige Opfer der Kriterien, die gerade auf seinen speziellen Fall durchaus nicht passen! So muß er dem genialen Heilungsprozeß der Natur sich hilflos überlassen und wird von den Ärzten an seinem angeblichen eigenen Unglück schuld und dumm-renitent betrachtet. Wenige Ärzte verstehen es genial, sich ganz in einen ihnen völlig fremden Organismus gerecht, liebevoll — genial — hineinzuversetzen. Die meisten terrorisieren nur mit ihren Vorurteilen und haben nicht die Menschenfreundlichkeit, dem Fremden, Unbekannten, gerecht zu werden. Die meisten Patienten sind scheinbar bornierte Feinde derer, die sie nach den allgemein wissenschaftlichen Regeln erretten wollen. Sie haben alle Verwandten und sogenannten Freunde gegen sich und halten ihr unglückseliges Schicksal für ein nur leider wohl verdientes.*

Siehe eine ganz ähnliche Aussage bei Nietzsche! Auch dieser hat es als Demütigung des Stolzes im Kranken empfunden, daß er seines Leidens wegen des Ratgebers bedürfe. Er nimmt es dem Arzt übel, daß dieser sich über ihn stelle. Bei Altenberg ist es der Arzt, der es dem Patienten verübelt, daß er nicht schnell genug gesund wird. Dem beiderseitigen Mißvergnügen bereitet nun *der* Arzt ein Ende, der zu dem jeweiligen Kranken genau paßt. Für den überängstlichen Hypochonder Altenberg war dies der energische und kurz angebundene berühmte Professor, der kein überflüssiges Wort fallenließ, sondern den Kranken vor die Wahl zwischen Wahnsinn oder Tod stellte.

Der Schock tat seine Wirkung:

Der Patient stand aus dem Bett auf und war gesund. Die Rettung der »Menschen-Mimose« war geglückt. Altenberg quälte sich nicht länger mit übertriebenen Sorgen; so war es ihm für dieses Mal verwehrt worden, an gebrochenem Herzen zu sterben.

# *Philosophie der Krankheit*

*Die Menschen betrachten das Schicksal mit den Augen ihrer Krankheit, diese Lehre habe ich empfangen. Und die Krankheit ist recht allgemein, allüberall, manchmal aufgezwungen, zumeist aber gewählt.* (Hans Henny Jahnn)

Das Erlebnis der Krankheit führt nicht nur zu einer persönlichen privaten Auseinandersetzung, wie wir sie dargestellt haben. Krankheit erzwingt auch eine allgemeine Auseinandersetzung: Wer krank ist, denkt über Krankheit nach. Nicht nur die Berufswahl des Arztes wird in viel höherem Maß, als man dies annehmen möchte, vom Erlebnis der Krankheit — etwa bei Familienangehörigen — bestimmt, sondern auch der Nichtmediziner beschäftigt sich mit allem, was ihm helfen kann, sein Leiden zu verstehen.

Geht es hier zwar zunächst nur um Heilmethoden, so taucht sehr bald dahinter die noch quälendere Frage nach dem Sinnzusammenhang auf.

Jedes ernste Leiden wird als Todesvorahnung gewertet, und jedesmal wird mit der Gefährdung der eigenen Person auch die Welt als Ganzes als gefährdet empfunden. Es wird nach dem Sinn des eigenen Lebens, nach der Einordnung der Krankheit, aber darüber hinaus auch nach allgemeingültigen Gesetzen gefragt: es kommt zu einer Philosophie der Krankheit.

Daß ihr hier nicht mehr Platz gewidmet wird, erklärt sich aus der Fragestellung. Galt diese doch vor allem dem Erleben und nicht der Reflexion. Sowie sie aber über die persönliche

Auseinandersetzung mit dem Schmerz hinaus um allgemeinere Zusammenhänge ringt, gewinnt sie in der Distanz einen Pol der Sicherheit, Aus der Welt des Willens, in der Qual und Kampf herrscht, wird eine Welt der Vorstellung, in der Ruhe möglich ist. Der Mensch, sagte Novalis, vermöge in Krankheiten »außerhalb« zu sein, zu »beobachten« und zu »gegenexperimentieren«.

Daß dieses Abstand-Gewinnen zu sich selbst wiederum wohltätig auf den eigenen Zustand zurückwirkt, ist der Grund dafür, daß dieser Denkprozeß hier Erwähnung findet.

Der im Schmerz Eingekerkerte sieht entweder die ganze Welt als Kerker an, oder aber er vermag es, in großartigem Gedankenflug die Gitterstäbe zu durchbrechen und ein anderes Bezugssystem zu gewinnen. Vermag er es, an Transzendenz zu glauben, so erscheint die Immanenz und damit auch sein Schicksal in anderer Beleuchtung.

## NOVALIS

*Krankheit gehört zur Individualisierung.*

Bei Novalis, dem Dichter der Romantik, sehen wir dies am deutlichsten. Er hat sich selbst einen *Ideen-Webstuhl* genannt. Wenn wir bei diesem Bilde bleiben, würden wir das Grundgewebe als allgemeines Gedankengut seiner Zeit, also romantische Philosophie, erkennen: Todessehnsucht und Schwermut, Bewertung der Krankheit wie des Leidens überhaupt als Zeichen des hohen Ranges — nämlich göttlicher Auserwähltheit —, dies alles finden wir bei ihm. Eingewebt aber ist diesem Grundgerüst ein höchst persönliches Lebensmuster. Er glaubte, daß dieses während seines irdischen Daseins nicht werde vollendet werden.

*Das Engagement war nicht für diese Welt. Ich soll hier nicht vollendet werden. Alle Anlagen sollen nur berührt und rege sein.*

Novalis war lungenleidend und lebte nur 29 Jahre (1772 bis 1801). Doch sah er, darin Kafka ähnlich, die Lungenkrankheit nicht als etwas Spezifisches an. Wie Kafka meinte er, daß es im Grunde nur *eine* Krankheit gebe.

*Es hat von jeher nur eine Krankheit, mithin auch nur eine Universalarznei gegeben. Mit der Sensibilität und ihren Organen, den Nerven, tritt Krankheit in die Natur. Es ist damit Freiheit, Willkür in die Natur gebracht und damit Sünde, Verstoß gegen den Willen der Natur, die Ursache allen Übels ... Der sittliche Mensch muß auch eine freie Natur haben, eine gegenstrebende, eine zu erziehende, eine eigentümliche Natur.*

Für ihn ist Gesundheit Ausgleich von Reiz und Energie. Er sieht zwei Auseinandersetzungen als möglich an: *Krankheiten durch Krankheit zu kurieren* oder aber die Krankheiten so interessant zu machen, daß sie *zum schmerzlichen Vergnügen* werden.

Der erste Weg, der von der homöopathischen Medizin, deren Ursprung die romantische Philosophie ist, aufgegriffen worden ist, betrifft eine Erfahrungstatsache, die jedem Arzt vertraut, dennoch aber verwunderlich ist: daß das Auftreten einer Zweitkrankheit sehr oft die Erstkrankheit bessert, oft sogar aufhebt. Zwar wird diese Ausschließungstendenz vielfältig in Therapieplänen berücksichtigt — auch durch »Antikörperbildung« medizinisch erklärt —, vom Kranken her gesehen bleibt es dabei, daß der Teufel durch Beelzebub ausgetrieben wird oder daß man mit *einer* Krankheit genug habe. Insofern ist die Auffassung, daß es dennoch nur *eine* gebe, verständlich. Das *schmerzliche Vergnügen* an der Krankheit hingegen bedarf näherer Begründung: Novalis sieht sie als auszeichnendes Merkmal des Menschen an, als *eine Erinnerung höherer Heimat. Wie, wenn ich Prophet dieser Kunst werden sollte?*

Dieser Prophet preist die Krankheit als eine Auszeichnung:

*Krankheiten zeichnen den Menschen vor den Tieren und Pflanzen aus. Zum Leiden ist der Mensch geboren. Je hilfloser, desto empfänglicher für Moral und Religion.*

*Je erzwungener das Leben ist, desto höher.*

*Das Ideal einer vollkommenen Gesundheit ist bloß wissenschaftlich interessant. Krankheit gehört zur Individualisierung.*

*Vergänglichkeit, Gebrechlichkeit ist der Charakter der mit Geist verbundenen Natur. Er zeugt von der Tätigkeit und Universalität, von der erhabenen Personalität des Geistes.*

So dienen für ihn auch die Einschränkungen, die die Krankheit mit sich bringt, dazu, ihn seiner Freiheit erst recht bewußt werden zu lassen. Er vergleicht sie mit den Griffen des Flötenspielers, der, um verschiedene Töne hervorzubringen, bald diese, bald jene Öffnung zuhält und willkürlich Verkettungen stummer und tönender Öffnungen zu machen scheint.

*Jede Krankheit ist ein musikalisches Problem, die Heilung eine musikalische Auflösung.*

So fragt er auch danach, ob nicht mehrere Heilmethoden möglich seien, so wie in der Musik mehrere Auflösungen einer Dissonanz.

Er bemüht sich um eine

*Teleologie des Schmerzes.*

Hat der Mensch seine Krankheit erkannt, das, was ihm fehlt, ergänzt oder das, was ihn hindert, beseitigt, dann weicht die Krankheit einer höheren Gesundheit. Der Sinn des unheilbaren Leidens aber ist es, den Menschen über sich hinauszudrängen und ihn seinem unsterblichen Heil näherzubringen. Wenn also für ihn Krankheiten *Lehrjahre der Gemütsbildung* sind, die zur Selbstbesinnung und Selbstbildung notwendig sind, dann versteht man, daß er über sie hinauskommen will. So sieht er Gesundung nicht in Schmerzfreiheit, sondern in der *Generalüberwältigung* des Todes.

Daß er selbst immer stärker den Tod wünschte, war ihm sehr einsichtig. Seine erste Liebe, die noch nicht 13jährige Sophie von Kühn, hatte er durch den Tod verloren. Er verlobte sich später mit Julie Charpentier, schrieb jedoch:

*Ich sehe mich auf eine Art geliebt, wie ich noch nie geliebt worden bin. Das Schicksal eines sehr liebenswerten Mädchens hängt an meinem Entschluß, und meine Freunde, meine Eltern, meine Geschwister bedürfen meiner mehr als je. Ein sehr interessantes Leben scheint auf mich zu warten — indessen aufrichtig, wäre ich doch lieber tot.*

*Mit mir nimmt's hoffentlich bald ein fröhliches Ende. Zu Johannis denke ich im Paradies zu sein.*

Tatsächlich starb er im März 1801 an der Schwindsucht.

So waren Philosophie und Lebensschicksal, die zum gleichen Ziel hingestrebt hatten, eins geworden. Und er konnte mit Recht von der Selbstbestimmung des Menschen sagen:

*Wähl ich nicht alle meine Schicksale seit Ewigkeiten selbst?*

## FRIEDRICH NIETZSCHE

Nietzsche mußte im Alter von 35 Jahren sein Amt als Professor für Altphilologie an der Basler Hochschule krankheitshalber zurücklegen und wurde 1879 pensioniert. Zehn Jahre nur hatte er seinen Beruf ausgeübt. Nach weiteren zehn Jahren war er ein Schwerstkranker. Ende des Jahres 1888 war der Wahnsinn ausgebrochen, und im Jahre 1900 starb er.

Die Erkrankung war mit hoher Wahrscheinlichkeit eine progressive Paralyse. Jahrzehnte hindurch aber hatte er vor ihrem Ausbruch bereits an heftigsten Migräneanfällen gelitten, die dem von Kindheit an stark Kurzsichtigen jedes Lesen unmöglich machten, ja ihn mit Lichtscheu, heftiger Übelkeit und starken Schmerzen tageweise ans Bett fesselten. Da das Leiden sich als klima- und wetterabhängig erwies, war er gezwungen, hoch gelegene Kurorte in der Schweiz und in Norditalien aufzusuchen. Wie alle Kranken studierte auch er die physiologischen Bedingungen seines Leidens mit größter Aufmerksamkeit, bestimmte seine Tageseinteilung nach der körperlichen und geistigen Diät, beklagte alle *Unwissenheit in physiologicis* und nannte es einen Fehlgriff, daß er Philologe geworden sei — *warum zum mindesten nicht Arzt oder sonst etwas Augenaufschließendes?*

Jaspers' große Monographie über Nietzsche läßt es als überflüssig erscheinen, hier den Parallelen von Leben und Werk nachzugehen. Eine einheitliche Stellungnahme kann von Nietzsche nicht erwartet werden, dessen geniale psychologische Entlarvungstechnik die überfeinerte Sensibilität des Empfindsamen verrät, dessen heroische Liebe aber der *großen Gesundheit, der seelisch-leiblichen Mächtigkeit*, den *Glücksfällen des Menschen*, den *Wohlgeratenen* gilt.

Da er wohl der größte, wenn auch widersprüchlichste Psychologe genannt werden kann, der über Krankheit philosophiert hat, soll er hier zu Worte kommen. Ähnlich wie bei Goethe ließe sich auch bei Nietzsche aus der Fülle des Werkes und infolge der Wandelbarkeit seiner Blickpunkte zu jedem Zitat ein Gegenzitat herausfinden. Es werden daher bruchstückhaft und mit bewußtem Verzicht auf ein Gesamtbild fünf Themenkreise kurz berührt.

## 1. Zu Nietzsches persönlichem Krankheitserlebnis

> *Damals entschied sich mein Instinkt unerbittlich gegen ein noch längeres Nachgeben, Mitgehen, Mich-selbst-Verwechseln. Jede Art Leben, die ungünstigsten Bedingungen, Krankheit, Armut — alles schien mir jener unwürdigen »Selbstlosigkeit« vorziehenswert, in die ich zuerst aus Unwissenheit, aus Jugend geraten war, in der ich später aus Trägheit, aus sogenanntem »Pflichtgefühl« hängen geblieben war. — Hier kam mir auf eine Weise, die ich nicht genug bewundern kann, und gerade zur rechten Zeit, jene schlimme Erbschaft von seiten meines Vaters her zur Hilfe — im Grunde eine Vorbestimmung zu einem frühen Tode. Die Krankheit löste mich langsam heraus: sie ersparte mir jeden Bruch, jeden gewalttätigen und anstößigen Schritt. Ich habe kein Wohlwollen eingebüßt und viel noch hinzugewonnen. Die Krankheit gab mir insgleichen ein Recht zu einer vollkommenen Umkehr aller meiner Gewohnheiten; sie erlaubte, sie gebot mir Vergessen; sie*

*beschenkte mich mit der Nötigung zum Stilliegen, zum Müßiggang, zum Warten und Geduldigsein ... Aber das heißt ja denken! ... Meine Augen allein machten ein Ende mit aller Bücherwürmerei, auf deutsch Philologie; ich war vom »Buch« erlöst, ich las jahrelang nichts mehr — die größte Wohltat, die ich mir je erwiesen habe! — Jenes unterste Selbst, gleichsam verschüttet, gleichsam still geworden unter einem beständigen Hören-Müssen auf andere Selbste (— und das heißt ja lesen!), erwachte langsam, schüchtern, zweifelhaft — aber endlich redete es wieder. Nie habe ich so viel Glück an mir gehabt, als in den kränksten und schmerzhaftesten Zeiten meines Lebens: man hat nur die »Morgenröte« oder den »Wanderer und seinen Schatten« sich anzusehen, um zu begreifen, was diese »Rückkehr zu mir« war: eine höchste Art von Genesung selbst!«*[1]

*Mit der Frage nach der Ernährung ist nächst verwandt die Frage nach Ort und Klima. Es steht niemandem frei, überall zu leben; und wer große Aufgaben zu lösen hat, die seine ganze Kraft herausfordern, hat hier sogar eine sehr enge Wahl. Der klimatische Einfluß auf den Stoffwechsel, seine Hemmung, seine Beschleunigung, geht so weit, daß ein Fehlgriff in Ort und Klima jemanden nicht nur seiner Aufgabe entfremden, sondern ihm dieselbe überhaupt vorenthalten kann; er bekommt sie nie zu Gesicht. Der animalische vigor ist nie groß genug bei ihm geworden, daß jene ins Geistigste überströmende Freiheit erreicht wird, wo jemand erkennt: das kann ich allein.*

*Das Tempo des Stoffwechsels steht in einem genauen Verhältnis zur Beweglichkeit oder Lahmheit der Füße des Geistes; der »Geist« selbst ist ja nur eine Art dieses Stoffwechsels.*[2] (Er beschreibt die Wirkungen des trockenen Klimas, des klaren Himmels, nämlich die Bewirkung eines rapiden Stoffwechsels und bedauert seine Basler Jahre).

[1] Ecce homo, 1880. S. 337.
[2] Ebd., S. 290.

*Mein Vorrecht ist, die höchste Feinheit für alle Zeichen gesunder Instinkte zu haben. Es fehlt jeder krankhafte Zug an mir; ich bin selbst in einer schweren Krankheit nicht krankhaft geworden; umsonst, daß man in meinem Wesen einen Zug von Fanatismus sucht . . .*[1]

## 2. Ursprung der Krankheit

*Denn der Mensch ist kränker, unsicherer, wechselnder, unfestgestellter als irgendein Tier sonst, daran ist kein Zweifel — er ist das kranke Tier. Woher kommt das? Sicherlich hat er auch mehr gewagt, getrotzt, das Schicksal herausgefordert, als alle übrigen Tiere zusammengenommen: er, der große Experimentator mit sich, der Unbefriedigte, Ungesättigte, der um die letzte Herrschaft mit Tier, Natur und Göttern ringt — er, der immer noch Unbezwungene, der ewig Zukünftige, der vor seiner eigenen, drängenden Kraft keine Ruhe mehr findet, so daß ihm seine Zukunft unerbitterlich wie ein Sporn im Fleische jeder Gegenwart wühlt: wie sollte ein solches mutiges und reiches Tier nicht auch das am meisten gefährdete, das am längsten und tiefsten kranke unter allen kranken Tieren sein? Der Mensch hat es satt, oft genug, es gibt ganze Epidemien dieses Satthabens. Aber selbst noch dieser Ekel, diese Müdigkeit, dieser Verdruß an sich selbst — alles tritt an ihm so mächtig heraus, daß es sofort wieder zu einer neuen Fessel wird. Ein Nein, das er zum Leben spricht, bringt, wie durch einen Zauber, eine Fülle zarterer Ja's ans Licht. Ja, wenn er sich verwundet, dieser Meister der Zerstörung, Selbstzerstörung, hinterdrein ist es die Wunde selbst, die ihn zwingt zu leben.*[2]

[1] Ebd., S. 306.
[2] Zur Genealogie der Moral, 1887. S. 413.

## 3. Wert der Krankheit

*Wert der Krankheit. — Der Mensch, der krank zu Bette liegt, kommt mitunter dahinter, daß er für gewöhnlich an seinem Amte, Geschäfte oder an seiner Gesellschaft krank ist und durch sie jede Besonnenheit über sich verloren hat: er gewinnt diese Weisheit aus der Muße, zu welcher ihn seine Krankheit zwingt.*[1]
*Nutzen der Kränklichkeit. — Wer oft krank ist, hat nicht nur einen viel größeren Genuß am Gesundsein, wegen seines häufigen Gesundwerdens: sondern auch einen höchst geschärften Sinn für Gesundes und Krankhaftes in Werken und Handlungen, eigenen und fremden: so daß zum Beispiel gerade die kränklichen Schriftsteller — und darunter sind leider fast alle großen — in ihren Schriften einen viel sichereren und gleichmäßigeren Ton der Gesundheit zu haben pflegen, weil sie besser als die körperlich Robusten sich auf die Philosophie der seelischen Gesundheit und Genesung und ihre Lehrmeister, Vormittag, Sonnenschein, Wald und Wasserquelle, verstehen.*[2]
*Krankheit ist jedesmal die Antwort, wenn wir an unserem Recht, an unserer Aufgabe zweifeln wollen, wenn wir anfangen, es uns irgendworin leichter zu machen. Sonderbar und furchtbar zugleich! Unsere Erleichterungen sind es, die wir am härtesten büßen müssen! Und wollen wir hinterdrein zur Gesundheit zurück, so bleibt uns keine Wahl: wir müssen uns schwerer belasten, als wir je vorher belastet waren.*[3]

## 4. Jeder Leidende sucht nach der Ursache seines Leidens

*Jeder Leidende ... sucht instinktiv zu seinem Leid eine Ursache; genauer noch, einen Täter, noch bestimmter,*

[1] Menschliches — Allzumenschliches, Bd. I, 289.
[2] Ebd., Bd. II, 356.
[3] Nietzsche contra Wagner, 1888.

*einen für Leid empfänglichen schuldigen Täter — kurz irgend etwas Lebendiges, an dem er seine Affekte tätlich oder in effigie auf irgendeinen Vorwand hin entladen kann: denn die Affekt-Entladung ist der größte Erleichterungs-, nämlich Betäubungsversuch des Leidenden, sein unwillkürlich begehrtes Narcoticum gegen Qual irgendwelcher Art. Hierin allein ist, meiner Vermutung nach, die wirkliche physiologische Ursächlichkeit des Ressentiments, der Rache und ihrer Verwandten, zu finden, in einem Verlangen also nach Betäubung vom Schmerz durch Affekt: man sucht dieselbe gemeinhin, sehr irrtümlich, wie mich dünkt, in dem defensiven Gegenschlag, einer bloßen Schutzmaßnahme der Reaktion, einer »Reflexbewegung« im Falle einer plötzlichen Schädigung und Gefährdung von der Art, wie sie ein Frosch noch ohne Kopf vollzieht, um eine ätzende Säure loszuwerden. Aber die Verschiedenheit ist fundamental: im einen Falle will man wirklich Beschädigtwerden hindern, im andern Falle will man einen quälenden heimlich unerträglichen Schmerz durch eine heftige Emotion irgendwelcher Art betäuben und für den Augenblick wenigstens aus dem Bewußtsein schaffen, und dazu braucht man einen Affekt, einen möglichst wilden Affekt und, zu dessen Erregung, den ersten besten Vorwand. »Irgend jemand muß schuld daran sein, daß ich mich schlecht befinde« — diese Art zu schließen ist allen Krankhaften eigen, und zwar je mehr ihnen die wahre Ursache ihres Sich-schlecht-Befindens, die physiologische, verborgen bleibt (— sie kann etwa in einer Erkrankung des nervus sympathicus liegen oder in einer übermäßigen Gallenabsonderung oder in einer Armut des Blutes an schwefel- und phosphorsaurem Kali oder in Druckzuständen des Unterleibes, welche den Blutumlauf stauen, oder in Entartung der Eierstöcke und dergleichen). Die Leidenden sind allesamt von einer entsetzlichen Bereitwilligkeit und Erfindsamkeit in Vorwänden zu schmerzhaften Affekten, sie genießen ihren Argwohn schon, das Grübeln über Schlechtigkeiten und scheinbare Beeinträchtigungen, sie*

*durchwühlen die Eingeweide ihrer Vergangenheit und Gegenwart nach dunklen, fragwürdigen Geschichten, wo es ihnen freisteht, in einem quälerischen Verdacht zu schwelgen und am eigenen Gifte der Bosheit sich zu berauschen — sie reißen die ältesten Wunden auf, sie verbluten sich an längst ausgeheilten Narben, sie machen Übeltäter aus Freund, Weib, Kind und was sonst ihnen am nächsten steht. »Ich leide, daran muß irgend jemand schuld sein« — also denkt jedes krankhafte Schaf.*
*Alle Kranken, Krankhaften streben instinktiv, aus einem Verlangen nach Abschüttelung der dumpfen Unlust und des Schwächegefühls, nach einer Herdenorganisation.*[1]

## 5. Ratschläge für die Kranken

*Nicht zu lange krank sein. — Man hüte sich, zu lange krank zu sein: denn bald werden die Zuschauer durch die übliche Verpflichtung, Mitleiden zu bezeigen, ungeduldig, weil es ihnen zuviel Mühe macht, diesen Zustand lange bei sich aufrechtzuerhalten — und dann gehen sie unmittelbar zur Verdächtigung unseres Charakters über mit dem Schluß: Ihr verdient es, krank zu sein, und wir brauchen uns nicht mehr mit Mitleiden anzustrengen.*[2]
(Siehe fast die gleiche Formulierung bei Altenberg.)
*Unterhaltung der Kranken. — Wie man beim seelischen Kummer sich die Haare rauft, sich vor die Stirne schlägt, die Wange zerfleischt oder gar wie Ödipus die Augen ausbohrt: so ruft man gegen heftige körperliche Schmerzen mitunter eine heftige bittere Empfindung zu Hilfe, durch Erinnerung an Verleumder und Verdächtiger, durch Verdüsterung unserer Zukunft, durch Bosheiten und Dolchstiche, welche man im Geiste gegen Abwesende schleudert. Und es ist bisweilen dabei wahr: daß ein Teufel den anderen austreibt, aber man hat dann den anderen. Darum*

[1] Zur Genealogie der Moral, 1887. S. 439.
[2] Menschliches — Allzumenschliches, Bd. II, S. 314.

*sei dem Kranken jene andere Unterhaltung anempfohlen, bei der sich die Schmerzen zu mildern scheinen: über Wohltaten und Artigkeiten nachzudenken, welche man Freund und Feind erweisen kann.*[1]

*Die Freiheit von Ressentiment. Die Aufklärung über das Ressentiment. — Wer weiß, wie sehr ich zuletzt auch darin meiner langen Krankheit zu Dank verpflichtet bin! Das Problem ist nicht gerade einfach: man muß es aus der Kraft heraus und aus der Schwäche heraus erlebt haben. Daß irgend etwas überhaupt gegen Kranksein, gegen Schwachsein geltend gemacht werden muß, so ist es, daß in ihm der eigentliche Heilinstinkt, das ist der Wehr- und Waffeninstinkt im Menschen, mürbe wird. Man weiß von nichts loszukommen, man weiß mit nichts fertigzuwerden, man weiß nichts zurückzustoßen — alles verletzt. Menschen und Dinge kommen zudringlich nahe, die Erlebnisse treffen zu tief, die Erinnerung ist eine eiternde Wunde. Krankheit ist eine Art Ressentiment selbst. Hingegen hat der Kranke nur ein großes Heilmittel — ich nenne es den russischen Fatalismus, jenen Fatalismus ohne Revolte, mit dem sich ein russischer Soldat, dem der Feldzug zu furchtbar war, zuletzt in den Schnee legt.*

(Das bewußte Auf-sich-Nehmen und das Ertragen nennt er Fatalismus.)

*Die große Vernunft dieses Fatalismus ist nicht immer nur der Mut zum Tode; lebenserhaltend unter den lebensgefährlichsten Umständen ist die Herabsetzung des Stoffwechsels, dessen Verlängerung eine Art Wille zum Winterschlaf.*

(Es ist hochinteressant, wie Nietzsche hier die nunmehr tatsächlich durchgeführte Therapie der Hibernierung in Gedanken vorausnimmt.)

*Ein paar Schritte weiter in dieser Logik, und man hat den Fakir, der wochenlang in einem Grab schläft ... weil man zu schnell sich verbrauchen würde, wenn man überhaupt reagiert, reagiert man gar nicht mehr. Dies ist die Logik.*

[1] Ebd., Bd. II, S. 174.

*Und mit nichts brennt man rascher ab, als mit den Ressentiments-Affekten. Der Ärger, die krankhafte Verletzlichkeit, die Ohnmacht zur Rache, die Lust, der Durst nach der Rache, das Giftmischen in jedem Sinn — das ist für Erschöpfte selbstverständlich die nachteiligste Art zu reagieren: ein rapider Verbrauch von Nervenkraft, eine krankhafte Steigerung schädlicher Ausleerungen, zum Beispiel der Galle in den Magen, ist damit bedingt. Das Ressentiment ist das Verbotene an sich für den Kranken — sein Böses: leider auch sein natürlichster Hang. Das begriff jener Tiefenphysiologe Buddha. Seine Religion, die man besser als eine Hygiene bezeichnen dürfte ... macht ihre Wirkung abhängig von dem Sieg über das Ressentiment: die Seele davon frei machen ist erster Schritt zur Genesung. »Nicht durch Feindschaft kommt Feindschaft zu Ende, durch Freundschaft kommt Feindschaft zu Ende«: das steht am Anfang der Lehre Buddhas; es redet nicht die Moral, es redet die Physiologie. Das Ressentiment, aus der Schwäche gewonnen, niemandem schädlicher als dem Schwachen selbst, und im anderen Falle, wo eine reiche Natur Voraussetzung ist, ein überflüssiges Gefühl, ein Gefühl, über das Herr zu bleiben beinahe der Beweis des Reichtums ist.*[1]

*Meine Formel für die Größe am Menschen ist amor fati: daß man nichts anders haben will, vorwärts nicht, rückwärts nicht, in alle Ewigkeit nicht. Das Notwendige nicht bloß ertragen, noch weniger verhehlen — aller Idealismus ist Verlogenheit vor dem Notwendigen —, sondern es lieben.*[2]

Nietzsche wurde 1888 in Turin vom Halse eines blutig gepeitschten Pferdes gerissen, das er vor weiteren Schlägen des rohen Kutschers schützen wollte. Der Mann, dessen Philosophie ein leidenschaftlicher Kampf gegen das Mitleid mit den Schwachen und Kranken darstellt, war mitleidig der gequälten Kreatur zur Hilfe gekommen. In diesem Augenblick wurde den ge-

[1] Ecce homo, 1888. S. 278.
[2] Ebd., S. 306.

sunden Umstehenden, die dem Kutscher gegenüber gleichgültig waren, klar, daß Nietzsches Wahnsinn ausgebrochen sei.

Deutlicher noch als in anderen Fällen kann man hier Auslösung und Ursache der Krankheit unterscheiden. Daß die Paralyse als eine der am besten erforschten Gehirnkrankheiten biologisch determiniert ist, bedarf kaum der Erwähnung. Daß aber die dem eigentlichen Krankheitsausbruche um Jahre vorausgegangene gesteigerte Reizbarkeit und Wetterfühligkeit ebenso wie die heftigen Schmerzanfälle zu einem Abwehrkampf gegen das Leiden geführt haben, ist nach den oben wiedergegebenen Zitaten deutlich. Wie jede Verteidigung war auch diese darauf gerichtet, die schwachen Stellen des Festungsgürtels zu verstärken. So pries der Anfällige alles, was hart macht, wandte sich der Mitfühlende gegen das Mitleid, lobte der Leidende die *große Gesundheit.*

So war aus dem Nachdenken über Ursprung und Sinn des Leidens das große Gegengift gefunden worden, die Lehre von den *Wohlgeratenen,* als die Nietzsche seine Dichtung und Philosophie aufgefaßt wissen wollte.

Wenn hier schöpferische Leistungen als Selbstheilungsversuche gesehen werden, soll dies nicht heißen, daß sie *nichts als* solche seien.

Wirft man der Psychologie vor, daß sie große Kunstwerke dadurch entwerte, daß sie diese auf eine niedrigere Ebene herabziehe, als die für sie ursprünglich bestimmte, sie reduziere auf das Allzumenschliche der Künstler selbst, so tut man ihr unrecht. Daß das Werk *auch* Ausdruck einer Lebenskrise, Lösungsversuch und Heilmittel sein kann für den, der es geschaffen, wie für den, der es aufnimmt, sagt nicht, daß es *nur* dies sei.

Ebensowenig wie das Wesen eines Menschen zu erfassen wäre, wenn man nur seine Triebansprüche beschreiben wollte, hieße es ihn verfehlen, wenn man diese überhaupt nicht berücksichtigte. Ein »Nichts als!« verfälscht die Lage ebensosehr wie ein »Nur dies!«

Das Kunstwerk enthält *mehr als* die persönliche Problematik seines Schöpfers, aber es enthält *auch diese.*

Ebenso kann Philosophieren über Krankheit geprüft werden nach seinem Wahrheitsgehalt oder nach seinem Ursprung. Dieser letztere geht uns hier vor allem an. Eigenes Leiden oder miterlebtes Leiden nahestehender Menschen erweckt echtes Betroffensein. Der Echtheitsgrad wird von der Tiefe des eigenen Erlebens bestimmt: Wo Not ist, wird nach Hilfe gesucht. Diese wird in der Erhellung der Zusammenhänge, im Aufleuchten des Sinnes gefunden — wie sie das Wesen des Philosophierens ausmachen. Wo, wenn nicht hier, gälte das Wort: »Wer ein Warum zu leben hat, erträgt fast jedes Wie.« Leidenserfahrung ohne Fragen nach allgemeinen Zusammenhängen gleicht dem Erleben eines Gefangenen, dessen Welterfahrung eingeengt ist auf die Zelle hinter Gitterstäben.

Wie Archimedes nach einem Punkt außerhalb der Erdkugel verlangt hat, um diese aus den Angeln zu heben, verlangt der Leidgetroffene nach einem Punkt außerhalb seiner selbst, um in der Distanz Freiheit zu finden.

Je mehr ihn der eigene Körper peinigt, umso weniger kann er sich ganz mit diesem identifizieren.

Schmerz bedeutet Isolierung, Angst, Unsicherheit und Todesdrohung. Um ihm entgegenzuwirken, fragt der Betroffene nach großen Sinnzusammenhängen. Um nicht länger *armer Subjektivling*[1] zu bleiben, verlangt er nach philosophischer Erhellung und damit Aufnahme in eine größere Gemeinschaft.

Novalis hat das Wort »gegenexperimentieren« geprägt und damit ausgezeichnet die Aktivierung innerer Abwehrkräfte gekennzeichnet: Wenn der Kranke als Homo patiens nur der Erduldende ist, der hinzunehmen hat, was geschieht, wenn er als Philosophierender es vermochte, sich aus dem Geschehen loszulösen und in der Distanz eine neue Freiheit zu erreichen, so wird er nunmehr als »Gegenexperimentierender« ein Handelnder.

Nach dieser dritten Dimension innerhalb des Erlebnisbereiches des Kranken hat die medizinische Wissenschaft bisher kaum gefragt. Sie spricht deshalb auch folgerichtig nur vom »Patienten«. Dieser wird sonach in doppelter Weise zum Objekt her-

[1] Siehe Heine.

abgewürdigt: Ebenso wie die Krankheit an ihm und nicht durch ihn geschieht, forscht auch die Medizin an ihm — dem Objekt. So wird er als Patient in jeder Weise zur Passivität verurteilt. Untersuchungen, Verordnungen, Kuren und Heilstättenaufenthalte werden über ihn verhängt, und er selbst erwartet es nicht anders. Dies mag bei schicksalhaft verhängten Krankheiten wie degenerativen und tumorösen Mißbildungen noch hingehen, doch behält der Patient auch allen anderen Leiden gegenüber unverändert seine Auffassung bei, daß bei sachgerechter Behandlung alles *an* ihm und nichts *durch* ihn zu geschehen habe. Die Medizin selbst teilt diese seine Auffassung und wendet das, was sie im Biologischen längst erkannt hat, auf seelische Bereiche nicht an: ist sie bei Infektionskrankheiten doch längst von der passiven zur aktiven Immunisierung übergegangen. Das heißt, daß sie den zu schützenden Organismus bewußt mit dem Krankheitserreger bekannt macht, freilich in wohldosierter und abgeschwächter Form. Sie gewährt ihm auf diese Weise nicht passiven Schutz, sondern stärkt die körpereigenen Abwehrkräfte.

Eben diesen gleichen Vorgang gälte es ins Seelische zu übertragen, wenn Gesundheit wiedererwachen oder erhalten werden sollte. Auch hier ginge es darum, aus einem Duldenden einen Handelnden zu machen. Wie im Körperlichen zu lang beibehaltene Schonung und Passivität schließlich zur Atrophie führen können, so daß etwa die Muskulatur eines durch mehrere Monate nicht gebrauchten Armes funktionsuntüchtig wird, gibt es auch im seelischen Kräftehaushalt ähnliche Gesetzmäßigkeiten. Da diese Arbeit dem Krankheitserleben gewidmet ist, kann ihr kein Brevier der Gesunderhaltung angefügt werden, obwohl ein solches von höchster Bedeutung wäre.

Doch sei es wenigstens an einem einzigen Beispiel erlaubt, kurz darauf hinzuweisen, in welcher Weise Gesundheit durch immer neu einsetzende Bemühung erhalten werden kann.

# ERNST JÜNGER

> Wir sind *noch nicht zum tiefsten Brunnen der Hygieia* vorgedrungen.

Jünger kommt in unserer Untersuchung nur ein Platz am Rande zu: er ist der einzige Gesunde. Doch gerade deshalb kann von ihm Antwort gefunden werden auf die Frage: Welche Gegenregulationen vermögen Hilfe zu bringen, wenn eine akute Krankheit oder ein Mißbefinden überwunden werden sollen? Ebenso wie innerhalb des Gesamtbereiches der medizinischen Wissenschaft der Hygiene noch größerer Erfolg beschieden war als der internen Therapie, gilt auch hier, daß Vorbeugen besser ist als Heilen.

Doch muß nochmals hervorgehoben werden: Es gilt schicksalhafte, über den Menschen verhängte Krankheiten, wie degenerative, tumoröse und infektiöse Prozesse, zu unterscheiden von solchen, an deren Entstehung und Inganghaltung seine seelische Lage entscheidend beteiligt ist. Zu diesen rechnen wir neurotische, funktionelle und psychosomatische Krankheiten. Nach vorläufigen Schätzungen (die zu kontrollieren Aufgabe unseres klinischen Forschungsprogrammes der nächsten Jahre sein wird) machen sie 55 bis 60 Prozent aller Krankheiten aus, die die Patienten in die Ordinationen ihrer Hausärzte führen.

Nur von den letzteren ist im folgenden die Rede. Von ihnen könnte man als von den spezifisch menschlichen Krankheiten (Jores) deshalb sprechen, weil sie beim Tier auf freier Wildbahn nicht vorkommen. Unter Anwendung des im Kapitel über Federer näher definierten Mitscherlichschen Freiheitsbegriffs, der auch das Unbewußte einschließt, können sie auch als Resultate geheimer Wahl bezeichnet werden. Sie kommen nicht schicksalhaft im Gewande der Notwendigkeit oder des Verhängnisses auf den Menschen zu, sondern werden von ihm selbst vielleicht geschaffen, zumindest aber entscheidend gefördert. Trotzdem muß man sich dessen bewußt bleiben, daß die Grenzen fließend sind und daß, wie überall, so auch hier die Wahrheit durch zu grob vereinfachende Formulierungen verfehlt wird. Auch bei der psychosomatischen Erkrankung dient ein konstitutioneller Anlagefaktor, der Locus minoris resistentiae, als Einbruchspforte, und andererseits finden zum Beispiel Infektionskrankheiten in einem durch seelische Konflikte geschwächten Menschen nur geringere Abwehrkräfte vor.

Beides ist bekannt und wurde nur deshalb kurz gestreift, um Mißverständnisse auszuschalten. Doch wäre diese Arbeit unvollständig, wenn nicht auch davon die Rede wäre, wie Krankheit abgewehrt, bewältigt und wie Gesundheit wiederhergestellt werden kann.

Die Grundzüge einer Physio-Psycho-Hygiene faßte Kant für sich selbst unter dem Titel zusammen: »Über die Macht des Gemütes, durch den bloßen Vorsatz seiner krankhaften Gefühle Meister zu sein.« Es ist ein Brevier der Selbstheilungskunde, das nachzulesen sich lohnt. Der Arzt Feuchtersleben sprach von einer »Diätetik der Seele«, doch hatte bereits Kant den Ausdruck gebraucht.

Für alle die, die bereits wissen, daß es keine Gesunderhaltung von ungefähr gibt, gilt es, eine solche, dem individuellen Notstand angepaßte seelische Diätetik zu finden. Wir werden die von Jünger gefundene sogleich skizzieren. Zuvor sind einige allgemeine Richtlinien festzuhalten:

1. Gesundheit muß gewollt, das heißt immer neu errungen werden. Keineswegs ist dieses Wollen selbstverständlich. Das 1. Kapitel des Buches hat gezeigt, daß es *bewußt* durch weltanschauliche Gründe aufgehoben werden kann, und man wird in den Ausführungen über die psychosomatischen Patienten erkennen, wie oft es vom Unbewußten her sabotiert wird.

Der Mensch muß es sich also erlauben können, gesund zu sein. Er darf auf die »hilfreiche« Krankheit nicht angewiesen sein, das heißt, der Krankheitsgewinn darf nicht zu groß sein. Dies ist nur dann der Fall, wenn er selbst hoffen kann, seine Probleme zu lösen, und nicht auf deren Bewältigung (Pseudobewältigung) durch die Krankheit angewiesen ist.

2. Seelisches Leid muß erlitten werden. Was heißt das? Die — wie oben erklärt — spezifisch menschlichen Krankheiten entstehen dadurch, daß seelischer Notstand als körperlicher Not-

stand erlebt wird. Wie wahr dies ist, sehen wir immer wieder während des Heilungsprozesses psychosomatischer Krankheiten: Fast ausnahmslos tritt bei Wegfallen des körperlichen Symptoms ein Depressionszustand auf. Es ist immer wieder überraschend, zu sehen, daß der Symptomgequälte viel ausgeglichener, ja fast glücklicher erscheint als der vom Symptom Befreite, der keineswegs aufatmet, sondern schwer bedrückt sein kann. Das Symptom hatte wie ein Schwamm das Leid aufgesaugt. Der Prozeß ist reversibel. Durch analytische Aufdekkung der Konfliktsituation hat nunmehr die Seele dem Körper die Last abgenommen und trägt schwer daran.

3. Es gilt zu erkennen, daß das »ungelebte Leben« ein krankheitsfördernder Faktor erster Ordnung ist. Statt seine Krisen in *aktiver* Weise, nämlich durch Reflexion oder Aktion, das heißt durch Bewältigung in Form des Durchdenkens oder des Handelns, zu lösen, neigt der Neurotiker dazu, in einer Art Totstellreflex zu verharren.

Wird seine seelische Lage demnach durch Passivität und Verdrängung gekennzeichnet, so scheint alle Produktivität von seinen körperlichen, meist vegetativen Funktionen übernommen worden zu sein.

4. Es ist nötig, den »Willen« in rechter Weise einzusetzen. Der Neurotiker, der vom Willen sehr viel hält, kennt nur eine Art des Einsatzes: er will den Sklavenaufstand — und als solchen sieht er seine körperlichen Leiden an — unterdrücken. Daß er dadurch die Revolte nur verstärkt, bleibt ihm verborgen. Es käme nicht darauf an, die Empörung zu unterdrücken, sondern ihre Ursachen zu erkennen und zu beseitigen zu versuchen. Statt den Willen »gegen« den Körper einzusetzen und das von diesem nicht freiwillig Geleistete zu erzwingen, gälte es, ihn *für* etwas einzusetzen. In Jüngers Worten: Es käme darauf an, sich in der »moralischen Schicht« für die Heilung willig zu zeigen.

Lesen wir bei *Jünger* nach, worauf es ankommt.

Der zur Gesundheit Entschlossene muß die Gefahren vermeiden:

Zu 1. Gesundheit muß verdient werden — das heißt erarbeitet —, und zwar durch eine gemeinsame Anstrengung von Krankem und Arzt.

März 1943:

*Kamingespräche über Kranke und Ärzte; ich fand in Weizsäcker, der mich in Überlingen kurz besuchte, den ersten Arzt mit allgemeineren Ideen und hätte wohl Lust, Salmanoff seit Celsus, bei dem ich in Norwegen war, und mich seinen Händen anzuvertrauen. Er geht vom Ganzen aus und damit auch von der Zeit als Ganzem, die er als krank bezeichnet; es sei für den einzelnen, der in ihr lebt, ebenso schwierig, gesund zu sein, wie für einen Wassertropfen in einem stürmischen Meer, nicht in Bewegung zu sein. Als besonderes Zeitübel sieht er die Neigung zu Konvulsion und Krampf — umsonst ist der Tod —, das heißt, daß man seine Gesundheit verdienen muß, und zwar durch eine gemeinsame Anstrengung von Krankem und Arzt. Im Kranken beginnt das Kranksein oft als moralisches Übel, das sich dann in den Organen manifestiert. Wenn der Kranke sich in dieser moralischen Schicht nicht zur Gesundung willig zeigt, muß der Arzt die Behandlung ablehnen, er würde nur unnötiges Honorar beziehen.*

Zu 2. Wiederholt finden wir in Jüngers Tagebüchern Anmerkungen darüber, daß er versucht, im körperlichen Symptom den Ausdruck für eine seelische Schwierigkeit zu erkennen. Er hört zu, er versucht zu verstehen:

Oktober 1942:

*Schlecht geschlafen. Es weckt mich am frühen Morgen ein leises, doch fremdes Regen im Inneren auf. Man hat den Eindruck, der Körper will etwas sagen, will mit uns sprechen, doch verstehen wir in dem künstlichen Leben, das wir führen, seine Sätze und Worte kaum besser als diejenigen eines alten Pächters, der uns in unserem Stadtbüro von Kirchweih, Ernte und Mißwuchs unterhält. Wie diesen mit Geld, so speisen wir den Körper mit Pillen ab. In beiden Fällen: aufs Land; das heißt zur Erde, zu den Elementen zurück.*

5. März 1942:

*Eine starke Erkältung kündet sich an. Ich lag den größten Teil der Nacht in hohem Fieber wach. Solche Stunden sind keineswegs verloren, ich habe vielmehr den Eindruck, daß mit der Erhöhung der Temperatur auch Lebens- und Geiststoff sich schneller, behender abspinnen und daß man, wie Wasser über Wehre, steigt. Es kamen mir manche neuen Gedanken für meine Arbeit. Auch mancher Einfall allgemeiner Art. Fiebernächte sind für mich immer Nächte der Fruchtbarkeit, auch möchte ich vermuten, daß sie verwandelnden Charakter haben; sie trennen außer Krankheit und Gesundheit auch geistige Epochen, wie ein Fest zwei Jahreszeiten trennt.*

Zu 3. Durch das Bewußtmachen der Schwierigkeiten wird der Krankheit aktiv entgegengewirkt.

Zu 4. Nicht in der Unterdrückung des körperlichen Notstandes wird das Heil gesucht, sondern im tieferen Verständnis. Der Wille ist nötig, um zum »tiefsten Brunnen der Hygieia vorzudringen«. Die höchste Leistung ist für ihn nur dann möglich, wenn seelische und körperliche Gesundheit zusammentreffen.

13. November 1941:

*Die Differenzen. Oft sind wir bei guter körperlicher Verfassung niedergeschlagen, und oft auch umgekehrt. Wir haben Springflut, wenn die Gesamtpotenz zusammentrifft.*

Deshalb gibt er dem Ruhebedürfnis des Körpers nach, wenn er erschöpft ist.

4. September 1943:

*Gestern, zu Beginn des fünften Kriegsjahres, stark melancholisch, ging früh zu Bett. Auch bin ich mit meiner Gesundheit nicht zufrieden, doch beunruhigt mich das, seitdem ich mir eine Idee darüber bildete, weniger. Die Lebenskraft, die ich besitze, erinnert an ein Rhizom, das unterirdisch vegetiert, oft fast verdorrt und doch zuweilen im Laufe der Jahre, geistig angetrieben, grüne Sprossen, Blüten und Früchte bringt.*

Er denkt über Krankheiten nach.

1943:

*Unsere kleinen chronischen Übel, unsere Wehwehchen, die wir bald an diesem, bald an jenem Glied durch die Jahre mitschleppen, sie sind die Marken unserer Gesundheit, die Zeichen, daß wir noch nicht zum tiefsten Brunnen der Hygieia vorgedrungen sind. Doch liegt auch etwas Angenehmes darin, sich mit ihnen zu beschäftigen; mit unseren Zähnchen, unserer belegten Zunge und unserer Verdauung, mit der wir unzufrieden sind. Man merkt doch, daß man noch da ist, das ist ein Thema ersten Ranges, und wir sind glücklich, wenn wir jemanden finden, der uns hier wichtignimmt, doch auch nicht allzu wichtig, und der uns je nach unserer Laune als Kranken oder als Gesunden zu nehmen weiß.*

1943:

*Nachmittag bei Salmanoff. Dann über Krankheiten: »Die Krankheit demaskiert den Menschen; sie treibt sowohl seine guten wie seine schlechten Seiten deutlicher hervor.«*

November 1941:

*Zu den Krankheiten. Es gibt hier Unterschiede der Wirkung auf die Phantasie, die nicht den Unterschieden der Gefährlichkeit gleichlaufen. Ich fühle mich etwa eher geneigt, mich über Affektionen der Lunge und des Herzens hinwegzusetzen als über solche des Magens, der Leber, des Unterleibes überhaupt. Es scheint, daß es auch, rein im Fleisch gesehen, hohe und niedere Arten des Sterbens gibt.*

Ähnlich wie Kafka sieht er körperliches Leid als Ausdruck seelischen Leidens.

1942:

*Oft sehe ich den Menschen jetzt als Leidensmann, der durch die Zacken und Walzen einer Maschine gefördert wird, die Rippe um Rippe, Glied um Glied zerbricht, während er doch als Mensch nicht sterben kann.*

Diese Stelle wurde deshalb angeführt, weil sie uns zeigt, daß keineswegs Optimismus oder Phlegma die Voraussetzung dafür ist, daß ein Mensch gesund bleiben kann. Aber je tiefer und feiner er empfindet, desto stärker müssen die Abwehrmaßnahmen sein, die er im Kampfe gegen krankmachende Einflüsse anwenden muß, desto wissender und entschlossener sein Gesundungswille.

So schließt sich der Kreis: Jede Krankheit wird von der Gesamtpersönlichkeit beantwortet, die durch biologische Daten allein nie ganz erfaßbar ist.

Wir haben im Kapitel über die Eingliederung der Krankheit gesehen, daß auch unabwendbares Leiden einen besonderen Bereich innerer Freiheit nicht zu zerstören imstande war. Bei abwendbaren, das heißt vermeidbaren oder heilbaren Krankheiten wiederum ist es dieser Freiheitsbereich, von dem aus die Abwehr gesteuert wird. Hier konnten die wesentlichsten Gegenwehrmaßnahmen, die es zu diesem Zwecke ständig zu mobilisieren gilt, nur ganz am Rande gestreift werden. Sie wären es wert, ausführlich gesondert abgehandelt zu werden. Doch war diese Studie nicht zunächst der Abwehr, sondern dem Erlebnis der Krankheit gewidmet.

# Teil III

# Zusammenfassung

Balint hat festgestellt, daß die Medizin Krankheiten behandelt, nicht aber Kranke.
Wenn daher Arzt und Kranker nach den Ursachen einer Erkrankung fragen, erhalten sie verschiedene Antworten. Der Arzt als Anhänger des Kausalitätsprinzips sieht Gesetzmäßigkeiten: Er erkennt die erbliche Disposition, die degenerative Veränderung, den Verlauf der Infektionskrankheit.
Der Patient aber sieht die Frage nach der Krankheitsverursachung anders an. Er erlebt sein Leiden nicht als *eine* Krankheit unter vielen, sondern als *seine* Krankheit. Ihm fällt weniger das auf, was sie mit den Krankheiten anderer gemeinsam hat, sondern das, was sie von diesen unterscheidet.
Was ihre Verursachung betrifft, so ist er, je mehr er in sich hineinhorcht, desto fester davon überzeugt, daß die Zeit ihres Auftretens zusammenfällt mit einer besonderen Krise, einer entscheidenden Wendung in seinem Leben. (Siehe Kafka.)
Arzt und Kranker sehen also denselben Sachverhalt aus verschiedener Blickrichtung. Wo der eine Determination erkennt, glaubt der andere noch einen Bereich der Freiheit oder der persönlichen Entscheidung wahrzunehmen. Wie kann der Widerspruch entschieden werden?
Hat schon die Philosophie erkannt, daß jede Antwort von der Formulierung der Fragestellung abhängt, so hat die moderne Physik in der Korpuskular- und Wellentheorie gezeigt, daß je nach Wahl der Methode und der Art der Untersuchung das zu beobachtende Objekt sich auf sehr verschiedene Weise zeigen kann.

Durch sie sind wir auch vorbereitet auf das paradoxe Phänomen, das unserem Denkvermögen so große Schwierigkeiten macht: daß nämlich zwei einander widersprechende Ergebnisse sich nicht ausschließen, wie man es bisher angenommen hat, sondern daß sie im Gegenteil erst zusammengenommen der Vielfalt der Erscheinungen gerecht werden.

In der Physik hat Bohrs Komplementaritätsprinzip uns gelehrt, »am gleichen Objekt Eigenschaften zu verknüpfen, die durchaus widerspruchsvoll wären, wenn sie zugleich in Erscheinung treten könnten«.

Die psychosomatische Medizin macht es uns nicht ganz so schwer. Einerseits versucht sie die von der Medizin als naturwissenschaftlicher Disziplin erforschten Kausalzusammenhänge nicht zu vernachlässigen, andererseits aber dennoch die Auffassungsweise des Patienten über das Krankheitsgeschehen kennenzulernen und zu verstehen.

Erst beide Betrachtungsweisen zusammen ergeben ein plastisches Bild: Wird doch auch das plastische Sehen durch die Schau von verschiedenen Blickwinkeln aus ermöglicht. So kann ein lebensnahes Bild des Krankheitsgeschehens nur dadurch entstehen, daß die Betrachtungsweise des Kranken und die des Arztes sich ergänzen.

Die Frage, die die psychosomatische Forschungsrichtung als scheinbar neue in die Medizin hineingetragen hat, nämlich die nach seelischer Mitverursachung der Erkrankung, erweist sich — vom Erleben des Kranken her geprüft — als eine uralte. Es gibt kaum einen Leidenden, der für diese Frage nicht nach einer Lösung gesucht hätte. Wenn Mitscherlich den Freiheitsbegriff auch auf weite Strecken des Unbewußten auszudehnen bemüht ist, so entspricht auch dies einem Bedürfnis des Kranken selbst, der sehr oft Lebensstimmung und Vorgefühl einer Erkrankung auffaßt als Resultat einer von ihm selbst zu einem weit zurückliegenden Zeitpunkt gefällten inneren Entscheidung, die von ihm zwar nicht mehr gewußt, sehr oft aber noch dunkel geahnt wird. (Siehe hier besonders das Kapitel über Kafka.)

Viele der Kranken haben sich *für* die Krankheit entschieden. Sie ist ihnen nicht überraschend gekommen. Die Abwehr war

gering, die Bereitschaft zum Gegenkampf kaum mehr da: Bevor der äußere Feind etwa in der Gestalt der Infektion, der Erschöpfung, des Traumas den Ansturm gewagt hat, hatte der innere Feind längst dafür gesorgt, daß die Tore der Festung, nämlich der Physis, nicht mit Abwehrposten besetzt waren.
Nur nach so erfolgter innerer Vorbereitung — ein Prozeß, der hie und da dem Kranken selbst sichtbar geworden war — konnte der äußere Kampf mit dem Sieg der Krankheit endigen.
Während es nur einigen Kranken gelingt, sich dieser Vorgefechte zu entsinnen, so setzen sich doch alle mit der Frage auseinander, warum die Krankheit gerade zu diesem Zeitpunkt und zu keinem anderen in ihr Leben eingebrochen ist und was sie innerlich zu bedeuten habe. Der Erkrankte selbst begnügt sich nicht mit der Erklärung, daß sie etwas Zufälliges, Äußeres, rein Physisches sei. Fast jeder fragt nach tieferen Zusammenhängen. Es mag nun sein, daß die Richtigkeit der Erklärungsversuche des Kranken selbst nicht beweisbar ist. Bedeutet das etwas? Vom Standpunkt des Außenstehenden sehr viel, vom Standpunkt des Kranken aus fast gar nichts. Warum nicht? Weil es sich um inneres Erleben handelt, dessen Wirksamkeit nicht davon beeinflußt wird, wieviel ihm an objektivem Gehalt entspricht. Was heißt das? Ein Mensch kann aus Schreck an einem akuten Herztod sterben — auch wenn sich später für die anderen herausstellen sollte, daß der Schreck objektiv unbegründet war, das heißt, daß es sich nicht um eine reale, sondern offenbar nur um eine eingebildete Gefahr gehandelt hat. Wir wollen dies noch näher ausführen. Wenn zum Beispiel Stifter und Wildgans ihre Erkrankung zusammenfassend darauf zurückgeführt haben, daß das, was kränkt, krank macht, wobei Stifter auf seine Schwierigkeiten im Schuldienst, Wildgans auf die Aufregungen während seiner zweimaligen Amtszeit als Burgtheaterdirektor anspielte, so haben vielleicht die behandelnden Ärzte eine andere Kausalität gesehen: etwa bei Stifter schwere Leberveränderungen, bei Wildgans das chronische Herz- und Venenleiden. Besteht also ein nicht zu entscheidender Widerspruch? Vielleicht, aber nur dann, wenn man

sich nicht zur Annahme entschließen kann, daß dasselbe Geschehen zwei verschiedene Aspekte haben könne, ein Erscheinungsbild nach außen und eines nach innen, die sich nicht notwendigerweise decken, die aber dennoch in einer Beziehung stehen.

Es kommt uns jedoch nicht zu, dies zu entscheiden. Vielleicht werden künftige Forschungen schlüssigere Beweisketten ergeben, vielleicht auch Gegenteiliges hervortreten lassen. Was hier aufgezeigt werden sollte, ist die Auseinandersetzung, zu der der Patient durch seine Erkrankung aufgerufen wird.

Welche Entscheidungsmöglichkeiten stehen ihm offen?

1. Er kann versuchen, sie auszugliedern: Er bemüht sich, sie durch Nichtbeachtung zu erledigen. Dieser Vorgang wurde im Kapitel »Ausgliederung« als Verdrängungsprozeß beschrieben. Auch wenn er sich seines Leidens bewußt bleibt, kann er eine Ausgliederung dadurch erreichen, daß er sein Leiden nicht beachtet, sich seiner schämt, es mit allen Mitteln zu verbergen sucht. Siehe zum Beispiel das Kapitel über Gorki, der sich einen Hasser aller physischen und moralischen Leiden nannte.

Die Krankheit scheint einer Auseinandersetzung nicht wert, die Auffassung des Patienten bleibt unerschütterlich die, daß Krankheit etwas rein Negatives sei, daß seelische Auseinandersetzung mit ihr seine Widerstandskräfte nur schwächen könne. Er verhält sich zu ihr wie ein Politiker, der es verschmäht, sich in die Psychologie des Feindeslandes hineinzudenken, da er fürchten müßte, daß dadurch seine feindselige Haltung an Nachdruck verlieren könnte. Dieses Beispiel ist auch insofern brauchbar, als die Auffassung dieser Patienten genau wie die des Politikers dahingeht, daß es sich um die Auseinandersetzung mit einer durchaus fremden Macht handle, die im eigenen Heimatbezirk keine Verbündeten habe.

Diese Haltung ist für uns deshalb von allergrößter Bedeutung, weil sie zugleich auch Ausdruck der stillschweigenden Voraussetzung ist, mit der der Patient sich an die Schulmedizin wendet: Diese soll ebenso wie er die Krankheit als etwas durchaus Ich-Fremdes betrachten, als ein von außen her Kommendes — gleichgültig, ob der Feind als Infektion, bösartige Geschwulst oder Entzündung und so weiter betrachtet wird. Vom guten Arzt wird erwartet, daß er dem Patienten bei dem Prozeß der Ausgliederung behilflich sei. Falls Heilung nicht ermöglicht werden kann, dann wird deshalb vom Arzt wenigstens Stillschweigen erwartet: Die infauste (für den angenommenen Verlauf einer Krankheit ungünstige) Prognose soll verschwiegen werden — damit durch die gefürchtete Auseinandersetzung mit der Gefahr nicht die so nötigen Abwehrkräfte geschwächt werden. Diese Auffassung ist nicht nur eine weit verbreitete, sie ist eine durchaus legitime, der Arzt hat sich dem Wunsch des Patienten anzupassen. Es ist unmenchlich, vom Patienten einen Heroismus zu verlangen, den der Arzt sehr oft auch nicht aufbringen würde, und dem Patienten, der nicht oder nicht mehr fragt, wird das mildtätige Schweigen des Arztes am besten gerecht.

Gefährlich und meistens sogar lebensgefährlich wird diese Haltung erst, wenn der Patient sich dann mit seinem Leiden nicht auseinandersetzen will, wenn eine lebensrettende Operation oder sogar eine, die absolute Heilungschancen verbürgt, verweigert wird.

2. Der Kranke holt die Krankheit manchmal bewußt — häufiger unbewußt — mit allen ihm zur Verfügung stehenden Kräften in sein Leben herein. Hiefür können Ursache sein:

Weltanschauliche Gründe, die ihn das Leiden als Zentrum und Sinnbild seiner Welterfahrung ansehen lassen: *Pascal, Schneider, Federer* sind hiefür eindrückliche Beispiele. *Pascal* hat seinen Körper bewußt abgetötet (im Mittelalter ließen sich für diese Lebenshaltung unzählige Beispiele finden). In unserem naturwissenschaftlich aufgeklärten Jahrhundert findet sich diese bewußt körperfeindliche Haltung selten, doch kommen Verweigerung jeder medizinischen Behandlung, schonungsloses Sich-Überfordern und Überrennen aller körperlichen Warnsignale noch überaus häufig vor.

Viel häufiger als weltanschauliche Gründe sind hiefür nach innen gewendete Aggressionen als Form des Selbsthasses verantwortlich, wie er im Rahmen neurotischer Fehlentwicklung oft gefunden werden kann.

Die großartigste Analyse eines solchen selbstzerstörerischen Prozesses liefern uns *Kafkas* Tagebücher und Briefe.
Es muß jedoch vermieden werden, die Auswirkungen einer inneren Entscheidung auf ein tieferes Niveau herabzuziehen als auf das, auf dem sie sich abgespielt haben. Gewiß hat es sich hier um ein Geschehen im Bereich einer Neurose gehandelt, aber *nur* als »neurotische Fehlhaltung« kann dieser Prozeß nicht verstanden werden, wenn er nicht verfälscht werden soll. (Siehe hiezu das Kapitel über Kafka.)
Trotzdem muß man darauf hinweisen, daß nicht alle Selbstzerstörungsprozesse echte existentielle Entscheidungen sind, viel häufiger ist das Gegenteil der Fall, daß nämlich durch die Neurose die eigentliche existentielle Verantwortung, die ja Freiheit voraussetzt, unmöglich gemacht wird.
Hier hat die psychotherapeutische Behandlung ihren Platz und ihre große Aufgabe: Sie soll die schöpferischen Kräfte des Patienten, die sich in der Krankheit nur gegen ihn selbst und gegen seinen Körper gewendet haben, für eine andere Aufgabe frei machen und ihn der Umwelt wieder zuwenden. Hier soll das »sogenannte Böse« *(Lorenz)*, das sich zerstörerisch nach innen gewendet hat, umorientiert und als Eigenaktivität und vitales Kraftgefälle nach außen hin wirksam gemacht werden. Statt der »hilfreichen« Krankheit zu bedürfen, wird der Mensch fähig, andern Hilfe zu leisten. Hier gilt wiederum dasselbe: Die scheinbar gleiche Entscheidung — nämlich hier die *für* und nicht gegen das Leiden — kann Ausdruck echt erlebter bewußter Auseinandersetzung sein oder gerade das Gegenteil, nämlich Ausweichen vor der eigentlichen Lebensaufgabe. Worin aber liegt der Unterschied? Die einen (und im Rahmen dieser Arbeit rechnen wir *Pascal, Schneider, Federer* dazu) stellen sich im Bejahen des Leidens ihre Lebensaufgabe: In ihrem Werk, in ihrem Denken und in der Gestaltung ihres Alltagslebens nimmt es den zentralen Platz ein. Wie echt diese Auseinandersetzung ist, zeigt sich vor allem in ihrem mitleidenden Verständnis für andere Leidende und für die leidende Kreatur.
Bei den anderen dient die oft unbewußt herbeigezogene

Krankheit genau dem Gegenteil. Sie wird als Mittel benützt, um sich der Lebensaufgabe zu entziehen. Der Kranke weicht aus — seiner Arbeit, seiner mitmenschlichen Verpflichtung, am allermeisten sich selbst.

Machen wir also einen Unterschied, indem wir den berühmten, sprachbegabten, schöpferischen Persönlichkeiten eine Einstellung zugute halten, die wir den unbekannten, anonymen Durchschnittspatienten ankreiden? Wir glauben das nicht. Wir sehen einen Unterschied darin, ob etwa eine Simone *Weil*, die als Jüdin nach England emigriert war, sich dort weigert, mehr zu essen, als es den Rationen entspräche, die im besetzten Frankreich, aus dem sie geflohen ist, der Bevölkerung zugestanden werden — oder ob eine Anorexia-nervosa-Kranke[1] das Essen verweigert, weil sie nicht bereit ist, sich ihrem weiblichen Schicksal zu stellen. Beide mögen durch diese asketische Haltung ihr Leben verkürzen, aber der Stellenwert der beiden Handlungen ist deshalb wohl nicht der gleiche.

Nicht nur die Motivation ist verschieden: Im einen Fall der Protest gegen ein tief empfundenes Unrecht, im anderen Fall der Protest gegen uneingestandene Triebwünsche.

Vor allem ist der Bewußtseinsgrad verschieden: Simone *Weil* wußte, was sie tat, die Anorexia-nervosa-Kranke weiß es nicht. (Ihre ästhetische Rationalisierung kann nur als Pseudowissen aufgefaßt werden.)

Auch vom Erleben her besteht ein großer Unterschied: Im einen Fall wird Hunger bewußt erlebt, im anderen bewußt Ekel vor den Speisen, während diese in Träumen eine ganz besondere Rolle spielen.

3. Der Kranke kann die Krankheit in sein Leben »eingliedern«. Er schließt sie nicht aus, er geht ihr nicht entgegen, er nimmt sie an. So wurden die Krankheitsgeschichten Morgensterns, Freuds und Jaspers' skizziert. Die Krankheit hat entscheidende Änderungen ihres Lebens erzwungen, hat sie selbst und ihren Arbeitsmut aber nicht bezwingen können. Hiezu waren drei Voraussetzungen nötig:

Erstens Klarheit über die Art der Erkrankung.

[1] Magersucht.

Zweitens Anpassung des Lebens- und Arbeitsstiles an die Notwendigkeiten und Einschränkungen der Krankheit.
Drittens unerschütterliches Beharren auf einem von der Krankheit nicht zu erfassenden Bereich der inneren Freiheit, der nur dadurch erhalten werden konnte, daß es den Kranken darum ging, höhere Werte zu verwirklichen.
Es sollte fernerhin gezeigt werden, wie sehr Krankheit die mitmenschlichen Beziehungen zu verändern vermag, und wiederum auch, wie weit die mitmenschliche Partnerschaft ihrerseits eine Erkrankung im positiven oder negativen Sinn beeinflussen kann: Hat Elisabeth *Barrett-Browning* durch die unbedingte Entscheidung ihres Lebenspartners vermutlich Jahre *über* die ihr physiologisch zugemessene Frist hinaus gelebt, so hat die Erkrankung *Catherine Mansfields* durch das Zögern oder gar die Abwendung des liebsten Menschen einen ungünstigen und beschleunigten Verlauf genommen.
Wir wollen unsere Schlußfolgerungen zusammenfassen:
Krankheit hat sich uns als Dreifrontenkrieg gezeigt. Gegen die vom Leiden abverlangten Einschränkungen, gegen die veränderte Stellungnahme der Umwelt und gegen die eigene Todesangst gilt es anzukämpfen. Die Auseinandersetzung vollzieht sich jedoch nicht nur an drei Fronten, sondern auch in drei Phasen.
Die erste ist die unmittelbare Antwort auf die Erkenntnis, schwer krank zu sein. Es ist eine Phase des Schocks, der Angst und der unmittelbaren Bedrohung.
Die zweite Phase mobilisiert alle Abwehrkräfte der Persönlichkeit. Sie wurden als Flucht in die Krankheit, als deren Eingliederung und Ausgliederung beschrieben.
In der dritten Phase tritt dann die entscheidende Wendung, Heilung, vollzogene Anpassung an ein chronisches Leiden oder der Tod ein.
Es gilt noch darauf hinzuweisen, daß hier das Lebensalter, in dem die Ersterkrankung auftritt, von entscheidender Bedeutung ist. Für den jugendlichen Menschen bedeutet der Einbruch eines bedrohlichen Leidens etwas anderes als für den reifen oder den alten Menschen. Hat er doch seine wichtigsten Lebensziele,

etwa Berufs- oder Partnerwahl, noch nicht realisiert und sieht sie nun bedroht. Andererseits erfolgen gemäß seiner noch unverbrauchten Lebensenergie seine Abwehrleistungen stürmischer. Er hat im wesentlichen drei Reaktionsmöglichkeiten: In der ersten Phase, der der unmittelbaren Schockwirkung, ist er selbstmordgefährdet, in der zweiten Phase wählt er sehr oft die Regression oder aber die Verdrängung. In der ersteren flüchtet er zurück »zu den Rockfalten der Mutter«, versinkt in Passivität, sucht Schutz und Trost, indem er sich wie ein Kind umsorgen läßt.

Als Verdrängung wählt er die Form der Ausgliederung, will nichts davon wissen, daß er krank ist, und neigt dazu, sich zu überfordern und dem Leben noch alles abzutrotzen, wofür nicht mehr viel Zeit bleibt. So entsteht ein neues Lebenstempo, das als Zeitrafferphänomen geschildert werden kann.

Gerade für diese jugendlichen Kranken, deren Selbsteinschätzung in vielfältigster Form von ihrer Bewertung durch die Umwelt abhängt, hat die Einschätzung ihrer Erkrankung durch das soziale Milieu, insbesondere aber durch die Einstellung der nächsten und liebsten Menschen zu ihr entscheidende Bedeutung.

Der reife Mensch, der zum Zeitpunkt des Krankheitsausbruches seine Stellung zu Beruf und Mitmenschen schon ausgebaut hat, wird leichter als der Jugendliche die Krankheit auf die Weise in sein Leben eingliedern können, daß er dieses nicht danach, was nicht mehr möglich ist, orientiert, sondern vielmehr danach, was noch immer geleistet werden kann. Da dazu große seelische Reife und die Kraft zu positiver Resignation gehören, wird diese Haltung immer nur wenigen einzelnen möglich sein.

Der alte Mensch hingegen bringt nicht mehr die überschäumende produktive Kraft auf, um seine Abwehrleistungen aufzubauen. Auch für ihn gibt es zwei Wege der Beantwortung: Er versinkt in hoffnungslose Selbstaufgabe und bejaht innerlich das nunmehr eintretende Ende des Lebens. Welt und Menschen interessieren ihn nicht mehr, es kommt zu einem Absterben nach innen, das dem leiblichen Tod vorausgeht. Der Schwerstkranke und der sehr alt Gewordene erfahren dieses Erlöschen der Lebenskraft, das *Gide* als Anorexia an sich selbst beschrieben hat, auch als Veränderung des Zeiterlebens: Nichts Neues wird mehr erfahren, da nichts mehr Interesse erweckt. Das Lebenstempo ist verändert, freudlos schleppt sich der Tag hin, da er nicht mehr durch innerlich fesselnde Eindrücke gegliedert ist. Hoffnungslosigkeit und Müdigkeit bereiten in der Seele lange vor dem Eintritt des Todes das Einverständnis mit ihm vor.

Der andere Weg ist der des geduldig geleisteten Verzichts, für den gerade der alte Mensch, besonders wenn er ein erfülltes Leben hinter sich hat, durch vielerlei frühere Enttäuschungen und Versagungen besser vorbereitet ist als der junge. Er ist selbst nicht mehr in dem Maße Mittelpunkt seiner inneren Welt wie in der Jugend, wo er um Selbstfindung bemüht sein mußte. Er ist daran gewöhnt worden, sich nicht mehr so wichtig zu nehmen, und er beachtet daher auch seine vielfachen körperlichen Mißempfindungen nicht allzusehr. Auch die körperliche Erscheinungsform seiner Krankheiten ist eine andere, neigt zu Chronifizierung und dazu, mehrere Organsysteme zugleich zu betreffen: Es fehlt hier und dort, und es kommt weniger zu stürmisch-akuten Krankheitsbildern, aber auch weniger zu Heilungsvorgängen. Alles verläuft gedämpft, schleichend, aber langwierig; so hat er Zeit, sich an mannigfache Unbill zu gewöhnen. Auch verlangt die Krankheit ihm nicht die gleichen, unmittelbar seine soziale Stellung gefährdenden Verzichte ab wie dem Jüngeren, den sie aus Beruf und Existenzkampf ausschaltet und damit in seinem Selbstwerterleben entscheidend bedroht.

Neben diesen beiden Möglichkeiten gibt es auch hier unzählige persönlichkeitsspezifische Varianten, bei denen einzelne Charakterzüge sich verschärfen oder vergröbern und sogar durch die Krankheit schließlich ins Grotesk-Karikaturhafte verzerrt werden können. Von der depressiv-hypochondrischen Selbstbeobachtung bis zu allen Spielarten des geistigen Abbaus und der zeitweiligen Versagenszustände reicht eine weite Skala der krankhaften Veränderungen. Doch bleibt selbst bei weitgehend fortgeschrittenen geistigen Abbauprozessen die frühere

Wesensart der Persönlichkeit noch erkennbar, so daß sogar hier eine Spielbreite individueller Prägung sich erhält.

Das Erlebnis der Krankheit zeigt sich demnach als ebenso verschieden wie die Kranken selbst. Es gibt keine krankheitsspezifischen, das heißt durch ein bestimmtes Krankheitsbild notwendig erzwungenen Reaktionen, sondern nur solche, die persönlichkeitsspezifisch sind.

Die Auseinandersetzung mit dem Leiden erweist sich als echter schöpferischer Prozeß, der alle Kräfte des Betroffenen beansprucht.

Wenn nach Balint die Medizin sich nur mit Krankheiten befaßt, aber nicht mit Kranken, dann sollte etwas von diesem Versäumnis hier nachgeholt werden.

Als junge Menschen sind Pascal, Keats, Elisabeth Barrett-Browning, Novalis, Federer, Weismantel, Catherine Mansfield und Kafka erkrankt. Nietzsche wurde seines Migräneleidens wegen bereits im Alter von 35 Jahren pensioniert, wenn auch die Todeskrankheit erst über ein Jahrzehnt später in Erscheinung getreten ist. Sie alle haben sich in jahrelang anhaltenden inneren Kämpfen mit ihrem Leiden auseinandergesetzt.

Morgenstern, Freud und Jaspers, wenn dieser letztere auch schon von der Gymnasialzeit her durch seine Krankheit Einschränkungen erfahren mußte, haben sich vor allem als reife Menschen darum bemüht, trotz ihres körperlichen Leidens ihr Lebenswerk fortsetzen und vollenden zu können, was durch bewußte Anerkennung der Realität und Auf-sich-Nehmen aller dadurch notwendigen Einschränkungen, aber keiner darüber hinaus, möglich gemacht wurde.

Gide ist als Vertreter der alten Menschen ein Repräsentant des »Absterbens nach innen«, das dem Tode lang vorausgeht.

Sie alle haben als schöpferische, sprachbegabte Menschen in den hier wiedergegebenen Selbstzeugnissen ihrem Ringen um Bewältigung des Leidens ergreifenden Ausdruck verliehen.

# *Gesundungswille*

## JOHANN WOLFGANG GOETHE

*Es gibt nur eine Methode, die Klassiker zu retten: wenn wir sie ohne Umstände zu unserer eigenen Rettung gebrauchen.* (Ortega y Gasset)

### *Die Mutter*

In einer von Krankheit bedrohten Welt muß Gesundheit ständig neu erkämpft werden. Kampf aber bedeutet Kraftaufwand. Woher wird die Kraft hergenommen, aus welchen Energiequellen gespeist? Wo sind insbesondere diese Quellen in Goethes Leben zu suchen?

Wichtigster unerschöpflicher Kraftquell: die Geborgenheit einer Kindheit, in der er der Hätschelhans einer jungen, fröhlichen, phantasiebegabten Mutter gewesen ist. So fragen wir danach, welcher Mensch diese Mutter gewesen ist.

Die äußeren Lebensdaten sind bekannt und leicht zu überblicken: Die Achtzehnjährige heiratet den um 21 Jahre älteren Herrn Rath, einen weitgereisten und welterfahrenen Mann, dem es sein Vermögen erlaubt, ohne Amt zu leben.

Sie gebiert ihm in den ersten Jahren einer 34jährigen Gemeinschaft sechs Kinder, von denen nur zwei am Leben bleiben.

Nach dem Tode des Eheherrn, über dessen Pedanterie und strenges Regiment die temperamentvoll heitere Frau nie ein Wort der Klage geäußert hat, verbleibt sie nicht mehr lange in dem Hause am Hirschgraben. Sie hat noch als 63jährige den Mut, sich von Vergangenem zu lösen und neu zu beginnen. So zieht sie in eine kleinere Wohnung auf dem Roßmarkt, die bald, wie früher Goethes Geburtshaus, zum Reiseziel derer wird, die die Mutter des berühmten Dichters aufsuchen und von ihr etwas über den Sohn erfahren wollen. Frau Aja heißt sie bei ihren Freunden (nach den Haimons-Kindern) und sie preist sich deshalb glücklich, weil ihr Gott die Gabe verliehen habe, daß noch niemals ein Besuch mißmutig von ihr habe weggehen müssen.

Ein glückliches Leben? Sie selbst hat die Gabe und vor allem den Willen, es als solches zu sehen. Viele andere aber hätten die Gabe, oder stünden vielmehr unter dem Fluch, es anders zu betrachten: eine schwierige Ehe, ein schwieriges Kind. Das gilt für die Tochter, die bald nach der frühen Eheschließung in melancholische Lethargie versinkt und in ihr dahinsiecht, bis sie kurz nach der Geburt des zweiten Kindes stirbt.

Aber doch Mutter eines Genies? Gewiß, aber dieser geliebte Sohn verläßt mit 16 Jahren das Vaterhaus, kehrt mit 18 als Todkranker zurück und geht, kaum gesundgepflegt, gleich wieder in die weite Welt. Nur noch drei kurze Jahre seines Bleibens in Frankfurt sind der Mutter vergönnt vor seinem Aufbruch nach Weimar. Spätere Jahre bringen nur noch kurze, allzuseltene Besuche, in den letzten Jahren vor dem Tode der Frau Rath überhaupt keine mehr. Nur ein einzigesmal das große glückliche Ereignis, das schönste nach dem Besuch der Weimarer Landesmutter Anna Amalia: der Hätschelhans und Herzog Karl August wohnen im September 1779 fünf Tage lang im Hause am Hirschgraben.

Kurz bemessene Fristen, um glücklich zu sein. Sonst kommen nur Briefe, auch solche, die der Mutter Reisen des Sohnes melden, die dann wieder unterlassen werden — obwohl die Frau Rath das vergebliche Hoffen und Harren so gar nicht leiden kann. Aber sie hält es wie der Sohn — oder hat vielmehr dieser seinen Wahlspruch, nur die Gesundheit verdiene remarkiert zu werden, von ihr übernommen? Sie verzeichnet nur die glücklichen Stunden, über Enttäuschungen, Verzichte, nicht erfüllte Wünsche weiß sie zu schweigen.

Sie kann sogar einen Brief aus der schwierigsten Zeit ihres Lebens, aus den letzten Ehejahren mit dem schon schwerkranken, von mehreren Schlaganfällen gezeichneten Mann mit den Worten beginnen, daß sie sich guten Humors befinde. Zum Unterschied von den anderen hier zitierten Briefstellen ist in diesem Falle die Orthographie beibehalten worden. Der Frau Rath war nur eine geringe Schulbildung zuteil geworden, mit der Rechtschreibung haperte es, doch las sie ihr Lebtag lang gern und viel.

2o. August 1791 an Lavater:

> *Ich vor mein Theil befinde mich Gott sey Dank, noch immer wie ich war, gesund, munter und guten Houmors — aber der arme Herr Rath, ist schon seit Jahr und Tag sehr im abnehmen — vornehmlich sind seine Geisteskräffte gantz dahin — Gedächnuß, Besinnlichkeit, eben alles ist weg. Das Leben das er jetzt führt ist ein wahres Pflantzenleben — Die Vorsehung findet eben vor gut, mich durch allerley Wege zum Ziel zu führen — denn daß ich dabey was rechts leide — brauche ich einer so gefühlvollen Seele wie Ihr seyd — nicht lange vorzuerzählen — zumal da ich keinen Ersatz an meinen Kindern habe — Alles ist ja von der armen Frau Aja weit weit weg — Ich hatte mir mit der Hoffnung geschmeichelt mein Sohn würde die Herbmesse herkommen, aber da wird auch nichts draus — Er hat so viele Geschäffte, so viel durcheinander zu thun — hat mir aber zu einer kleinen entschädigung einen gar herrlichen Brief geschrieben — Ich muß nun auch darüber meine Seele in Gedult fassen. Vor jetzt wärens nun der Klagelieder genug —*

Was wäre näher gelegen, als diesem Sohn immer wieder in den Ohren zu liegen mit der Bitte, nach Frankfurt zurückzukehren, um so mehr als seine bürgerlichen Rechte dort gewahrt geblieben waren, da die Mutter seine Steuern weiter bezahlte. Neun Jahre nach dem Zeitpunkt des obigen Briefes schien die endgültige Gelegenheit dazu gekommen: Dem Sohne wurde eine Ratsherrenstelle in seiner Vaterstadt angeboten.

Goethe zögerte mit der Antwort — schnelle Entscheidungen waren nie seine Sache — es wäre nur allzu begreiflich gewesen, wenn die alleinlebende Mutter versucht hätte, ihn zum Kommen zu überreden. Das aber wäre nicht Frau Ajas Art gewesen. Sie schreibt verständnisvoll: *Wenn du Lust gehabt hättest, würdest du flinker geantwortet haben,* und hatte recht, denn zehn Tage nach ihrem Brief traf am 24. Dezember 1792 Goethes ablehnende Antwort ein. Sie hatte noch hinzugefügt: *Ich glaube allemahl, daß dir in deiner jetzigen Verfassung nach Leib und Seele besser ist — als in einer neuen Laufbahn — den du bist in dem eigentlichen Sinne des Worts ein Freyherr.* Nicht, was der Mutter lieb, sondern was dem Sohne gemäß ist — danach steht ihr der Sinn. Sie hat die glückliche Gabe, sich in die Mitmenschen einzufühlen und ihr Wesen verstehend zu bejahen. *Ich habe die Menschen sehr lieb,* sagt sie aus übervollem Herzen, und so verwundert es nicht, wenn der Enkelsohn Nicolovius von ihr sagt: »Wo sie erscheint, entspringt Leben und Freude«. Sie selbst aber ist gerne bereit, das Rezept für *das gantze Kunststück* zu geben: *Ich mache immer ein freundlich Gesicht, das vergnügt die Leute und kostet kein Geld; sagte der Seelige Merck.* Sie verrät es ihren Freunden noch genauer, schreibt dem Sohn 1807:

> *Ich freue mich des Lebens weil noch das Lämpchen glüht — suche keine Dornen — hasche die kleinen Freuden — sind die Türen niedrig, so bücke ich mich — kann ich den Stein aus dem Wege tun, so tue ich — ist er zu schwer, so gehe ich um ihn herum — und so finde ich alle Tage etwas das mich freut — und der Schlußstein — der Glaube an Gott! der macht mein Herz froh und mein Angesicht fröhlich — ich weiß, daß es mir und den Meinen gut geht — und daß die Blätter nicht einmal verwelken, geschweige der Stamm.*

Sie versteht sich auf die Kunst, sich und den andern kleine Freuden zu bereiten. Jahraus, jahrein gehen Sendungen und Briefe von Frankfurt nach dem Weimar, in das sie zeitlebens nicht selbst kommen soll.

Sie hält sich zu Hause, kommt kaum über die Umgebung Frankfurts hinaus, vielleicht scheut sie das Hofleben, will auch dem Sohn nicht beschwerlich fallen.

Nur einmal, während der Kriegswirren von 1796, als ihre Vaterstadt ein Bombardement zu bestehen hat, flieht sie für vier Tage nach Offenbach. Sonst aber harrt sie in den schweren Zeiten seit 1792 in Frankfurt aus, Furcht ist ihre Sache nicht. Sie wundert sich über die Feigheit ihrer Mitbürger, die ihre Häuser räumen und sie so der Plünderung durch den Feind überlassen. Durchmarschierende Truppenverbände, Verwundetentransporte ziehen an ihrem Fenster vorbei; sie ist nur eine alleinstehende Frau, aber sie verliert ihr Gottvertrauen nicht. Auch in den schlimmsten Zeiten erhält der Sohn keinen Jammerbrief, sondern nur die Versicherung, daß die Mutter sich zu helfen wisse, er möge sich nicht ängstigen.

In schlimmen Zeiten kommen keine Klagen; in guten aber werden die Briefe von Geschenksendungen begleitet: *Ich spannte alle Segel meines Gehirns an, um dir eine Freude zu machen,* schreibt sie dem Sohn in ihrer plastischen Sprache. Für ihn kommen Kannen guten Weines an, für die Schwiegertochter »Judenkram«, Kleiderstoffe, Wäsche, warmes Tuch für den Enkelsohn. Dieser soll auch Spielsachen und bon-bon erhalten, er möge nur brav lernen und das Klavierspiel üben, das die Großmutter noch mit 70 Jahren leidlich beherrscht, wie sie stolz schreibt. Für Schlossers Kinder und Enkelkinder sorgt sie in gleicher Weise, sogar für das Urenkelkind klöppelt sie eigenhändig die Spitzen für das Taufkleidchen.

Sie verwöhnt die Menschen, die sie liebt, und sie steht auch nicht an, sie vor aller Welt höchlichst zu preisen. Unbefangen und warmherzig teilt sie aller Welt mit, daß sie sich an ihrem Sohne freut, sie ist stolz darauf, seine Mutter zu sein. Sie scheut sich nicht, es ihm immer wieder zu sagen: *Du mit deinen schönen, braunen Augen,* steht in einem Brief. Durch sie lernt der Sohn die Tugend, seiner eigenen Gaben bewußt und froh zu sein. Er dürfe dies, spricht er aus, denn er wisse ja, daß er sich nicht selbst gemacht habe. Auch die Mutter weiß Verdienst und Gnade wohl zu unterscheiden, läßt beidem die rechte Wertung widerfahren. Im Oktober 1807 an den Sohn:

> *Da nun ein großer Teil deines Ruhmes und Rufens auf mich zurückfällt und die Menschen sich einbilden, ich hätte*

*was zu dem großen Talent beigetragen, so kommen sie denn, um mich zu beschauen — da stelle ich denn mein Licht nicht unter den Scheffel, sondern auf den Leuchter, versichre zwar die Menschen, daß ich zu dem, was dich zum großen Mann und Dichter gemacht hat, nicht das Allermindeste beigetragen hätte / denn das Lob, das mir nicht gebührt, nehme ich nie an / zudem weiß ich ja gar wohl, wem das Lob und der Dank gebührt, denn zu deiner Bildung im Mutterleibe, da alles schon im Keim in dich gelegt wurde, dazu habe ich wahrlich nichts getan — Vielleicht ein Gran Hirn mehr oder weniger, und du wärest ein ganz ordinärer Mensch geworden, und wo nichts drinnen ist, da kann nichts raus kommen — da erziehe du — das können alle Pilantopine in ganz Europia nicht geben — gute brauchbare Menschen, ja das lasse ich gelten, hier ist aber die Rede von außerordentlichen. Da hast du nun, meine Liebe Frau Aja, mit Fug und Recht Gott die Ehre gegeben, wie das recht und billig ist, jetzt zu meinem Licht, das auf dem Leuchter steht und denen Profeßern lieblich in die Augen scheint. Meine Gabe — die mir Gott gegeben hat, ist eine lebendige Darstellung aller Dinge, die in mein Wissen einschlagen, großes und kleines, Wahrheit und Märchen usw. — so wie ich in einen Circul komme, wird alles heiter und froh, weil ich erzähle.*

Wenn Goethe von dieser Mutter sagte, er habe ihr die Frohnatur und die Lust zu fabulieren zu danken, so stimmt das zweite besser als das erste: Eine Frohnatur war er nicht, aber ein lebendiges Beispiel stand ihm in dieser Frau immer vor Augen. Deshalb berichtet er, dem der Gedanke an den eigenen Tod furchtbar schien, den Freunden bewundernd von der Haltung der Mutter, die auch vor dem Ende nicht schauderte.

Als man am letzten Tage der Frau Rath eine Einladung zum Kartenspiel bei Freunden überbrachte, ließ diese danken: die Frau Rath könne nicht kommen, sie müsse sterben. Eine Antwort, die nichts anderes ausdrückte, als daß der wichtigeren Aufgabe der Vorrang vor der unbedeutenderen zukäme. Sie hatte alles wohlgeordnet; es war bestimmt, wer das Kreuz vor dem Sarge her tragen sollte, aber auch, wieviel Rosinen für das Gebäck beim Leichenschmaus verwendet werden sollten. Nur nicht zu wenige, denn die Freunde der Frau Rath, die so freundlich sein würden, ihr die letzte Ehre zu geben, sollten von ihr auch noch ein letztesmal gut bewirtet werden. Das Leben hat sie immer für eine *hübsche Sache* gehalten und den Tod nie gescheut. Was zu tun ist, wird getan; immer das Unangenehmste zuerst, nur kein langes Besinnen, kein Jammern und »Greinen«, wenn das Rad des Schicksals sich dreht. Den Sohn, dem dies schwerer fällt als ihr, ermahnt sie öfters, er möge von seinem Zaudern lassen: ... *was machst du denn vor fricks fracks mit deiner Unschlüssigkeit — wunderlicher Mensch* ... oder auch: *drum zaudre und zögre nicht länger* (so 1794 anläßlich des Hausverkaufes).

Sie selbst zögert nicht, als es gilt, das liebgewordene Haus am Hirschgraben zu verlassen, als der Hausrat verkauft und ihr Leben neu eingeteilt werden muß.

Umstellung und Neuanpassung fallen ihr leicht, nicht nur bei Dingen, sondern auch bei Menschen. So zögert sie nicht, Christiane anzuerkennen. In den Briefen läßt sie unbefangen den *Bettschatz* des Sohnes grüßen. Auch macht sie diesem keinen Vorwurf, daß sie so lange von seiner Bindung nichts erfahren hat. Vielleicht hätte eine Frau Rath sich eine andere Schwiegertochter erhoffen dürfen. Sie aber nennt Christiane sogleich ihre *liebe Tochter* und 1806, als Goethe seine Ehe kirchlich einsegnen läßt, kommen begeisterte Glückwünsche: *Meinen Segen habt Ihr hiemit in vollem Maß — da hast du nach meinem Herzenswunsch gehandelt.*

Mag ihr auch vielerlei Ungutes über die Schwiegertochter zugetragen werden, sie bekrittelt diese nicht; dreierlei Eigenschaften zählen, mit diesen soll Christiane den Sohn glücklich machen: Sie möge arbeitssam, sorgsam und wirtschaftlich sein, das sei *das edelste Geschenk vor einen Biedermann.* Dem Sohn gegenüber nennt sie Christiane nach deren Frankfurter Besuch *ein herrliches unverdorbenes Geschöpf Gottes.*

Um das Gerede der Leute möge sich Christiane nicht bekümmern. Man trägt der Frau Rath zu, die Schwiegertochter sei vergnügungssüchtig. Da setzt sie sich sogleich hin und schreibt: *Tanzen Sie, liebes Weibgen, tanzen Sie, fröhliche Menschen, die mag ich gern.*

Von Kritik und Ermahnung steht nichts in den Briefen dieser Mutter und Großmutter, viel aber von Aufmunterung zur Freude, fröhlicher Zustimmung, Ankündigung von Geschenksendungen.

Dem Enkel August, der sie im Frühjahr 1809 in Frankfurt besucht hat, gibt sie für die Heimreise eine scherzhafte schriftliche Bestätigung für die Eltern mit, in der es heißt:

> *Ich endesunterzeichnete* (es beginnt wie ein Testament, ist statt dessen aber ein Dokument unverwüstlichen Mutes zur Heiterkeit) *bekenne öffentlich mit diesem Brief, daß Vorzeiger dieses Julius Augst von Goethe Sich währendt seines hiesigen Aufenthalt brav und Musterhaft aufgeführt; so daß es das Ansehn hat, als habe Er den Ring im Mährgen / Nathan des Weisen / durch Erbschaft an Sich gebracht der den der ihn besitzt angenehm macht vor Gott und Menschen — daß dies bey oben erwähnten Julius Augustus von Goethe der fall ist bestätigt hirmit*
>
> *Seine ihn liebende Großmutter*
> *Elisabeth Goethe.*

Welcher Enkelsohn wiese einen solchen Brief nicht stolz zu Hause vor? Statt Tadel und Klagen nur Aufmunterung und Lob — so hat sie es immerfort gehalten, und die Menschen dankten es ihr.

Es ist nicht nur ihre gute Konstitution, sondern auch dieser Wille zur Freude und zur Bejahung der Mitmenschen, die sie gesund und rüstig halten bis ins hohe Alter. Sie weiß Arbeit und Erholung gleicherweise zu ihrem Recht kommen zu lassen. Ihre Hauswirtschaft ist wohl bestellt, darauf wird auch der Sohn späterhin bei sich großen Wert legen. Wirtschaftliche Tugenden sind ihr selbstverständlich, Küche und Keller wohlbesorgt.

Tages Arbeit — abends Feste — so hält es die Mutter. So hält sie es auch noch als alte Frau. Der Vormittag geht mit Hausarbeit und Briefschreiben hin, am Nachmittag besuchen sie die Freunde, und abends fährt sie aus zu Besuchen oder, meist zweimal in der Woche, ins Theater. Dafür begeistert sie sich, hat sehr viel kritisches Verständnis für dramatische Fragen, aber auch für die Kunst der Schauspieler. Doch kann sie sehr wohl auch stille Tage ohne äußere Ablenkung ruhig für sich genießen.

1786: *Mein Leben fließt still dahin wie ein klarer Bach — Unruhe und Getümmel war von jeher meine Sache nicht, und ich danke der Vorsehung vor meine Lage — Tausend würde so ein Leben zu einförmig vorkommen, mir nicht, so ruhig mein Körper ist; so tätig ist das, was in mir denkt — da kann ich so einen ganzen geschlagenen Tag ganz alleine zubringen, erstaune daß es Abend ist, und bin vergnügt wie eine Göttin — und mehr als vergnügt und zufrieden sein, braucht man doch wohl in dieser Welt nicht.*

Da die Natur, wie sie einmal schreibt, sich in ewigem Kreislauf dreht, wolle sie sich auch nicht zur Ausnahme machen und sich nicht *grämen, daß nicht immer Vollmond ist* und daß die Sonne jetzt nicht so wärme wie im Julius, *nur das Gegenwärtige gut gebraucht und gar nicht dran gedacht, daß es anders sein könnte; so kommt man am besten durch die Welt — und das Durchkommen ist doch / alles wohl überlegt / die Hauptsache.*

Diese Hauptsache ist der Frau Rath durchaus gelungen:

*Ich befinde mich Gott sei Dank, gesund, vergnügt und fröhlichen Herzens ... und meinem Leichnam tue ich gar gern seine ihm gebührende Ehre.*

Zu dieser Ehre gehört es, daß sie *ihr bißgen Leben so angenehm* macht wie möglich, und Freuden, *die mit Unruhe, Wirrwarr und Beschwerlichkeit verknüpft* sind, meidet. Sie gönnt sich Erholung und Schlaf. Wenn die Tage kürzer werden, verlängert sie die Nachtruhe; warum sollte sie sich denn *strapatzen?* fragt sie den Enkel. Sie ißt und trinkt gerne gut, und im wiederaufgebauten Haus am Hirschgraben sind in der Vitrine die Schokoladetäßchen der Frau Rath zu sehen, mit einem Deckelchen verschlossen, damit das köstliche Getränk sein Aroma bewahren konnte. Ihre Körperfülle legt Zeugnis dafür ab, daß es ihr schmeckte; *als ziemlich groß und ziemlich korpulent* bezeichnet sie sich selbst. Aber die alte Dame beschränkt sich keinesfalls auf diese leiblichen Genüsse, sie *gallopiert noch andere Steckenpferde:* Brabanter Spitzenklöppeln nennt sie, das ihr *kindische Freude* bereite, obwohl sie es erst in ihren *alten Tagen gelernt hat — dann kommt das Clavier — dann das Lesen — und endlich das lange aufgegebene, aber wieder hervorgesuchte Schachspiel.*

Auch pflegt sie ihre Mittwoch-Gesellschaften, bei denen im Freundeskreis die »Schillerschen und Lessingschen Dramen« und — wie es sich von selbst versteht — die Werke des Sohnes mit verteilten Rollen gelesen werden. Das Schauspiel begeistert sie, Jahre hindurch schwärmt sie für einen bestimmten Schauspieler.

Was aber hat dies alles mit Goethe und was insbesondere mit dem Problem von Gesundheit und Krankheit zu tun? Könnte man nicht den Einwand erheben, eine glückliche Konstitution und eine Sonderbegabung zur Lebenskunst hätten einem begnadeten Menschen dazu verholfen, ein erfülltes Leben zu führen und darüber hinaus das große Glück zu erleben, Mutter eines Genies zu sein?

Keineswegs kam es der Frau Rath vor allem auf epikureische Genüsse an, das eigentliche Geheimnis ihrer Freude bestand darin, daß es ihr gegeben war, keinen Menschen ungetröstet oder verdrießlich von sich fortgehen zu lassen. Der Mutter war diese Gabe verliehen, der Sohn übernahm das Erbe mehr als geistiges Vermächtnis denn als Wesensanlage. Um das, was der Mutter natürlich war, mußte er mühsam kämpfen, keine Frohnatur, aber entschlossen, sich zur Freude zu bekennen.

Das, was ihm zu schaffen machte, Stimmungsschwankungen, Reizbarkeit, lange Perioden unentschlossenen Zuwartens, kannte die Mutter nicht. Eines aber prägte das Leben der Mutter in gleichem Maße wie das des Sohnes. Beide hatten sie den Mut zum Gegensatz: Das, was Goethe Wechsel von Systole und Diastole nennt, gesammelte Anspannung, die von Abspannung gefolgt ist, eben dieser Wechsel ließ ihrer beider

Herz durch ein langes Leben lang andauernd und kräftig schlagen. Die temperamentvolle und betriebsame Frau Rath, die von weit her wegen ihrer heiteren Plauderkunst aufgesucht wurde, die muntere Gesellschafterin und Menschenfreundin, die Kunstbegeisterte und Theaterwütige, die Märchenerzählerin und Kinderliebende — sie hatte Stunden der stillsten und entspanntesten Einsamkeit, die ihr nicht Last, sondern Notwendigkeit waren. Hier lag eines der Geheimnisse ihrer Jugendfrische und Lebenskraft: Sie verstand es zu schweigen, wenn es not tat, und auszuruhen, wenn sie müde war. Dann wurden die Freunde nicht vorgelassen, sondern an die Geschichte vom Rebhuhn erinnert. Man könnte dieser Geschichte den Titel »Vom Geheimnis der Lebenskunst« geben, und ein Maler täte gut daran, das Rebhuhn als Wappentier auf ein Bild der Frau Rath zu setzen. Es wäre ein Adelswappen in einem höheren als dem genealogischen Sinn.

Wie aber lautet die Geschichte vom Rebhuhn? Laßt die Frau Rath erzählen und alle diejenigen zuhören, die vom Brunnen der Gesundheit einen Becher voll schöpfen möchten. Schluck für Schluck kann er ausgetrunken werden in einer Stunde der Stille, während die ruhige Stimme erzählt:

*Zu dem Heiligen Johannis kam einmal ein Frembter der viel vom Johannes gehört hatte. Er stellte sich den Mann vor wie er studierte unter Manuspricken saß verdieft in großen Betrachtungen usw. Er besucht ihn, und zu seinem großen Erstaunen spielt der große Mann mit einem Rebhun das ihm aus der Hand aß — und Tausend Spaß trieb er mit dem zahmen Thirgen — Johannes sah dem Frembden seine Verwunderung an thate aber als merckte Er nichts — im Diskurs sagte Johannes sie haben da einen Bogen laßen sie ihn den gantzen Tag gespannt — behüte sagte der Frembte das thut kein Bogenschütz der Bogen erschlaft, mit der Menschlichen Seele ists eben so, abgespant muß sie werden, sonst erschlaft sie auch sagte Johannes. Nun bin ich freilich kein Johannes aber eine Seele habe ich die wenn sie mir gleich keine Offenbahrung dictir — doch den Tag über im kleinen sich anstrengt und gerechnet daß sie einen körper 76 Jahr alt bewohnt absolut abgespant werden muß — davon ist die Rede nicht wenn ich unter guten Freunden bin, da lache ich die jüngsten aus — auch ist nicht Rede vom Schauspiel da villeicht keine 6 sind die das Lebendige Gefühl vor das schöne haben wie ich, und die sich so köstlich ammusiren. Die Rede ist wenn ich gantz allein zu Haußе bin, und jetzt schon um ½5 Uhr ein Licht habe — da wird das Rebhun geholt — da bin ich aber auch so erpicht drauf, daß keine Seele mehr zu mir darf. Geheimniß ist die Sache nicht den alle meine Freunde kennen das was ich Rebhun nenne — aber das würden sie nicht begreifen, daß eine Frau wie ich ihre Einsamen Stunden damit hinbringen könte — ihre Seelen die den gantzen Tag abgespant sind, das mann sehr an ihrer Unterhaltung merckt — haben demnach von abspannen keinen Begrief.*

Dies schrieb die Frau Rath am Abend des 14. Dezmber 1807, ein Jahr vor ihrem Tod an ihre Schwiegertochter Christiane. Vor den Brieftext setzte sie folgende Überschrift (die Orthographie wurde beibehalten):

*... ich bleibe zu Hauß und dencke an das Rebhun — belieben weiter unter nach zu sehn.*

Wir haben den Becher Schluck für Schluck ausgetrunken — wenn er nachgefüllt werden soll, bitte sehr, meint die Frau Rath: Belieben an das Rebhun zu denken!

## *Gesundheit*

*Wie steht's mit Ihrer Gesundheit? Ich bitte Sie, sorgen Sie doch für diesen Leib mit anhaltender Treue. Die Seele muß nun einmal durch diese Augen sehen, und wenn sie trüb sind, so ist's in der ganzen Welt Regenwetter.*

(Goethe an Trapp, 28. Juli 1770)

Goethe hat für seinen Leib *mit anhaltender Treue* gesorgt. Im August 1770 schrieb er an Susanne von Klettenberg, die ihn während des Krankheitsjahres in Frankfurt immer wieder ermutigt hatte, die Worte, die sein psychohygienisches Grundkonzept enthalten:

*Übrigens ist mein Körper just so gesund, um eine mäßige und nötige Arbeit zu tragen, und um mich bei Gelegenheit zu erinnern, daß ich weder an Leib noch an Seele ein Riese bin.*

Kein Riese? Sein Körper hat durch 83 Jahre treu seinen Dienst getan, und er selbst hat seinerseits diesem Leib Pflege angedeihen lassen. Welches biologische Erbe hat er von seinen Vorfahren übernommen? Sein Vater, Johann Kaspar, Sohn des sehr vitalen, tüchtigen Gastwirts und Weinhändlers Friedrich Georg Goethe, mit dem der Aufstieg der Familie begonnen hatte, verstarb 1782 im Alter von 72 Jahren. Er hatte in den letzten Lebensjahren mehrere Schlaganfälle erlitten und war daher zuletzt — wie die Frau Rath es ausdrückte, zu einem »pflanzenhaften Dasein« verurteilt gewesen. Weitere Krankheiten sind nicht bekannt. Er war ein nüchtern denkender, ernster Mann, der im Alter zu Pedanterie neigte, und hatte ein streng geregeltes Leben als reicher Privatmann geführt. Die Mutter, 21 Jahre jünger als ihr Mann, dem Körperbau nach eine Pyknikerin, war warmherzig, lebensfroh und phantasiebegabt. Obgleich sie nur eine geringe Schulbildung erhalten hatte, war sie vielseitig interessiert und kunstbegeistert. Sie war gesund, außer einer Kurzsichtigkeit wurden keinerlei Krankheitserscheinungen beobachtet.

Goethe sprach von Mütterchens »Frohnatur«, die sich auf ihn vererbt habe.

Für Frau Rath galt dies in vollstem Sinn, nicht aber für den Sohn. Für ihn bezeichnet das Wort nicht das Erbe, sondern bewußte Zielsetzung. Es scheint somit zunächst, als habe hier Ernst Kretschmer nicht recht mit seiner Feststellung, daß das Genie gegenüber dem geistigen Durchschnitt biologisch oft benachteiligt sei. Das Elternerbe scheint ein günstiges zu sein. Ganz anders aber sieht es aus, wenn man die weitere Familie näher betrachtet: ein Bruder des Vaters war geisteskrank, lebte bis zu seinem Tode in dem großen Frankfurter Haus und

wurde von den Kindern mit ängstlicher Scheu betrachtet. Die Kinder — dies waren Johann Wolfgang, der Erstgeborene, und seine Schwester Cornelia. Von den weiteren nachgeborenen Geschwistern starb ein 1752 geborener Bruder Jakob im Alter von 6 Jahren an einer Infektionskrankheit, zwei Schwestern, 54 und 57 geboren, im Alter von knapp 2 Jahren und ein 1760 geborener Knabe mit 8 Monaten.
Die auffallende Lebensschwäche der Geschwister wiederholte sich bei Goethes eigenen Kindern, von denen nur der Älteste, der 1789 geborene Sohn August, am Leben bleiben sollte. Die weiteren Kinder Goethes und Christianes waren nicht lebensfähig: 1791 Totgeburt eines Knaben, 1793 Tod eines Mädchens mit 11 Tagen und 1795 Tod eines Knaben 16 Tage nach der Geburt, und das letzte Kind, ein 1802 geborenes Mädchen, lebte nur 3 Tage lang.
Häußler hat versucht, diese Sterblichkeit mit einer Rhesus-Negativität Christianes zu erklären, eine glaubwürdige Vermutung, für die aber keine Beweise zu erbringen sind.
Der Sohn August starb wenige Jahre vor Goethe in Italien an einer eitrigen Meningitis. Von seinen 3 Kindern erlag Alma mit 17 Jahren in Wien einer Typhusinfektion, die beiden Söhne blieben unvermählt: Walter starb 67jährig an Lungentuberkulose und Wolfgang mit 63 Jahren an Asthma. Goethes direkte Nachkommenschaft war demnach bereits in der dritten Generation erloschen. »Das Haus der Eumeniden geht zu Ende«, hatte Walter von Goethe geschrieben. Er hatte sich als ein »Überbliebener von Tantalus Haus« bezeichnet.
So also sieht das »gesunde Erbe« aus, wenn man es näher betrachtet: geistige Umnachtung und Schwermut in allernächster Verwandtschaft, extreme Lebensschwäche bei den nachgeborenen Geschwistern und den eigenen Kindern. Die ein Jahr nach ihm geborene Schwester Cornelia ist die Gefährtin aller Kindheitserlebnisse, gemeinsam mit ihr erhält er den vom Vater erteilten Unterricht. Er hat diese Schwester sehr geliebt, wenn er auch, wie über vieles, was ihm sehr nahe ging, nicht ausführlich darüber gesprochen hat. Cornelia aber war ein tief unglücklicher Mensch, litt an schweren melancholischen Verstim-

mungen. Wenige Jahre nach ihrer Verehelichung starb sie nach der Geburt ihres zweiten Kindes. In den letzten Lebensjahren war sie in eine tiefe Gemütsdepression versunken. Sie war hochbegabt, war vom gelehrten und strengen Vater ausgezeichnet ausgebildet worden und wäre nach Ansicht des Bruders wegen ihres ernsten stillen Wesens für den Beruf einer Äbtissin eher geeignet gewesen als für die Ehe. Während der Bruder mit 16 Jahren aus der strengen Zucht des patriarchalisch regierten Vaterhauses in das freie Leipziger Studentenleben hatte ausweichen können, war ihr als Mädchen diese Möglichkeit versagt geblieben. Die Heirat mit einem wackeren, braven Mann, wie Schlosser es war, wurde von den Eltern begünstigt, erwies sich aber bereits nach kurzer Zeit als Fehlschlag. Es lag wohl nicht nur daran, daß die Gemütsart der beiden Ehegatten nicht harmonierte, sondern daran, daß der physische Kontakt Cornelia widerwärtig war. Bereits während der ersten Schwangerschaft wurde sie von Angstvorstellungen und Vorahnungen drohenden Unheils bedrückt. Sie konnte dem Kinde keine Liebe entgegenbringen und siechte, in tiefe Melancholie versunken, bettlägerig dahin, bis sie bald nach einer zweiten Entbindung starb. Moebius rechnete ihre Krankheit zum manisch-depressiven Irresein. Und Goethe selbst?

> *Durch die Ungeschicklichkeit der Hebamme kam ich für tot auf die Welt und nur durch vielfache Bemühungen brachte man es dahin, daß ich das Licht erblickte,*

so beginnt Goethes Lebensgeschichte in Dichtung und Wahrheit. Wie in einer Ouvertüre ist das Leitmotiv dieses Lebensweges damit angeschlagen; er hätte mit Berechtigung etwa so fortfahren können: Durch vielfältige Bemühungen habe ich es späterhin dahin gebracht, mich am Leben zu erhalten. Das Kind war asphyktisch, das heißt anscheinend leblos und blau verfärbt, auf die Welt gekommen. Es fing erst nachdem es kräftig auf den Rücken geklopft und gebeutelt worden war, an zu atmen. »Er lebt!« hörte die 18jährige Mutter die Großmutter begeistert ausrufen.

Ein Jahr später wurde die Schwester Cornelia geboren. Goethe berichtet, er habe als Kind Masern und Pocken durchgemacht.

Die Pockenimpfung war schon bekannt, wurde aber noch mißtrauisch beobachtet, und Goethe war nicht geimpft worden.

> *... Die Krankheit wütete durch die Familien, tötete und entstellte viele Kinder, und wenige Eltern wagten es, nach einem Mittel zu greifen, dessen wahrscheinliche Hilfe doch schon durch den Erfolg mannigfältig bestätigt war. Das Übel betraf nun unser Haus und befiel mich mit ganz besonderer Heftigkeit. Der ganze Körper war mit Blattern übersäet, das Gesicht zugedeckt, und ich lag mehrere Tage blind und in großen Leiden.*

Das Kind wurde ermahnt, das Übel nicht durch Kratzen und Reiben zu vermehren, hielt sich standhaft und war froh genug, nach schlimmen Fiebertagen wieder das Tageslicht zu sehen. Aber die Bildung des Gesichtes war merklich verändert, und eine lebhafte Tante, die früher Abgötterei mit dem hübschen Kind getrieben hatte, konnte ihn selbst in späteren Jahren selten ansehen, ohne auszurufen: »Pfui Teufel! Vetter, wie garstig ist er geworden«. Charlotte von Schiller bestätigt, daß Goethe immer wieder betont habe, wie sehr seine Physiognomie durch die Blattern verändert worden sei und daß er überzeugt sei, daß man ihn zum Unterschied von ehemals nun mit Widerwillen betrachten müsse. Goethe, der zeitlebens Krankheit neben körperlicher Entstellung für das größte irdische Übel hielt, geht in »Dichtung und Wahrheit« ausführlich auf Zeiten körperlichen Übelbefindens ein. Sein Arzt Vogel berichtet: »Schmerzen waren ihm unter allen körperlichen Leiden am peinlichsten, nächst ihnen affizierten ihn am mächtigsten entstellende Übel. Im Preisen der Schmerzlosigkeit wetteiferte er mit Epikur ...«

Mit den Ärzten sprach er über seine Krankheiten und erkannte sehr deutlich den Zusammenhang zwischen seelischen Krisen und körperlichen Leiden. Freunden gegenüber tat er Fragen nach seiner Gesundheit mit der kurzen Bemerkung ab:

> *Die Krankheit geht den Menschen nichts an, er muß sie ignorieren, nur die Gesundheit verdient remarkiert zu werden.*

Die erste Episode, die man heute als psychosomatische bezeichnen würde, steht am Ende seiner Knabenzeit, er berichtet von ihr im 5. Buch von Dichtung und Wahrheit in Zusammenhang mit dem Gretchenerlebnis. Er war zu Unrecht in den Verdacht gekommen, an der Verfertigung von falschen Dokumenten mitgewirkt zu haben. Er erkrankte an schweren Schluckbeschwerden. Ob diese rein seelisch bedingt, das heißt funktioneller Natur waren, oder ob die innere Erschütterung einer bakteriellen Infektion den Weg gebahnt und es sich um eine echte Angina gehandelt hat, ist nicht auszumachen. Goethe verbrachte *Tag und Nacht in großer Unruhe, in Rasen und Ermattung* und fühlte sich zuletzt glücklich, *als eine körperliche Krankheit mit ziemlicher Heftigkeit eintrat, wobei man den Arzt zu Hilfe rufen und darauf denken mußte, ihn auf alle Weise zu beruhigen!*

Daß es Aufregung, Enttäuschung, Selbstvorwürfe waren, die der Krankheit den Weg gebahnt hatten, darüber gab es für ihn keinen Zweifel:

> *Ich empfand nun keine Zufriedenheit als im Wiederkäuen meines Elends und in der tausendfachen imaginären Vervielfältigung desselben. Meine ganze Erfindungsgabe, meine Poesie und Rhetorik hatten sich auf diesen kranken Fleck geworfen und drohten, gerade durch diese Lebensgewalt, Leib und Seele in eine unheilbare Krankheit zu verwickeln.*

In dieser Jugendkrankheit hat er demnach etwas gelernt, was er ein Leben lang nicht mehr vergessen wird: daß Wiederkäuen des Elends das Übel verschlimmert. Es erwacht schon früh der Entschluß zum Einsetzen von Gegenregulationen, die späterhin für seinen Gesundheitswillen so Entscheidendes leisten. Er wird in späteren Krankheiten immer wieder versuchen, sich seelisch aus dem körperlichen Elend »herauszuhalten«, mit Entschlossenheit an »das Entfernteste« denken, tief in sich Ruhe und Heiterkeit bewahren, die trotz körperlicher Übelstände unversehrt in ihm ruhen wie ein Kern in der Schale.

Dem jugendlichen Erkrankten, der Zeit genug hatte, sich *den seltsamsten Roman von traurigen Ereignissen und einer unerfreulich tragischen Katastrophe selbstquälerisch auszumalen,* gelingt dies noch nicht. Er verhindert selbst seine Genesung, überläßt sich durch *halbe Nächte mit dem größten Ungestüm seinen Schmerzen, Tränen und Schluchzen*, so daß er schließlich kaum mehr schlucken kann, ja auch die Brust zu leiden scheint. Klagen über Brustschmerzen scheinen späterhin öfters auf, er führt sie einmal auf einen Sturz mit dem Pferd zurück, dann wieder auf Verkühlungen, bis zwei Jahre später das Brustübel sich in heftigstem Ausbruch lebensgefährlich erneuert: Im Juni 1768 kam es zu einem schweren Blutsturz und damit zum Ende der Leipziger Studentenjahre. Der Schwerkranke muß ins Frankfurter Elternhaus zurückkehren, eine bittere Enttäuschung für den ehrgeizigen Vater, der die Erkrankung als Versagen des Sohnes ansah. *Der Vater verhehlte, so gut er konnte, den Verdruß ... einen Kränkling zu finden. — Er verbarg nicht seinen Wunsch, daß man sich mit der Cur expediren möge.*

Auch diesmal war der Körperkrankheit eine seelische Konfliktsituation vorausgegangen. War es in Frankfurt die Gretchenepisode gewesen, so diesmal in Leipzig ein Zerwürfnis mit Kätchen Schönkopf, der Wirtstochter, die Goethes Eifersucht erregt hatte: Eine Unfreundlichkeit des Mädchens versetzt ihn in ärgerliche Stimmung, einen Abend später stellt sich Fieber ein, das höher steigt, als er erfährt, Kätchen habe trotz seiner Erkrankung eine Komödienaufführung besucht.

> *Eben hatte das Fieber mich mit seinem Froste geschüttelt, und bei dieser Nachricht wird mir mein ganzes Blut zu Feuer!* schreibt er am 11. November 1767 an Behrisch und fährt fort: *Auf einmal faßte mich das Fieber mit seiner ganzen Stärke, und ich dachte in dem Augenblick zu sterben ...*
>
> *Ich habe den ganzen Abend vergeblich zu weinen versucht, meine Zähne schlagen aneinander, und wenn man knirscht, kann man nicht weinen. Aber ich liebe sie. Ich glaube, ich tränke Gift von ihrer Hand. Ich schreibe wahrlich im Fieber, wahrlich im Paroxysmus. Doch laß mich schreiben. Besser ich lasse hier meine Wut aus, als daß ich mit dem Kopfe wider die Wand renne.*

*... Mein armer Kopf dreht sich. Morgen will ich ausgehen und sie sehen. Vielleicht hat ihre ungerechte Kälte gegen mich nachgelassen. Hat sie's nicht, so bin ich gewiß, einen doppelten Anfall von Fieber morgen abend zu kriegen.*

Nach der Trennung von Kätchen wird ihm, wie er im 7. Buch von Dichtung und Wahrheit feststellt, klar, daß er den Verlust selbst verschuldet hat, und sein Versuch der bewußten Selbstbestrafung führt dazu, daß er — nach Wolf *auf mancherlei unsinnige Weise in seine physische Natur stürmte, um der sittlichen etwas zuleide zu tun.* Es kam zu einem Blutsturz, und der Student mußte schwerkrank nach Hause zurückkehren, von den Freunden als gescheitert angesehen.

1. Oktober 1768. *Ich befinde mich so gut als ein Mensch, der im Zweifel steht, ob er die Lungensucht hat oder nicht, sich befinden kann.*

Der Vater verbirgt nur mühsam seinen Groll, aber die tatkräftige Mutter sinnt auf Abhilfe und findet sie in ihrer Freundin, der Pietistin Klettenberg, die den Kranken durch Zuspruch zu seelischer Besinnung ermutigt. Ihr hat es Goethe vor allem zu danken, daß er nach über einem Jahr seinem Freunde Trapp schreiben kann, Mut und Freude seien wieder da, die Zeit sei vorüber, da die Welt voller Dornen schien: *Des Himmels Arzt hat das Feuer des Lebens in meinem Körper wieder gestärkt.*

Von der Lungenaffektion blieb eine ständige Neigung zu Bronchialkatarrh zurück, die Goethe bis ins Alter hinein zu schaffen machte, besonders während der Frühjahrs- und Herbstperioden.

Diese bedeutendste Erkrankung seiner Jünglingsjahre läßt uns Goethes Auseinandersetzung mit ihr deutlich verfolgen, liegen doch außer dem Bericht von Dichtung und Wahrheit seine Briefe und Berichte der Zeitgenossen vor. Zunächst denkt er über die auslösenden Ursachen nach: er sieht sie im seelischen Schmerz über den selbstverschuldeten Verlust Kätchens, aber auch in einer ihm nicht zuträglichen Lebensweise, die er auf Anraten von Freunden einzuhalten versucht hat: Kaltes Baden — seiner empfindlichen Konstitution nicht angepaßt, Schlafen auf hartem Lager und nur leicht zugedeckt, unzuträgliche Diät, vor allem Merseburger Bier und Kaffee, der ihm eine *ganz eigene triste Stimmung gab.* Suchte er den schmerzlichen Verlust der Geliebten in seelischer Auseinandersetzung zu überwinden, so bekämpfte er die körperlichen Übelstände durch aktive Übungen. Es sollte ja bis ins hohe Alter hinfort sein Grundsatz bleiben, daß jedem Dulden ein Handeln entgegenzusetzen sei. Er versucht sich durch körperliche Übungen *zu frischem Ermannen, zu neuen Lebensfreuden und Genüssen vielfältig aufzuregen.* Das Reiten verdrängte nach und nach die *schlendernden, melancholischen Fußwanderungen, Fechten und Schlittschuhfahren wurde aufgenommen.* Auch hier ist die von vornherein eingeplante Mäßigung bezeichnend — sie wäre manchem heutigen Sportler ans Herz zu legen. Er habe es, wie er schreibt, *in kurzer Zeit durch Übung, Nachdenken und Beharrlichkeit* so weit gebracht, *als nötig ist, um eine frohe und belebte Eisbahn mitzugenießen, ohne sich gerade auszeichnen zu wollen.*

Es wurden zur Wiedergenesung in gleichem Maße seelische wie körperliche Gegenkräfte mobilisiert und der Tiefpunkt durch gesteigerten aktiven Einsatz überwunden. Diese Bemühung kam nicht von ungefähr. Er hatte sehr wohl die Gefahr erkannt, die darin lag, daß man versucht sein könnte, sich durch Krankheit der Liebe und Anteilnahme seiner Umgebung zu versichern:

> *Ich hoffte bedauert zu sein; unsre Eigenliebe muß doch was hoffen, entweder Liebe oder Mitleiden.* (1769 an Friedrich Oeser).

Auch neigt er zeitlebens dazu, sich an Krankheitstagen allzu ängstlich zu beobachten.

Ein gewisser hypochondrischer Zug ist bereits früh an ihm zu bemerken. Christiane wird Jahrzehnte später darüber klagen, sie *stehe oft viel mit dem Geheimrat aus,* wisse aber, daß dies hypochondrisch, also nur krankhaft sei, und ertrage es deshalb gerne. Goethe selbst gibt folgende Definition:

> *Hypochondrisch sein heißt nichts anderes, als ins Subjekt versinken.*

Verstärkt wird die Neigung zur Selbstbeobachtung bei ihm durch zwei körperlich bedingte Eigenheiten, die immer wieder eine sehr entscheidende Rolle spielen: Phasenhafte Stimmungsschwankungen und eine große Abhängigkeit vom Barometerstand, die man als Wetterfühligkeit bezeichnen könnte.

Goethes Stimmungsschwankungen — von der Medizin der Zykloidie zuzuordnen — jenes Auf und Ab zwischen »himmelhoch jauchzend« und »zu Tode betrübt«, Wellenberg und Wellental, ist physisch bedingt wie bei vielen Menschen von pyknischem Körperbau. Seelisch wird diese erblich bedingte Anlage als Auftrieb oder aber als schwere Last erlebt, ist willensmäßig nicht bekämpfbar, wohl aber in dem Sinne steuerbar, wie Goethe es versucht hat: Er lernte es, die Schwankungen bewußt in seinen Arbeitsplan einzubauen: Schöpferische Arbeit in den produktiven Phasen des Wellenberges, und ordnende, sammelnde, forschende Tätigkeit in den unproduktiven Zeiten des Wellentiefs.

Die Ausschläge des Pendels waren in jungen Jahren besonders stark:

> *Meine Natur, von hinlänglichen Kräften der Jugend unterstützt, schwankte zwischen den Extremen von ausgelassener Lustigkeit und melancholischem Unbehagen.*

Die Abhängigkeit vom Barometerstand war sehr ausgeprägt: Bei Hochdruck fühlte er sich wohl, bei Niederdruck nicht nur unbehaglich, sondern oft ausgesprochen krank. Das aufsteigende Jahr bedeutete Hoffnung auf neue Lebensentfaltung, Schöpferkraft und Stimmung stiegen an wie der Saft in den Bäumen. In späteren Jahren pflegte er deshalb oft scherzhaft zu sagen, man würde sich umbringen, wenn man im Herbst von der Scheußlichkeit des bevorstehenden Winters eine rechte Vorstellung hätte; oder, anläßlich Herders Begräbnis, das bei heftigem Regen stattfand: er könne Herder eigentlich darum beneiden, daß er bei solchem Wetter im Grabe liege.

1781 schrieb er an Frau von Stein:

> *Wenn wir in einem bessern Klima wohnten, so wäre viel anders, ich bin der dezidirteste Barometer, der existiert.*

Und 1807 wiederum an Frau von Stein:

*Das Fallen des Barometers hat sich auch an meinem Unglauben gerächt, indem es mir ein großes Übel angedeutet hat* (dies bezieht sich auf einen Anfall seines Steinleidens).

Zu Eckermann sagte er als alter Mann, er habe es gelernt, sich bei niederem Barometerstand bei der Arbeit besonders zu bemühen, um so den Nachteil, den er kenne, auszugleichen.

Im hohen Alter verläßt er während der Wintermonate das Haus am Frauenplan nicht mehr, aber die Sonnenwende feiert er als Hoffnungsbotschaft und noch in der Todeskrankheit im März 1832 begrüßt er den Tag des Frühlingsbeginns mit freudiger Zuversicht, daß es jetzt mit ihm aufwärts gehen werde.

Stimmungsschwankungen und Wetterfühligkeit begleiten sein ganzes Leben als mächtige Untergrundströmungen. Seine Leistung ist in hohem Maße von seinem physischen Befinden abhängig. Auch hier aber ist er ständig auf Gegenregulationen bedacht: Er regelt sein Arbeitstempo nach seinem Befinden, niemals aber läßt er auch nur einen Tag ungenützt verstreichen. Sorgfältiger als die meisten schöpferisch Tätigen ist er auf sein körperliches Wohlergehen bedacht.

Durch sein ganzes Leben ist die nie erlahmende Bemühung, sich gesund zu halten, der Kampf um das physische und psychische Gleichgewicht, durchgehend wie ein roter Faden zu verfolgen. *Die Natur muß sich helfen!* ist sein Wahlspruch, er aber bemüht sich, der Natur zu helfen. Krankheitsausbrüche kennzeichnen Krisenzeiten der Entwicklung, aber mit der Genesung stellt sich ein neues Gleichgewicht ein, und die neue erworbene Gesundheit ist doppelt kostbar geworden. So schreibt er bereits 1768, nach dem Blutsturz:

*Genesung ist jedoch immer angenehm und erfreulich, wenn sie auch langsam und kümmerlich vonstatten geht, und da bei mir sich die Natur geholfen, so schien ich auch nunmehr ein anderer Mensch geworden zu sein: denn ich hatte eine größere Heiterkeit des Geistes gewonnen, als ich mir lange nicht gekannt, ich war froh, mein Innerstes frei zu fühlen, wenn mich gleich äußerlich ein langwieriges Leiden bedrohte.*

Über die Natur dieses langwierigen Leidens ist viel gerätselt worden. Es ist hier nicht Raum, auf alle Gründe einzugehen, die zu den zwei vermuteten Diagnosen geführt haben. Freund und Schmidt glauben, es habe sich um eine luetische Infektion gehandelt, während Moebius, Fraenkel und Veil vom Vorliegen einer Lungentuberkulose überzeugt sind. Das Krankheitsbild selbst spricht mit größter Wahrscheinlichkeit dafür, daß es sich um eine Lungenblutung bei Tuberkulose gehandelt hat, und die Argumente, die verschiedene Bemerkungen über Goethes »Liederlichkeit« in Leipzig als Beweismittel für eine syphilitische Erkrankung heranziehen, haben wenig Überzeugungskraft.

Die Erkrankung, die mit einem Blutsturz und hohem Fieber begonnen hatte, ließ im weiteren Verlauf nicht nur eine starke Abhängigkeit von den Witterungsverhältnissen erkennen, sondern führte auch zu einer Geschwulst am Halse, die sich später erweichte und entleerte. Die Wunde wurde täglich vom Chirurgen mit Höllenstein geätzt, eine schmerzhafte und langwierige Prozedur. Goethe ertrug sie geduldig, stellte Überlegungen über die Wesensart der behandelnden Ärzte, des Chirurgen und eines allgemein praktizierenden Medicus an. Er sollte auch späterhin nicht nur ein genauer Beobachter der Krankheitserscheinungen, sondern auch der angewandten Behandlungsmethoden und der behandelnden Ärzte bleiben. Der Heilungsprozeß war langwierig. *O sage du,* schrieb er in einem Gedicht an Friederike Oeser, *kann man was traurigers erfahren? Am Körper alt und jung an Jahren, Halb siech und halb gesund zu sein?*

*Was nutze mir der ganzen Erde Geld? Kein kranker Mensch genießt die Welt.*

Doch sieht er nicht nur die Nachteile; er schreibt an Kätchen selbst, er bereite sich zwar auf einen einsam und kränklich zuzubringenden Winter vor, was für einen *Menschen von zwanzig Jahren eine ziemliche Folter* zu sein vermöge, aber er wisse dennoch, *Unglück ist auch gut. Ich habe viel an der Krankheit gelernt, das ich nirgends in meinem Leben hätte lernen können.* Und im gleichen Sinn 1769 an Friederike Oeser:

*... ich habe das Capitel von Genügsamkeit, Geduld und*

*was übrigens für Materien ins Buch des Schicksals gehören, wohl und gründlich studiert, bin auch dabei etwas klüger geworden ... Trutz meiner Krankheit, die war, trutz der Krankheit, die noch da ist, bin ich so vergnügt, so munter, oft so lustig, daß ich Ihnen nicht nachgäbe, und wenn Sie mich in dem Augenblicke jetzt besuchen, da ich mich in einem Sessel, die Füße wie eine Mumie verbunden, vor einem Tisch gelagert habe, um an sie zu schreiben.*

Er scherzt darüber, daß er an den Bettfuß und späterhin an den Sessel angeschraubt gewesen sei — ebensogut hätte er *in einem gespaltenen Baum wollen eingezaubert sein.*

Den Sommer verbringt er meist liegend, er liest, schreibt Briefe, übt sich im Ätzen und Radieren.

Die Stimmung schwankt zwischen Mißmut und Verzweiflung und ruhigem Ausharren, ja manchmal sogar überströmendem Glücksgefühl. Er selbst bemerkt in Dichtung und Wahrheit darüber rückblickend, daß noch lange nach der Genesung sich in seinem ganzen Wesen doch etwas *Überspanntes gezeigt habe, welches nicht völlig auf geistige Gesundheit deutete.* Neben dem gegen das Fieber verordneten Chinin verschreibt er sich selbst Ruhe und Diät, um das Überhitzte und Überreizte in seinem Wesen zu dämpfen und um *ein gesundes System des organischen Lebens* befestigen zu helfen.

Diese erste ernsthafte Erkrankung hatte zu einer tiefgreifenden Umstellung auf allen Lebensgebieten geführt. Der Leipziger Student war nach den vom Vater streng überwachten Frankfurter Jahren auf das freie gesellschaftliche Leben keineswegs vorbereitet, seine durchaus nicht riesenhafte Natur war überfordert durch vielfältigste Eindrücke, deren tiefgreifendster der Abschied von Kätchen, der *unschuldig schuldigen Auslöserin der Seelenverwirrung*, gewesen war.

Die Krankheit hatte ihn nicht nur aus allen diesen Wirrungen herausgelöst, sie hatte noch mehr für ihn getan. Prägend für sein ganzes weiteres Leben blieb die Begegnung mit dem Grundgedanken einer reichen inneren Welt christlicher, pietistisch geprägter Frömmigkeit, wie sie ihm durch Fräulein von

Klettenberg vermittelt wurde. Zwar war Goethe bereits durch seine Mutter mit dem Wortlaut der Luther-Bibel vertraut, was durch viele Stellen seiner Werke belegt werden kann, doch werden Gedanken wie die vom sinnvollen Verzicht, der Wohltätigkeit des Schmerzes *(Unglück ist auch gut)*, der Reinheit und Entsagung hier erst recht eigentlich tief begründet. Hier wird der Grundstein gelegt für die spätere Bitte an Frau von Stein: *Mache mich recht gut!*

Der Grundgedanke von der Notwendigkeit der Entsagung — nicht umsonst trägt ein Teil des »Wilhelm Meister« den Untertitel: Die Entsagenden — nimmt hier seinen Ursprung. Verzicht — niemals im Sinne der Selbstquälerei, der Reue oder Selbstbestrafung, aber im Sinne des Einverständnisses mit der notwendigen Korrektur, Bejahung der inneren Umstellung und Neuwerdung.

Krankheit wird zum Korrektiv der *Lüderlichkeit*, zum Zwang zum Stilleliegen, Stillesitzen, Dulden und Denken.

Das Wichtige an dieser im übrigen ja durchaus nicht neuen Einstellung ist es hier, daß Krankheit nicht als Lösung, als ein an sich zu Bejahendes erlebt wird, sondern als ein Durchgangsstadium. Sie lehrt eine neue, bessere Lebensbewältigung, die wiederum nichts anderes ist als eine neu erworbene Gesundheit.

Diese Wiederherstellung bewährt sich während der Monate in Wetzlar, in den weiteren Frankfurter Jahren und während der Schweizer Reise vor der Berufung nach Weimar. Goethe kann in Weimar allen beruflichen und gesellschaftlichen Verpflichtungen voll nachkommen. Doch bleibt er von 1775, dem ersten Weimarer Jahre an bis zu seinem Tode ständig in ärztlicher Kontrolle. Er interessiert sich für die Medizin und beobachtet seine Ärzte genau. Seinen ersten Arzt in Weimar, Christoph Wilhelm Hufeland, der später nach Jena und Berlin berufen wird, schätzt er besonders, von den späteren noch Rehbein und Stark, in den letzten Jahren den erst 1826 nach Weimar gekommenen Vogel.

Goethes ausgeprägte naturwissenschaftliche Interessen haben ihn schon in Straßburg in Anatomie-Vorlesungen geführt, späterhin besuchte er während vieler Jahre die Anatomie-Demonstrationen von Prof. Loder in Jena. Er verfolgt dabei aber jenseits des zu vermittelnden Wissensgutes noch einen besonderen, für ihn kennzeichnenden Zweck. Er will seine Reizbarkeit allen Sinneseindrücken gegenüber auf diese Weise bekämpfen.

> *Krankhafte Gegenstände erregten mir Ekel und Abscheu. Die Anatomie war mir auch deshalb doppelt wert, weil sie mich den widerwärtigsten Anblick ertragen lehrte, indem sie meine Wißbegierde befriedigte. Und so besuchte ich auch das Klinikum des älteren Dr. Ehrmann sowie die Lektionen der Entbindungskunst seines Sohnes, in der doppelten Absicht, alle Zustände kennen zu lernen und mich von aller Apprehension gegen widerwärtige Dinge zu befreien.* (Dichtung und Wahrheit, 2. Teil).

Diese Versuche, besondere Reizbarkeit auf eigene Weise zu kurieren, stehen nicht allein. Stärkerer Schall ängstigt ihn. Deshalb geht er abends beim Zapfenstreich neben den Trommlern her, *deren gewaltsame Wirbel das Herz im Busen hätten zersprengen mögen.* Er leidet unter Schwindelanfällen und übt seinen Gleichgewichtssinn, indem er in Straßburg auf den Münsterturm steigt und sich dort daran gewöhnt, den Blick hinunter auf das unendliche Land ohne Ängstlichkeit auszuhalten.

> *Dergleichen Angst und Qual wiederholte ich so oft, bis der Eindruck mir ganz gleichgültig ward.*

Auch dies ist ein neuerlicher Triumph seiner Lebensmaxime, man müsse durch aktive Bemühung versuchen, jeder Schwierigkeit Herr zu werden.

Seine Anatomiekenntnisse sind sehr weitreichend; er hat durch vergleichende Studien nicht nur den Zwischenkieferknochen beim Menschen entdeckt, sondern auch Studien über die Bildung der Schädelknochen aus den Wirbeln angeregt. Seine Interessen wenden sich auch der Chemie und Pharmakologie zu. Deshalb ist er sehr gut imstande, die ihm verordneten Heilmittel kritisch zu beurteilen. Den Verordnungen fügt er sich meist willig und hat auch ein gutes Verhältnis zu den behandelnden Ärzten. Finden diese aber einmal ein Konsilium für nötig, wird er mißtrauisch und bezeichnet die Ärzte als *Ihr Hundsfötter!*, sagt wohl auch anklagend, raten könnten sie wohl, aber nicht helfen.

Von der schweren Erkrankung 1823 (Herzinfarkt) berichtet Kanzler Müller, Goethe habe seinen Ärzten öfters aufgegeben, sich ernstlich über seinen Zustand zu bedenken, indem er einigen Unglauben an ihrer Kunst merken ließ. Treibt nur eure Künste! Das ist alles recht gut, aber ihr werdet mich doch nicht retten. Einmal, als die Ärzte sich leise miteinander beraten hatten, sagte er: *Da gehen die Jesuiten hin! Beraten können sie sich wohl, aber nicht raten und retten.*

Seine Erwartungen bezüglich der ärztlichen Hilfeleistung sind sehr genau umgrenzt. Der Arzt möge wohl unterrichtet sein, das heißt gute medizinische Kenntnisse haben, klare und für den einsichtigen Kranken gut begründete Anordnungen geben, in Naturheilmethoden bewandert sein. Er ist in den meisten Fällen kein schwieriger Patient, befolgt diätetische und Ruheanordnungen genau, führt die Badekuren gewissenhaft durch. Auch strebt er als Ziel der Behandlung nur zweierlei an: Schmerzfreiheit, die ihm mit Epikur als höchstes irdisches Gut erscheint, und ausreichendes körperliches Wohlbefinden, um seinen Obliegenheiten genug tun zu können. Er wiederholt Jahre hindurch fast in gleichem Sinn: 1781 an seine Mutter:

> *Meine Gesundheit ist weit besser, als ich sie in vorigen Zeiten vermuten und hoffen konnte, und da sie hinreicht, um das, was mir aufliegt, wenigstens großenteils zu tun, so habe ich allerdings Ursache, damit zufrieden zu sein.*

1803 an Schiller:

> *Ich habe ... nur gerade so viel physische Kräfte, um notdürftig auszulangen, da ich zur Mitwirkung an einem so schweren und bedenklichen Geschäft verpflichtet bin.*

1809 an Frau von Stein:

> *An die physische Existenz habe ich keine großen Anforderungen.*

1811 an Wolf:

> *Was mich betrifft, so kann ich wohl sagen, daß meine körperlichen Zustände mich nicht hindern, nach meiner Art*

*tätig zu sein und den mäßigen Forderungen Genüge zu leisten, die ich und andere an mich machen.*

1830 an den Sohn:

*Von mir wüßt ich nichts zu melden, als daß ich mich gerade so wohl befinde, um den von außen und von innen gebotenen Obliegenheiten genug zu tun.*

1830 an Meyer:

*Nun müssen Tage sowohl als Kräfte gespart und auf das Dringendste verwendet werden.*

In den Briefen der Zeitgenossen finden sich immer wieder Bemerkungen über Goethes Gesundheit — ein Zeichen dafür, daß seine Anfälligkeit den Freunden bekannt war, obwohl sie ihm gegenüber nicht davon zu sprechen wagten. So schreibt 1807, in einem Jahr, in dem Goethe sein Steinleiden bereits zugesetzt hatte, Johanna Schopenhauer an Tischbein: »Goethe ist zeither nicht ganz wohl. Er will zwar nicht, daß man es laut werden lasse, allein er kann es doch nicht verbergen. Das alles unter uns; denn er hat's nicht gern, wenn ihm aus der Nähe und Ferne die Wirkungen seines Zustandes zurückstrahlen.«

Goethe spricht mit dem Arzt über sein Befinden, berichtet in den Tagebüchern und manchmal auch in den Briefen an Frau und Sohn darüber. Mit Fernerstehenden spricht er weder über körperliches noch seelisches Leiden. Das Gespräch brächte ihm keine Erleichterung, sondern durch den Widerhall in der Seele des Gesprächspartners nur größere Belastung.

Mitgefühl und Trostgespräch helfen ihm nicht, daher stellt er die Maxime auf, daß nur die Gesundheit es verdiene, remarkiert zu werden. Er verlangt nicht nach Mitleid, sondern will seine Abwehrkräfte mobilisieren. Er tut dies auf sehr verschiedene Weise.

1. Geistige Widerstandskraft.

Bereits am 7. Jänner 1792 schreibt er in der Kampagne in Frankreich:

*Fahrt nach Verdun. Zwischen ansteckende Kranke gepackt, wußt ich von keiner Apprehension. Der Mensch, wenn er sich getreu bleibt, findet zu jedem Zustande eine hilfreiche Maxime; mir stellte sich, sobald die Gefahr groß ward, der blindeste Fatalismus zur Hand, und ich habe gemerkt, daß Menschen, die ein durchaus gefährliches Metier treiben, sich durch denselben Glauben gestählt und gestärkt fühlen. Die mohammedanische Religion gibt hievon den besten Beweis.*

Im März 1830 spricht er mit Eckermann über krankhafte körperliche Zustände und über die Wechselwirkung zwischen Körper und Geist.

*Es ist unglaublich, wieviel der Geist zur Erhaltung des Körpers vermag. Ich leide oft an Beschwerden des Unterleibs, allein der geistige Wille und die Kräfte des oberen Teiles halten mich im Gange. Der Geist muß nur dem Körper nicht nachgeben: So arbeite ich bei hohem Barometerstand leichter als bei tiefem; da ich nun dieses weiß, so such ich bei tiefem Barometer durch größere Anstrengungen die nachteilige Einwirkung aufzuheben, und es gelingt mir.*

2. Passive Ausweichmanöver: Manchmal hilft es auch, keinerlei Widerstand zu leisten, sondern die Krankheit dadurch zu überlisten, daß man sich *gleich als krank ausgibt.* Er hütet dann das Bett, ohne eigentlich leidend zu sein — eine oft geübte Kriegslist, die ihm hilft, unliebsame Besucher abzuwehren oder lästigen gesellschaftlichen Verpflichtungen am Hofe zu entgehen. Auch hilft das Mittel vorzüglich bei kleinen Unpäßlichkeiten. So heißt es in einem Brief an Frau von Stein:

*Diesmal hab ich mir so von der Krankheit geholfen, daß ich mich gleich für krank gab.*

3. Der »Hausarrest« wird schon im 5. Lebensjahrzehnt ein immer häufiger angewandtes Heilmittel. Der Entschluß, das Haus nicht zu verlassen, fördere die Arbeit entschieden. 1808 schreibt er an Johanna Frommann:

*Ob ein wirkliches Übel, Furcht vor dem Übel oder die Lust, einsam zu bleiben, mich zu Hause gehalten hat, weiß ich selbst nicht. Ein solcher gewünschter Zustand ist, wie Sie sehen, nicht der schlimmste.*

4. Die Arbeit selbst ist das wirksamste Gegengift gegen jedes Übel. Es kann freilich auf dem Höhepunkt der Krankheit

nicht angewendet werden. Dann klagt er, wie etwa im Februar 1797 in einem Brief an Schiller:

> *Aus meinen betrübten Umständen muß ich Ihnen noch einen guten Abend wünschen. Ich bin wirklich mit Hausarrest belegt, sitze am warmen Ofen und friere von innen heraus. Der Kopf ist mir eingenommen, und meine arme Intelligenz wäre nicht im Stande, durch einen freien Denkactus den einfachsten Wurm zu produzieren, vielmehr muß sie dem Salmiak und dem Liquirizensaft, als Dingen, die an sich den häßlichsten Geschmack haben, wider ihren Willen die Existenz zugestehen. Wir wollen hoffen, daß wir aus der Erniedrigung dieser realen Bedrängnisse zur Herrlichkeit poetischer Vorstellungen nächstens gelangen werden, und glauben dies um so sicherer, als uns die Wunder der stetigen Naturwirkungen bekannt sind.*

Ist eine leichte Besserung eingetreten, dann besinnt er sich auf das noch zu Leistende. Anerkennend berichtet er, wie Haller, nachdem er nach einem Sturz über die Treppe auf den Kopf gefallen war, sogleich nach dem Aufstehen versucht habe, die Namen der chinesischen Kaiser der Reihe nach herzusagen. Er wollte prüfen, ob sein Gedächtnis gelitten habe. Er mache es wie dieser und versuche sogleich, *manche von den Fäden zu vergegenwärtigen*, die ihn *ans Leben, an Geschäfte, an Wissenschaft und Kunst knüpfen.* Mit Freude stellt er dann fest, daß keiner abgerissen ist und daß die *Combination wie vor Alters* fortgehe und die *Produktion in einem Winkel lauert.* Aber er will sich nicht zur Arbeit zwingen wie Schiller, der *vom Geiste aufgefressen* worden sei. So heißt es 1801 gemächlich:

> *Doch wollen wir uns indeß als Genesende behandeln und zufrieden mit einer so baldigen Wiederherstellung, nach einem so großen Übel, in geschäftigem Müßiggang dem Frühjahr entgegenschlendern.*

Es entspricht dies dem Zeittempo der Langlebigen, wie Charlotte Bühler in ihren Studien über Lebensläufe es nachgewiesen hat: kein Zeitrafferphänomen, das Arbeit über Arbeit häuft, bis der Organismus unter der Last zusammenbricht. Schiller, der kurzlebige, der nach anderem Gesetz angetreten ist, kann sich darüber nur wundern, manchmal schüttelt er auch ärgerlich den Kopf. 1801 schreibt er an den gemeinsamen Verleger Cotta: »Sie fragen nach Goethe und seinen Arbeiten. Er hat aber leider seit seiner Krankheit gar nichts mehr gearbeitet und macht auch keine Anstalten dazu. Bei den trefflichen Planen und Vorarbeiten, die er hat, fürchte ich dennoch, daß nichts mehr zustande kommen wird, wenn nicht eine große Veränderung mit ihm vorgeht. Er ist zu wenig Herr über seine Stimmung, seine Schwerfälligkeit macht ihn unschlüssig, und über den vielen Liebhaberbeschäftigungen, die er sich mit wissenschaftlichen Dingen macht, zerstreut er sich zu sehr. Beinahe verzweifle ich daran, daß er seinen Faust noch vollenden wird.«

Goethe aber wußte, daß er nicht in dem Maße Herr über seine Stimmung sein konnte, wie Schiller dies forderte. Zyklische Stimmungsschwankungen waren ihm altvertraut, und er wußte, daß phasenhaft Perioden der Entschlußunfähigkeit abgelöst wurden von solchen höchsten schöpferischen Einfallsreichtums. Er hatte gelernt, sich darauf einzustellen und beides zu nützen, jegliches zu seiner Zeit.

Wir haben gesehen, daß er es verstand, aktive und passive Gegenregulationen in den Dienst der Wiederherstellung zu stellen. Widerstand vom Geiste her, Sichzurückziehen, Bettruhe und Hausarrest, vor allem aber und immer wieder das Sinnen auf Abhilfe, das Planen neuer Leistung. Zu allem aber, was er sich vornimmt, gönnt er sich Zeit. Sich selbst, seiner Physis, läßt er Schonung und Pflege angedeihen. Er ist kein Mann der Überforderung, sondern der Geduld.

Wenn man das ungeheure Ausmaß seiner dichterischen, wissenschaftlichen und beruflichen Lebensleistung überblickt, kann man beurteilen, daß Geduld und Mäßigung hier nicht bremsende, sondern fördernde Wirkung ausgeübt haben.

Immer wieder kehren die vielsagenden Worte »Geduld und Vorsicht«, »äußerste Mäßigung und Langsamkeit« (1807 aus Weimar an N. Meyer) wieder. 1807 an Christiane:

*Wir haben noch immer das schönste Wetter und mein Befinden ist auch ganz gut. Ich kann mich sehr in acht nehmen und auf mich acht geben, welches jetzt die Hauptsache ist, damit ich sehe, wo es hinauswill und was ich von der Folge zu hoffen habe.*

1817 an Voigt:

*Meine Körperlichkeiten, die mich keine großen Sprünge machen lassen, erlauben mir wenigstens innerhalb meiner Clausur, auf dem Blumen- und Pflanzenberge in meiner Art schriftlich und drücklich tätig zu sein.*

Und wenn alle anderen Heilmethoden nichts fruchten wollen, dann greift Goethe auf die bewährteste zurück: die Badekur. Die erste tritt er im Alter von 36 Jahren an, zwölfmal geht die Reise nach Karlsbad, dreimal nach Marienbad, sonst nach Teplitz, Franzensbad, Wiesbaden, Tennstädt, Pyrmont und Lauchstädt.

21 Badesommer sind in Goethes Leben zu verzeichnen, meist ausgedehnte Aufenthalte vom Frühsommer bis in den Herbst. Er schließt meist an eine vierwöchige Trinkkur mit mildem Brunnenwasser eine Badekur an, die mit strengster Diät verbunden ist.

Die alkalischen Karlsbader Quellen sind sulfat-, carbonat- und natriumhaltig, er benützt sie nach Oberhoffers Angaben wegen der bekannten laxierenden Wirkung (Goethe litt an Hartleibigkeit), wobei ihm gleichzeitig, besonders in späteren Jahren, ihre günstige Wirkung bei Katarrhen der Luftwege und bei Harnsäurekonkrementen zugute kam. Neben der medizinischen Indikation gab es aber noch eine gesellschaftliche: Das Leben in den Badeorten erlaubte es ihm, sich je nach dem Bedarf der Stunde entweder ganz zurückzuziehen oder aber an den Nachmittagen gesellschaftlichen Umgang zu pflegen, auch kleine Spaziergänge in die Umgebung zu unternehmen und dort seinen Liebhaberbeschäftigungen, Gesteins- und Pflanzenstudien, nachzugehen.

Hier atmete er nicht die provinzielle Luft des Weimarer Kleinstaates ein, sondern konnte die großstädtische Atmosphäre weithergereister Gäste genießen. Bis hinauf zur Kaiserin Maria

Ludowica gab es hier »Standespersonen« jeder Rangordnung, aber auch Gelehrte und Künstler. Goethe hatte dank seines bereits weit berühmten Namens und seiner Hoferfahrung die Wahl, wen er als Gesprächspartner bevorzugen würde und wen nicht. In dem Abschnitt über seine Stellung zu den Mitmenschen wird deutlich werden, welche Wahl er traf. Der arme Beethoven, der ihm auf der Kurpromenade begegnete, mußte wegen seines unhöfischen Betragens eine schlechte Kritik einstecken — für Goethe, den Hofmann, bedeutete gesellschaftliche Form mehr als bloße Äußerlichkeit.

Von diätetischen Maßnahmen ist häufig die Rede, doch ist darunter etwas anderes zu verstehen, als der heutige Sprachgebrauch meint. Nach unseren heutigen Begriffen müßte Goethe als ausgesprochener Vielesser und Vieltrinker bezeichnet werden, doch entsprachen seine Eßgewohnheiten denen seiner bürgerlichen Zeitgenossen durchaus. Auffallend ist der überreichliche Fleischgenuß, der die öfters geklagten »gichtischen Übel« zur Folge hatte. Bereits am frühen Morgen und auch am Vormittag wurde gebratenes Geflügel verzehrt, und in vielen Briefen aus Jena wird Christiane gebeten, sie möge Lieblingsgerichte nachsenden. Um völlige Arbeitsruhe zu haben, zieht er sich oft für Monate ins Jenaer Turmzimmer zurück, will aber auch dort gut versorgt werden. Zu den Mahlzeiten wird Wein getrunken, nach Berichten der Zeitgenossen bis zu zwei Bouteillen täglich. Weinsendungen von Frau Aja treffen in Weimar ein, Zelter schickt Teltower Rübchen, die Gattin Knebels Bratenstücke, und die Einladungen zu Goethes Abendtafel sind nicht nur wegen der Gespräche mit dem Hausherrn hoch begehrt. Vermerke über kulinarische Genüsse finden sich in den Briefen häufig. So 1805 an Meyer »gefällige Sendungen von einem Fäßchen Heringe«, ein andermal »Sendung von gutem alten Franz-Wein«, 1802 an Sophie Sander: »die übersandten Leckerbissen« hätten »vortrefflich geschmeckt«. Ähnliche Aufzeichnungen ließen sich beliebig vermehren.

Bereits im 5. Lebensjahrzehnt wird Goethe korpulent, das Gesicht voll, unter den Lidern hängen schwere Tränensäcke, die

Wangen sind faltig, so daß die Freunde klagen, sein ehemals so schöner und harmonisch proportionierter Körper hätte sich stark verändert. 1799 schreibt Karl von Stein: »Wen sie (die Zeit) von Seiten des Körpers unkenntlich gemacht hat, ist Goethe. Sein Gang ist überaus langsam, sein Bauch nach unten zu hervorstehend — ... sein Kinn ganz an den Hals gezogen ... seine Backen dick, sein Mund in halber Mondsform, seine Augen allein noch gen Himmel gerichtet ... Er dauert mich, der schöne Mann, der so edel in dem Ausdruck seines Körpers war.«

1805 August Christian Vulpius, der Schwager Goethes, an N. Meyer: »Immer kränkelt er. Die Ärzte sagen, er halte sich in Essen und Trinken nicht nach ihren Vorschriften.«

10 Jahre später ist er wieder schlanker; Christiane vermerkt: »sine Bauch. Er nimmt kein Abendessen mehr zu sich und hat das Trinken eingeschränkt.« (1808)

Seine Haltung wird steif — er geht sehr aufrecht, trägt meist die Hände auf dem Rücken verschränkt. Fremde halten es für geheimrätlichen Stolz und vermerken es übel, die Eingeweihten wissen, daß es eine polyarthritische Schonhaltung ist bei starker Versteifung der Wirbelgelenke. Als chronische Leiden stellen sich nach dem 50. Lebensjahr ein: »gichtische Zufälle«, die auf die starke Eiweißüberernährung zurückzuführen sind, rheumatische Schübe (entzündliche Schultergelenksversteifung, Kreuzschmerzen usw.), die wahrscheinlich auf eine Focalintoxikose bei Herden in den Tonsillen und im lymphatischen Rachenring zurückzuführen sind.

Die Hypertonie (erhöhter Blutdruck) bewirkt, daß zum Unterschied von der früheren auffallenden Blässe die Besucher jetzt die gerötete Gesichtsfarbe Goethes vermerken. Er läßt deshalb Schröpfköpfe ansetzen und Aderlässe durchführen — eine regelmäßig praktizierte Heilanwendung, die in späteren Jahren kaum noch ausdrücklich erwähnt wird.

Bei zunehmender arteriosklerotischer Gefäßveränderung kommt es ab 1810 häufig zu stenokardischen Beschwerden und im Februar 1823 zu einem Coronarinfarkt mit Pericarditis. Seither treten öfters Zeichen cardialer Dekompensation auf,

wie Schwellungen der Beine, Atemnot beim Sprechen und Stiegensteigen.
Seit 1805 leidet er an Nierensteinkoliken, die in den folgenden Jahren in fast monatlichen, später in größeren Abständen wiederkehren. Es werden Reitübungen verordnet, um die Steine zu lockern, und Trinkkuren sollen den Nierensand ausschwemmen helfen.
Fast während des ganzen Lebens, genauer seit 1777 nach rezidivierenden Anginen sind Beschwerden des chronischen Gelenks- und Muskelrheumatismus zu verzeichnen, auf die schon hingewiesen wurde. Außerdem wird er durch eine chronische habituelle Obstipation (Hartleibigkeit) geplagt.
Schwere akute Krankheiten hat Goethe viermal durchgemacht:
1768/69 Blutsturz, wahrscheinlich Lungen- und Halsdrüsentuberkulose, seither immer wieder Bronchialkatarrhe im Frühjahr und Herbst.
1801 »Blatterrose«, bullöses Gesichtserysipel mit einem lebensbedrohlichen, hoch fieberhaften Zustandsbild. Seither bewegen ihn Todesahnungen und Angst vor dem Ende.
1823 Coronarinfarkt.
1830 Blutsturz bei Kreislauf-Dekompensation (nach der Nachricht vom Tode des einzigen Sohnes).
1832: Am 22. März Tod an den Folgen einer Bronchopneumonie (Lungenentzündung).
(Diese Angaben wurden wie die vorigen entnommen aus M. Oberhoffer: Goethes Krankengeschichte, Schmorl, Hannover 1949).
Goethes körperliche Anfälligkeit und Kränklichkeit war seiner Umgebung ständiger Anlaß zur Sorge. In vielen Briefen der Zeitgenossen und in Riemers und Eckermanns Aufzeichnungen stehen Vermerke darüber. In Goethes Tagebüchern kehren Feststellungen wie *Den Tag über im Bett zugebracht; Zu Hause geblieben; Nicht wohl gefühlt* usw. immer wieder. Diese Tatsachen werden diejenigen verwundern, die noch immer an der Auffassung von Goethes glückhafter Veranlagung festzuhalten bemüht sind, was seit dem Erscheinen von Muschgs »Tragischer Literaturgeschichte« eigentlich nicht mehr

möglich ist. Wenn er im Alter feststellt, er habe — alles zusammengerechnet — im Leben kaum vier Wochen eigentlichen Behagens gekannt, so gilt dies wohl auch für das körperliche Befinden. Zu Müller sagte er 1823:

*Es lasten solche Massen von Krankheitsstoff auf mir seit 3000 Jahren.*

Weil er aber alles dieses weiß, kennzeichnet ständige Bemühung sein Leben.

1. Er versucht, das gestörte Gleichgewicht durch Gegenregulationen wieder herzustellen, die vom Geist gesteuert werden.

2. Nicht für Askese, Gewaltanwendung und Willensanstrengung tritt er ein, der Körper soll nicht bezwungen, sondern unterstützt werden: Durch Nachgeben, Schonung, Stillehalten und Geduldigsein.

3. Er bemüht sich trotz aller Übelstände immer wieder von neuem darum, seinen *Obliegenheiten* genug zu tun und *die Forderung des Tages* zu erfüllen. Kaum ist das Schlimmste überwunden, heißt es schon:

*Ich befinde mich nicht mehr ganz übel, weil ich wieder etwas tun kann.*

Wenn die Kraft zum Produzieren nicht auslangt, dann reicht sie noch immer zum Lesen, Ordnen, Planen. Selbst während der Nacht, als er in späteren Jahren *seinem hohen Alter gemäß schlaflos* liegt, bemüht er sich, diese Zeit sinnvoll zu verwenden und denkt voraus an die Pflichten des kommenden Tages.

Wohl klagt er mitunter, aber immer wieder rafft er sich auf. Die folgenden Aufzeichnungen sollen dies belegen:

16. November 1823, nach dem Herzinfarkt, klagte er als Schwerkranker:

*Der Geist hat gar keine Kraft.*

Eckermann suchte ihn zu beruhigen: *»Ach«*, sagte er darauf, *»ungeduldig bin ich auch nicht, ich habe schon zu viel solcher Zustände durchlebt und habe schon gelernt zu leiden und zu dulden.«*

In derselben Woche:

*Die Krankheit ist eben auch ein absolutes Übel . . .*

3. April 1824 zu Müller:

*Doch wer nicht verzweifeln kann, muß nicht leben; nur feige sich ergeben, sei ihm das Verhaßteste.*

21. Oktober 1827 an C. D. Rauch:

*Viele Leidende sind vor mir hingegangen, mir aber war die Pflicht auferlegt, auszudauern und eine Folge von Freude und Schmerz zu ertragen, wovon das Einzelne wohl schon hätte tödlich sein können.*

Im Alter fiel an ihm das ganz eigene resignierte Wesen auf. Während er früher oft reizbar, ungeduldig und unmutig gewesen war, äußerte er jetzt bei körperlichen Leiden:

*Wenn man kein Recht mehr hat zu leben, so muß man sich gefallen lassen, wie man lebt.*

1829 an Jakob und Marianne von Willemer:

*Pläne darf ich nicht mehr machen, sondern habe von Augenblick zu Augenblick mit der größten Besonnenheit zu achten, was von außen oder innen geboten wird.*

Es komme nur darauf an, die verbliebenen Kräfte stetig wohl zu nutzen, wiederholt er.

19. Dezember 1830 an F. J. Frommann:

*Die äußere Welt fragt nicht, wo man die Kräfte hernimmt, ihre Forderungen bleiben gleich; es täte Not, man wäre immer dreißig Jahre alt. Doch suche ich mit Mäßigung und Gleichheit über die Verschränkungen und Beschränkungen hinauszukommen, die mich seit zwei Monaten umfangen und festhalten.*

Noch ein Jahr vor dem Tode weiß er 1831 *14 Tage Gefangenschaft unter einer harten katarrhalischen Despotie* wohl zu nutzen, indem er *grenzenlos liest.*

Am 15. Oktober 1831 an Graf Brühl:

*Im hohen Alter, wo uns die Jahre nach und nach wieder entziehen, was sie uns früher so freundlich und reichlich gebracht haben, halte ich für die erste Pflicht gegen uns selbst und gegen die Welt, genau zu bemerken und zu schätzen, was uns noch übrig bleibt.*

Er führt sein beschäftigtes Leben fast wie sonst, das ihm

*von Zeit zu Zeit lästig und unfruchtbar und sodann wie-*

*der einmal wirksam und fröhlich erscheint und also von seiner Art und Sitte nicht lassen will.*

Immer genauer hält er sich an die Grundmaxime seines Lebens, die zugleich der Wertmesser für die Beurteilung seiner Freunde ist.

Obwohl er Marianne von Willemer seit vielen Jahren nicht mehr aufgesucht hat, weiß er, daß sie es ebenso hält wie er, und schreibt im Februar 1832, einen Monat vor seinem Tode:

*Da Sie es übrigens halten wie ich: den Tag zu sichern und zu schmücken wie möglich und dem Dulden sogleich eine Tätigkeit entgegenzusetzen, so bleiben Sie auch unwandelbar wie ich in freundlichster Neigung.*

Selbst am Morgen seines Todestages versucht er noch aufzustehen und umherzugehen, und als dies nicht mehr gelingt, schreibt er mit der immer mehr und mehr herabsinkenden Hand in die Luft, später auf die Bettdecke. »Man bemerkte«, schrieb K. W. Müller, »daß er genau Interpunktionszeichen setzte und den Anfangsbuchstaben erkannte man deutlich für ein großes W; die übrigen Züge vermochte man nicht zu deuten.«

## *Gegensatzphilosophie*

*Wiege dich ... ins Gleichgewicht*

Für Goethe ist Gesundheit Gleichgewicht. Das Symbol der Waage gewinnt für ihn daher höchste Bedeutung. Zwei Schalen trägt die Lebenswaage. Das Gewicht der einen wird vom Schicksal vorherbestimmt: Ahnenerbe in Form von körperlicher und geistiger Anlage bis herab in die feinsten Züge der Konstitution und der Begabung, in den Genen verankert. Nicht nur das Erbe aber drückt diese Schale hernieder, auch die Einflüsse von Zeit und Umwelt lasten auf ihr. Wir können sie die Schicksalsschale nennen; ihr Gewicht ist von der Person nicht abhängig. Den Zeitgenossen erschien es nicht so, als wäre Goethes Lebensschicksal ein belastetes. Armut, wirtschaftliche Unsicherheit, ungerechte Beurteilung oder gar Verkennung seiner Begabung hat er nicht erdulden müssen. Auch wußten sie nicht, was an Krankheitsstoffen auf ihm lastete, weder was an Depression und Wahnsinn im Familienerbe verankert war, noch wie sehr er selbst unter Stimmungsschwankungen und Witterungseinflüssen zu leiden hatte und wie völlig abhängig seine dichterische Produktion von diesen Faktoren war.

Ihm selbst, der gewohnt war, biologisch zu denken, war seine Abhängigkeit vom Vorgegebenen mehr als anderen bewußt. Er drückte dieses Wissen wiederholt aus. Im positiven Sinn: *Es ist alles wie geschenkt! Ich habe mich selbst nicht gemacht! Die Mächte des Dämonischen.* Im Negativen reichen die Vermerke in weiter Skala von Klagen über die Zeiten der Unproduktivität, der Stockungen in den aufgezwungenen Faulenzermonaten (November und Dezember, in denen wegen des absteigenden Jahres keinerlei schöpferische Arbeit möglich war) bis hinauf zum Bewußtsein tragischer Abhängigkeit im Lied der Parzen.

War er doch gewohnt, als Naturforscher zu denken: geprägte Form, Notwendigkeit in Anlage und Entwicklung waren für ihn selbstverständliche Voraussetzungen. Sie waren es nicht nur für den Forscher, sondern auch für den Denker, der die Ergebung in das Unvermeidbare, den Fatalismus, wiederholt als Vorzug der mohammedanischen Religion pries. Keineswegs aber war er gewillt, diese Voraussetzungen als Anklage gegen Gott und Natur zu mißbrauchen. Er war weder ein Mann der Revolte noch der Extreme. Er sann auf Abhilfe und strebte zum Gleichgewicht hin und tat dies um so stärker, je mehr er von Kränklichkeiten, Reizbarkeit, Verstimmung und Stockungen heimgesucht wurde.

Wenn die Schicksalsschale seiner Lebenswaage beschwert wurde, dann warf er sogleich mit kräftigem Entschluß alles das, was in seiner Macht stand, auf die andere Schale.

Immer wieder scheinen in Gesprächen und Briefen dieselben Mahnungen auf: man müsse jedem Erleiden sogleich ein Tun entgegensetzen. Wer einen Verlust erlitten hat, wende sich sogleich entschlossen einer Tätigkeit zu, sei es auch die entfernteste. Er bedenke nicht, was er verloren, sondern besinne sich auf das, was ihm noch verblieben ist. Dem Vergangenen will er nicht nachsinnen, sich von Erinnerungen nicht zerreißen lassen, sondern für die Zukunft planen und die Gegenwart benützen. Es gilt das zu schätzen, was an Leistung noch möglich ist, statt das zu bejammern, was verwehrt worden ist.

Jeder Schicksalsschlag aktiviert neue Gegenkräfte, aber damit nicht genug: Zwar sieht er es als höchste sittliche Verpflichtung an, sich von den Unformen und Negationen des Lebens abzuwenden, um sich im Gleichgewicht zu halten, aber dennoch macht er kein Hehl daraus, daß für ihn die Negation, das Böse ein Grundprinzip der Welt ist.

Ohne diesen dunklen Hintergrund könnte das Gute nicht sichtbar werden.

So wie Fausts Entwicklungsweg nur durch den vertrauten Umgang mit dem Bösen vorwärtsgetrieben wird, so wird jede wirkende Kraft von einer Gegenkraft eingedämmt und zugleich durch sie gefördert.

> *Man kann keineswegs zu vollständiger Anschauung gelangen, wenn man nicht Normales und Abnormes immer zugleich gegen einander schwankend und wirkend betrachtet.*

So zieht der Naturforscher die Summe seiner Erfahrungen:

> *Im anorganischen Leben wird selbst das Unnütze, ja das Schädliche selbst in den notwendigen Kreis des Daseins aufgenommen, ins Ganze zu wirken und als wesentliches Bindemittel disparater Einzelheiten.*

Darum warnt er auch davor, bei den Pflanzen von Mißbildungen und Verkümmerung in einem scharfen Sinne zu sprechen, da doch *sowohl das Geregelte wie das Regellose von einem Geiste belebt ist.*

Kraft und Gegenkraft, Bewegung und Gegenbewegung sieht er als Ausdruck desselben Schöpfungsgesetzes an, das er nicht in der Einheit, sondern in der Polarität verwirklicht sieht.

> *Unser Geist scheint zwei Seiten zu haben, die ohne einander nicht bestehen können. Licht und Finsternis, Gutes und Böses, Hohes und Tiefes, Edles und Niedriges und noch so viele andere Gegenstände scheinen, nur in ver-*

*änderten Positionen, die Ingredientien der menschlichen Natur zu sein.*

Simmel hat darauf hingewiesen, daß Goethe die Polarität auch als künstlerisches Organisationprinzip angesehen und die männlichen Naturen in seinen Werken so dargestellt hat, daß polare Gegensätze einander entsprechen: Weislingen — Goetz, Werther — Albert, Clavigo — Carlos, Faust — Mephisto, Egmont — Oranien, Orest — Pylades, Tasso — Antonio, Eduard und der Hauptmann, Epimetheus und Prometheus.

Im Widerspruch, in der Auseinandersetzung erst erwächst beiden Partnern die ihnen gemäße persönliche Entwicklung. Nicht nur die Beziehung der Menschen untereinander sieht er als abwechselnde Annäherung und Abstoßung an, sondern *das ganze Dasein* ist ihm *ein ewiges Trennen und Verbinden.*

Immer neue Gleichnisse findet er für dieses Grundgesetz der Polarität: Anziehung und Abstoßung; »Systole und Diastole« (medizinische Bezeichnungen für das abwechselnde Sich-Zusammenziehen und Erschlaffen des Herzmuskels), im Atemholen sieht er *zweierlei Gnaden,* das Einatmen der Luft und das sich ihrer Entladen. Beides sind Lebensgesetze, für beides habe der Mensch zu danken, wenn Gott *ihn preßt* und wenn er ihn *wieder entläßt.*

So möge er auch jeder gesundheitlichen Bedrohung den entschiedenen Willen zur *Heiteren Wiederherstellung* entgegensetzen. Die entschiedenste Aufgabe des tätigen Menschen bestehe darin, das Zünglein der Waage richtig zwischen den Extremen einpendeln zu lassen: *Unsrer Krankheit schwer Geheimnis / Schwankt zwischen Übereilung / Und zwischen Versäumnis.*

Mit dieser Forderung entfernt sich Goethes Anliegen am weitesten vom Bestreben vieler moderner Künstler, als deren wesentlichstes Merkmal Sedelmayer den »Verlust der Mitte« beschrieben hat.

Mittelmäßige Talente katapultieren sich vorsätzlich aus der so überaus gefürchteten Gleichgewichtslage hinaus — hin zu den allein verlockend erscheinenden Extremen. Ob Stimulantien, Drogen und Rauschgifte als pharmazeutische Raketenantriebe gesucht werden oder bewußte Brüskierung gesellschaftlicher Normen, extreme Verhaltensweisen in Kleidung oder Gehaben, alles ist recht, wenn es nur den einzelnen aus der Bannmeile des bürgerlich Normalen heraushebt und ihm dadurch vor der Umwelt und vor sich selbst sein Anderssein bestätigt.

Goethes Bemühen war ein durchaus gegensätzliches. Ihm ging es um einen Triumph des rein Menschlichen und damit um den Sieg der Normalität. Das ist an dem außergewöhnlichen Mann das Außergewöhnlichste: Eine durch den mächtigen Impuls der Genialität von Extrem zu Extrem in Bewegung gesetzte und gefährdete Natur versucht mit dem äußersten Willenseinsatz, in die Mittellage zurückzupendeln. Es ist eine antithetische Bewegung höchsten Ausmaßes.

Der Vergleich ist nicht übertrieben. Die Gemütslage des jungen Goethe schwankte von einem Extrem ins andere. Stolberg sagte 1776 über ihn: »Wie oft sah ich ihn schmelzend und wütend in einer Viertelstunde«. Um sich von diesen Gefühlsstürmen zu distanzieren, hat er, so gesteht er zwanzig Jahre später, gelernt *sich von sich selbst zu scheiden — das ich um so mehr tun kann, als meine Natur, wie getrennte Quecksilberkügelchen, sich so leicht und schnell wieder vereinigt.*

Schon sehr früh wird er sich der Gefühls-Polarität (die Tiefenpsychologie nennt es Ambivalenz) in jeder Hinneigung zum anderen Menschen bewußt. So sagt er über Wieland, er liebe und hasse ihn zugleich, aber dies bedeute eigentlich nur, daß er an ihm *Anteil nehme.*

Vorteile und Mängel sieht er in jedem Menschen notwendig miteinander verknüpft. *Siehst du also dem einen Geschöpf besonderen Vorzug / Irgend gegönnt, so frage nur gleich: wo leidet es etwa Mangel anderswo? — / Finden wirst du sogleich / Zu aller Bildung den Schlüssel.*

Wenn aber jedem Vorzug ein Mangel entspricht, oder wie Goethe es auch gerne ausdrückt, jeder Mensch die Fehler seiner Tugenden habe, dann muß das Negative anders betrachtet werden, es erscheint als Kehrseite des Positiven, damit notwendig mit ihm verknüpft und also nicht als Unwert schlechthin, sondern als Wert anderer Art. Nicht nur von den Fehlern der Mitmenschen denkt er so, sondern von allem Mangel und Notstand, der ihm begegnet. Dabei bestimmen ihn zwei Grundhaltungen: 1. das Anerkennen der Polarität als Notwendigkeit und 2. der Wille zur Wandlung.

Wenn Anspannung und Abspannung, Gewinn und Verlust, Leid und Freude aneinander geknüpft sind, dann ist es sinnlos zu widerstreben. Trifft ihn ein Verlust, so sinnt er darauf, was ihm verblieben ist. Was er aufzugeben hat, gibt er — so formuliert es Staiger — lächelnd hin mit dem Bemerken, er bedürfe dessen nicht.

So setzt er nach jedem Ende einen neuen Anfang und wandelt sich, wie der Phoenix aus der Asche steigt — ein Bild, das er gerne gebraucht. Noch öfter verwendet er das Gleichnis von der abgestreiften Schlangenhaut: Durchlebtes und Durchlittenes läßt er hinter sich und wandelt *neubelebt und jung* in ein neues *Götterreich.* Dem Entsetzen derjenigen, die niemals den in ihm finden können, den sie gekannt und daher erwartet haben, begegnet er mit der erstaunten Frage, wozu es denn gut sein solle, alt zu werden, wenn man doch immer derselbe zu bleiben habe? »Er ist an nichts zu fassen!« klagen sie, und er erwidert, daß er sicherlich seine Meinungen ändere, daß er sich aber gerade durch diesen Wandel selbst treu bleibe. Gegensätze prägen nicht nur sein Werk, sondern auch sein Leben bis in kleinste Einzelheiten.

Was er einmal durchlebt hat, läßt er hinter sich zurück — er steigt nie wieder in denselben Fluß.

Nach zehn Jahren unerfüllter Liebe zu Frau von Stein zieht er in Italien die entscheidende Konsequenz. Die Idee der Reinheit hatte ihn verfolgt bis zu dem Wunsch, daß selbst der Bissen, den er zum Munde führte, rein sein möge und bis zur Bitte an die geliebte Frau: *Mache mich recht gut!* Dieser Idee ist ihr volles Recht geworden. Dies aber hatte neben dem Glück der bedingungslosen Zuwendung auch bitteres Verzichten bedeutet.

> *Es ist entsetzlich, was mich oft Erinnerungen zerreißen. Ach, liebe Lotte, du weißt nicht, welche Gewalt ich mir angetan habe und antue, und daß der Gedanke, dich*

*nicht zu besitzen, mich doch im Grunde, ich mag's nehmen und stellen und legen, wie ich will, aufreibt und aufzehrt.*

Aber eben aufgerieben wollte er nicht werden. Und da er die Schranke anerkannte und nicht durchbrechen wollte, vollzog er die entscheidende Wendung durch die Flucht nach Italien. Er ist zur Wandlung bereit, die allein Wiedergesundung bedeutet:

*Täglich werf ich eine neue Schale ab und hoffe, als ein Mensch wiederzukehren.*

Die gekränkte Freundin liest in einem Brief vom Januar 1787:

*Schon hab ich viel in meinem Innern gewonnen, schon habe ich viele Ideen, auf denen ich festhielt, die mich und andere unglücklich machten, hingegeben und bin um vieles freier.*

Nun, da er gefunden, was er gesucht hat, will er auch lernen, es zu genießen. Nach 10jähriger Schule im Verzicht bezeichnet er sich als von *einer ungeheuren Leidenschaft und Krankheit geheilt — zum Lebensgenuß* ... Das Versmaß der nun entstehenden Reime klopft er auf dem Rücken seines römischen Liebchens nach, der Körper kommt zu seinem Recht:

*Ich habe nur »eine« Existenz, diese habe ich diesmal ganz gespielt und spiele sie noch.*

So beteuert er wiederholt, er werde *als ein neuer Mensch zurückkommen* und meint damit einen, bei dem Physisches und Psychisches ins Gleichgewicht gekommen sind.

Nach Italien kehrt er niemals auf längere Zeit wieder. Die zweite Reise wird bald abgebrochen, da er erkennt, daß Einmaliges nicht wiederholt werden könne.

Die folgenden Weimarer Jahre erhalten ihre Cäsuren durch den Wechsel zwischen Arbeitszeiten in Jena und dem geselligeren Leben in Weimar. Da er auch durch die Gegenwart geliebter Menschen an der Arbeit gehindert wird, sucht er das Jenaer Turmzimmer auf, in dem ihn durch Wochen niemand besuchen darf. Im Haus am Frauenplan gibt es die genaue Gliederung in die einfachst ausgestatteten Schlaf- und Arbeitsräume im ersten Stock und die Gesellschaftszimmer zu ebener

Erde. In diesen empfängt »der kommunikabelste aller Menschen«, wie ihn Schiller genannt hat, seine Besucher. In die anderen zieht er sich zu schweigender Arbeit für Tage, im Winter sogar für Monate zurück. Aber auch die Arbeit selbst ist ihm niemals kontinuierlich möglich. Ein dichterisches Produzieren, wie viele Künstler es sich zur täglichen Pflicht gemacht haben — man denke etwa an Flaubert oder Thomas Mann, der unter allen Lebensumständen täglich genau seine bestimmten Arbeitsstunden einhielt, ist ihm ganz unmöglich. Doch zwingt er sich in *Zeiten der Stockung* nicht zur produktiven Arbeit, sondern ordnet, sammelt, liest viel. Auch kennt er seine Abhängigkeit vom Wechsel der Jahreszeiten. Die zeitlich sehr ausgedehnten sommerlichen Badereisen bringen außerdem bewußt durch Orts- und Milieuwechsel neue Impulse. Möbius hat versucht nachzuweisen, daß Goethes Leben zyklisch durch eine jeweils sieben Jahre währende Periodik bestimmt gewesen sei. Dies mag zutreffen, doch kommt seiner Existenz nicht nur durch innere Schwankungen Gliederung und Wechsel zu, sondern auch durch bewußte planvolle Gestaltung. »Das bewegliche Gesetz« — Anpassung und Widerstand in abwechselnder Folge — bestimmt sein Leben. Obwohl er sich vielfältig gebunden weiß, strebt er nach Freiheit von jeder aktuellen Verfestigung. Hier sei dem Arzt noch ein vom Standpunkt der Neurosenlehre wichtiger Hinweis gestattet: Die Tiefenpsychologie spricht *dann* von Ambivalenz, wenn ein Gegenstand gleichzeitig entgegengesetzte Gefühle zu erwecken vermag, jedes Ding zwei Seiten hat und der zwischen Antrieb und Stockung Hin- und Herpendelnde zu keiner Entscheidung gelangen kann. Er erlebt dann im seelischen Bereich das, was Buridans Esel im materiellen beschieden war; zwischen zwei Heuhaufen zu verhungern. Diese Ambivalenz aber ist tiefenpsychologisch als Folge einer Verdrängung erkannt worden, was nichts anderes heißt, als daß eine vom Bewußtsein nicht geduldete und daher abgespaltene Triebregung sich auf diese Weise als ständiges Schwanken und Zaudern lähmend bemerkbar macht. Die Ambivalenz kann beseitigt werden, wenn das Verdrängte wieder bewußt gemacht wird.

Echte Entscheidungsmöglichkeit besteht nur dort, wo Gegensätze offen gesehen und bejaht werden. Nicht-Anerkanntes verhindert den freien Entschluß — und dort, wo es keine Wahl mehr gibt, herrscht der Zwang. Es kommt zum Auftreten eines Symptoms, das von der Neurosenlehre als Wiederholungszwang bezeichnet wird: Ohne es selbst verstehen zu können, findet sich der eingeengte Mensch immer wieder in derselben Situation. Er hat, ohne dies zu wollen und zu seinem eigenen Leidwesen, sich selbst hineinmanövriert, weil er niemals eine echte Wahl hat treffen können.

Auch Goethe war kein Mann der raschen Entscheidungen. Zögern und Zaudern waren ihm nicht fremd, und seine fröhliche und resolute Mutter hatte oft Grund genug, sich über seine Unentschlossenheit zu wundern. Aber auch hier galt für ihn der Grundsatz, daß jeder Gefährdung mit wirksamen Gegenkräften entgegengetreten werden müsse. Die Rettung konnte nur im Anerkennen der gegensätzlichen Impulse liegen. Mochten andere aus Angst vor der aus dieser Erkenntnis resultierenden Spannung ihre Zuflucht zu Scheuklappen nehmen und sich zu strenger Einseitigkeit verurteilen, er entschloß sich zum anderen Wege. Durch Bejahung des Gesetzes der Polarität wollte er sich offen halten für gegensätzliche Antriebe.

Guardinis Gegensatzphilosophie ist von Goethe voraus — und vorgelebt worden und kann als eines der wichtigsten Heilverfahren auf dem Wege zu seelischer Gesundheit betrachtet werden.

## *Tätigkeit*

*Der Zweck des Lebens ist das Leben selbst*

Goethes Weltformel heißt Polarität. Wir haben gesehen, daß für ihn Leben gleichbedeutend ist mit der Notwendigkeit, in Gegensätzen zu denken und Gegensätze auszuhalten. Das aber fordert nichts Geringeres als das Bemühen, in einem ungeheuren Spannungsverhältnis nicht zerrissen zu werden. Es bedarf daher einer gewaltigen Kraft, um die Lebenswaage im Gleichgewicht zu halten. Diese Kraft muß auf jeden Schlag mit einem Gegenschlag antworten, auf Leid mit Bereitschaft zur Freude, auf Verzicht mit Willen zu neuem Beginn, auf jedes Erleiden mit einem Tun. Diese Kraft ist für Goethe ständige Tätigkeit: wie ein einzelnes Wagenrad sich nur im Gleichgewicht zu halten vermag, wenn es rollt, so sieht Goethe sein Leben nur durch Handeln errettbar.

*Rastlose Tätigkeit* wird zur wichtigsten Pflicht. Durch sie allein kann sich die Persönlichkeit — Goethe nennt sie auch die entelechische Monade — erhalten; *wird ihr Tätigkeit zur anderen Natur, so kann es ihr in Ewigkeit nicht an Beschäftigung fehlen.* Er hat sogar seinen Glauben an ein Weiterleben nach dem Tode daraus abgeleitet, daß die höchste Allmacht ihm eine neue Existenz dann nicht werde verwehren können, wenn seine Tatenergien in diesem Leben nicht verbraucht worden seien.

Es liegt nun der Gedanke nahe, Goethe habe sich wie viele andere genial begabte Menschen für verpflichtet gehalten, sein Lebenswerk zu vollenden und deshalb zur rastlosen Tätigkeit entschlossen. Gewiß stellte er sich diese Aufgabe. Er sprach auch ungescheut aus, daß er sein Talent hoch einschätze und ihm viel zu verdanken habe. Von falscher Bescheidenheit hielt er nichts, 1816 schrieb er an Zelter:

> *Beseh ich es recht genau, so ist es ganz allein das Talent, das in mir steckt, was mir durch alle die Zustände durchhilft, die mir nicht gemäß sind und in die ich mich durch falsche Richtung, Zufall und Verschränkung verwickelt sehe ...*

Seine Begabung schätzt er — um Gradmesser zu nennen — höher ein als die Tiecks, aber geringer als die Shakespeares. Er könne dies ruhig aussprechen, denn er wisse ja, daß er sich nicht selbst gemacht habe. Er weiß sein Talent zu würdigen und fühlt sich seinem Werk verpflichtet.

Aber wie erstaunt ist man — selbst dann, wenn man bei einem Mann der Gegensätze und der Wandlung auf Überraschungen gefaßt ist —, wenn man immer wieder auf die eindeutigsten Zeugnisse dafür stößt, daß Goethe sein Werk niemals als höchsten Inhalt seines Lebens betrachtet hat. *Der Zweck des Lebens ist das Leben selbst,* heißt es, und er wiederholt es um 1825 nochmals ganz deutlich, er *achte das Leben höher als die Kunst, die es nur verschöne.* Die Muse verstehe das Leben *nur zu begleiten, aber nicht zu leiten.* Er hat das Werk also nicht des Werkes wegen geschaffen, sondern seines Lebens und seiner Ausbildung wegen.

> *Ich habe Natur und Kunst* — so gesteht er im höchsten Alter — *eigentlich immer nur egoistisch studiert, um mich zu unterrichten. Ich schrieb auch nur darüber, um mich weiter zu bilden. Was die Leute daraus machen, ist mir einerlei.*

Bereits 48 Jahre früher war er sich über diesen Grundsatz völlig klar. Seine Sachen gingen, schrieb er damals an Frau von Stein, ordentlich und gut, es sei freilich nichts Wichtiges noch Schweres, aber da er, wie sie ja wisse, *alles als Übung behandle,* habe auch dies Reiz genug für ihn. Hier ist es ganz klar festgestellt: Sein Werk ist ein Übungsfeld, es kommt nicht auf das Produkt an, sondern auf die rastlos wirkende Tätigkeit als solche.

Nur in diesem Sinne kann auch der vielzitierte Ausspruch verstanden werden, daß es ihm immer gleichgültig gewesen sei, ob er *Töpfe gemacht habe oder Schüsseln,* er habe *sein Wirken und sein Werk immer für bloß symbolisch* gehalten. Diese Ansicht, die Ortega y Gasset unverständlich findet, stellt jedoch das merkwürdigste und bedenkenswerteste Paradoxon in der gesamten deutschen Literatur dar. Ihr wortgewaltigster Dichter hat sein Wort nicht für das allerbedeutendste gehalten. Schon Faust, der die Bibel zu übersetzen versucht, spricht es unverwechselbar aus, daß er das Wort unmöglich so hoch schätzen könne. Er übersetzt kühn das Symbol der ewigen Allmacht mit »TAT«.

Tat heißt hier Schöpfungsprozeß, ewiges Werden. Darin bestätigt sich göttliches Wirken: In ewigem Wandel wird das Zerfallende abgelöst von neuer Schöpfung. Die einzelnen Werke, Resultate dieses gewaltigen Schaffensprozesses, sind nicht das, worauf es letzthin ankommt. Sie mögen ruhig zerfallen, wenn nur die Lebenskraft selbst weiterwirkt. *Das eigentliche Leben ist das Urleben, welches jeder bestimmten Gestaltwerdung entsagt.* Da es auf die Art der Gestaltung selbst nicht vor allem ankommt, gilt ihm jede seiner Tätigkeiten gleich. Lernen, forschen, dichten — es sind ihm nötige Stufen des einen Werdeganges, der allein zählt, nämlich dem der Bildung: *Meine Arbeiten sind immer nur die aufbewahrten Freuden und Leiden meines Lebens,* schreibt er in seinem 26. Jahr, und 40 Jahre später bestätigt er die gleiche Auffassung:

> *Meine ernstliche Betrachtung ist jetzt die neueste Ausgabe meiner Lebensspuren, welche man, damit das Kind einen Namen habe, Werke zu nennen pflegt.*

Diese Lebensspuren sind ihm als Zeugnisse seiner inneren Entwicklung alle gleich bedeutsam. Einige Biographen, darunter auch Simmel, haben sich darüber gewundert, daß Goethe in der Gesamtausgabe seiner Werke neben genialsten Schöpfungen auch viele unbedeutende, formal als zweit- oder drittrangig anzusehende Produktionen, so zum Beispiel viele Gelegenheitsgedichte, hat stehen lassen. Auch dieser sehr bedeutsame Entschluß hat nichts mit einer Fehleinschätzung zu tun. Er handelte nach dem Grundsatz: Besser ein Gedicht gemacht als gar keines, und auch das unvollkommene war ihm Zeugnis eines durchlebten Augenblicks, demnach ein Stück Leben. Als solches und nur als solches hatte es für ihn seinen Wert.

Stünde das Werk selbst an erster Stelle, dann wäre ein Ausleseprozeß, der das Formvollendete vom Mindergeglückten zu scheiden hätte, eine notwendige Voraussetzung gewesen, um eine selbst getroffene Auswahl des Geschaffenen vorzulegen. Doch das Werk ist nicht wichtiger als sein Schöpfer. Pocht er also auf seinen Ruf als Dichter oder spricht er sich allein Originalität zu? Keineswegs!

> *Was bin ich selbst? Was habe ich getan? Ich habe alles, was ich gesehen, gehört, beobachtet habe, gesammelt und benützt. Meine Werke sind von tausend verschiedenen Individuen genährt; Unwissende und Weise, Geistreiche und Dummköpfe, die Kindheit, das reife Alter, das Greisentum haben mir ihre Gedanken, ihre Fähigkeiten, ihre*

*Hoffnung, ihre Seinsart dargeboten; ich habe oft die Ernte gesammelt, die andere gesät haben. Mein Werk ist das eines Kollektivwesens und trägt den Namen Goethe.*

Er wollte den bereits zitierten Ausspruch des Jugendfreundes Merck wahrmachen und war ganz einverstanden damit, daß das, was er lebte, besser sein sollte als das, was er schrieb. Es scheint, als ob zufolge eines geheimnisvollen Schicksalgesetzes der Mensch dasjenige, was er nicht unmittelbar anstrebt, eher erhielte: Dieses Werk, das nicht das wichtigste für seinen Schöpfer war, ist eines der wichtigsten der deutschen Dichtkunst geworden.

*Ich wirke nach innen und außen immer im stillen fort, mag auch gern, daß ein jeder das gleiche tue.*

Jedem spricht er das Recht zu, dasjenige an sich auszubilden, was er für sein Eigenstes halte; dieses möge jeder nur immer fortwirken lassen.

Jeder möge seine eigene Art des tätigen Fortwirkens wählen, er möge dabei nach eigenem Ermessen zu Werke gehen und immer bedenken, *daß wir nur eigentlich für uns selbst arbeiten,* wie er 1796 an Meyer schreibt. *Kann das jemand in der Folge gefallen oder dienen, so ist es auch gut. Der Zweck des Lebens ist das Leben selbst.*

Nicht nur die Wahl der Tätigkeit stellt er jedem frei, sondern auch die Wahl seiner Weltanschauung. Streitigkeiten hierüber hält er für sinnlos. Er will niemanden überzeugen, allerdings auch selbst nicht von dem abgelenkt werden, was ihm als nötig erscheint.

Da die Artung der Mitmenschen verschieden ist, müssen notwendigerweise auch ihre Meinungen sehr verschieden sein. Viel häufiger als in dem, was sie denken, stimmen sie hingegen in dem überein, was sie tun. Er schätzt daher Gespräche über die jeweiligen Tätigkeiten weit höher ein als die über unterschiedliche Lebensauffassungen. Viele Enttäuschungen mit Freunden kämen besonders in der Jugendzeit dadurch zustande, daß man verlange, der Freund *solle gleichsam ein anderes Ich sein, solle mit uns ein Ganzes ausmachen, worüber wir uns denn eine Zeitlang täuschen, das aber nicht lange dauern kann.* Statt dessen schlägt Goethe in einem Brief an August Herder 1798 vor, daß jeder sich mit seinen Freunden nur von *einer* Seite verbinden sollte, auf der sie wirklich miteinander harmonieren. Das sicherste Mittel aber, um ein freundschaftliches Verhältnis zu hegen und zu erhalten, findet er darin, daß man sich wechselweise mitteile, was man tue:

> *Denn die Menschen treffen viel mehr zusammen in dem, was sie tun, als in dem, was sie denken.*

Er selbst hält sich gerne an diese Richtlinie. In seinen Gesprächen mit Besuchern und Freunden redet er nie von sich selbst, kaum von Meinungsverschiedenheiten, hingegen viel von den Tätigkeitsbereichen der Gesprächspartner. Hier interessiert ihn alles, auch Gebiete, die weit ab von seinen eigenen Liebhaberbeschäftigungen liegen. Bei der eigenen Tätigkeit wiederum fragt er nicht zunächst nach dem Resultat, sondern danach, was er bei der jeweiligen Beschäftigung für sich lernen könne. Er schildert Jacobi 1794 die Studien über Optik als Übung des Geistes. Auf diese käme es vor allem an, wenn auch die Materie selbst höchst interessant sei. Es gehe darum

> *die Phänomene zu erhaschen, sie zu Versuchen zu fixieren, die Erfahrungen zu ordnen und die Vorstellungsarten darüber kennen zu lernen, bei dem ersten so aufmerksam, bei dem zweiten so genau als möglich zu sein, beim dritten vollständig zu werden und beim vierten vielseitig genug zu bleiben, dazu gehört eine Durcharbeitung meines armen Ichs, von deren Möglichkeit ich auch sonst nur keine Idee gehabt habe.*

Nicht Resultat noch Art der Arbeit zählen demnach, sondern nur eines: die *Durcharbeitung des Ichs,* also die Ausbildung der Persönlichkeit. Wir haben bereits gesehen, daß Goethes Kunstauffassung von unserer Zeit nicht geteilt wird. Nun erkennen wir, daß er auch in seinen Gedankengängen über die Naturwissenschaft keineswegs als Vorläufer der nach ihm einsetzenden Entwicklung angesehen werden kann. Auch hier muß er es sich gefallen lassen, als im höchsten Sinn unmodern angesehen zu werden. Die moderne Naturwissenschaft hat keineswegs gering über die Resultate selbst geurteilt, sondern es ging ihr vielmehr gerade um diese. Auf die Allgemeingültigkeit des Forschungsergebnisses, nicht auf die Persönlichkeit des Forschers kommt es an, wenn es um den modernen Spezialisten geht. Vielseitige Interessenrichtung, *Durcharbeitung des armen Ichs,* kurz, persönliche Lebensentfaltung wird nicht gefordert, wohl aber sachlich einwandfrei gewonnene, möglichst unwiderlegbare Resultate.

Goethe als Verlierer: seine Farbenlehre, von ihm selbst unter die wichtigsten seiner Werke eingeordnet, konnte sich gegen Newtons sachbezogenere, das heißt modernere Auffassung nicht durchsetzen. Zwar hebt heute noch ein so bedeutender Wissenschafter wie Portmann ihre Bedeutung für ein ästhetisch-künstlerisches Naturverständnis hervor, aber es kann nicht geleugnet werden, daß es Newton ist, auf dessen Lehre alle Fortschritte der modernen Optik beruhen.

Aber Goethes Ziel hieß ja nicht Kampf um den Fortschritt, sondern Durcharbeitung des Ichs — und dies von Jugend an. Es war eine ständige leidenschaftliche Bemühung, ein Kampf um die Existenz in einem anderen als materiellen Sinn.

Der Dreißigjährige hatte bereits 1779 in seinem Tagebuch vermerkt:

> *Das Elend wird mir nach und nach so prosaisch wie ein Kaminfeuer. Aber ich lasse doch nicht ab von meinen Gedanken und ringe mit dem unerkannten Engel, sollt ich mir die Hüfte ausrenken. Es weiß kein Mensch, was ich tue und mit wieviel Feinden ich kämpfe, um das Wenige hervorzubringen. Bei meinem Streben und Streiten und Bemühen bitte ich euch, nicht zu lachen, zuschauende Götter. Allenfalls lächeln mögt ihr und mir beistehen.*

Und im Alter, 50 Jahre später, erklärt er 1829, daß seine Überzeugung von der Fortdauer allein aus dem *Begriff der Tätigkeit* entspringe.

> *Denn wenn ich bis an mein Ende rastlos wirke, so ist die Natur verpflichtet, mir eine andere Form des Daseins anzuweisen, wenn die jetzige meinen Geist nicht ferner auszuhalten vermag.*

Der Bildungstrieb, den er als die Grundlage seiner Existenz bezeichnet, hat, immer tätig, *nach innen und außen fortwirkend*, nicht nur sein Leben bestimmt, sondern ihm auch die Überzeugung von einer Fortdauer nach dem Tode geschenkt.

Aus Goethes Lebensmaximen ließe sich ein vorzüglicher Katechismus der Psychohygiene zusammenstellen. In seinem Ringen um seelische Gesundheit kam der Tätigkeit ein Platz zu, der durchaus demjenigen entspricht, den sie im Konzept moderner Seelenheilkunde einnimmt. Gerade sie kämpft gegen das Vorurteil des Patienten, der als echter Homo patiens zwar geduldig, aber passiv sein will und von der Medizin seine Heilung erwartet, während diese ihn immer mehr dazu auffordert, an dieser selbst mitzuarbeiten. Er will — ausgehend vom Vorstellungsmodell des narkotisierten Patienten auf dem Operationstisch, der dem Chirurgen ganz überantwortet ist — ein passiver Patient einer aktiven Heilkunde sein. Doch gerade in der modernen Seelenheilkunde ist ein großer Teil der Heilverfahren und darunter auch — oft entgegen der Erwartung des Kranken — die Psychotherapie — auf die Eigenaktivität des Patienten angewiesen. Aber auch viele andere Übungsverfahren, die in einen modernen Gesamtbehandlungsplan eingebaut sind, haben das Ziel, im Kranken den Mut zum eigenen Tun wiederzuerwecken, sei es in Form körperlicher Übung, einfacher Werkarbeit oder künstlerischer Gestaltung. Dabei kommt es nicht auf das Resultat, sondern auf das Üben selbst an und auch darauf, daß auch etwaiges Mißglücken des geplanten Werkstückes ohne allzugroße Entmutigung ertragen werden kann.

Wir ermutigen den Kranken demnach zu einer Haltung, die Goethe ein Leben lang als wichtigsten Garanten seelischer Gesundheit angesehen hat: zum Mut zur Tat.

Wenn wir oben darauf hingewiesen haben, daß die moderne Naturwissenschaft andere Wege als die von Goethe eingeschlagenen beschritten hat, so gilt dies nicht für den Bereich der Seelenheilkunde.

Auch hier wiederum ein paradoxes Resultat: Auf *dem* Gebiet, dem seine heißesten Bemühungen gegolten hatten, war Goethe der Sieg nicht beschieden. Sein Gegner Newton hat diesen endgültig davongetragen. Der Philosophie hingegen zeigte Goethe sich bedeutend weniger zugeneigt, von psychologischen Überlegungen hielt er fast nichts. Gerade hier aber hat er in seinen Lebensmaximen Fundamente gelegt, auf denen weitergebaut werden kann.

### *Mit den Mitmenschen einig*

> 1799 an Christiane: *Wenn man mit sich selbst einig ist und mit seinen Nächsten, das ist auf der Welt das Beste.*
> 1829 an Zelter: *Wenn man mit sich selber einig ist, ist man es auch mit andern.*

*... Man darf es den Menschen nicht verübeln ... man darf es den Menschen nicht verargen ...*

Immer wieder werden diese Redewendungen aus den Gesprächen des alten Goethe berichtet. Sind sie der Ausdruck von Güte, Altersmilde oder einer im Laufe eines an bitteren Erfahrungen reichen Lebens erworbenen Resignation? Meyers Bemerkung, Goethe sei in seinen Ansichten tolerant, in seinem Gemüte intolerant, läßt aufhorchen. Offenbar haben sich Goethes Ermahnungen zur Toleranz zunächst an ihn selbst gerichtet und sind damit wie alle seine Lebensregeln, die er Maximen nennt, Ermahnungen zum Gleichgewicht.

Wenn die Last der Erfahrungen die Waagschale seines Urteils zum Negativen hin niederdrückt, wirft er mit nimmermüder Entschlossenheit seinen guten Willen auf die andere Schale, um den Ausgleich herzustellen.

Das Negative statuiert er nicht. Deshalb hat er die oben als Motto angeführten Ermahnungen zur Einigkeit mit sich und anderen als Marksteine auf seinem Lebensweg aufgerichtet, die zitierten in einer Entfernung von 30 Jahren.

Er hat sich Grundsätze zurechtgelegt, um mit den Menschen auszukommen. Einer der wichtigsten darunter ist der, daß man den Menschen ihre Überzeugungen lassen müsse. Niemandem stünde das Recht zu, diese zu ändern, sieht er doch das, was Menschen denken und glauben, viel eher als Ausdruck ihrer Persönlichkeit, denn als objektiv Gegebenes an. Würfe man denn jemandem die Farbe seiner Augen oder die Form seiner Nase vor, ohne sich lächerlich zu machen? Körperliche Merkmale aber sind nach Goethes Überzeugung nicht fester mit ihren Trägern verbunden als deren im Laufe eines langen Lebens geformte Anschauungen. Er bedauert dies nicht, sondern findet vielmehr, sie paßten vortrefflich zu dem, der sie vortrage. Er denkt keineswegs daran, sie zu den seinen zu machen, aber noch weniger will er sie den anderen verleiden. Auch kommt es ihm nicht auf die Gedanken anderer an, zu denken habe er selbst genug.

Worauf aber kommt es ihm an? Er unterscheidet Menschen, die ihm sehr nahe stehen von entfernteren. Von den ersteren spricht er überhaupt nicht. Er schweigt in einem so ungewöhnlichen Maße, daß es allen Beobachtern auffällt. Über Frau von Stein fällt nach dem Bruche mit ihr kaum mehr ein Wort. In »Dichtung und Wahrheit« wird des Vaters viel ausführlicher gedacht als der Mutter. Die Zeitgenossen hatten sich bereits früher darüber gewundert, wie selten die Besuche in Frankfurt waren, in den letzten sieben Jahren vor dem Tode der Mutter kein einziger mehr. So weit entfernt sind Weimar und Frankfurt nicht voneinander, und seine Badereisen führen ihn weiter fort. Er weiß, wie sehr Frau Aja auf die Besuche ihres Hätschelhans wartet und wie begeistert sie allen Freunden davon schreibt, wenn er sie ankündigt. Wenn dann Absagen eintreffen statt des so sehr Erwarteten, schreibt sie wohl einmal, sie könne das gar nicht leiden, und das ist viel gesagt, denn die Frau Rath übt sonst keinerlei Kritik an dem Sohn.

Auch über die Schwester berichtet er in den sonst so ausführlichen Lebenserinnerungen nur wenig. Die vielgeliebte Gefährtin der Kinder- und Jugendjahre wird nur in knappen Schilderungen beschworen. Ein schwieriger Mensch, zur Freundschaft besser befähigt als zur Ehe; der Bruder vermerkt, daß sie gut zur Äbtissin getaugt hätte. Von ihrem frühen Tode bemerkt er nur einmal in einem Brief an Frau von Stein — und auch da klingt es nur wie beiläufig vor sich hingesagt —, es sei der bitterste Verlust in seinem bisherigen Leben gewesen. Aber den Briefwechsel mit dem Schwager und dessen Kindern läßt er einschlafen, als wolle er nicht mehr an schmerzliche Erinnerungen rühren. Jedesmal, wenn er tief berührt ist, zieht er es vor, zu schweigen. So gerät auch die Arbeit an den Lebenserinnerungen ins Stocken, als er damit beginnen will, seine Verlobungszeit mit Lili zu schildern. Dem Sprachgewaltigen versagen sich die Worte und das, was er schließlich doch ausspricht, berührt die noch immer nicht ganz vernarbten Wunden kaum.

Bereits im Urgötz heißt es: *Verschließt eure Herzen sorgfältiger als eure Türen!*, und der 25jährige gab sich selbst den Rat, vom Herzen den Schlüssel abzunehmen und in die Tasche zu stecken, wenn er in Gesellschaft ging. Nur ein Dummkopf lasse ihn stecken!

Derselbe Ton wiederholt sich wieder und wieder: 1779 aus Dornburg:

> *Jetzt leb ich mit den Menschen dieser Welt und esse und trinke und spaße auch wohl mit ihnen, spüre sie aber kaum, denn mein inneres Leben geht unverrücklich seinen Gang.*

Und 1808 liest Frau von Stein die seltsamen Worte:

> *Manchmal komm ich mir vor wie eine magische Auster, über die seltsame Wellen weggehen.*

Ein andermal heißt es, er habe früher nur die Burg (seines Herzens) selbst befestigt, nun aber führe er auch die Stadtmauern rund um den Ort hoch hinauf und bewehre sie.

Diese bewehrte Burg hat Schiller im Sinn, wenn er darüber klagt, daß Goethe auch gegen seine nächsten Freunde keine Herzensergießung kenne. Andererseits nennt er ihn wiederum den »kommunikabelsten aller Menschen« und hat beide Male recht.

Wenn Goethe es den Menschen auch schwermacht, ganz an ihn heranzukommen, so versteht er es dennoch vorzüglich, ein konzilianter Gesprächspartner zu sein. Sachbezogene Unterhaltungen sind ihm am liebsten. Er hört es gerne, wenn die Besucher von ihren Heimatländern, von ihrer Arbeit, von verschiedenen Wissensgebieten berichten. Von sich selbst spricht er kaum, hingegen läßt er oft den Sohn die vom Hausdiener Stadelmann betreuten Kunstmappen vorzeigen, weist auf Zeichnungen, Gemmen hin und erläutert einzelne Stücke.

Bei feierlichen Empfängen erscheint er in festlicher Kleidung, sehr oft mit seinen Orden. Nicht ohne Berechnung, denn er versichert im Mai 1827 Oppenheim gegenüber, ein Titel und ein Orden halte im Gedränge manchen Puff ab.

Er will sich vor allem solche Besucher vom Leibe halten, die indiskrete Fragen stellen, und solche, die über schmerzliche Geschehnisse sprechen wollen. Er schweigt, wenn er leidet. In der »Natürlichen Tochter« finden wir eine Stelle, aus der wir auf die Ursache dieser Abwehrhaltung schließen dürfen:

> *Es ist ein eigner, grillenhafter Zug / Daß wir durch Schweigen das Geschehene / Für uns und andre zu vernichten glauben.*

Seine Freunde müssen seine Schweigehaltung respektieren. Als Christiane 1816 verstorben war, schrieb Johanna Schopenhauer: »Seit dem Tode seiner Frau habe ich ihn heute zum erstenmal gesehen; denn es ist seine Art, jeden Schmerz ganz in der Stille austoben zu lassen und sich seinen Freunden erst wieder in völliger Fassung zu zeigen.« (Es war Johanna Schopenhauer gewesen, die Christiane in die ihr bisher verschlossene Weimarer Gesellschaft aufgenommen hatte. »Wenn Goethe«, so meinte sie, »ihr seinen Namen gibt, so kann ich ihr wohl eine Tasse Tee geben.« Goethe hatte es ihr durch Jahre gedankt.)

Nicht nur über große Schmerzen schweigt er, sondern auch über kleinere Übel. Voß bestätigt, daß Goethe, über sein Leben befragt, nie etwas anderes als heitere Dinge erzählen wollte. Obwohl Voß das Gespräch öfters auf Goethes Krankheiten brachte, erzählte dieser nie umständlich davon, »und was er davon erzählte, waren auch nur die heitern Seiten der Krankheit«.

*Ich ehre und liebe das Positive und ruhe selbst darauf,* schreibt Goethe 1829 an Schultz.

Berichte über körperliche Leiden und Gebrechen lehnt er ab, er selbst spricht nur mit den Ärzten darüber. Auch anderes unnützes Klagen ist ihm verhaßt, besonders bei Männern. Bei Frauen mag es noch hingehen, denn *Weiber haben keine Ironie, können nicht von sich selber lassen.*

Männer aber kann er manchmal kurz abfertigen. Voß berichtet eine kleine Episode während eines Tischgespräches. Goethes Tischnachbar hatte weitschweifig darüber geklagt, daß ein großes Waldstück aus seinem Besitz hatte abgeholzt werden müssen. Goethe unterbrach ihn trocken: *Nun, da preise ich Sie glücklich, daß Sie gerade 22 Jahre Zeit haben, bis Sie sich von neuem ärgern dürfen; denn so lange braucht's, bis der Berg wieder beholzt ist und von neuem geschlagen wird.* Voß fügt hinzu: »Der College sperrte das Maul auf und wurde an Goethes Geschmack irre.«

Ähnliche Abfuhren müssen diejenigen einstecken, die überflüssige Fragen nach seinen Werken stellen. Er spricht nicht gerne über das, was gerade entsteht, und er will das Geschaffene auch nicht rein verstandesmäßig zergliedert wissen. So weigert er sich etwa beharrlich, zu den Deutungen seines »Märchens« selbst Stellung zu nehmen. Und als K. v. Holtei sich wegen einer Fauststelle Rat holen will, unterbricht ihn Goethe »sehr freundlich« mit den Worten: *Ja, ja, ihr guten Kinder, wenn ihr nur nicht so dumm wäret!* und läßt ihn daraufhin stehen. Aber derselbe Mann, der sein Innerstes vor Freunden so sorgfältig verschließt und sein Geheimnis wohl zu wahren weiß, ist anderen ein nachsichtiger und milder Beurteiler.

Voß berichtet, daß die Art, wie Goethe die Menschen gesehen habe, die eines »durchaus vollendeten Menschen« gewesen sei: »Er verfährt hier ganz komtemplativ, er sieht in jedem Menschen eine bestimmte Modifikation der Menschheit, recht ein Naturforscher, der jedem Tier, jedem Pflänzchen seinen ehrenvollen Rang zugesteht. Könnte nun wohl ein Naturforscher sich über einen Giftbaum oder eine Kröte ärgern? Nun, so verdrießt Goethe auch ein Kotzebue, selbst ein Merkel nicht. Er denkt, der liebe Gott, der von allen Arten etwas gibt, hat ihnen einmal diese eselhafte Natur gegeben, sie müssen ihr treu bleiben. Auch solche Subjekte sind notwendig zum Heil des Ganzen, wenn sie gleich nur negativ wirken. Daher haben auch diese Herren die Freiheit, ungestraft auf ihn zu schimpfen, wie viel sie wollen. So ist Goethe als ruhiger Beobachter. Freilich, so gerne Goethe jeden Menschen in seiner Haut läßt, so ist er doch auch gegen Schlechtigkeit und Intoleranz intolerant, sobald es das Handeln gilt. Wenn ein Klotz im Wege steht, da wird er beiseite geschafft, damit die Bahn frei werde und je hartnäckiger der Widerstand, je heftiger die Gewalt, ihn fortzuschaffen. Denke an das schöne Wort über die Grenze der Duldsamkeit in seiner Rezension, das alles umfaßt, was über diesen Stoff gesagt werden kann. Ich habe Goethe schon zornig gesehen über Eseleien und Teufeleien, aber das war der Zorn des Gerechten, ein schneidender, kräftiger Unwille, nicht zügellose Erbitterung und Leidenschaft. Nie sind Goethes Forderungen an die einzelnen Menschen unbillig, sie richten sich nach der Fähigkeit jedes Subjektes; aber was einer leisten kann, das fordert er ganz und ungeteilt. Jedes Talent ehrt Goethe, jede mechanische Fertigkeit, jedes Streben zum Besseren unterstützt er nach Kräften. Wer nach Selbständigkeit ringt und ausbildet, was in ihm auszubilden ist, den liebt er; aber kein Charakterloser findet Gnade vor seinen Augen. Die Losung: es ist doch ein guter Mensch, ist ihm unausstehlich, und wehe dem, der sein Zutrauen durch Trägheit, hartnäckiges Stillestehen oder gar Scheinsucht statt reellen Wertes zu täuschen beginnt. Anfangs ist er noch schonend und sucht in das Bessere zurückzulenken. Hilft es nichts, dann wird er zornig und wendet sein Angesicht auf ewig.«

Die Rezension der Vossischen Gedichte, auf die oben angespielt worden ist, enthält die für Goethes Auffassung so bezeichnende Stelle:

> *Sollte man zu jener scheinbar gerechten, aber parteisüchtig grundfalschen Maxime stimmen, welche dreist genug fordert, wahre Toleranz müsse auch gegen Intoleranz tolerant sein? Keineswegs! Intoleranz ist immer handelnd und wirkend; ihr kann auch nur durch intolerantes Handeln und Wirken gesteuert werden.*

Gegen Zudringlichkeit, Unduldsamkeit und Fanatismus weiß er sich energisch zur Wehr zu setzen. Diese sind eben handelnd und wirkend, und daher genügt es nicht, ihnen passiv entgegenzutreten. Alle anderen Wesensmerkmale läßt er auf sich beruhen, betrachtet sie in der Art eines Naturforschers. So berichtet er von seiner Heidelberger Reise 1814:

> *Unter denjenigen Vorteilen, welche mir meine letzte Reise gebracht, stehet wohl die Duldsamkeit oben an, die ich, mehr als jemals, für den einzelnen Menschen empfinde. Wenn man mehrere Hunderte näher, Tausende ferne betrachtet, so muß man sich gestehen, daß am Ende jeder genug zu tun hat, sich einen Zustand einzuleiten, zu erhalten und zu fördern, man kann Niemand meistern, wie er dabei zu Werke gehen soll, denn am Ende bleibt es ihm doch allein überlassen, wie er sich im Unglück helfen und im Glück finden kann. In diesen Betrachtungen bin ich dieses Mal sehr glücklich durch die Welt gekommen, indem ich von Niemand etwas weiter verlangte, als was er geben konnte und wollte, ihm weiter nichts anbot, als was ihm gemäß war, und mit großer Heiterkeit nahm und gab, was Tag und Umstände brachten; und so hab ich Niemanden in seiner Lebensweise irre gemacht. Überzeugung, Sitte, Gewohnheit, Liebhaberei, Religion, alles erschien mir durchaus den Personen gemäß, die sich gegen mich äußerten, und so habe ich es auch in Ansehung des Geschmackes gefunden.*

Dieser Betrachtungsweise ist es gemäß, Gesprächspartnern Meinungen zuzubilligen, die die seinen nie werden können. Er sieht Urteile, Lebensauffassungen, ja selbst religiöse Bekenntnisse als Mosaiksteinchen an, deren Zusammenwirken und Nebeneinander erst das volle Bild der Daseinswirklichkeit herstellen. In jeder Religion liege etwas Wahres, wie in jedem Menschen etwas ganz Besonderes liegt. Dieses Besondere aber darf nicht abgesondert, soll aber auch nicht ausgelöscht werden. Jeder möge auf seiner Eigenart bestehen, sie keinem anderen aufnötigen und wissen, daß die Schöpfung reich und weit genug ist, um die allerverschiedensten, auch gegeneinander wirkenden Kräfte nicht nur zu ertragen, sondern durch sie erst vollendet zu werden, so wie vielfältigst geformte und verschiedenfarbige Mosaiksteinchen sich zum Bilde ergänzen.

Daher sollte keiner versuchen, über den anderen zu herrschen. Es hängt mit dieser Zurückhaltung aus Überzeugung zusammen, daß er selbst so oft bestrebt ist, sich den Mitmenschen *aus den Augen zu rücken.* 1779 bezeichnet er in einem Brief an Schiller dieses Bemühen als *seinen realistischen Tick, durch den er seine Existenz, seine Handlungen und seine Schriften den Menschen aus den Augen zu rücken behaglich finde. So werde ich immer gerne inkognito reisen, das geringere Kleid vor dem besseren wählen, und, in der Unterredung mit Fremden oder Halbbekannten, den unbedeutenden Gegenstand oder doch den weniger bedeutenden Ausdruck vorziehen, mich leichtsinniger betragen, als ich bin, und mich so, ich möchte sagen, zwischen mich selbst und meine eigene Erscheinung stellen.*

Er wird es nicht müde, die Vorteile zu wiederholen, die das *Sekretieren, das Schweigen und Verschweigen* biete. Er wiederholt in der »Natürlichen Tochter«: Geheimnis nur verbürget unsre Taten;

*Ein Vorsatz, mitgeteilt, ist nicht mehr dein;*
*Der Zufall spielt mit deinem Willen schon.*

Wer einen Schatz heben will, muß schweigen. Wer ein Werk vollbringen will, muß dies im geheimen tun. Deshalb liebt er es nicht, von den entstehenden Werken zu reden; er spricht auch sonst nicht gern von seinen Plänen. Die Italienreise wird heimlich vorbereitet, und er präsentiert sich den Fremden in Rom als »Maler Moeller«. Schweigen — Anonymität — »Sekretieren« — so geht er vor, wenn es gilt, Schätze zu heben. Wenn er sein Schweigen bricht, dann tut er es, um von dem zu sprechen, was er bereits fertiggestellt hat. Freunde, schlägt er vor, mögen sich wechselweise mitteilen, was sie getan haben. Das sei nutzbringender als Streitgespräche über das, was sie denken.

Ganz und gar lehnt er die Forderung der meisten Menschen ab, daß der Freund ein anderes Ich sein solle. Dies sei nur eine

Form der Eigenliebe und deshalb entschieden zu tadeln. Er äußert 1813 zu Riemer:

*Die wenigsten Menschen lieben an dem andern das, was er ist, nur das, was sie mit ihm teilen. Sich, ihre Vorstellung von ihm lieben sie, und so hol sie der Teufel.*

Mit dieser Feststellung gibt er 100 Jahre vor Freud eine treffliche Analyse eines Vorganges, den dieser als Projektion beschreiben wird. Goethe hat durchaus die Fähigkeit besessen, Menschen als das zu nehmen und zu schätzen, was sie waren. So hat er in den langen Jahren der Gemeinschaft mit Christiane nie ein Wort des Tadels für ihre Fehler gefunden, die in Weimarer Kreisen Stoff genug für das tägliche Klatschgespräch boten. Es gab tausenderlei Vorwürfe, die von den feinen Damen der Hofgesellschaft gegen die wenig gebildete, vergnügungs- und trunksüchtige Christiane erhoben wurden. Goethe aber sucht nach den »Tugenden ihrer Fehler« und schätzt das, was sie ihm zu geben hat: Herzlich warme, unverbildete Natürlichkeit, sinnliche Gegenwart — das Eroticon nennt er sie manchmal — und ihre hausfraulichen Bemühungen um Küche und Keller. Wenn Christiane über Verleumdungen klagt, die man ihr zugetragen hat, ermahnt er sie ruhig, sie möge weiterhin den Menschen gegenüber gefällig sein, ohne dafür Dank zu erwarten, so werde sie mit ihnen auskommen. Denselben praktischen Lebenssinn zeigt er späterhin in seinem Umgang mit seiner Schwiegertochter Ottilie. Dieses ehemalige Hoffräulein preußischer Herkunft ist ganz anderer Art als Christiane, gebildet, zart, exaltiert und unstet, aller hausfraulichen Tugenden bar, die Goethe so sehr zu schätzen weiß. Johanna Schopenhauer berichtet, daß Goethe darunter gelitten habe, daß ihm im Alter »in seinem Hause nicht wohl bereitet war« — er aber klagte nicht darüber. Er äußerte kein Wort der Mißbilligung oder Kritik, war gleichmäßig höflich und freundlich — »Seidenhäschen« nennt er sie, als sie ihn während schwerer Krankheit pflegt; abends läßt er sich von Ottilie aus dem Ossian vorlesen, immer befolgt er das gleiche Prinzip: das zu übersehen, woran es mangelt, und um so mehr das zu schätzen, was ihm verblieben ist.

Dieser Maxime folgt er auch dann, wenn er sich über den Verlust von Freunden zu trösten sucht. Als er nach Schillers Tod vom Verleger Cotta aufgefordert worden war, einen Nachruf zu verfassen, kündigte er Cotta an, daß er sich vorgenommen habe, *weniger das, was wir verloren haben,* sondern das, *was uns übrigbleibt* darzustellen. Der Mensch sei verpflichtet, sich auch nach schwerstem Verlust danach umzusehen, was zu *erhalten und zu leisten* übrigbleibe.

Er bleibt auch hier, wie Simmel sagt, ein Anwalt alles Gesunden und Kräftigen im Leben. Er macht kein Hehl daraus, daß er vor allem diejenigen Menschen liebt, die den Mut haben, den Kampf des Lebens bestehen zu wollen. Ständige Traurigkeit gilt ihm als Krankheitssymptom. *Lazarettpoesie* nennt er deshalb die romantische Dichtung mit ihrem Hang, vergangenes Glück zu betrauern. Heiterkeit hingegen schätzt er nicht nur als Geschenk des Schicksals, sondern als Lohn unablässiger Bemühung. Man müsse *hoch ernst sein, um ... heiter sein zu können.*

Lebensbewährung gilt ihm mehr als Begabung. Sich selbst schließt er dabei nicht aus. Was der Jugendfreund Merck einst vorwurfsvoll zu ihm gesagt hatte: »Das, was Du lebst, ist besser als das, was du schreibst« faßt er nicht als Tadel, sondern als Lob auf. Und im Rückblick noch meint er im Alter: *Es sollte mir lieb sein, wenn es noch so wäre!* Seinen Urteilen über zeitgenössische Künstler ist diese Einstellung anzumerken. Sie sind oft erstaunlich einseitig: Mittelmäßige Talente werden von ihm überaus milde beurteilt, hingegen hat er die beiden Männer von genialer Begabung, die ihm außer Schiller begegnet sind, kaum gewürdigt. *Kleist betrübte und bekümmerte* ihn als *junger Mann von Talent,* der nach einem Theater zu suchen schien, das es nicht gab, statt dasjenige zu nützen, das er vorfand. Vergebliche selbstquälerische Hoffnungen aber *betrübten* Goethe, der sie mit der vergeblichen Hoffnung der Juden auf das Kommen des Messias verglich. Die »Penthesilea« stammte aus einer Welt, von der sich Goethe abwandte — er hatte bereits zu Schiller geäußert, daß er befürchten müsse, sich durch eine Tragödie zu zerstören.

*Byron* nannte er einen *seltsamen geistreichen Dichter,* der für seine Hypochondrie aus Goethes »Faust« *die seltsamste Nahrung gesogen habe.* Zwar könne er seinen Geist *nicht genug bewundern,* doch falle ihm *die düstre Glut einer grenzenlosen, reichen Verzweiflung am Ende doch lästig.*

Beethoven lernte Goethe während eines Karlsbader Aufenthaltes kennen, für die ihm zum »Egmont« übersandten Kompositionen dankte er höflich, doch wußte er mit dem sonderbaren Mann, dessen unhöfisches Betragen ihm auf der Kurpromenade unangenehm aufgefallen war, nichts weiter zu beginnen. Welcher Niveauunterschied zwischen Beethoven und Zelter, und doch war es nicht nur das Band der viele Jahre währenden Bekanntschaft, das Goethe an Zelter fesselte. Es war, kurz und bündig gesagt und Goethe auch ganz bewußt, die Hochachtung vor der Lebenstüchtigkeit und dem beruflichen Aufstieg des ehemaligen Berliner Maurermeisters. Gewiß schätzte er seine Musikwerke — wichtiger aber war es ihm, daß der Freund auch nach schwersten Schicksalsschlägen immer wieder zu neuem Anfang bereit war. Als Zelters Sohn Selbstmord verübt hatte, schrieb ihm Goethe, wie sehr er es zu schätzen wisse, daß der Freund dennoch in seiner Arbeit fortzufahren entschlossen sei. Er selbst — Goethe — kenne die furchtbare Gewalt, mit der das Taedium vitae einen zu überwältigen vermöge, um so mehr würdigt er diejenigen, die ihr nicht erliegen.

Aus demselben Grunde entschließt er sich, eine Biographie über den Maler Hackert zu verfassen, einen Mann, dessen künstlerische Leistung uns Heutigen nicht bedeutend scheint. Er weiß, warum er dies tut, nämlich, um *ein tätiges, bedeutendes, glückliches und im Unglück sich wiederherstellendes Leben* darzustellen.

Er lehnt die englische Poesie wegen ihrer traurigen Grundstimmung, Betrachtung der Vergänglichkeit, ja der Hinfälligkeit und Nutzlosigkeit des menschlichen Lebens ab. Für ihn kündet sich wahre Poesie dadurch an, daß sie als ein weltliches Evangelium durch innere Heiterkeit, durch äußeres Behagen uns von den irdischen Lasten zu befreien weiß, die auf uns drücken. Während die Mehrzahl der englischen, meist moralisch-didaktischen Gedichte im Durchschnitt einen düsteren Überdruß des Lebens zeigen, sieht er den Zweck der Kunst darin, *durch eine glückliche geistreiche Darstellung so Lust als Schmerz zu mäßigen.*

Nicht die Ausbildung des Talents ist die höchste Aufgabe, die der Mensch sich zu stellen hat. Es ist auch gleichgültig, ob der Zeitgenosse sich durch *sittliche, bürgerliche, ästhetische oder literarische* Leistungen nützlich erweist, nur das zählt, daß er auch im widrigen Geschick standhält und *auf den wilden Wogen des Lebens, ohne gerade zu stranden, sich in irgendeine heilsame Bucht wirft.* Es ist nebensächlich, mit welcher besonderen Tätigkeit er seine Bemühung beweist und ob er sein Schicksal als das *eines Ulyß oder eines Robinson Crusoe auffaßt.* Er soll nur sein Inneres ausbilden, um *nach außen genießbar und nützlich zu werden.* 1809 ermahnt er nach einer unliebsamen Auseinandersetzung seinen Hausgenossen Riemer; dieser möge eingedenk sein, daß *in jeder Lage des Lebens eine bestimmte Tätigkeit von uns gefordert wird und daß wir nur insofern für etwas gelten, als wir den Bedürfnissen anderer auf eine regelmäßige und zuverlässige Weise entgegenkommen.* Die Betonung liegt auf dem Worte »bestimmte Tätigkeit«. Sie gilt ihm mehr als das Planen, der bedeutende Entwurf, die unbestimmte Sehnsucht. Auch tadelt er gerne diejenigen Künstler, die *gar zu gern über den Kreis hinausgehen, den die Natur ihrem Talent gesetzt hat.* Jeder möge sich auf dasjenige beschränken, was er vermöge. *Die Einschränkung ist dem Künstler so notwendig als jedem, der aus sich was Bedeutendes bilden will.* Es gilt ihm geradezu als Verpflichtung, sich auf das konkret Erreichbare zu beschränken, statt auf ein problematisches Absolutes hinzustarren. Er fordert die Erzieher Jugendlicher auf, diese »Bedingungen früh« erfahren zu lassen, nur auf diesem Wege gelange man bequem zur Freiheit; *wenn Bedingung sich spät aufdrängt, gewinnt man nur bittre Freiheit.* Wenn aber Sehnsucht nach Unermeßlichem und Unbegrenztem erweckt wird, kann sie nicht gestillt werden, und die Romantik, die *die Sehnsucht durchaus als das letzte aller Dinge ge-*

*priesen hat,* hat eine *kümmerliche und deprimierte Jugend* erzogen.

Sehnsucht ohne bestimmtes Ziel ist eine leere Kraft, die man erst neu bestimmen müsse, indem man sie konkreten Zielen in dieser vorgegebenen Welt zuwende.

Auf die Art der Ziele kommt es ihm letztlich gar nicht so sehr an — ein sehr merkwürdiges Phänomen, dem wir späterhin bei Betrachtung seiner Einschätzung der Tätigkeit noch nachgehen werden.

Ihm erscheint es vor allem wesentlich, daß das Ich lerne, sich auf seinen eigenen Umfang zu beschränken und erst durch diesen Verzicht zu seinem Selbst zu gelangen. Demgegenüber erscheinen ihm die Unterschiede zwischen den Menschen gering. Mit 62 Jahren sagt er:

> *Größere Menschen haben nur ein größeres Volumen; Tugenden und Fehler haben sie mit den mindersten gemein, nur in größerer Quantität.*

Selbst zwischen dem Genie und dem ganz simplen Menschen sieht er keine bedeutende Kluft. Jeder Mensch habe »die Fehler seiner Tugenden«, und bei Betrachtung seiner Vorzüge könne man sehr bald ein Bild der damit notwendigerweise verbundenen Mängel gewinnen.

Seine Menschenbetrachtung ist eine durchaus realistische — sie konnte dem Idealisten Herder sogar als »Gleichgültigkeit gegen die Menschen« erscheinen. Als der Sohn August eine Bildungsreise angetreten hat, ermahnt ihn der Vater, er möge

> *mit heiterem Sinn auf zwei Dinge achten: erstens, wo die Menschen hinaus wollen, und zweitens, wie sie sich deshalb maskieren.*

Auch möge er sich nicht *zu behäglich* zeigen, um nicht den Neid der Mitmenschen zu erregen. Streitigkeiten wegen verschiedener Standpunkte hält er für sinnlos. Er schließt dabei von sich auf andere. Da er so oft bemerkt hat, daß er *den* Gedanken für wahr hält, der für ihn fruchtbar ist, sich an sein übriges Denken anschließt und ihn zugleich fördert, so hält er es nicht nur für möglich, sondern sogar für natürlich, daß *sich ein solcher Gedanken dem Sinn des anderen nicht anschließe, ihn nicht fördere, wohl gar hindere.* Daher wird dieser ihn für falsch halten. *Ist man hievon recht gründlich überzeugt, so wird man nie kontrovertieren.* Es versichere demnach *ein jeder, der bei seiner Meinung bleibt,* eigentlich nur, *daß er sie nicht entbehren könne. Aller dialektische Selbstbetrug wird uns dadurch deutlich.*

Das gilt ihm als wahr, was für ihn fruchtbar ist, aufbauen hilft, statt zu zerstören, die Tätigkeit fördert, statt sie zu lähmen, und der Gesundheit dient statt der Krankheit.

Das Anderssein von Mensch zu Mensch erkennt er nicht nur an, sondern es gilt ihm sogar als Wert. Keineswegs hält er seinen Weg für den einzig richtigen. Bereits als 21jähriger tadelt er die *Vorliebe für unsere eigenen Empfindungen und Neigungen, die Eitelkeit, eines jeden Nase dahin drehen zu wollen, wohin unsere gewachsen ist.*

In abwechselnder Reihenfolge sei bald der eine, bald der andere im Recht, und wer dies nicht einzusehen und anzuerkennen vermöge, könne nichts ins Reine bringen.

Selbst seinen Feinden gegenüber weiß er diese Einstellung zu wahren. Er habe es durchaus verstanden, auch auf ihre Vorzüge zu achten, und sich dabei recht wohl befunden, stellt er fest, als es um Kotzebue geht. Wie immer er auch über den Wert der Stücke dieses mächtigsten Konkurrenten auf der Weimarer Bühne denken mag, er anerkennt ihre Theaterwirksamkeit, führt sie deshalb öfter auf als die eigenen und weiß sich sogar über den Kassenerfolg zu freuen. Seinen Grundsatz kann er kurz und bündig zusammenfassen.

*Mußt dich an eignem Tun ergetzen,*
*Was andre tun, das wirst du schätzen*
*Besonders keinen Menschen hassen*
*Und das übrige Gott überlassen.*

Als alter Mann formuliert er es in Prosa:

*In meinen hohen Jahren muß die unverbrüchliche Maxime sein, durchaus und unter jeder Bedingung in Frieden zu leben; ich möchte um keinen Preis bei irgendeiner Streitigkeit — sie habe einen politischen, literarischen oder moralischen Anlaß — als tätig mitwirkend erscheinen.*

Um mit anderen in Frieden zu leben, muß man mit sich selbst einig sein. Für ihn gibt es nur ein wirksames Mittel, diese Einigkeit handelnd zu erzwingen: ständige Bemühung und unablässige Tätigkeit. Von Seelenzergliederung, Selbstvorwürfen, selbstquälerischen Erinnerungen an vergangenes, verübtes oder erlittenes Unrecht hält er wenig. Auch wird der, der sich selbst beobachtet, wenig Erfreuliches entdecken:

*Erkenne Dich! Was hab ich da für Lohn —*
*erkenn ich mich, so muß ich gleich davon!*

Oder — auf die Frage, wie man sich selbst kennenlerne? Durch Grübeln niemals, wohl aber durch Handeln:

*Versuche deine Pflicht zu tun, und du wirst gleich sehen, was an dir ist!*

Ebenso gegen die Reue: *Wir sind mit Asche genug bestäubt und brauchen nicht noch einen Sack überzuziehen.*

Jede Hinneigung zum Extremen ist ihm verdächtig, der Mensch möge sich in gleicher Weise davor hüten, sich zu erniedrigen wie sich zu überschätzen. Nicht den Sieg des Idealen, sondern den Triumph des Reinmenschlichen definiert er als das Ziel seines Lebens. Das was er anstrebt, ist deshalb so erstaunlich, weil er es so eng begrenzt, obwohl er selbst genial ist: Er will die Normalität als höchsten Wert anerkannt wissen.

Seine Abneigung gegen Extreme zeigt sich bis in kleinste Einzelheiten: Der Mensch sei in allem Praktischen auf ein gewisses Mittleres angewiesen, er möge sich daher auch im Erkennen damit begnügen. Sein Platz ist ihm weder bei den Tieren, noch bei den Göttern bestimmt, sein Aktionsradius ist begrenzt:

*Die Mitte, von da aus gerechnet, wo wir stehen, erlaubt wohl auf- und abwärts mit Blick und Handeln uns zu bewegen! Nur Anfang und Ende erreichen wir nie, weder mit Gedanken noch Tun, daher es rätlich ist, sich zeitig davon loszusagen.*

Immer entschiedener wendet er sich gegen alle Grenzüberschreitungen. Der Bereich der Mitte sei dem Menschen bestimmt, er möge sich und seinen gesunden Sinnen vertrauen. Seine natürlichen Kräfte böten ihm Spielraum genug, vor Überreizungen,

Übersteigerungen müsse er sich hüten. Dies gilt ihm für die kleinsten wie für größere Entscheidungen: er ist ein entschiedener Feind aller Stimulantien. Wiederholt ermahnt er Frau von Stein, sie möge nicht so oft Kaffee trinken, da dieser ihre Nerven überreize; er lehnt Tabakgenuß ab, reißt die Fenster auf, wenn er in verrauchte Stuben tritt. Das einzige Genußmittel, das er schätzt, ist der Wein — mit ihm *trinkt das Alter sich wieder zur Jugend.*

Bereits auf seiner Italienreise lehnt er es ab, sich von außen her, etwa durch Speise und Trank, stimulieren zu lassen:

> *Ich lebe diät, damit die Gegenstände keine erhöhte Seele finden, sondern die Seele erhöhen.*

Auch hier, wie so oft, erweist sich Goethe, der das »Normale« anstrebt, als im höchsten Sinne unmodern. Versuche mit Mescalin oder Lysergsäure hätten für ihn nichts Verlockendes geboten.

Sein Bemühen, den Menschen auf seine Sinne zu beschränken, hat auch überraschende Aspekte: so will er bei seinen naturwissenschaftlichen Versuchen ohne Fernrohr und Mikroskop arbeiten, benützt das letztere dann aber dennoch öfters und verwendet auch optische Linsen. Hingegen lehnt er Brillenträger ab, trägt auch selbst trotz einer mäßigen Kurzsichtigkeit keine Gläser. Über einen Gelehrten, der ihn besucht hatte, bemerkt er entschuldigend: Man müsse es diesem, wenn man seiner hohen Geistesgaben eingedenk sei, *schon gestatten, eine Brille zu tragen.*

Es sei nicht nötig, daß der Forscher sich vieler optischer Geräte bediene, um seine Beobachtungsfähigkeit zu steigern:

> *Der Mensch an sich selbst, insofern er sich seiner gesunden Sinne bedient, ist der größte und genaueste physikalische Apparat, den es geben kann, und das eben ist das größte Unheil der neueren Physik, daß man die Experimente gleichsam vom Menschen abgesondert hat und bloß in dem, was künstliche Instrumente zeigen, die Natur erkennen will.*

In der Farbenlehre — Goethe selbst hat wiederholt betont, daß er seine Arbeiten für diese höher einschätze als seine poetische Leistung — hat Newton den Sieg davongetragen, und die Fortschritte der modernen Naturwissenschaft wären unmöglich gewesen, falls der Mensch sich nur »seiner gesunden Sinne« hätte bedienen wollen. Goethe hat also die Schlacht auf allen Fronten verloren, nur im psychohygienischen Sinne hat er in einer Weise recht behalten, die er selbst nicht abschätzen konnte. Die dem Menschen aufgezwungene Notwendigkeit, in den Naturwissenschaften weit über den Bereich des konkret Vorstellbaren oder mit den bloßen gesunden Sinnen Beobachtbaren hinauszugehen, hat ihn in eine völlig neue und gefährliche Lage gebracht, in der seine Forschertätigkeit ein isoliertes, abgespaltenes Dasein führt, das keinen Zusammenhang mit seiner menschlich-moralischen Bildung hat. Dies macht seine Lage bedrohlich, und Goethe, der in jeder Gefahr danach Ausschau hielt, was *zu erhalten und zu leisten* übrigbleibe, hätte auf Abhilfe gesonnen.

Wenn er fordert, daß jeder Mensch sich auf die ihm von der Natur zugestandenen Möglichkeiten beschränken möge, so verweist er diesen auf ein Mittelmaß, das für ihn Garant der Gesundheit ist. Jede Überforderung trägt den Keim der Zerstörung und damit der Krankheit in sich.

Die Bemühung um Selbsterkenntnis anerkennt er nur dann, wenn sie vor allem danach fragt, was der Mensch zu leisten imstande sei. Er ist daher der philosophischen und psychologischen Forschung nur in sehr eingeschränktem Maße zugetan. Kant wirft er vor, dieser habe mit seiner *Lehre vom Radikal-Bösen seinen Philosophenmantel beschlabbert.* (Goethe selbst hat sich von dem Lutherischen Glauben an die gänzliche Verderbtheit der Menschennatur [durch die Erbsünde] entschieden abgewandt.) Schopenhauers: »Die Welt als Wille und Vorstellung« erfährt nur höfliche Würdigung. Bei Schiller bedauert er es geradezu, daß dieser soviel kostbare Arbeitszeit auf philosophische Fragen verwende. Es ist sehr merkwürdig zu beobachten, wie Schillers Briefe an Goethe ein psychologisches Einfühlungsvermögen verraten, das geradezu zu einer analytischen Erhellung der seelischen Situation des älteren Freundes führt. Hingegen zeigen die Gestalten seiner Dramen kaum die Widersprüchlichkeit und Plastizität, wie sie Menschen von Fleisch und Blut zu eigen ist. Schiller, der Idealist, ist ein Meister der Reflexion; Goethe, der Seelenzergliederung eher abgeneigt, bezeichnet die ihm eigene Gabe der Menschendarstellung als angeboren. So sagt er über seine Frauengestalten, daß er für sie keine Vorbilder gebraucht, sondern sie in sich vorgegeben gefunden hätte. Die Frauen seien daher bei ihm durchwegs besser dargestellt, als sie in der Natur zu finden seien. Naturbeobachtung und Menschenbeobachtung sind ihm nicht getrennt; auch glaubt er nicht daran, daß philosophische Spekulationen sein Weltverständnis vertiefen könnten. Schiller hat ihrer beider Ausgangsposition in seiner Arbeit über naive und sentimentalische Dichtung beschrieben. Ihn selbst hat das Bewußtsein eigenen Mangels hellhörig für Vorzüge und Mängel anderer Menschen gemacht, während Goethe das, was ihm intuitiv geschenkt war, nicht mehr nachfühlend oder zergliedernd zerlegt wissen wollte. Schiller, der Idealist, war strenge in seiner Kritik und in seinen Forderungen. Goethe als Realist erweist sich milder. Er ermuntert den Menschen nicht zur Selbsterforschung, ja er fordert ihn manchmal geradezu dazu auf, zu verdrängen, zu vergessen, nicht zu beachten, was ihn zu kränken oder zugrunde zu richten drohe.

Wiederholt preist er die hohe Gnade des Schlafes und des Vergessens. 15. Februar 1830 an Zelter:

> *Man bedenke, daß mit jedem Atemzug ein ätherischer Lethestrom unser ganzes Wesen durchdringt, so daß wir uns der Freuden nur mäßig, der Leiden kaum erinnern. Diese hohe Gottesgabe habe ich von jeher zu schätzen, zu nützen und zu steigern gewußt.*

Auch seinen Geschöpfen gönnt er die Gnade des Vergessens und des heilenden Schlafes. Egmont erwacht erquickt nach tröstendem Schlaf und geht gefaßt in den Tod. Fausts Schlummer auf dem »blumigen Rasen «ist seit Friedrich Theodor Vischer oft als eine ungehörig rasche und leichtsinnige Liquidation der Schuld getadelt worden, worauf Staiger hingewiesen hat. Orest, von den Erynnien wegen der Blutschuld verfolgt, wird erquickt durch den Schlaf vor dem Tempel der Göttin.

Die Gnade des Vergessens soll den schuldbeladenen und geprüften Menschen vor der Gefahr der Zerstörung bewahren. Ähnlich wird der Heilschlaf in der modernen Medizin angewandt: Die durch ihn erzwungene Ruhephase soll es dem Leidenden ermöglichen, belastende Ereignisse in der Vergangenheit aus neu gewonnenem Abstand zu betrachten.

Gnade des Vergessens, Lethestrom, Distanz durch Schweigen — Goethe erweist sich dankbar für alles, was dem Menschen hilft, Schuld und Kränkung zu überwinden. Er übt auch dann Nachsicht mit Leidgeprüften, wenn diese das Unglück selbst verschuldet haben.

In den Maximen heißt es, man habe Grund, mit eigenen wie mit fremden Fehlern nachsichtig zu sein. Er schont sich und andere durch Rücksichtnahme und gegenseitige Duldung. Aus diesem Grunde ist er auch ein Feind alles Parodierens und Travestierens,

> *aber nur deswegen bin ichs, weil dieses garstige Gezücht das Schöne, Edle, Große herunterzieht, um es zu vernichten, ja selbst den Schein seh ich nicht gern dadurch verjagt.* (An Zelter 1824.)

Intoleranz erscheint ihm nur in einem einzigen Falle erlaubt: um gegen Intoleranz, die ja immer handelnd und wirkend sei, einzugreifen. Diese müsse mit den gleichen Waffen bekämpft werden; in allen anderen Bereichen aber tritt er nachdrücklich für Nachsicht und Milde ein, zu denen jeder durch die Einsicht in die Schwächen der menschlichen Natur verpflichtet sei.

Auch Fausts Errettung mochte manchem Kritiker ungerecht erscheinen. Goethe wußte dies, urteilte aber milder: Mephisto dürfe seine Wette halb gewinnen, und wenn die halbe Schuld auf Faust ruhen bleibt — so tritt das Begnadigungsrecht des alten Herrn sogleich herein, zum heitersten Schluß des Ganzen. (Nach Staiger.)

Goethe, Menschenkenner und Realist, ist bereit, mit menschlichen Schwächen zu rechnen. Man dürfe es den Menschen nicht verübeln, nicht verargen, sagt er immer wieder. Verzeihung, Vergessen, Bewahrung vor allem Zerstörerischen seien höchste Gnade. Zu fordern sei nur unerbittlich immer wieder dasselbe:

ständige Bemühung um Wiederherstellung und entschlossene, nie — ermüdende Tätigkeit.
Nur durch diese wird Selbstbewahrung vor dem Chaos möglich. Er hat für die »Wanderjahre« notiert:

> *... daß dem Menschen in seinem zerbrechlichen Kahn eben deshalb das Ruder in die Hand gegeben ist, damit er nicht der Willkür der Wellen, sondern dem Willen seiner Einsicht Folge leiste.*

## *Auf der Hut vor Unpotenzen*

Oft erstaunt, meist ernüchtert, manchmal auch bitter enttäuscht, standen die weit hergereisten Besucher in der Empfangshalle des geräumigen Hauses am Frauenplan, wenn Goethe eine seiner gefürchteten schweigenden Audienzen gab. Zu diesen erschien er feierlich im dunklen Rock, auf dem die Orden schimmerten. So stand er da mit strenger, teilnahmsloser Miene, unbewegt, die Arme hinter dem Rücken verschränkt, die Gestalt sehr gerade aufgerichtet, steif und förmlich.
Sie aber waren doch mit Herzklopfen und in bewegter Erwartung zu dem Manne gekommen, der den »Werther« geschrieben hatte. Zu diesem — oder aber wie etwa Grillparzer zum Dichter des »Tasso« — hatten sie sich mit der unausgesprochenen Frage hingewagt, wie einer, der solchen Schiffbruch hatte mitfühlen und gestalten können, selbst mit dem Leben davongekommen war. Wie hatte er überleben, wie sich behaupten können? Den Sog des Selbstmordes und der geistigen Umnachtung hatte er erschütternd dargestellt, aber er selbst war ihm nicht erlegen.
Was ist aus dem Dichter des Unterganges geworden? Sie finden ihn als amtierenden Minister, geheimen Legationsrat, Kammerpräsidenten, Leiter der Bergwerkskommission, Aufseher über die wissenschaftlichen und Kunstanstalten — kurz, als Mann in Amt und Würden. Sein Haus ist wohl bestellt, die Räume durch Nachbildungen klassischer Kunstwerke verschönert. Ist

der Besucher genehm, dann mag ihm die Ehre widerfahren, zur festlichen Tafel gebeten zu werden. Nach beendetem Mahl, während dessen Goethe kaum jemals von sich, öfters von Herkunftsländern und Interessengebieten der Besucher gesprochen hat, werden Kunstmappen vorgelegt, Sammlungen von Münzen oder Gemmen vorgewiesen, manchmal auch naturwissenschaftlich interessante Objekte, Versteinerungen etwa oder andere Merkwürdigkeiten.

So geht der Abend hin — Goethe erweist sich als höflicher, aber sehr formeller Gastgeber. Die Besucher finden den Mann nicht wieder, der unter einen Stich seines Hauses einladende Verse geschrieben hat mit der Versicherung, man möge nur unbesorgt eintreten und würde wohl empfangen werden.

Besonders unbeliebt sind solche Besucher, die es wagen, indiskrete Fragen zu stellen. So wird etwa Hölty, der nach Einzelheiten über Augusts Italienreise gefragt hat, frühzeitig entlassen und gegen den Brauch nicht gebeten, zum Essen zu bleiben.

Noch vor der Zeit der näheren Bekanntschaft hatte deshalb Schiller erbittert festgestellt, daß Goethe auch gegen seine nächsten Freunde keine Herzensergießungen kenne. Ein andermal setzte er erbost hinzu, daß man Goethe behandeln müsse wie eine stolze Prüde, der man ein Kind mache, um sie vor der Welt zu demütigen. Auch von Knebel wird Goethe wegen seiner Verschlossenheit als ein »Egoist in höchstem Grade« bezeichnet, nur fügt er entschuldigend hinzu: »aber er mußte es sein, denn er wußte, welchen Schatz er zu verwahren hatte«. Für die Gäste, oft auch für die Freunde, erhob sich die Frage: Wie kam es, daß der Verfasser der leidenschaftlichsten Liebesgeschichte seines Jahrhunderts, eines Triumphes der Empfindsamkeit, der eine Selbstmordepidemie ausgelöst hatte, sich so betrug, als sei er keiner »Herzensergießungen« fähig? Er macht es seinen Freunden nicht leicht. Auch in den glücklichen Jahren der Zusammenarbeit hat Schiller auf seine glühenden Briefe nur zögernde und besonnene Antworten erhalten. Goethe hatte nicht gesucht, Schillers Bekanntschaft zu machen. Der Mann, der niemals in denselben Fluß steigt, hat mit Bedauern im

Verfasser der »Räuber« eine von ihm selbst bereits überwundene revolutionäre Jugendepoche wieder neu auf sich zukommen gesehen. Späterhin entwerfen Schillers Briefe bei aller Verehrung vor dem Älteren dessen Wesensbild in einer Weise, die als Zeugnis einer großartigen analytischen Erhellung ihresgleichen in der Weltliteratur nicht wieder hat. Schiller ist und bleibt durchaus der Gebende, seinem glühenden Ringen um das Werk des Freundes ist es zu danken, daß in Erstarrtes neue Bewegung kommt, der »Faust« fortgeführt wird, der »Wilhelm Meister« entsteht.

Dennoch hat Goethe ihm nie das freundschaftliche Du angeboten, und er spricht auch vor Dritten von Schiller nur als von dem Herrn Hofrat. Schiller hat sich durch Goethes Zurückhaltung nicht entmutigen lassen. Aber ein anderer, jüngerer, der Goethe sein Drama »auf den Knien seines Herzens« dargebracht und von dessen Urteil die letzte Entscheidung über seine dichterische Berufung erwartet hatte, zerbrach an Goethes Zögern. Es war Kleist, dessen »Penthesilea« Goethes Beifall nicht hatte finden können — sie sei *aus einem wunderbaren Geschlecht* und bewege sich in einer *so fremden Region*, daß er sich mit ihr nicht habe befreunden können. Das kam für Kleist, dessen Lebenswille schon infolge der Enttäuschung durch die Kantsche Philosophie geschwächt war, der Bestätigung gleich, daß er zum Dichten so wenig tauge wie zum Leben.

Goethe aber hatte sich von der »Penthesilea« nicht anders abgewendet als sonst von gefährdenden negativen Kräften, die er »Unpotenzen« nannte. Förmlichkeit, verschlossenes Wesen, abwehrende Gesten — wie waren sie zu erklären bei einem Manne, dessen Jugendlyrik nichts war als freies, überströmendes Gefühl, mitschwingende Herzlichkeit, dem — um mit Ortega y Gasset zu sprechen — ein »Lerchenschicksal« bestimmt schien, Verkündigung der Morgenröte und des neuen Tages.

Was hatte er erlebt, über welche Schwelle war er geschritten, um sich so zu verändern? Was hatte ihn früh bewegt und was späterhin immer entschiedener davon abgehalten, Gefährdendes an sich heranzulassen? 1784 noch hatte Wieland über ihn geschrieben: »Goethe schickt sich überaus gut in das, was er vorzustellen hat, ist im eigentlichen Verstande l'honnête homme à la cour, leidet aber nur allzu sichtlich an Seele und Leib unter der drückenden Last, die er sich zu unserm Besten aufgeladen hat. — Seine Gesundheit schont er soviel als möglich, auch hat sie es sehr vonnöten.«

Schon im »Urgötz« hatte die Warnung gestanden: »Verschließt eure Herzen sorgfältiger als eure Türen« und bereits 1774 hatte Goethe zu Lavater gesagt: »Sobald man in Gesellschaft, nimmt man vom Herzen den Schlüssel ab und steckt ihn in die Tasche; die, welche ihn stecken lassen, sind Dummköpfe.« Und 1791 teilt er Frau von Stein mit, daß er am Hofe gelernt habe, in zwei Welten zugleich zu leben, in einer äußeren *mit den Menschen dieser Welt*, mit denen er ißt und trinkt und spielt, die er aber kaum spürt, und in einer inneren, *denn mein inneres Leben geht unverrücklich seinen Gang*. 1808 schreibt er ihr: *Manchmal komme ich mir vor wie eine magische Auster, über die seltsame Wellen weggehen.*

Die magische Auster hat gelernt sich zu verschließen. Er redet kaum über sich selbst, nie über die ihm Nahestehenden. Er denke nicht über die, die er liebe, sagt er einmal. Man hatte ihn nach einer Eigenschaft Lottens gefragt; er konnte nicht antworten; er habe sie viel zu lieb gehabt, um über sie zu denken. Er redet nicht über das, was ihn bewegt. Über den Tod der Schwester, der sehr geliebten, finden sich ebenso wie über den der Mutter nur dürftige Aufzeichnungen. Nach dem Bruch mit Frau von Stein vermeidet er es peinlich genau, mit den gemeinsamen Freunden über sie zu sprechen. »Erinnerungen zerreißen« ihn, aber er schweigt. Leiden erträgt er stumm, denn Mitgefühl der anderen würde es für ihn noch unerträglicher machen. Selbst nach dem Tod des einzigen Sohnes meidet er jedes Gespräch über den furchtbaren Verlust und verübelt es, wenn die Freunde mitleidig tröstend in ihn dringen. Diejenigen unter ihnen, die dies verwundert, werden bald eines Besseren belehrt, als der bald nach der Todesnachricht eingetretene schwere Blutsturz des Greises sie darüber belehrt, daß er trotz seiner gewaltsam beibehaltenen Ruhe nicht *aus Draht zusammengeflochten ist*. Er belehrt sich selbst: *Prüfungen erwarte bis zuletzt!* und es scheint ihm, daß das Schicksal die Überzeugung habe, *man sei nicht aus Nerven, Venen, Arterien und anderen abgeleiteten Organen, sondern aus Draht zusammengeflochten.* Nur der große Begriff der Pflicht könne hier aufrechterhalten. Er habe keine Sorge, als sich *physisch im Gleichgewicht zu bewegen.*

> *Alles andere gibt sich von selbst. Der Körper muß, der Geist will, und wer seinem Wollen die notwendigste Bahn vorgeschrieben sieht, der braucht sich nicht viel zu besinnen.*

So schrieb er am 21. November 1830 an Zelter, aber am 25. erfolgte der schwere Blutsturz. Zwar hatte der Wille die Bahn vorgeschrieben, aber der Körper konnte nicht folgen. *Der Charakter widersetzt sich dem treffenden Schlage, aber konsolidiert dadurch gleichsam das Übel, das sich späterhin auf andere Weise Luft zu machen sucht.* Er weiß genau, daß trotz aller Willensanspannung körperliche Rückschläge nicht zu vermeiden sind. Auch die Familienangehörigen wissen, daß Goethe im Alter Tage gesteigerter dichterischer Produktion oft mit Krankheit bezahlen muß.

Goethe hat körperliches Leiden im Zusammenhang mit seelischer Erschütterung von früh an an sich erfahren. Da er entschlossen ist, seine Gesundheit zu schonen (auf ihn könnte man das Wort Kafkas anwenden: Du bewährst dich, also bewahre dich), meidet er Belastungen, soweit dies möglich ist. Dem Anblick von Krankheit und Tod weicht er aus. Er macht keine Krankenbesuche und weigert sich, tote Freunde im Sarge zu sehen. Er warnt auch andere vor diesem Anblick. Das Gedächtnis des Lebenden möge fortwirken, der Tod aber sei nur ein mäßiger Portraitmaler. Krankheit und entstellende Leiden sind für ihn die größten irdischen Übel. Er geht ihnen aus dem Wege. Wenn man den Angaben Johanna Schopenhauers Glauben schenken darf, hat er das Zimmer seiner Frau Christiane in deren letzten Krankheitstagen — sie verstarb an einer Urämie — nicht mehr betreten. Als der Zustand der Gattin sich verschlimmerte, legte er sich selbst zu Bett — eine alte Kriegslist in Zeiten der Trübsal.

Begräbnisfeierlichkeiten wohnt er nicht bei. Frau von Stein verfügt mit Rücksicht auf ihn in ihrem Testament, daß man ihren Sarg nicht an Goethes Haus vorbeitragen dürfe. *Ich habe mich wohl in acht genommen, weder Herder, Schiller noch die verwitwete Herzogin Amalia im Sarge zu sehen.* Nach dem Tode des Großherzogs Karl August, des Freundes von mehr als fünfzig gemeinsam durchlebten Jahren, zieht er sich mit Erlaubnis des jungen Nachfolgers noch vor den Totenfeiern nach Dornburg zurück, um sich *den täglichen betrüblichen Eindrücken zu entziehen und sich in einer neuen Umgebung durch eine frische Tätigkeit wiederherzustellen.* Riemer berichtet, man habe Goethe »diese Fassung und Gefaßtheit, diese Ruhe bei Verlust und Schmerz sehr übelgenommen. Als wüßte man, was in seiner Seele vorgegangen, als empfände nicht der äußerlich geduldig Leidende nur um so größern Schmerz nach innen«. Nicht nur Leichenfeiern sind ihm verhaßt, er schreckt auch vor der Darstellung des Todes auf Kunstwerken zurück. Das Gemälde des romantischen Malers Lessing wird von ihm schärfstens verurteilt, weil es nicht wie Gemälde der Holländer vor dem Hintergrund einer Winterlandschaft Eisläufer in froher Bewegung darstelle, sondern einen Zug von Mönchen, die einem toten Mitbruder das letzte Geleit geben. Der Moderduft der Vergänglichkeit — das sei nicht würdiger Gegenstand eines Kunstwerkes, besonders nicht für ihn, der Homer wie ein Brevier zu lesen gewohnt ist, der das Romantische krank und nur das Klassische gesund nennt. Den Winter vollends *statuiert er nicht.* Für ihn ist die griechische Plastik die dem *Menschen gemäßeste Verkörperung der Gottheit,* ihr hat er sich *mit Leib und Seele hingegeben,* und nur mit *Bangigkeit* betrachte er andere Kunstrichtungen, trete in *die grenzenlosen Räume, wo sich uns Mißgestalten aufdringen und Ungestalten entschweben und verschwinden.* Das gilt für die bildende Kunst der Inder, aber auch für die Neigung der romantischen Maler, Winterlandschaften, Ruinen, Todesszenen darzustellen. Er lehnt *winternächtliche Kranken- und Totenbilder* ab.

Nicht nur für das Kunstwerk, sondern für das Leben gilt ihm der Leitspruch »Mens sana in corpore sano«. Er geht dem Anblick von körperlich Entstellten, Krüppeln und Irren aus dem Wege. Bereits als Jüngling hatte er die Verfügung der Straßburger Stadtverwaltung voll gebilligt, als diese angeordnet hatte, daß Kranke und Krüppel nicht auf die Straße dürften, als die ihrem Gemahl in Procuratio angetraute Marie Antoinette auf dem Hochzeitszug durch die Straßen der Stadt gefahren war.

Er vermeidet bis ins hohe Alter den Anblick von entstellenden Übeln. Selbst als seine Schwiegertochter Ottilie nach einem Unfall auf der Reitbahn eine entstellende Gesichtsverletzung davongetragen hat, geht er ihr im gleichen Hause durch Wochen aus dem Wege.

*Deprimierende Unpotenzen* — so nennt er Eindrücke, die das Gemüt erschüttern und verstimmen. Vor ihnen müsse man sich hüten. Gedichte von Gustav Pfizer stimmen ihn traurig, und so legt er das Büchlein eilig weg, da ihm beim Lesen *gleich so armselig zu Mut* geworden sei. Er weicht auch Menschen aus, die durch *Trauern, Klagen, Wiederkäuen von Übeln* erlittene Unbill nur vermehren statt zu bekämpfen. Als nach dem Weimarer Theaterbrand 1825 erregte Besucher als Überbringer der »letzten Nachrichten« zu ihm vordringen wollen, zieht er sich zurück, empfängt niemanden und legt sich schließlich sogar zu Bett, wo ihn dann der verwunderte Eckermann, der schließlich doch vorgelassen wird, heiter und ganz gesund antrifft. Er befände sich körperlich wohl, beteuert Goethe, *nur halt ich mich ganz einsam, weil alle Menschen, ohne es zu wissen, überreizt sind, das Übel fort und fort wiederkäuen und indem sie selbsttätig zur Wiederherstellung* (des Theaters) *beitragen möchten, welches zu loben wäre, jetzt auf ganz unerträgliche Weise mit Rat, Vorschlag und Plan herbeistürmen.*

Selbst die Tagesneuigkeiten will er im Alter nicht mehr an sich heranlassen. Er liest keine Zeitung mehr. Viele Ereignisse erscheinen gleichgültig und können anders eingeschätzt werden, wenn man sie aus dem Abstand von 5 Jahren betrachtet.

1831: *Die herrlichste Kur aber und die kräftigste Bestätigung für den Menschen, der sich in den Kreis seiner Tätigkeit zurückzieht, ist der Spaß, einen Jahrgang von 1826 ge-*

*bunden zu lesen, wie ich ihn mir jetzt mache, wo so klar ist, daß man durch diese Tagesblätter zum Narren gehalten wurde.*

Keine Kraft darf unnütz vergeudet werden, alles Unnötige hält er von sich fern. Zeitverschwendung ist ihm verhaßt; aber er lehnt auch alles ab, was zerstören will, statt aufzubauen. Selbst Parodien und Karikaturen lehnt er ab, so beispielsweise Karikaturen Napoleons. Es sind für ihn ebenso wie andere »Unformen«, Verzerrungen und Verunstaltungen, Negationen des Lebens oder Unpotenzen.

Er zieht nicht gegen sie zu Felde, Revolution ist seine Sache nicht, er nimmt sich nicht Zeit, das Zerstörende zu zerstören. Seine Sache ist das Aufbauen, die *entschiedene reine Tätigkeit.* Statt aber Kampfparolen zu verfassen, wendet er sich ab und weicht aus. Negationen statuiert er nicht, oder wie er es im Hause der Fürstin Gallitzin in Münster ausspricht:

*Was mir widersteht, davon wend ich den Blick weg.*

Vielerlei mußte ihm mißfallen im Laufe eines 80jährigen Lebens. Ebenso vielfältig wie die Negationen des Lebens sind die Reaktionen, die sie in den Menschen hervorrufen. Das Leid der Welt kann einer genialen Begabung zum Kernproblem alles Philosophierens werden oder zum Anstoß revolutionären Umsturzes, kann aber auch zu dem Entschluß führen, zu dulden und zu entsagen oder sich in einer unheilbar kranken Welt selbst zu zerstören.

Wir haben bei großen Menschen aufgezeigt, wie sehr ihr körperliches und seelisches Heilsein mit der Tragweite und der Art dieser Entscheidung verknüpft war, und haben gesehen, daß auf diese Weise Gesundheit oder Krankheit Ausdruck einer echten existentiellen Entscheidung sein können, Symbol eines Stücks gelebter und vollzogener Freiheit in der Unfreiheit.

In entschiedenstem Sinn und in vollem Bewußtsein seines Einsatzes hat Goethe sich *für* das Leben entschieden: Ein Leben, das für ihn Wandlung, Neubeginn, Tun und damit Schöpfung bedeutet. Er war sich dankbar der Kräfte bewußt, die ihm verliehen waren, und war stolz darauf. Er durfte dies, denn ihm war *viel vertraut* worden, und er wußte, daß er sich *nicht selbst geschaffen* hatte. Aber ebensogut wußte er um seine Anfälligkeit, um den *Krankheitsstoff seit 3000 Jahren,* den er in sich trug. Er war sich des Sogs der dunklen Kräfte bewußt, der tödlichen Keime der Verzweiflung, die in ihm lagen und die nicht nur Lenz und Klinger, Merck und Jerusalem, die Freunde der Jugendzeit, sondern auch ihn in die Tiefe ziehen wollten. Er wußte um die tragischen Verstrickungen, denen jeder Mensch und zu jeder Zeit zum Opfer zu fallen droht. Der Blutsturz des 18jährigen und der des 81jährigen bewiesen dies im Leben ebenso wie die Trilogie der tödlichen Bedrohung im Werk: »Urfaust«, »Werther« und »Egmont« — vor dem 30. Lebensjahr geschaffen, Mahnmal einer Lebenskrise, die knapp an den Rand des Unterganges geführt hatte.

Goethe selbst aber, und wir haben gesehen, daß viele ihm diesen Entschluß verübelt haben, wollte nicht mit seinem Werther sterben. Er entzog sich der Bedrohung durch eine entschiedene Wendung: Die Pflicht des Tages siegte über die gefährlichen Kräfte der Nacht. Doch noch der 77jährige gedenkt nach der tiefen Erschütterung des Marienbader Erlebnisses Werthers als eines vorausgegangenen Freundes:

*Zum Scheiden du, zum Bleiben ich erkoren.*
*Gingst du voran und hast nicht viel verloren!*

Es gab nur eine Konsequenz: Da er das Bleiben erwählt hatte, mußte er sich vom Tragischen abwenden. Zu Schiller äußert er sich freimütig, daß er in Sorge sei, das Tragische *könne ihn zerstören.* Es führt ein weiter Weg von der Verzweiflungsszene im Kerker zur himmlischen Apotheose am Ende des II. Teiles von »Faust«. Er kennzeichnet eine Entwicklung, bei der das negative Prinzip immer mehr an Recht und Einfluß verliert. Hier wie an vielen anderen Stellen des Werkes geht es darum, daß durch ständige Bemühung das Unheil etwas von seiner Macht verliere.

Dem furchtbaren Erbfluch »Ich bin aus Tantalus Geschlecht«, setzt Iphigenie das Bild reiner Menschlichkeit entgegen, die alle irdischen Gebrechen sühnt. Die Beispiele ließen sich weiter vermehren, doch geht es hier nicht um das dichterische Werk, sondern um das Leben.

Goethes Bemühungen, dem Sog des Tragischen zu entgehen, sind wiederholt heftig kritisiert worden. Man hat seit über 100 Jahren Genialität immer nur in der Nähe von Krankheit und Gefährdung denken können. Daß Goethe ein Mann gewesen ist, der nicht untergehen, sondern überleben wollte, hat die Gemüter verwirrt. Einer, der die heftigsten Vorwürfe erhob, war der spanische Philosoph Ortega y Gasset. In seiner Schrift »Um einen Goethe von innen bittend«, wirft er Goethe vor, daß es ihm gelungen sei, sich aus dem Schiffbruch seiner Jugend ans Land zu retten — und zwar in die provinzielle Enge Weimars. Nach Ortega hätte er das bleiben sollen, was allein seine Berufung gewesen wäre: »Ein Goethe, der schiffbrüchig und verloren ist in seiner eigenen Existenz, der keinen Augenblick weiß, was aus ihm werden wird.« Er vergleicht den Goethe der Werther-Zeit — eine dichterische Begabung, der »ein Lerchenschicksal« zugedacht war, einen Jüngling von unerschöpflicher Begeisterungsfähigkeit — tätig, rein, großmütig, heiter — mit dem Geheimrat, der steif unter den Menschen umhergeht und seinen Körper trägt, »wie man Standarten in einer Prozession trägt«. Goethe selbst hätte in seiner »Stella« gesagt: *Die Gestalt ist der beste Text zu allem, was sich über ihn empfinden und sagen läßt.* Woher, fragt nun Gasset, komme bei dem Minister die dauernde Verstimmung, »die Geheimrätlichkeit, die Distanz zu seiner eigenen Umwelt, der Zug von Bitterkeit? Hat doch schon Friederike Brion nach dem Wiedersehen von 1795 in ihrem Tagebuch vermerkt: »eine bittere Apathie ruht wie eine Wolke auf seiner Stirn«.
Ortega y Gasset aber wünscht sich einen Goethe, der ein Leben lang allen Unbilden preisgegeben bliebe, ohne die Basis materieller, wirtschaftlicher und gesellschaftlicher Sicherheit — ohne »wohl geordnete Schubladen voller Mappen mit Radierungen — kurz, einen Goethe, der nicht unter die sterile Glasglocke von Weimar gesetzt und zum »Geheimrat« präpariert worden ist«.
Demnach erwartet sich Ortega y Gasset 100 Jahre nach Goethes Tode — die Arbeit wurde anläßlich der Zentenarfeier geschrieben, das, was schon Goethes Zeitgenossen von diesem

erhofft hatten. Wenn die weithergereisten Besucher des Hauses am Frauenplan den Dichter des »Werther« zu sehen erwarteten, einen Schiffbrüchigen, der das Leben nur zu erleiden, nicht aber zu gestalten wußte, waren sie erstaunt, diesen Hausherrn, einen Minister und Geheimrat, zu finden.

Jeder Mensch habe die Fehler seiner Tugenden, behauptete Goethe und brachte es dank dieses Grundsatzes fertig, mit den Menschen gut auszukommen. Auf ihn selbst aber haben leider auch seine leidenschaftlichsten Bewunderer diesen lebensklugen Ratschlag selten angewandt.

Wozu, fragte Goethe, hätte er 70 Jahre alt werden und doch immer derselbe bleiben sollen? Ortega y Gasset jedoch wirft ihm vor, er sei vor seiner Bestimmung geflohen, und auf dieser Flucht vor sich selbst sei er der Verheißung seiner Jugend untreu geworden! Gewiß, wenn er es als seine Bestimmung hätte ansehen können, der zu bleiben, der er mit 25 Jahren gewesen war. Warum wollte man es ihm nicht zugestehen, seine persönliche Entscheidung zu treffen? Weil man »Wolken des Mißmutes« auf seiner Stirne bemerkte, eine bittre Apathie, weil er Distanz zu seiner Umgebung hielt? — Gewiß! Er war entschlossen, seine Überlebenschance teuer zu bezahlen, auf Wohltemperiertheit konnte sein Leben nicht eingerichtet sein.

Die Distanz war seine Weise, Abstand von Dingen und Menschen zu halten, mit denen er sich nicht in unfruchtbare Kämpfe verwickelt sehen wollte, und »Geheimrätelei« und steifes Betragen erschienen ihm immer noch besser, als von »Unpotenzen« und Negationen bedroht zu sein.

Der Mann, der von sich selbst sagt, daß ihn »Erinnerungen zu zerreißen drohen«, kennt die tödlichen Gefahren von Tod und Irrsinn, Krankheit und Verfall, entstellenden Übeln und unfruchtbarer Reue im Wiederkäuen erlittenen Unheils. Allzuoft ist er nahe am Abgrund gestanden. Mutwillig aber will er sich nicht der Gefahr aussetzen. Er weiß, wovor er auf der Hut ist, warum es gilt, vor Negationen Abstand zu wahren.

Die »magische Auster« vermag ihre Muschelschalen zu schließen. »Seltsame Wellen« gehen über sie hin. Aber die Wellen reißen sie nicht fort, und die »Unpotenzen« dringen nicht ein.

# *Literaturverzeichnis*

## A. Spezielle Literatur


ZU BLAISE PASCAL

Béguin, Albert: *Pascal.* Rowohlt, 1959

Bourceret, Albert: *La vie brève et dense de Blaise Pascal.* Regain — Monte Carlo 1953

Chevalier, Jacques: *Pascal.* E. Flammarion, Editeur, 1936

Delbet, Pierre: *Le Caractère de Pascal. Editeur Pierre Cailler,* 1947.

Jerphaguon, Lucien: *Pascal et la souffrance.* Les éditions ouvrières, Paris 1956

Spoerri, Theophil: *Der verborgene Pascal.* Furche Verlag, Hamburg 1955

Steinmann, Jean: *Pascal.* Les éditions du cerf, Paris 1954

ZU REINHOLD SCHNEIDER

Schneider, Reinhold: *Macht und Gnade.* Insel Verlag, Wiesbaden 1946

Schneider, Reinhold: *Die dunkle Nacht.* Herder Bücherei, Bd. 70, 1947

Schneider, Reinhold: *Macht und Gnade.* Insel Verlag, Wiesbaden 1946

Schneider, Reinhold: *Über den Selbstmord.* Hans Bühler Verlag, 1947

Schneider, Reinhold: *Die Sonette.* Hegner-Verlag, Köln 1954

Schneider, Reinhold: *Der Balkon.* Insel Verlag, 1957

Schneider, Reinhold: *Verhüllter Tag.* Verlag Hegner

Schneider, Reinhold: *Über Dichter und Dichtung.* J. Hegner, Köln und Olten, 1953

Schneider, Reinhold: *Pfeiler im Strom.* Insel Verlag, Wiesbaden 1958

ZU HEINRICH FEDERER

Federer, Heinrich: *Am Fenster.* Verlag Grote, Berlin 1938

ZU MAXIM GORKI

Gorki, Maxim: *Briefe.* Aufbau Verlag, Berlin 1960

ZU LEO WEISMANTEL

Weismantel, Leo: *Mein Leben.* Junker und Dünnhaupt Verlag, Berlin 1936

ZU HEINRICH HEINE

Heine, Heinrich: *Gesammelte Werke.* 4 Bände, Hendel Verlag, Leipzig 1925

Marcuse, Ludwig: *Heinrich Heine.* Rowohlt, Berlin 1932

ZU KARL JASPERS

Jaspers, Karl: *Rechenschaft und Ausblick.* Piper Verlag, München 1951

Jaspers, Karl: *Der philosophische Glaube.* Piper Verlag, München 1955

Jaspers, Karl: *Nietzsche.* Walter de Gruyter, Berlin 1936

Jaspers, Karl: *Beitrag in »Die Kraft zu leben«.* Bertelsmann Verlag, 1964

ZU CHRISTIAN MORGENSTERN

Morgenstern, Christian: *Stufen.* Piper Verlag, München 1951

Morgenstern, Christian: *Ein Leben in Briefen,* hgb. von Margarete Morgenstern. Insel-Verlag, 1952

ZU SIGMUND FREUD

Freud, Sigmund: *Gesammelte Schriften.* Psychoanalytischer Verlag, Wien 1922

Jones, Ernest: *Sigmund Freud. Life and Work.* The Hogarth Press, London, 3 Bde., 1953

ZU CATHERINE MANSFIELD

Alpers, Antony: *Catherine Mansfield.* Printed by Lowe and Brydone, London 1954

Mansfield, Catherine: *Letters.* Albatross, Leipzig—Paris—Bologne 1938

Mansfield, Catherine: *Journal.* Constable u. Co., London 1954

Murry, J. Middleton: *Catherine Mansfield and other Literary Studies.* Constable, London 1959

ZU ELISABETH BARRETT-BROWNING

*The Letters of Robert Browning and Elisabeth Barrett-Browning in two Volumes.* London, Smith Elder, 1899, Third impression

*Letters of the Brownings to George Barrett,* University of Illinois, 1958.

Dye, Vincent: *Die Beziehung Elisabeth Barrett-Brownings Leben zu ihrer Dichtkunst.* Diss. Leipzig, Druck Bruno Zechel, 1905
Lubbock, Percy: *Elisabeth Barrett-Browning in her Letters.* London, Smith, Elder u. Co. 15, 1906
Merlette, Germaine-Marie: *La vie et l'Oeuvre d'Elisabeth Barrett-Browning.* Paris, Librairie Colin, 1905
Wild, Friedrich: *Das Dichterehepaar Robert und Elisabeth Barrett-Browning,* Rohrer, Wien 1952

ZU RAINER MARIA RILKE
Rilke, Rainer Maria: *Briefe an seinen Verleger, 1906—1926.* Insel-Verlag, Zürich 1934
Rilke, Rainer Maria: *Briefe.* Hgb. von Ruth Sieber-Rilke und Carl Sieber. 6 Bände, Insel-Verlag, Leipzig 1935
Rilke, Rainer Maria: *Ges. Werke.* 6 Bände, Insel-Verlag, Leipzig 1936
Focke, Alfred: *Liebe und Tod bei Rilke.* Herder Verlag, Wien 1948
Guardini, Romano: *Rainer Maria Rilkes Deutung des Daseins.* Eine Interpretation der Duineser Elegien. Kösel-Verlag, München 1953
Relin, Walter: *Orpheus* (Selbstdeutung und Totenkult bei Novalis — Hölderlin — Rilke). L. Schwenn Verlag, Düsseldorf 1950

ZU MARCEL PROUST
Proust, Marcel: *A la Recherche du Temps perdu.* 3 Bde., Bibl. de la Pléiade, Gallimard 1959
Briand, Charles: *Le secret de Marcel Proust.* Paris, Henri Lefèbre, 1950
Mauriac, Claude: *Proust.* Rowohlt, 1958
Maurois, André: *A la Recherche de Marcel Proust.* Hachette, 1949
Scillière, Ernest: *Marcel Proust.* »Essais critiques« Nouvelle Revue, 1931
Taumann: *Marcel Proust.* Librairie Armand Colin, 1949

ZU MAX DAUTHENDEY
Dauthendey, Max: *Letzte Reise.* Albert Langen / Georg Müller 1924

ZU ANDRÉ GIDE
Gide, André: *Journal.* 2 Bde., Bibl. de la Pléiade, Gallimard 1955
Gide, André: *So sei es oder Die Würfel sind gefallen.* Deutsche Verlagsanstalt, Stuttgart 1953
Claudel, Paul et André Gide: *Correspondance 1899—1926.* Gallimard, 1949

ZU JOHN KEATS

*The Letters of John Keats, 1814—1821.* II. Vol. Cambridge, University Press, 1958

*The Keats Circle, Letters and Papers, 1816—1879.* 2 Bde., Haward, University Press, 1948

ZU THOMAS WOLFE

Wolfe, Thomas: *Es führt kein Weg zurück* (You can't go home again). Rowohlt, Hamburg 1950

Wolfe, Thomas: *Vom Tod zum Morgen.* Rowohlt, Hamburg 1952

ZU FRANZ KAFKA

Kafka, Franz: *Briefe, 1902—1924.* Hgb. von Max Brod, S. Fischer, 1958

Kafka, Franz: *Tagebücher, 1910—1923.* S. Fischer, 1959

Kafka, Franz: *Briefe an Milena.* S. Fischer, 1960

Brod, Max: *Franz Kafka.* Fischer Verlag, Berlin 1954

Brod, Max: *Verzweiflung und Erlösung im Werk Franz Kafkas.* Fischer Verlag, Frankfurt 1959

Buber-Neumann, Margarete: *Kafkas Freundin Milena.* Müller Verlag, München

Camus, Albert: *Die Hoffnung und das Absurde im Werk von Franz Kafka.* In »Die Wandlung«, 4. Jg., 3. Heft, S. 792—803. Verlag Lambert-Schneider, Heidelberg 1949

Emrich, Wilhelm: *Franz Kafka.* Athenäum Verlag Bonn, 1958

Politzer, Heinz: *Franz Kafka, der Künstler.* S. Fischer, 1965

ZU ADALBERT STIFTER

Stifter, Adalbert: *Briefe.* 4. Aufl., Rainer Wunderlich Verlag, Tübingen 1936

Stifter, Adalbert: *Werke in 2 Bänden.* Verlag Das Bergland-Buch, Salzburg 1951

ZU ANTON WILDGANS

Wildgans, Anton: *Ein Leben in Briefen.* Hgb. von Lilly Wildgans, Verlag Frick, Wien 1947

ZU PETER ALTENBERG

Altenberg, Peter: *Mein Lebensabend.* S. Fischer, Berlin 1919

ZU FRIEDRICH NIETZSCHE

Nietzsche, Friedrich: *Menschliches — Allzumenschliches. Der Wille zur Macht. Ecce Homo. Nietzsche contra Wagner. Götzendämmerung.* Sämtlich bei Kröner Verlag, Leipzig 1930

ZU NOVALIS (FRIEDRICH VON HARDENBERG)

Novalis: *Werke, Briefe und Dokumente.* 4 Bde., Verlag Lambert Schneider, Heidelberg 1954

Hederer, Edgar: *Novalis.* Amandus Verlag, Wien 1949

ZU ERNST JÜNGER

Jünger, Ernst: *Strahlungen.* Schönleitner Verlag, Linz, 1950

Becher, Hubert: *Ernst Jünger.* Verlag J. Schnellsche Buchhandlung, Warendorf, Westfalen, 1949

ZU JOHANN WOLFGANG v. GOETHE

*Goethes Werke,* hgb. von Heinemann. Bibliographisches Institut. Leipzig und Wien. 30 Bde.

Wolf, Eugen: *Über die Selbstbewahrung.* Zur Frage der Distanz in Goethes Dasein. Cotta/Stuttgart o. J.

## B. Allgemeine Literatur

1. MEDIZIN

Birnbaum, K.: *Die methodologischen Prinzipe für pathographische Studien.* Zbl. ges. Neurol. 70, Seite 653

Bovet, Th.: *Die Person, ihre Krankheiten und Wandlungen.* Furche, Tübingen 1946

Braun, A.: *Krankheit und Tod im Schicksal bedeutender Menschen.* Enke Verlag, Stuttgart 1940

Bühler, Charlotte: *Der menschliche Lebenslauf als psychologisches Problem.* Hirzel Verlag, Leipzig 1933

Gebsattel, v. EV.: *Aspekte des Todes.* Synopsis, Hamburg (3) 1949

Gebsattel, v. EV.: *Über den personalen Faktor des Heilungsprozesses. In:* Prolegomena einer medizin. Anthropologie, S. 269 ff., Springer, Heidelberg 1954

Heidenhain, A.: *Über Pathographie.* Zbl. ges. Neurol. 57, Seite 256

Hollmann, E.: *Krankheit, Lebensschicksal und soziales Schicksal.* Thieme, Leipzig 1940

Hübschmann: *Psyche und Tuberkulose.* Enke Verlag, Stuttgart 1952

Jores, Arthur: *Vom Sinn der Krankheit.* Selbstverlag der Universität Hamburg, 1950

Jores, Arthur: *Der Mensch und seine Krankheit.* Klett, Stuttgart 1956

Kerner, Dieter: *Krankheiten großer Musiker.* Schattauer Verlag, Stuttgart 1963

Lange-Eichbaum, Wilhelm: *Genie, Irrsinn und Ruhm.* Reinhardt, München 1956, 4. Aufl.

Lehmann, Arthur, R. H.: *Krankheit, Begabung, Verbrechen; ihre Ursachen und ihre Beziehungen zueinander.* Verlag v. J. Gnadenfeld u. Co., Berlin 1904

Mitscherlich, Alexander: *Freiheit und Unfreiheit in der Krankheit.* Claeszen und Goverts, Hamburg 1946

Mitscherlich, Alexander: *Zur psychoanalytischen Auffassung psychosomatischer Krankheitsentstehung.* Psyche 7 (1953/54), Seite 561 ff.

Mitscherlich, Alexander: *Anmerkungen über die Chronifizierung psychosomatischen Geschehens.* Psyche, XV. Jg., 1. Heft, April 1961

Mitscherlich, Alexander: *Krankheit als Konflikt.* Suhrkamp, Frankfurt 1966

Mlczoch, F.: *Das Krankheitserlebnis des Patienten.* Referat, Tagung der IMA, Ostern 1966, im Druck

Paal, Gerd: *Psychogen-Somatogen.* Enke Verlag, Stuttgart 1966

Plügge, Herbert: *Wohlbefinden und Mißbefinden.* Max Niemeyer Verlag, Tübingen

Ringel, Erwin, und Schinko, Hellmuth: *Psychische Erkrankung als Hindernis vital indizierter ärztlicher Eingriffe.* Wiener klinische Wochenschrift, Nr. 14, 1959

Scheele, Karl: *Von der Angst des Kranken.* Thieme, Stuttgart 1949

Stern, Erich: *Lebenskonflikte als Krankheitsursachen.* Rascher Verlag, Zürich 1952

Strasser, Helmut: *Zur Psychologie der Körperbehinderten.* Stuttgart, Klett, 1957

Venzmer, Gerhard: *Krankheit macht Weltgeschichte,* Stuttgart, Schwabe, 1956

Weizsäcker, Viktor v.: *Pathosophie.* Vandenhoeck u. Ruprecht, Göttingen 1953

Weizsäcker, Viktor v.: *Studien zur Pathogenese.* Thieme, Stuttgart 1946

Weizsäcker, Viktor v.: *Der kranke Mensch.* Krehler, Stuttgart 1951

Weizsäcker, Vktor v.: *Arzt und Kranker.* Koehler u. Amelang, Leipzig 1941

2. PHILOSOPHIE; LITERATURGESCHICHTE

Kant, Immanuel: *Von der Macht des Gemütes, durch den bloßen Vorsatz seiner krankhaften Gefühle Meister zu sein.* Sämtl. Werke, Insel Verlag, Bd. 6, 1962

Kierkegaard, Sören: *Krankheit zum Tode.* Eugen Diederichs Verlag, Düsseldorf 1957

Muschg, Walter: *Tragische Literaturgeschichte.* Francke Verlag, Bern, 3. Aufl., 1957

Pfahler, G.: *Der Mensch und seine Vergangenheit.* Klett, Stuttgart 1950